中国石油天然气集团公司 2011年HSE优秀论文集

中国石油天然气集团公司安全环保与节能部　编

石油工业出版社

图书在版编目（CIP）数据

中国石油天然气集团公司2011年HSE优秀论文集/中国石油天然气集团公司安全环保与节能部编．—北京：石油工业出版社，2012.8
ISBN 978-7-5021-9222-8

Ⅰ．中…
Ⅱ．中…
Ⅲ．①石油工业—工业企业管理—中国—文集
②天然气工业—工业企业管理—中国—文集
Ⅳ．F426.22-53

中国版本图书馆CIP数据核字（2012）第188162号

出版发行：石油工业出版社
（北京安定门外安华里2区1号 100011）
网 址：http：//pip.cnpc.com.cn
编辑部：（010）64255590 发行部：（010）64523620
经 销：全国新华书店
印 刷：北京中石油彩色印刷有限责任公司

2012年8月第1版 2012年8月第1次印刷
787×1092毫米 开本：1/16 印张：24
字数：608千字

定价：64.00元
（如出现印装质量问题，我社发行部负责调换）

前 言

近年来，中国石油天然气集团公司（以下简称集团公司）高度重视健康、安全与环境管理体系工作，把推进体系建设、促进体系规范运行，作为建立安全环保长效机制、实现安全环保形势根本好转的有效方法。开展健康安全环保理论探讨、总结管理经验、借鉴推广成功做法，不仅是当前搞好安全环保工作的迫切需要，也是今后改进和加强安全环保工作的一个重要抓手。

集团公司多年来连续在全系统开展 HSE 论文征集评选活动，总结交流各企业的典型经验和有效做法，促进健康、安全与环境管理体系的持续改进，推动企业安全文化建设。2006—2011 年共征集论文 6550 篇。这些论文不仅展示了集团公司在健康、安全与环境管理体系建设方面所取得的丰硕成果，也反映了企业在推进体系建设中所遇到的实际问题和进行的探索，既有健康安全环境管理方面的好经验、好做法，又有观念的升华和思路的梳理，是集团公司健康、安全与环境管理体系建设历程和水平的真实写照。

HSE 论文征集评选活动从多角度、深层次反映了集团公司健康安全环境管理的实际情况，包括理论水平、实践能力、管理效果，进一步促进了先进理念和工具方法在基层的认知、普及和推广应用。通过 HSE 论文征集评选活动，涌现出了一批善于思考、勇于实践的优秀管理人才，为全员参与健康、安全、环境管理搭建了交流平台，为充实健康安全环境管理骨干队伍奠定了坚实基础。

通过几年来的论文评审结果可以发现：获奖论文的整体水平越来越高，反映出随着健康安全环境管理体系推进工作的深入开展，全员对先进理念和有效方法的认识趋于一致。但如何将这些理念和方法运用好，还需致力于健康安全环境管理工作的广大员工不断努力探索和实践。

本论文集收录了 2011 年从 1782 篇征集论文中评选出的一等奖论文 15 篇，二等奖论文 44 篇，这既为各级领导和管理人员研究改进健康安全环境管理工作提供了翔实的资料，又为大家学习借鉴兄弟企业的管理经验提供了丰富的教材。希望大家能够触类旁通，从中受到启发，认真学习、深入思考，把学习的体会和成果转化为谋划工作的思路、改进工作的措施，为集团公司贯彻落实科学发展、清洁发展、和谐发展做出更大的贡献。

编者

2012. 7

目　录

一　等　奖

二　等　奖

一　等　奖

论属地管理与大庆油田岗位责任制

郭书昌　袁　磊　来先锋

（中国石油大庆油田公司　黑龙江省大庆市　163453）

摘　要　本文结合岗位责任制的产生历史、背景和原因，深刻剖析岗位责任制作为基层管理制度的安全核心价值。围绕基层岗位工作实践，通过阐述岗位责任制展示“事故是可以避免”的坚强信念，强调关键在责任心；引用分析树的方法，阐述全员主动参与安全管理实践的可贵；结合属地管理，论证岗位责任制来自岗位员工的生产实践，具有强大的生命力，是当前深化推进落实 HSE 体系建设的核心价值。

关键词　岗位责任制　属地管理　安全管理　核心价值

0　引言

推进 HSE 体系建设归根结底就是一个安全文化的培育过程，最主要的条件并非是体系、战略或管理技能，而是企业的核心价值观。只有把安全纳入企业的核心价值观，作为企业的立身之本、发展之基、信誉之源，作为第一要求、优先条件，并以此为基础，形成自己特色的生产经营理念，通过制定战略、制度、流程，把核心价值观贯彻到企业经营管理的实践中去，才能真正实现企业的安全发展、清洁发展和可持续发展。

属地管理作为中国石油天然气集团公司先进的安全管理理念之一，是岗位责任制的进一步深化和细化，以更加形象、贴切的具体表述诠释责任含义。岗位责任制是把安全作为核心价值观，并以核心价值观为基础而建立的管理制度。它起源于大庆油田会战时期，经过半个世纪的实践和发展，历久弥新，展现了大庆石油人乃至中国石油员工的核心价值观，具有恒久的价值。时代变了、战略变了、目标变了、组织结构变了、制度变了、人员换了一茬又一茬，唯一没变的是它所展示的核心价值观。

1　一把火烧出的问题

大庆油田经过两年会战，到 1962 年，生产和建设规模迅速扩大，管理矛盾越来越尖锐。在整个油田上，有 507 口油井和注水井日夜生产，728km 的输油、输气、输水管线纵横交错，21 座转油站、注水站、变电站连续运转，3700 台主要设备、37 部钻机同时工作，16 个工地同时施工；50000 多名员工天天和油、气、水、机器、地下油层打交道，高压、高温、高空作业特别多，各个环节、各个岗位互相影响；地上地下时刻都在出现新情况、新变化，基层问题十分突出，安全生产形势相当严峻。

1962 年 5 月 8 日凌晨 1 时 15 分，大庆油田第一个投产的中一号注水站突然起火，投资 160 余万元的厂房和设备，不到三个小时，被烧成一堆灰烬。事故的直接原因是柴油机排气管水封防火装置失效，冒出的火花引燃了屋顶的油毡和锯末。起火后，发现两个灭火器失效，水龙带被截短，水枪头不知去向，无法灭火，造成火势扩大，损失惨重。归根到底，这起事故是由于管理不善、无人负责造成的。

一把大火，烧毁了投产不足半年的中一号注水站，烧出了油田会战生产建设规模迅速扩大带来的突出问题，烧出了生产管理混乱的突出现象，烧出了基层管理基础薄弱的突出矛盾。大庆石油人清醒地认识到：严格要求，要从常见的、大量的、细小的问题抓起；真本领、硬功夫，要在日常工作中不间断地勤学苦练。这一把火把大庆石油人的头脑烧得清醒起来，烧出了大庆石油人加强基层基础管理的决心和信心，烧出了名垂大庆油田史册的岗位责任制。

属地管理的实质就是解决责任心的问题，提倡“区域是我家，当好家长管好家”的属地管理理念，要求做到“我的区域我负责，我在属地您放心”，促进了岗位员工做好每一个 HSE 管理细节，保持良好的 HSE 绩效。属地管理的前提和基础就是要落实好岗位责任制，做到：事事有人管，人人有专责，办事有标准，工作有检查。每个人都把自己的岗位当成自己的家，无论是属地管理还是岗位责任制，都会形成一种家园文化，岗位员工自然形成发自内心地、主动地对安全的重视，并把这种良好的安全意识转变为实际的安全行动，从细节入手，主动担当安全责任，一步步从我要安全走到我会安全，最终形成大家安全的团队安全文化氛围。

2 岗位责任制、属地管理都展示了“事故是可以避免”的坚强信念

在中一号注水站事故调查中发现，这不是一起偶然的事故。这个注水站从 1961 年 10 月投产到失火前一个月，半年之间发生过大小火警 23 次，机械事故 5 起，隐患早就大量存在，事故随时都有一触即发的可能。注水站领导干部不团结，不能深入基层，在检查工作中，不扎实不细致，发现问题不努力解决，这是导致这次大火的总根源。如果把原本细小的、可以解决的问题都及时解决，隐患及时消除，那么这次事故就一定可以避免。

岗位责任制的灵魂是岗位责任心。执行制度是否走样，起决定作用的正是高度的责任心。有了责任心，就能充分发挥员工的主观能动作用，丰富制度的内容，弥补管理或制度上的不足，使制度不仅能在正常情况下执行，在复杂情况下也能执行，制度规定的条条能落实，制度没有规定的也能主动去做好。有了责任心，就能做到人人坚守岗位，埋头苦干，执行制度严肃、认真，一丝不苟，做出高标准、高质量、高水平。有了责任心，才能发挥制度的威力，使制度真正落到实处，才能保证不出事故。这也正是属地管理给我们带来的核心价值。

3 岗位责任制是充分利用了“为什么树”的事故分析方法得出的经验总结

中一号注水站失火后，会战总指挥部的领导首先想到的不是追究基层干部的责任，而是要先查清事故原因，解决根本问题，并深入思考：怎样才能使这一把火真正变成发人深省的教训，把全面管好油田生产的方针和措施落到实处？怎样才能管好这个规模日益扩大的油田？会战总指挥康世恩在工委扩大会议上，就这场大火的问题一连问了 14 个“为什么”，并发动群众，全员参与，在全油田就“一把火烧出来的问题”开展大讨论。目的就是为了动员和发动全体员工，从生产实际出发，从生产需要出发，建立制度，落实责任。同时责成时任会战副总指挥兼生产办公室主任宋振明担任事故调查组组长，尽快查明火灾原因。

“一把火烧出来的问题”大讨论深深触及了油田的每一名员工，对一把火事故的教训认

识不断深入。事故的发生是火花引起的吗？从直接原因看，那的确就是火花引起的。但是，火花为什么会冒出来？火花的冒出原本是可以避免的。由于排气管道从未清扫，横道烟管破裂漏水，水封失效没有及时维修，造成火花随风飞扬。即使火花冒出又为什么没有及时扑灭？由于消防器材管理不善，两个灭火器失效，水龙带被截短，水枪头不知去向，工人对防火设备使用不熟练，延误灭火时机，致使火势扩大。这也充分说明了生产管理十分混乱，存在大量的隐患没有及时解决。为什么生产管理越来越乱，为什么大量隐患得不到消除，又为什么那么多的问题得不到解决？问题出在工人身上，根子在干部作风上，关键是要有严格的规章制度。制度又从哪里来？从生产实践中来。大庆油田发挥全体岗位员工的集体智慧，在实践中摸索出自己管理企业的一套规章制度。

4 岗位责任制、属地管理是全员主动参与安全管理实践的结果

要制定一套真正解决问题、行之有效的好制度，必须依靠直接参加生产的岗位员工，从生产实践经验中进行总结。中一注事故发生后，当时的会战工委把这起事故作为宝贵资源，在全油田进行讨论，发动全油田岗位员工共同查找事故原因，以此来改进领导方式和工作方法，加强基层建设，教育全体员工。

北二号注水站发动岗位员工，从生产实践中摸索，经过试点，逐步完善，最终创建了岗位责任制。岗位责任制是北二号注水站全体岗位员工参与的成果。张洪洲班把每样东西、每件事情，由谁管、负什么责任都落实到人头，使每个岗位工人明确了职责，知道他干什么、管什么、怎么管、达到什么程度和自己的权利。根据张洪洲班的做法总结出了岗位专责制。田发林班巡回检查有一条合理的路线，先干啥、后干啥都一清二楚，工作重点总是放在那些容易出问题的部位上，划分了一些检查点，发现问题，及时解决。从田发林班的实践经验拟定了巡回检查制。苗安安每次接班，都是提前半个小时上岗，这里看看，那里摸摸，非把所有生产情况都问清不可。苗安安的经验演变成了交接班制。与此同时，又吸收别的单位实践中总结的岗位练兵制、安全生产制、班组经济核算制，这些正是岗位责任制之所以具有持久生命力的根本原因。

现在我们推行“属地管理”，指的是每个员工都是属地主管，都要对属地内的安全环保负责，即每个员工对自己岗位涉及的生产施工作业区域的安全环保负责，包括对区域内的设备设施、工作人员和施工作业活动的安全环保负责。这就要求属地主管不仅要对结果负责，更要对安全环保管理的过程负责，并将其管理业绩纳入考核。这正是落实岗位责任制在安全环保管理过程中的深化和细化，突出“权利和义务”下放到基层岗位或区域，真正体现了“以人为本”，便于及时发现问题并及时解决问题。这个模式源于全员生产和工作过程中履行岗位责任制的经验和教训总结，必将发挥良好的导向和现场指导的积极作用，保持责任和手段基本配套。只有这样，才能上下一致、左右协调地开展安全环保监督管理工作，形成科学的责任体系，真正发挥安全生产“属地管理”应有的功效。

5 岗位责任制、属地管理的真正有效落实仍需永恒继承“三老四严，四个一样”的优良传统

“三老四严，四个一样”是大庆油田优良的会战传统之一，是大庆精神、铁人精神的重要组成部分。几十年来，在整个石油行业乃至全国都产生了广泛而深远的影响，是大庆油田过硬作风的集中体现。“三老四严、四个一样”，是加强油田基础管理工作，确保各项规

章制度的落实的制胜法宝。现代安全系统化管理要求我们在日常管理中做到“关口前移、重心下移”，基层一切关键的着眼点和落脚点无疑是做好“三基”工作。无论岗位责任制，还是属地管理，要真正贯彻执行下去，确保环环相扣、万无一失，人的思想作风建设是前提，制度执行要靠过硬的思想作风建设去强化和鞭策。事实也证明：往往事故单位岗位安全责任制罗列得很全面，为什么还要出事故；监管很重要，但全员去实践和不折不扣地去执行更加重要；如何解决思想问题，文化引领很重要，文化的培育则是要靠继承和发扬优良传统并不断赋予其新时期新的内涵为依托，要从各个属地去践行和总结。

“三老四严、四个一样”逻辑严密，“三老”讲的就是诚信，解决的是思想意识问题。“四严”讲的是标准，解决的是职业操守问题。“四个一样”讲的是行为规范，解决的是执行力的问题。三者相辅相成，表里兼顾。诚信是企业的生命，是干部员工最可贵的品质；良好的职业操守是全员必须遵守的底线，是主动做好安全工作的必要保障；良好的行为规范强调的是主观能动性，积极主动做好安全工作是每名干部员工的重要责任。岗位责任制、属地管理的实践与发展，必须进一步强化优良传统的安全文化体系，从具体的工作环节到日常行为规范，再上升为价值观，把个人和群体，在意识上、信念上、情感上统一成整体，并深植于每一名干部员工的价值取向中，体现在价值操守里，成为价值认同和信念共守。

6 结语

岗位责任制是大庆油田安全管理的最佳实践，是大庆员工从油田生产与管理的实际出发，认真总结正反两方面的经验，逐步建立和完善起来的。它是大庆油田总结事故教训得出的基本经验，也是大庆油田最基本的安全生产管理制度，这与“属地管理”的先进理念相吻合。岗位责任制来自岗位员工生产实践，具有强大的生命力。深化推进 HSE 体系建设，就是不断加深对安全核心价值观的认识过程，不断查找自身 HSE 管理存在的主要问题和差距，持续总结实践中的成功做法，提炼出 HSE 管理最佳实践的过程，并持续有效地坚持 HSE 管理的最佳实践。这样，HSE 体系管理才会散发出它应有的光芒，展示它强大的生命力。

大型储罐施工安全技术措施研究及应用

牛万金

（中国石油辽河油田公司　辽宁省盘锦市　124120）

摘　要　100000 m^3 大型储罐安装中存在大件吊装、临时用电、高处作业等高风险作业，极易发生起重吊装伤害、触电伤害、高处坠落等伤害事故。本文结合大型储罐安装特点，分析了以往工程安装过程中大件吊装、临时用电、高处作业等关键安全技术措施上存在的薄弱环节或隐患，改进了施工安全技术措施，并在大连保税油库二期储罐安装工程上加以检验和推广应用，收到了良好的效果。

关键词　大型储罐　技术措施　研究　应用

0　引言

100000m^3 大型外浮顶油储罐施工主要采用“内脚手架正装法”施工工艺。在以往同类工程施工中，工装卡具仅凭使用经验进行制作，缺乏使用前科学的安全性分析与检验，存在浮顶支撑坍塌、人员高处坠落、吊装罐壁板坠落伤人、施工人员触电等高风险隐患。因此，需要对“内脚手架正装法”施工工艺及配套安全措施进行细致分析、研究，提出改进施工安全技术措施，用于指导现场安全施工，有效降低施工安全风险。

1　研究内容及意义

以往施工中未对浮船临时支撑的载荷进行计算，若临时支撑弯曲或失效将造成浮船塌落；罐壁板吊装时无二次保护装置，罐壁板一旦坠落容易造成物体打击伤害；内脚手架正装法施工中内脚手架未进行承载力计算，一旦超出其承载载荷，容易造成人员高空坠落伤害；现场用电总负荷较大，接配电不符合要求，容易造成人员触电伤害。因此，本文对“内脚手架正装法”施工中浮船临时支撑、吊装卡具二次保护装置、内脚手架施工三个重要设施进行重新设计，并进行承载力分析计算，限制其施工载荷；对施工临时用电进行计算，对变压器、电缆进行核算和选型，为施工安全提供有效的技术支持与保障。

2　工装卡具重新设计、承载力计算与应用

2.1　浮船临时支撑重新设计、承载力计算与应用

浮船临时支撑平台由立柱和横梁组成，距罐底板搭设高度一般为 2m 左右成等边三角形排布（见图 1），为浮船提供作业平台和支撑。以往施工中，平台使用管卡结构时曾经发生过平台局部塌陷事故，存在安全隐患，如发生平台整体塌落，将造成人员伤亡、产品损坏等安全事故。本文结合浮船施工特点重新对浮船临时支撑平台进行选型设计、单根立柱最大载荷计算分析、整体载荷计算分析，对临时支撑平台载荷进行了限定，在施工中对临时支撑进行了重载分析、完善与实践应用，并提出使用要求。

2.1.1 浮船临时支撑选型设计

浮船临时支撑主要包括螺纹调节部分、立柱部分和横梁部分。立柱选用 ϕ48mm × 3.5mm 和 ϕ60mm × 3.5mm 的 20 号钢管，螺纹调节部分采用 M36mm × 100mm 的 35 号钢。立柱垂直受力发生破坏时主要为插销剪切失效和螺纹调节部分的螺纹剪切失效。

2.1.2 单根立柱最大载荷计算分析

本文依据《机械设计手册（软件版）V3.0》对轴向载荷—螺栓强度进行计算分析：当螺纹调节部分在 10kN 外力作用下，轴向载荷设定为 10kN，螺纹剪切安全系数设定为 1.5 时，螺栓部位能够有足够的强度保证处于安全状态。

插销在临时支撑中的连接如图 2 所示，插销材料为 20 号钢，屈服极限为 245MPa，直径为 8mm，立柱一和立柱二厚度均为 3.5mm。

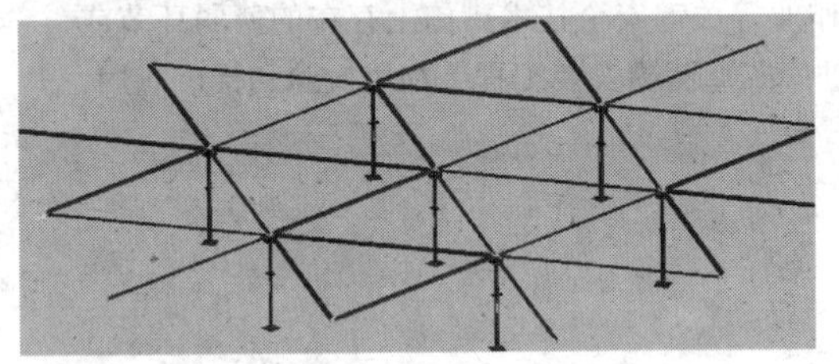

图 1　浮船临时支撑平台等边三角形法搭设示意图

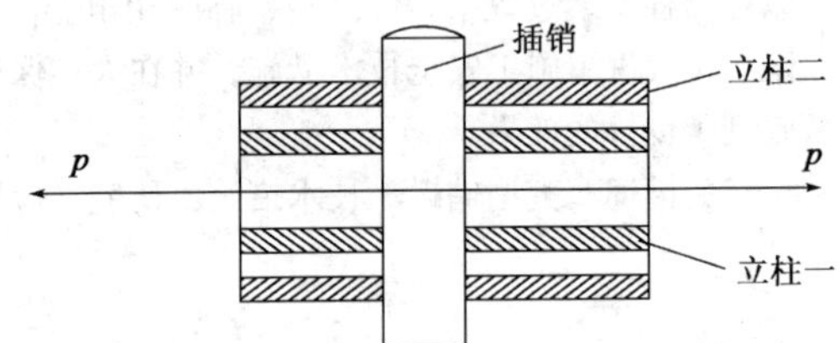

图 2　插销在临时支撑中的连接图

通过计算，最大压力 p = 9.85 时，单根立柱最大载荷为 5kN，施工安全系数为 9.85/5 = 1.97。

2.1.3 整体载荷计算分析

根据浮船临时支撑搭设方法，每台 100000 m^3 双盘外浮顶储罐需立柱约为 1350 根，横梁 4000 根。这里只考虑临时支撑单独搭设、不与罐体进行连接，支撑只受到浮船的垂直压力，且各立柱受力均匀。

根据现场实际安装量计算，浮船重约 543.879t。设备主要为逆变焊机，按每台 30kg 计算，总重约为 1000kg；人员按每人 70kg 计算，总重约为 2800kg；临时支撑横梁每根重约 13.2kg，总重为 52800kg，立柱一和螺纹调整机构单个重量约为 10kg，总重约为 13500kg。计算临时支撑受到的压力为 6016994.2N；立柱在 1.97 安全系数下，每根立柱可承担 5kN 重力，则整个支撑可承担的压力为 6750000N。因此，临时支撑在正常使用时可以满足施工，保证施工安全。

2.1.4 施工中重载分析、完善与实践应用

施工实际中经常遇到浮船板材、构件吊运等施工。在单个三角形截面中，每个立柱受到的压力为 1/6 截面积压力，整个三角形中立柱受力为 1/2 截面积压力，则单个三角形截面单位面积上承受压力不能超过 29400kg。通过对大连保税油库一期工程、广东惠州中海油壳牌炼化工程、大庆林源油库、大连保税油库二期工程等四个项目浮船临时平台（见图 3）使用情况进行分析，在其上部横梁型钢类别、降低立柱间跨度、增加立柱数量、改变调整机构等方面进行重新设计（见图 4），应用于大连保税油库二期工程上，采用的浮船支撑承重载荷更大、调整精度更高、水平度控制更为容易、现场施工更为安全可靠。

2.1.5 使用要求

本文设计的浮船支撑只允许承受正压力，使用中不可以承受横向静载；单根立柱承受额

定载荷为500kg；使用管卡的浮船支撑，小管表面严禁进行防腐、润滑保护，光管使用；施工中发现立柱变形及时进行更换，确保浮船支撑的整体性能；螺纹调节浮船支撑发现插销变形后可更换插销或增加插销数量，以确保单根立柱安全操作；安装立柱时，应保证立柱垂直安装，横梁应与立柱上部垂直使用。

图3　以往使用浮船临时支撑平台构件示意图

图4　现场施工中的浮船临时支撑

2.2　罐壁板吊装二次保护装置设计、承载力计算分析与应用

2.2.1　罐壁板吊装二次保护装置设计

本文研究的罐壁吊装由吊梁、立板卡、钢丝绳、吊卡组成。本文结合以往储罐施工经验，考虑吊装只使用吊梁和立板卡进行吊装，设计增加了罐壁板立板吊装过程中二次保护装置。当施工中立板卡提升罐壁板失效时，起到防止罐壁板坐落造成安全事故的保护作用。罐壁板吊装卡具如图5所示。

本文只对此次设计的吊装二次保护装置（见图6）部分中的钢丝绳和吊装卡具承载力情况进行计算分析。其他钢丝绳、吊梁的选取按照正常吊装的载荷和安全系数选取，不在此次设计范围内。

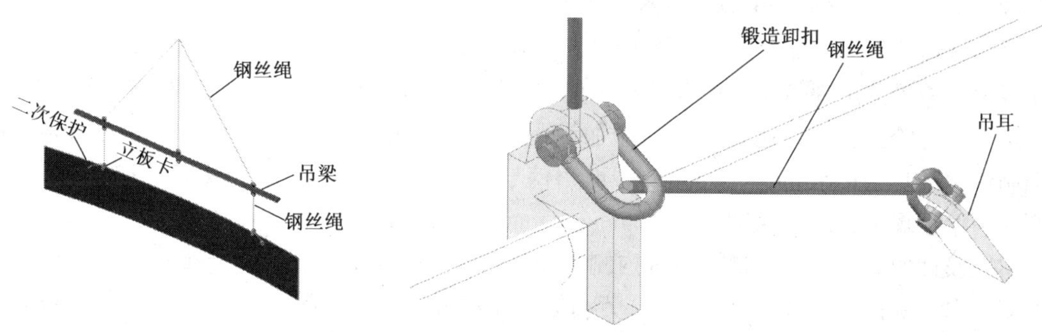

图5　罐壁板吊装示意图

图6　重新设计的吊装二次保护示意图

二次保护装置的钢丝绳采用 ϕ20mm 6×7+IWS 钢芯钢丝绳，采用插扣方式处理。吊装锻造卸扣采用 M4－D W 5 型，吊耳采用 Q345R 20mm 厚钢板切割而成，吊耳与罐壁成60°角焊接固定。罐壁板吊装时，第一圈罐壁板为 32mm×12600mm×2430mm，板材重量为7.691t。在计算载荷时所有罐壁板吊装用的吊耳、钢丝绳、锻造卸扣均选取以上类型。

2.2.2　二次保护装置钢丝绳承载力计算分析

根据《机械设计手册（软件版）V3.0》，查出 ϕ20mm 6×7+IWS 钢芯钢丝绳最小破断拉力为195kN。根据手册，最小钢丝绳破断拉力总和＝钢丝绳最小破断拉力×1.134（纤维芯）或1.214（钢芯），则钢丝绳最小破断拉力总和＝195×1.1214＝236.73kN。根据手册查出提升用钢丝绳安全系数应大于5倍载荷，采用的钢丝绳最小破断拉力为236.73kN，实际载荷为44.40kN，其使用安全系数为5.33。所以，当立板卡失效时，选取的钢丝绳能够起到有效防止罐壁板坠落的作用。

2.2.3 二次保护装置锻造卸扣选用

二次保护装置（见图7）中连接主钢丝绳和吊卡的卸扣选用M4 - D W 5型锻造卸扣，起重量为5t（50kN），大于钢丝绳内拉力44.40kN，锻造卸扣能够满足保护要求。

图7 改进后的吊装二次保护装置

2.2.4 使用要求

每次吊装前，由起重工对所用钢丝绳、卡具、二次保护装置进行检查，如发现钢丝绳破损，卡具失效，应及时停止作业并进行更换检查；二次保护装置吊耳焊接时应为连续焊接，确保卡具按照设计安装；二次保护装置中的钢丝绳在安装时应拉紧，防止在立板卡失效时产生较大的冲击力使二次保护装置失效。

2.3 内脚手架重新设计、承载力计算与应用

本次设计根据大连保税油库一期工程、广东惠州中海油壳牌炼化工程、大庆林源油库、大连保税油库二期工程等四个项目内脚手架使用情况进行重新设计。将原来的三角架进行加大，扩大平台踏板宽度，在脚手架外侧加设踢脚板；三角架整体采用50mm×50mm×5mm角钢制作，挂耳采用90mm×50mm×8mm角钢与三角架焊接，罐壁挂耳采用6mm钢板压制成型与罐壁板焊接，劳动保护采用ϕ28mm×3mm钢管组成。

本次设计使用的内脚手架沿罐壁内侧均匀分布，每张罐壁板上均匀分布5个，每层三角架上安放500块钢跳板（含踢脚板），劳动保护三道沿脚手架布置。搭设方式如图8所示。

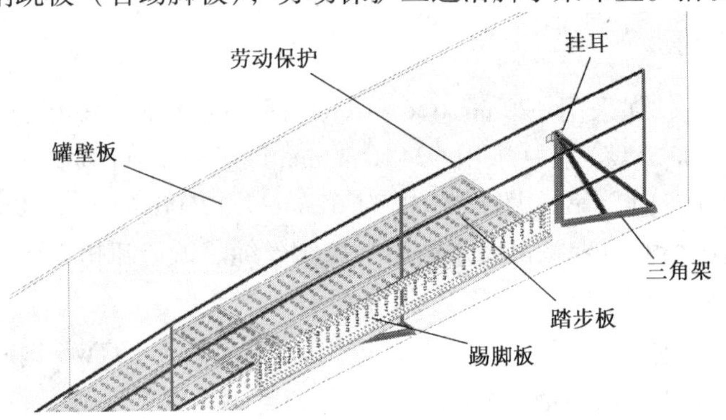

图8 罐内内脚手架三维示意图

计算中踏步板采用250mm×3000mm×3mm厚钢跳板成品件，本文不考虑钢跳板强度计算，这里只计算新设计的三角架承载力情况。

2.3.1　三角架稳定性计算

三角架与罐壁挂耳板采用连续焊接，包括横向和纵向焊缝，实际中罐壁只受到压应力作用，可以忽略不计。本文仅对单个三角支架稳定性校核，支架受力情况如图9所示。

其中A处承受载荷 F 为操作人员、三角架、跳板、劳动保护自重之和。考虑在罐体组装中操作人员为4人每组，单个支架操作人员按照最大载荷4人计算，操作人员重量合计为300kg，三角架重量为15.83kg，跳板重量为141.3kg，劳动保护按照每个三角架分担，重量为16.64kg，则 F 为4.74kN。AC支撑材料为50mm角钢，角钢几何尺寸如图9所示；材质为Q235B。通过受力分析计算出AC支撑受到压力为8.55kN，支架AC杆满足稳定性要求。

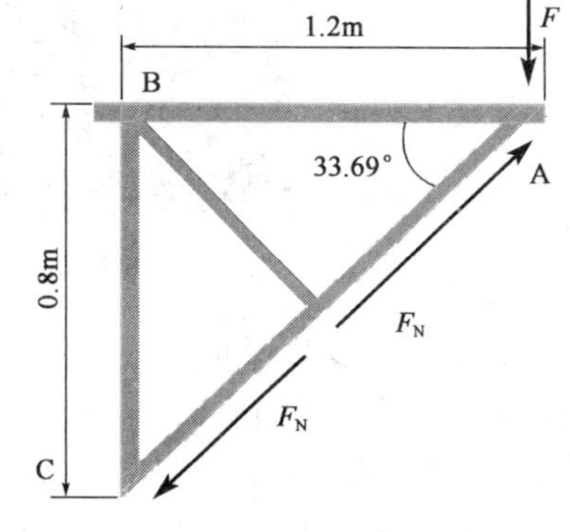

图9　三角架受力情况

2.3.2　单个三角架挂耳承载力计算分析

根据上述三角架受力分析进行静载状态下挂耳强度计算，当所有载荷均加在B点时，三角架挂耳载荷最大。三角架吊耳材料为Q235B钢，屈服极限为245MPa，钢板厚度为6mm，接触长度为50mm。计算出吊耳所受力为4.74kN；三角架吊耳的剪应力为29.4kN；按照全部载荷作用于吊耳上，单个三角架允许压力为29.4kN，则施工安全系数为6.2。重新设计的三角架可以满足施工需要。如按照5倍安全系数计算，每个三角架允许最大承载力为5.88kN。

2.3.3　内脚手架整体承载力计算分析

根据内脚手架撑搭设方法，每台100000m^{3}双盘外浮顶罐需三角架100个，钢跳板500块，劳动保护870m，这里只考虑临时单层脚手架搭设采用挂耳与罐壁连接，三角架与罐壁靠挂耳插入固定，支架只受压力，且受力均匀。根据现场实际安装量计算，总重量为：三角架整体重量、钢跳板、劳动保护、操作人员、工装卡具重量之和。总重约为22629.64kg，则临时支撑受到的压力为221.77kN；立柱在5倍安全系数下，每根立柱可承担5.88kN重力，则整个支撑可承担压力为588kN，大于要求的221.77kN，内脚手架在正常使用时可以满足施工，能保证施工安全。

2.3.4　使用要求

本文重新设计使用的三角架只允许承受正压力；单个三角架承受额定载荷为588kg；三角架在施工中发现变形及时进行更换，确保三角架平台整体性能；三角架吊耳在与罐壁焊接中必须连续焊，安排专人对每个吊耳进行检查确认，以确保三角架安全操作；安装三角时，应保证三角架垂直罐壁安装，钢跳板平铺于三角架之上，绑扎牢固，保证三角架均衡受力；每次安装后，由安全人员对整体平台（见图10）进行检查确认，满足要求时，操作工人方可登上平台作业。

2.4　临时用电计算与选用

储罐施工中，主要采用焊接工艺完成，包括罐壁立焊、罐壁横焊、罐底平焊及逆变焊机

图 10　重新设计后的内脚手架搭设示意图

等。为确保现场用电负荷，用电平面布置符合施工需要，满足安全管理要求。本文针对目前施工现场设备配置情况，重新对储罐安装现场进行用电计算，选择合理变压器、电缆等。

2.4.1　变压器选择

施工现场的施工用电由业主指定地点引入施工现场，考虑储罐安装时用电总负荷较大，现场变压器设置按照储罐工程 2 台同时施工计算，保证现场整体用电。

下面以每 2 台 100000m^3 储罐同时施工计算，施工现场用电总量为 764.4kW，施工现场每 2 台 100000m^3 储罐同时施工所需用电负荷按照 800kW 考虑，能够满足安装需要。

2.4.2　电缆选型

按照每台储罐分别由一级配电柜引出，每台罐按照 4 个二级配电箱并联使用，第一个二级柜距变压器 200m，其余二级柜间距为 60m 计算电缆型号。根据电流强度确定导线断面，再以电压损失及力学强度校对，三相五线制线路上的电流为 425A，根据计算所得主电缆内电流为 425A，按照电缆的允许电流值求得电缆为：$VV_{22}3 \times 185 + 2 \times 95$ 型铜芯聚氯乙烯电力电缆。电缆电压降核算为 3.56V，经核算主电缆电压降符合要求。

2.4.3　二级配电箱

二级配电箱按照负荷重新设计制作，配电箱由公司配电盘厂统一制作；漏电保护器实行分级分段保护，形成最少二级的漏电保护网对施工现场临时用电的安全保护。配电箱和开关箱中两级漏电保护器的额定漏电动电流和额定漏电动作时间作合理配合，使之具有分级分段保护的功能，总配电箱的动电流应不大于 200mA，一般开关箱内的漏电保护器其额定漏电动作电流应不大于 30mA，额定漏电动作时间应小于 0.1s；手持电动工具动作电流应不大于 15mA，所有漏电保护器的动作时间不得大于 0.1s。对配电箱、开关箱进行检修、维修时，必须将前一级相应的开关分闸断电，并挂停电标志牌，严禁带电操作。工地要求电工两人一组，一人操作，一人负责监护。

2.4.4　用电安全措施

供配电系统使用 TN－S 三相五线制系统，保护零线和工作零线分开单独敷设；所有重复接地、接零处必须保证可靠的电气连接，不得作为负荷载，过引线；现场电气设备的安装、使用及防护必须符合《施工现场临时用电安全技术规范》的要求；建立安全用电责任制，加强对用电人员的教育、交底；现场所有的配电设备的安装、操作、维修除专职电工外，任何人不得擅自挪动或拆除；现场所有配电箱设备的金属外壳、金属框架、金属操作台等必须有可靠的接地保护；现场的配电箱、开关箱，配两级漏电保护器，动作电流小于 30mA；现场使用的移动开关箱、电器及接线应安装牢固，不得在地上拖放，导线必须绝缘良好，接头包扎严密；严格执行“一机一闸一保护”制度，带电的导线严禁挂压其他物件，配电箱和开关箱必须配锁，停用（或停电）一小时以上时应拉闸断电，箱门锁牢；建立安全检测制度，定期对临时用电工程检查；建立电气维修制度，加强日常和定期维修工作。

3 结语

通过各种卡具的受力分析检验了本文设计的工装，重新设计的浮船临时支撑、罐壁板吊装二次保护装置、内脚手架能够满足施工需要，且可重复使用；临时用电计算指导现场用电系统选择，规范了临时用电施工。该项研究在2009年大连保税油库二期储罐安装工程的4台100000m^3双盘外浮顶储罐施工现场进行了检验和推广应用，大大提高了储罐安装施工效能和施工安全性，应用期间未发生一次事件或险情，取得了较好的应用效果和效益。

参 考 文 献

[1] 祝燮权．实用五金手册［M］．上海：上海科学技术出版社，2001.
[2] 数字化手册编委会．机械设计手册（软件版）V3.0［M］．北京：机械工业出版社，2006.

齐 40 块稠油油田硫化氢综合治理技术研究与应用

于长武　张国华　马万志

（中国石油辽河油田公司　辽宁省盘锦市　124010）

摘　要　随着世界能源需求的激增，传统稠油开采方式已无法满足要求，伴随着蒸汽驱、SAGD 等热力开采方式的应用，稠油油田油井伴生气中硫化氢生成情况日益严峻。本文主要就辽河油田齐 40 块次生硫化氢产生原因进行分析，并研究选择“干法”脱硫技术进行治理，取得明显效果。

关键词　油井　硫化氢　综合治理

0　引言

随着稠油开采方式的转变，稠油油田伴生气中含硫化氢气体情况日益严峻。以辽河油田齐 40 块稠油油田为例，稠油热采方式已由最初的蒸汽吞吐转换成为蒸汽驱，随着地层温度的不断升高，油井伴生气中含硫化氢的油井数量增多、分布区域扩大，硫化氢含量也不断升高，危及到员工及周边村庄百姓的健康安全，对环境造成污染。自 2006 年以来，辽河油田就不断研究稠油油田硫化氢产生原因及治理方法，2010 年在齐 40 块采用“干法”脱硫技术进行治理，取得了明显的效果。

1　齐 40 块基本概况

辽河油田齐 40 块坐落在盘山县、凌海市的交界处，地处全国最大的湿地包围之中，是全国最大的蒸汽驱动开发区块，也是辽河油田唯一的整装油田蒸汽驱试验项目基地。齐 40 块于 1998 年 10 月施行反九点法井网蒸汽驱先导试验，2003 年 7 月施行反九点法井网蒸汽驱扩大试验，到 2006 年 11 月正式进入工业化开发，齐 40 块蒸汽驱开发项目取得了成功的经验，获得国家优质工程银奖。

2　齐 40 块含硫化氢情况

2.1　含硫化氢情况

辽河油田属于低含硫油田，油气开发 30 多年没有发现硫化氢。随着蒸汽驱、SAGD 等稠油开发新技术的应用，井口硫化氢含量逐年增高。以齐 40 块为例，自 2006 年蒸汽驱开采以来，油井伴生气含硫化氢现象越来越严重。2006 年开始，采用硫化氢便携式检测仪与试管检测方法对齐 40 块的生产井每月进行检测，累计检测 3572 井次。2010 年 12 月，检测 644 口井，其中含硫化氢生产井达到 634 口，硫化氢含量超标井 628 口（见表 1）。

表1　2006—2010年硫化氢检测情况统计表

检测时间	检测井数 口	含 H_2S 井数 口	H_2S 含量 超标井数 口	H_2S 含量超标井分布，口					
				15～30 mg/m^3	31～150 mg/m^3	151～300 mg/m^3	301～600 mg/m^3	601～1000 mg/m^3	1000mg/m^3 以上
2006.12	703	519	469	41	161	89	49	31	98
2007.12	938	592	532	39	143	65	67	44	105
2008.12	634	606	593	43	73	48	93	49	287
2009.12	653	632	624	23	122	43	40	106	290
2010.12	644	634	628	20	54	83	71	74	326

齐40块现有23个采油站（单井点），2009年采用碘量法进行了四次检测，结果显示23座站（单井点）伴生气中硫化氢含量平均值为4720 mg/m^3（见表2）。

表2　齐40块小站天然气含硫数据表

序　　号	站　　号	气量，m^3/d	硫化氢含量，mg/m^3
1	1号站	3800	3900
2	2号站	3800	3200
3	3号站	5700	6800
4	4号站	9600	5100
5	5号站	7900	4400
6	6号站	5700	5700
7	7号站	4600	3400
8	8号站	4600	3300
9	9号站	4900	3800
10	10号站	21200	4900
11	11号站	2800	4500
12	15号站	1800	6500
13	21号站	7100	6100
14	24号站	2400	2700
15	29号站	5400	6500
16	30号站	7300	5400
17	31号站	2800	5300
18	32号站	1100	1500
19	33号站	3800	2500
20	34号站	5900	4900
21	35号站	3000	2000
22	4～6单井点	1100	1000
23	22～31单井点	3700	5600
平均	—	—	4720

2.2 齐40块硫化硫产生原因

齐40块自1987年采用蒸汽吞吐方式开采至今，其间经历了三次大的井网加密调整，井距由开发初期的200m先后加密为141m、100m、70m，2007年全面转驱。蒸汽驱动油层的同时，随之采出各类混合气体，含硫化氢井数逐年增多，井口硫化氢含量急剧升高。油田公司针对油田含硫物质来源（原油中有机硫、地层水、外部化学剂）进行分析，最终确定稠油热采方式和热采温度是形成硫化氢的主要控制因素，稠油热采时间对硫化氢的形成有促进作用。在此基础上，通过对室内稠油水热裂解实验所产生的气体组成、含硫化氢天然气烃类组分以及稠油中硫含量的变化等进行分析，与现场实际情况进行印证，确定齐40块稠油区块硫化氢的主要原因是稠油中含硫有机物热裂解产生，是伴随着稠油油藏注蒸汽开发过程而形成的，属于次生硫化氢气体。

3 硫化氢综合治理技术研究

针对齐40块硫化氢问题，先后开展了集中回收排放、回收燃烧、加大掺油量、液碱去除、脱硫吸附等试验方法，选用成熟的氧化铁吸附干法脱硫技术对油井产出液伴生气中的硫化氢进行治理和再利用，取得了明显成效。

3.1 “干法”脱硫技术原理

干法脱硫所使用的固体吸附剂（脱硫剂）有氧化铁、氧化铝、氧化锌、氧化锰、活性炭、泡沸石和分子筛等。目前使用最多的是金属氧化物及活性炭固体吸附剂。用固体吸附剂中的碱性物质（如氧化铁）与硫化氢反应生成金属硫化物（硫化铁）和水，从而脱除了硫化氢。

3.2 技术特点

根据原料气气质工况，灵活选用单塔、双塔或多塔串并联工艺流程；工艺成熟、操作弹性大、设备简单、操作方便、无需专人值守、可实现橇装化；对配套公用工程要求低。

3.3 新型高硫容脱硫剂研发与使用

传统的干法脱硫剂多以金属氧化物、活性炭等作为主要成分，一般穿透硫容在10%左右，工作硫容在15%~20%，受处理气体中二氧化碳含量影响较大，在高二氧化碳含量体系中硫容下降很快，无法适应高硫化氢含量、高二氧化碳含量的齐40块天然气干法除硫。

为此，油田开发了新型高硫容脱硫剂，主要成分为无定形羟基氧化铁，由人工合成的无定形羟基氧化铁加入特种助剂挤条而成。该脱硫剂具有较大的孔容和比表面积，具有较快的净化速度及较高的硫容，强度大、抗水性好，适应在高二氧化碳含量体系中应用。

据室内试验及现场应用试验证明，该脱硫剂的穿透硫容可达到20%以上，工作硫容可达到25%以上。该脱硫剂的成功研制，为齐40块天然气这类高含二氧化碳、高含硫体系实施干法脱硫提供了技术保证。

3.4 脱硫实施方案及应用

3.4.1 工艺流程

在齐40块，23座采油站中采用串联和串并联结合的脱硫流程（工艺流程图见图1~图3）。为了充分利用脱硫剂，保证每个塔中脱硫剂都能达到饱和硫容，设计中充分考虑工艺，使得每个塔都可以作为首末塔。每个脱硫塔内设两个床层，便于脱硫剂的装卸。脱硫剂平均换药周期为半年。脱硫后天然气中硫化氢含量不大于10 mg/m^3。

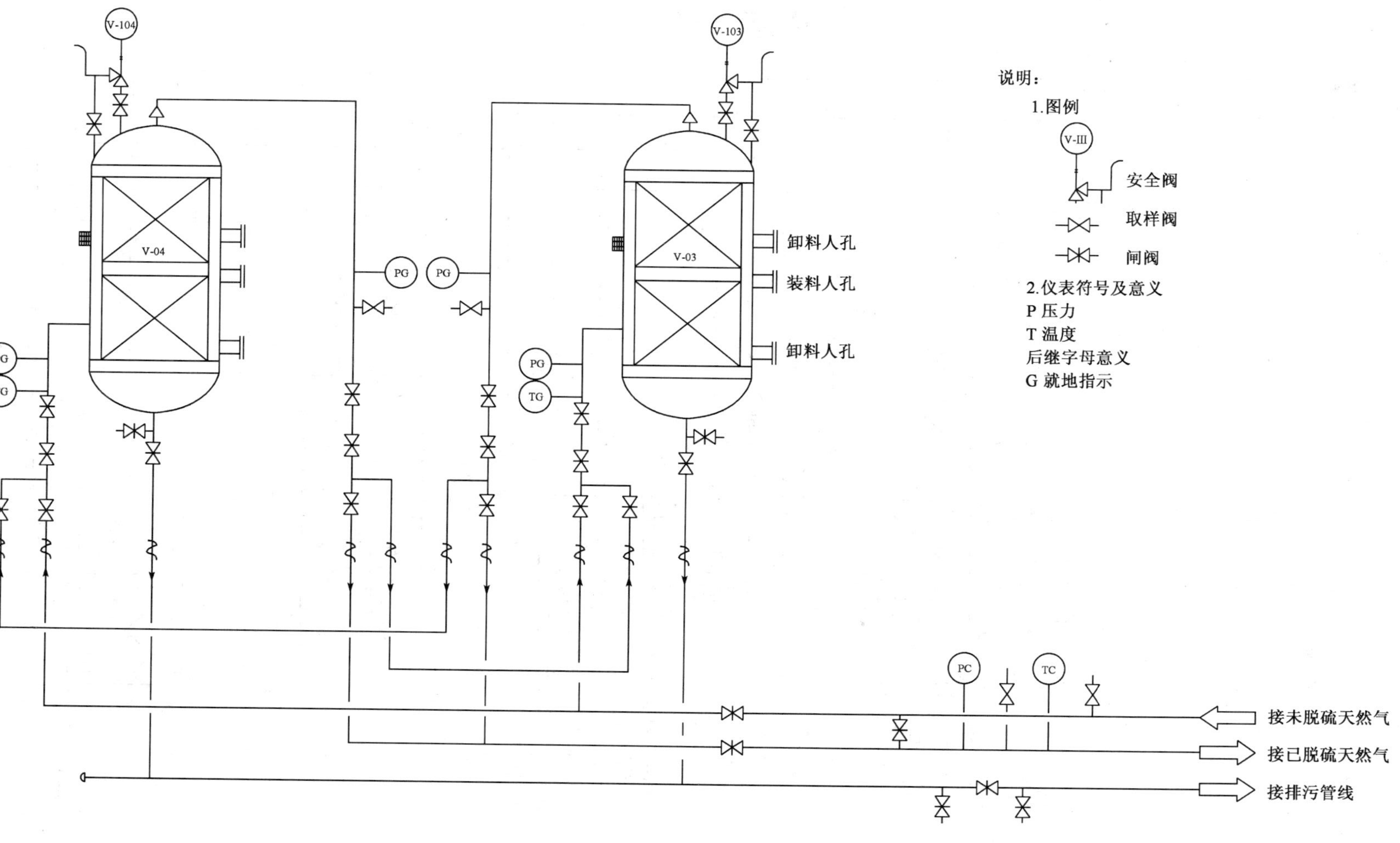

图1　二塔脱硫工艺流程图

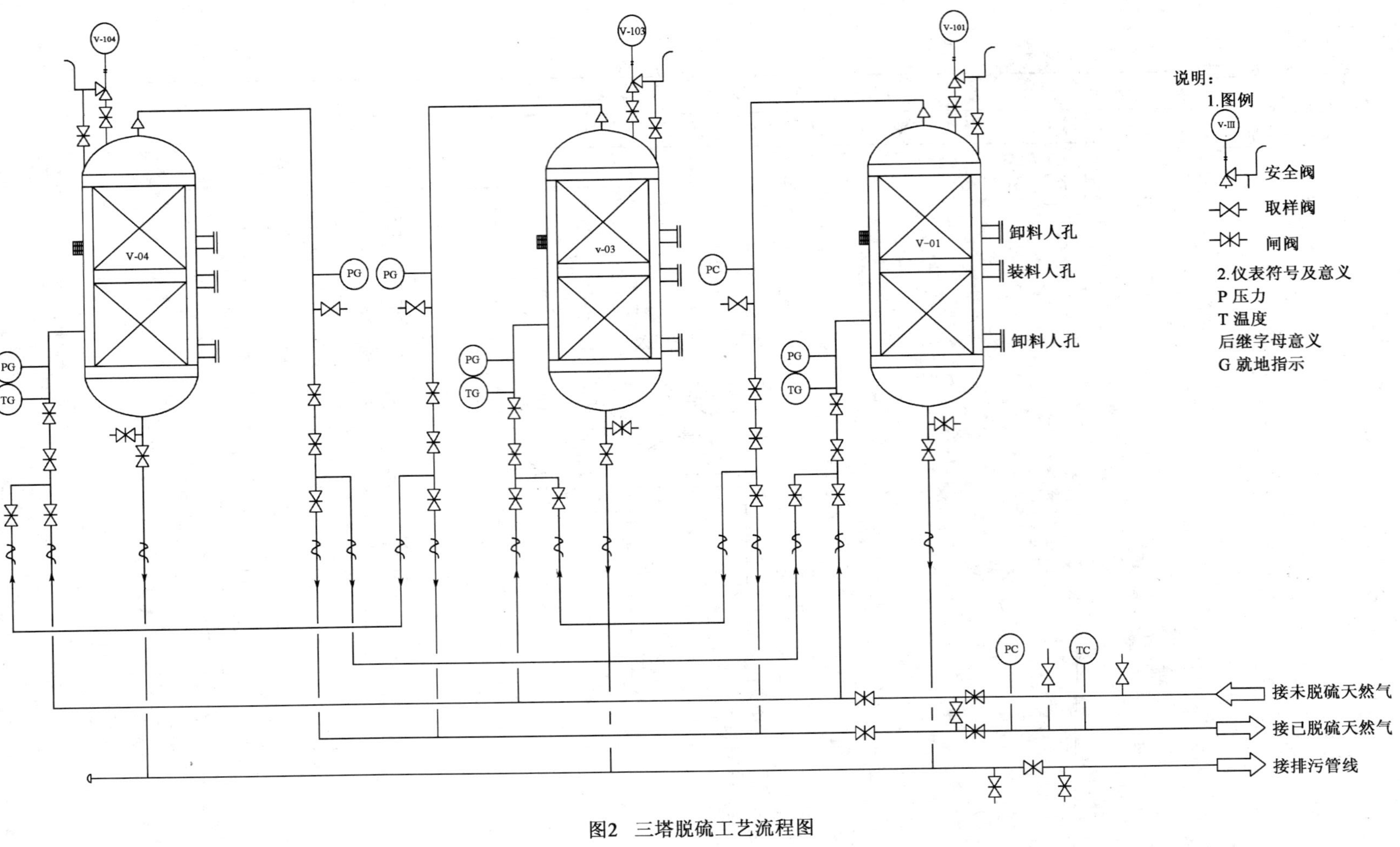

图2 三塔脱硫工艺流程图

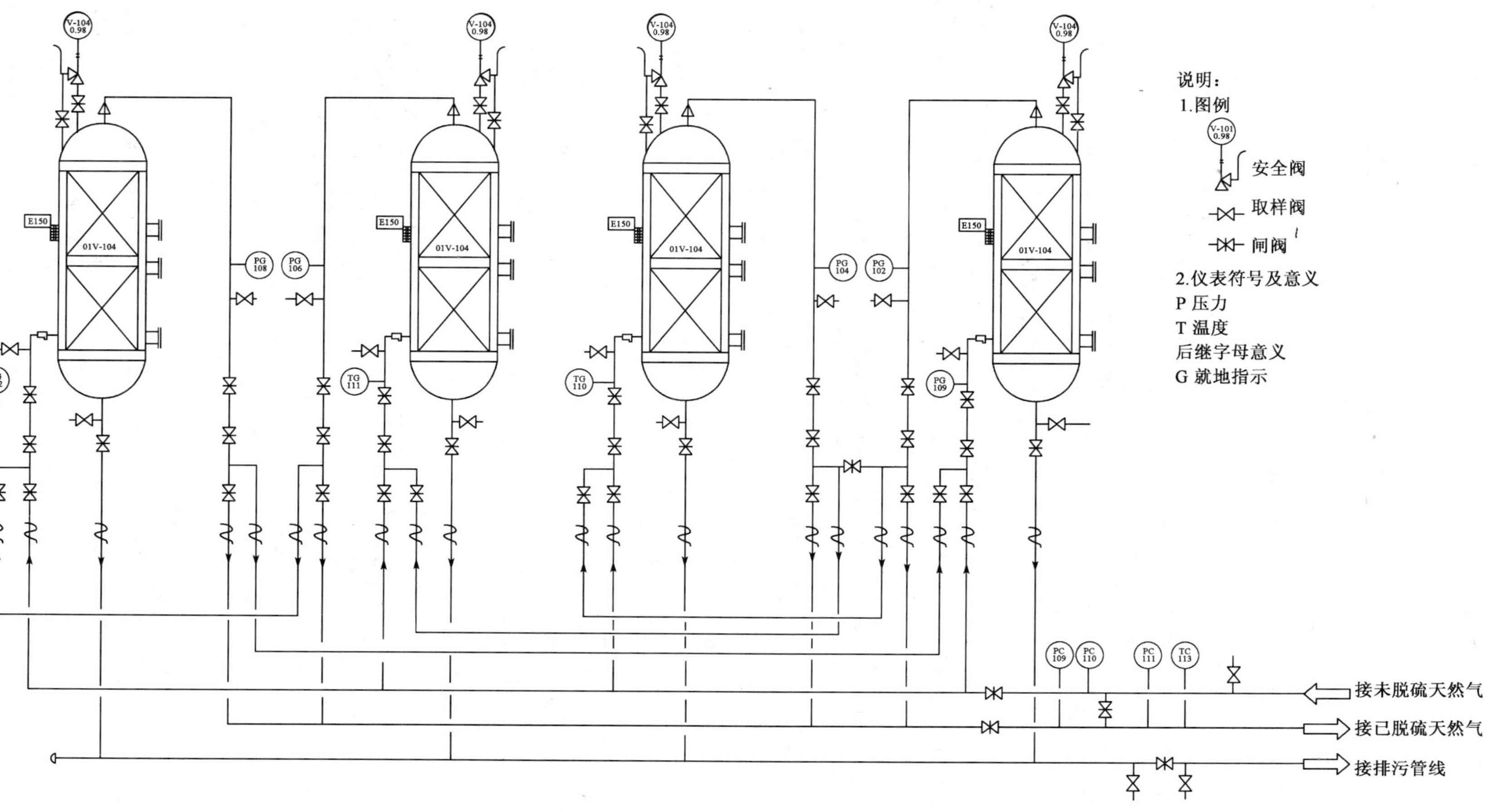

图3　四塔脱硫工艺流程图

3.4.2　脱硫站建设方案及应用

按设计原则及齐40块现状，经综合比对，集中建8个天然气脱硫处理站（见图4）。

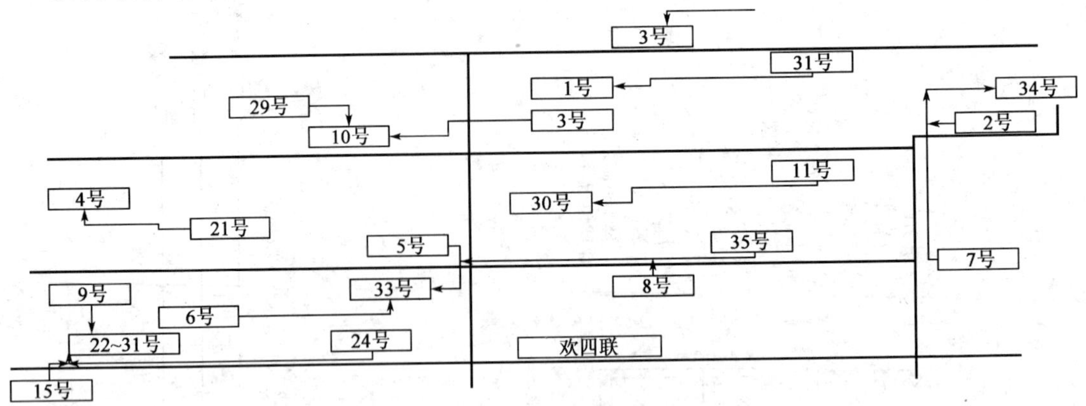

图4　天然气脱硫处理站建设平面图

齐40块8座天然气脱硫处理站分别于2009年9月30日至2010年5月7日全部投产运行，通过实施干法脱硫工艺，处理后天然气中硫化氢含量小于10mg/m^3。运行情况见表3、表4、表5。

表3　齐40块天然气脱硫处理站运行情况一览表

天然气处理站	原站号	投产日期	累计处理气量 m^3	目前脱硫塔运行现状
1	1号站 31号站	1号站于2009年9月30日投产 31号站于2009年12月19日并入	668750	投运4座脱硫塔，第1座、第2座脱硫塔基本饱和，第3座脱硫塔即将穿透
2	30号站 11号站	30号站于2009年11月13日投产 11号站于2010年4月16日并入	1496195	投运3座脱硫塔，第1座、第2座脱硫塔基本饱和，第3座脱硫塔正常运行，出口硫化氢含量为0
3	4号站 21号站	4号站和21号站于2009年12月31日一并投产	1492677	投运4座脱硫塔，每2座脱硫塔串联一起并联成为两路，每一路的第1座脱硫塔基本饱和，每一路的第2座脱硫塔正常运行，出口硫化氢含量为0
4	32号站 4~6单井点	32号站于2009年12月31日投产 4~6单井点目前未并入	59560	投运1座脱硫塔，脱硫塔正常运行，出口硫化氢含量为0
5	10号、29号站 3号站	10号、29号站于2010年2月5日投产 3号站于2010年4月16日并入	883733	投运3座脱硫塔，其中有2座串联和另一座并联两路，有一路的第1座脱硫塔穿透，其他2座脱硫塔正常运行，出口硫化氢含量为0

续表

天然气处理站	原站号	投产日期	累计处理气量 m^3	目前脱硫塔运行现状
6	15 号站、24 号站 9 号站、22～31 单井点	2010 年 4 月 11 日投产		投运 1 座脱硫塔，脱硫塔正常运行，出口硫化氢含量为 0
7	5 号站、8 号站 35 号站、6 号站、33 号站	2010 年 4 月 16 日投产		投运 2 座脱硫塔，脱硫塔正常运行，出口硫化氢含量为 0
8	2 号站、7 号站 34 号站	2010 年 5 月 7 日投产		投运 1 座脱硫塔，脱硫塔正常运行，出口硫化氢含量为 0

注：累计处理气量为 2010 年 3 月 31 日前处理气量。

表 4　八座脱硫站处理效果

处理站	设计气量 m^3/d	设计进口 H_2S 含量 mg/m^3	设计出口 H_2S 含量 mg/m^3	塔直径 mm	塔数量 座	投产时间	目前实际运行气量 m^3/d	实际进口 H_2S 含量 mg/m^3	实际出口 H_2S 含量 mg/m^3
1 号	6600	4497	≤10	1300	4	2009. 9. 30	3708	5950	≤10
30 号	10100	5150	≤10	1700	3	2009. 11. 13	10211	4935	≤10
4 号	16700	5525	≤10	1700	6	2009. 12. 31	18264	5842	≤10
32 号	2200	1250	≤10	1300	2	2009. 12. 31	718	2310	≤10
10 号	32300	5503	≤10	1900	6	2010. 2. 5	27341	5512	≤10
22－31 单井点	12800	4494	≤10	1700	3	2010. 4. 11	14183	5510	≤10
33 号	25000	3917	≤10	1900	6	2010. 4. 16	24006	4659	≤10
34 号	14300	3965	≤10	1700	3	2010. 5. 7	21758	4586	≤10
平均	15000	4722	≤10	—	—	—	15024	5169	≤10

表 5　齐 40 块典型站（30 号站）硫化氢检测记录

日　期	入　口	硫化氢含量，mg/m^3				
		一级出口	二级出口	三级出口	四级出口	五级出口
2009. 11. 13	2000	0	0			
2009. 11. 14	3900	0	0			
2009. 11. 22	2800	0	0			
2009. 11. 27	3000	0	0			
2009. 11. 30	2700	0	0			

续表

日　　期	入　　口	硫化氢含量，mg/m^3				
		一级出口	二级出口	三级出口	四级出口	五级出口
2009. 12. 3	1000	0	0			
2009. 12. 13	6800	0	0			
2009. 12. 28	2600	0	0			
2010. 1. 3	2000	6	0			
2010. 1. 4	1000	10	0			
2010. 1. 7	4000	5	0			
2010. 1. 9	3800	10	0			
2010. 1. 11	3700	31	0			
2010. 1. 13	4300	40	0			
2010. 1. 15	4300	500	0			
2010. 1. 17	4000	1000	0			
2010. 1. 19	3200	1300	0			
2010. 1. 21	3400	2300	0			
2010. 1. 22	3300	2500	0			
2010. 1. 23	3000	2100	0			
2010. 1. 24	2900	2000	0			
2010. 1. 25	3000	2300	0			
2010. 1. 26	3500	2300	0			
2010. 1. 27	3800	2700	0			
2010. 1. 28	3200	2000	0			
2010. 1. 29	2800	2200	0			
2010. 1. 30	3000	1900	0			
2010. 1. 31	3400	1800	0			
2010. 2. 1	3000	2000	0			
2010. 2. 2	2800	1200	0			
2010. 2. 3	4000	2600	0			
2010. 2. 4	1900	1300	0			
2010. 2. 5	2000	1500	0			
2010. 2. 6	4100			3700	0	
2010. 2. 7	4000			3000	0	
2010. 2. 8	3800			2600	0	
2010. 2. 9	3000			1500	0	
2010. 2. 10	2000			1200	0	
2010. 2. 21	2800			2800	0	

续表

日期	入口	硫化氢含量，mg/m³				
		一级出口	二级出口	三级出口	四级出口	五级出口
2010. 2. 22	2500			2000	0	
2010. 2. 23	1000			1000	0	
2010. 2. 24	3000			2300	0	
2010. 2. 25	4700			2800	0	
2010. 2. 26	2400			1700	0	
2010. 2. 27	2400			2300	0	
2010. 2. 28	3000			2000	0	
2010. 3. 1	4000			3900	30	0
2010. 3. 2	4000			3300	20	0
2010. 3. 3	4100			3700	50	0
2010. 3. 4	4000			3600	50	0
2010. 3. 5	3900			4300	50	0
2010. 3. 6	4100			3500	50	0
2010. 3. 7	4200			3600	50	0
2010. 3. 8	4000			3500	100	0
2010. 3. 9	3600			3000	300	0
2010. 3. 10	3800			3000	500	0
2010. 3. 11	4100			3700	700	0
2010. 3. 12	4000			2300	850	0
2010. 3. 13	4700			3600	1100	0
2010. 3. 14	3000			2300	700	0
2010. 3. 15	4100			3000	500	0
2010. 3. 16	1000			500	100	0
2010. 3. 17	2000			1700	1600	0
2010. 3. 18	2700			2700	2000	0
2010. 3. 19	2300			1600	1300	0
2010. 3. 20	1000			1000	800	0

4 结语

通过开展稠油油田齐40块次生硫化氢产生原因分析，确定齐40块稠油区块硫化氢主要是稠油中含硫有机物热裂解产生，是伴随着稠油油藏注蒸汽开发过程而形成的，属于次生硫化氢气体。采取“干法”脱硫技术对齐40块进行硫化氢治理，解决了稠油油田伴生气硫化氢的问题，处理后天然气中硫化氢含量小于10 mg/m³；解决了齐40块油井伴生天然气的排放、天然气中有机硫对人身健康影响等问题，为稠油油田硫化氢综合治理工作开辟了新的途径。

参 考 文 献

[1] 王潜．辽河油田油井硫化氢产生机理及防治措施［J］．石油勘探与开发，2008，35（3）：349－354.
[2] 黄毅，杨俊印，吴拓，等．辽河油田稠油区块硫化氢分布特征及成因研究［J］．天然气地球化学，2008，19（2）：255－260.

王窑水库流域输油管道泄漏抢险方法与经验探讨

刘仲勤　朱明新　周忠波

（中国石油长庆油田公司　陕西省延安市　716000）

摘　要　长庆油田第一采油厂辖区的5个采油作业区全部位于王窑水库上游，其中侯市作业区“怀抱”王窑水库，其油水井大部分位于水库周边，输、集油管线纵横交错，如果管线破裂，原油极易随河道流入水库，造成严重的环境污染。侯市采油作业区在加强自身管理的同时，将流域内原油泄漏事故抢险作为输油管道完整性管理的重要组成部分，通过近几年对几起输油管道泄漏抢险的有效组织，积累了宝贵经验。

关键词　王窑水库　输油管道　泄漏　抢险方法　经验探讨

0　引言

王窑水库是延安地区唯一的一座大（II）型水库，位于安塞县延河支流杏子河中游的陈则沟村，正常蓄水位1182.5m，总库容2.03亿m^3，是一座以防洪为主，兼有灌溉、养鱼、发电、拦泥淤地及为延安30万人提供必要的生产、生活用水。

1　原油泄漏原因分析

（1）外部环境复杂，偷盗原油现象屡禁不止。

近年来，在利益的驱使下，一些不法分子为牟取暴利，通过管线打眼、贩卖原油等非正常途径“发财致富”，加上油田独特的生产环境，交通不便，井点多、战线长、面积广、井与井之间的距离远、管理难度大，给不法分子实施盗油、囤积原油提供便利，造成一定环境污染。

（2）施工过程中存在质量问题。

在油田建设施工中，由于使用了质量不高的管材或者管材由于老化原因发生结构退化（磨损及裂纹），以及施工本身的质量问题，管道使用年代越久远，发生原油管线破损、泄漏的可能性越大。

（3）管线使用年限较长 。

侯市作业区是采油一厂最早生产区块，部分管线投产已达16年，管壁腐蚀、破损严重，易发生原油管线破损、泄漏事故（见图1）。

（4）人员操作失误。

人员操作失误包括设备、系统故障和人为失误，也包括缺乏充分的维护，导致原油泄漏。

（5）自然灾害导致管道破坏。

自然灾害导致管道破坏是指洪水、泥石流、地震、塌方等外来因素，导致管线破裂，原油泄漏（见图2）。

图1　管线使用时间较长导致腐蚀

图2　排水渠损坏、塌方导致管线悬空

从近几年原油管道因破裂造成油品外泄的粗略统计来看，由于近年来科技进步，新建管道材质、防腐以及施工质量大幅提升，施工缺陷的几率降低；新技术的应用和管理水平提高，人为误操作几率也大幅下降；造成管道破裂泄漏的主要原因是自然灾害及外部环境的不稳定造成的，可占到泄漏量的70%以上。由此可见，加强管护工作及外部环境的治理是我们控制事故的重中之重。

2　管线原油泄漏的特点

原油管道运输的特点是压力大和输送量大，一旦管道发生破裂就会造成大量的原油外泄，外泄原油将顺着地势自然流淌，可能聚集在低凹的地面、山涧，也可能会到达溪流、水库和江河当中。一旦原油泄漏进入正在流淌的小溪或河流中，就会被冲走，顺水而下，扩散到更加广大的区域，进而导致更加严重的后果。特别是地处王窑水库流域的山区，沟壑纵横，原油流进河流的几率很高。总之，管道一旦破裂泄漏，轻则大面积污染土壤，破坏植被，重则污染水库、河流水源。如果应急迟缓，控制不当，还容易引发次生事故，造成恶劣的影响。

事故预防、事前控制固然重要，但一旦事故发生，如何迅速有效地控制污染面和回收油品，将损失降到最小的限度，是我们不断追寻的目标。

3　原油泄漏拦截、回收方法

（1）人工方法。

人工方法包括人工筑坝或拦油栅拦油、吸油棉吸油或生活用具撇油，或者将受污染的土壤坑埋等。这类方法效率低，工作强度大，对人体健康有影响，容易造成二次污染，环境恢复效果不理想，控制不好还容易引发次生事故（见图3）。

（2）机械方法。

机械方法包括所有依赖于使用撇油器、油栏、泵或重型机械作出的反应。机械筑坝、撇油器收油，事故控制速度快、效率高，但体积大、笨重，对于地形复杂的地方鞭长莫及，力不从心。该方法仅适应伴行公路良好的地段。

（3）沟坑排放法。

当原油泄漏时，采用修筑水坝或排放坑的方法来储存泄漏原油，用泵清除或将储存油抽走，防止流入河流或者其他水体。该方法在干涸的沟或河道上作业，是一种最有效的方法。

图3　人工筑坝、设置拦油栅栏

（4）就地焚烧法。

就地焚烧法指在受到污染的位置点火和焚烧油品。应当指出的是，该方法是在如不采取果断措施会引发更大灾害、并确保泄漏点及周围已处理好、污染现场因燃烧而不会引发次生灾害的情况下，不得已而为之的措施。

（5）生物降解法。

生物降解法指将泄漏油品与土壤进行混合，引入可以分解油品、降低浓度的细菌，同时允许自然力进一步降低油品毒性。此方法必须在受严格控制的范围内使用，费用高，处理周期长，通常较少使用。

4　抢险案例分析

4.1　事情经过

某年某月某日7时30分，某厂增压站输油管线因连日暴雨引发山体滑坡，造成输油管线破裂、原油外泄，威胁周边水库安全。灾情发生后，公司高度重视，立即启动应急预案，并组织各个临边单位人员开展抢险。抢险人员连夜奋战，发扬团结协作、不怕困难的大无畏精神，奋力抢险、勇于奉献，使灾情迅速得到控制，损失降到了最低程度。抢险现场见图4。

图4　抢险现场

4.2　原因分析

4.2.1　直接原因

导致事故的直接原因是由于连降大雨，土质松软造成塌方，导致管线断裂，断裂处均为焊口（见图5）。

图5　管线断裂处

4.2.2　间接原因

（1）从管理因素上来说，以上事故是管线断裂造成原油污染，且是外输管线。阴雨季节，管线处于比较偏僻的沟壑之间，井区干部对存在的危险源识别估计不足。在日常管理中，各级领导干部、员工在雨季隐患排查有所放松，各级管线承包人员没有加大管线隐患的排查力度。

（2）从技术层面来看，各级管理人员未对管线走向存在的危险性进行有效分析，管线断裂处为焊口，在施工时放松了对施工质量及安全的有效监督。本例由于管线处于路边排水渠下，平时不易观察，再加上涵管是对接，如周围环境发生位移，接口很容易产生渗漏，从而导致管线断裂。

（3）从教育培训上来说，发生泄漏事故后，站内小班员工由于判断时间过长，采取措施不及时，导致大量原油泄漏，给企业造成了无法挽回的社会负面影响。这说明各级员工在各种技能培训上还存在着一定差距，员工的综合判断能力较差，需要在以后的培训工作中不断提高培训力度，改进培训方法，切实提高广大员工的安全技能及各类设备的操作技能。

（4）该事故是由于连降大雨，道路泥泞，抢险工作进度缓慢，导致原油污染了周边水库。由于路况不熟，且路程较长，巡查人员都是步行，给巡查工作带来了极大的困难，寻找原油污染源头时间过长，错过了抢险最佳时间。这说明在汛期阶段对各类突发事故的应对措施估计不足，对管线运行的危险源重视程度不够高，应对恶劣天气及环境影响下的抢险应急缺乏经验。

（5）在应急抢险过程中，由于现场无专人统一指挥，导致抢险现场混乱，抢险车辆、抢险物资的调派及应急队伍的调派无人监管，各类人员的分工不够明确，抢险工作的衔接及沟通不畅，达不到快速抢险的目的，导致事态扩大。

（6）在日常管线巡护中，各级单位对油区范围内的环境不熟悉，对油区的河流分布、道路情况掌握不够全面，当发生突发事故后，不能快速启动应急反应，从而延误了抢险时间。

（7）在管线巡查及日常监督中，没能根据现场实际情况制定切实可行的管线承包、信息反馈制度，只是片面的要求井区干部进行监管，没有强化管线周围村庄群众、住井点人员的监督，未形成科学、务实的监管模式，不能够及时发现问题和处理问题。

5　如何提高水库流域内快速抢险能力

5.1　事前预防

5.1.1　管线走向设计与周围环境相协调

（1）存在问题。

为了便于施工和巡查，一般的管线均在道路两旁敷设，但道路两旁存在无排水渠、引水渠等设施，如果出现大暴雨，极易发生塌方，导致管线断裂事故，再加上油气管道在运行过程中，腐蚀、疲劳、自然与地质灾害、违章施工、打孔盗油（气）等多种风险，都可能造成管道泄漏甚至引起爆炸、燃烧，导致人员伤亡和环境污染等次生事故，产生较大经济损失和恶劣社会影响。管线走向、设计不合理的示例见图6。

图6　管线走向、设计不合理

（2）相关建议。

对管线周围环境进行综合考虑，管线不得设在易塌方、陡峭区域，不得设在排水渠、引水渠等危险区域。如果确需通过，必须有保护设施，并对所有影响管道完整性的因素进行综合的、一体化管理，使管道始终处于安全、可靠、受控的工作状态。

5.1.2　尽快建立管线环境风险识别制度

（1）存在问题。

由于油区多在条件比较恶劣的黄土流失层区域，土质松软、道路崎岖、沟壑纵横成为制约管线安全运行的不利因素，另外受环境、气候等因素影响，管线周围的环境极易改变，从而给管线的安全运行带来较多问题。

（2）相关建议。

作业区、井区必须开展定期或不定期的管线危险源识别活动，尤其是雨雪天气，必须在雨雪前、雨雪中、雨雪后开展风险识别活动，并有针对性地提出解决方案，开展管线治理工作。

5.1.3　不断完善管线管理相关制度

近几年，作业区也积累了一些管理经验，在实践工作中起到了一定作用，如天气预警机制、设立“五级”管线承包制度、上下游各站输油联系记录、雨季输油制度、专人专车巡线制度等。2008年10月23日19时05分侯三转外输泵压突然下降，当班员工立即停泵，查找原因，并联系上下游站点询问接收情况，为作业区采取应急措施提供了有利条件；2009年5月16日15时30分侯九转当班员工在巡回检查时发现外输泵压下降，小班随即停输报告站长并电话联系集输队询问其接收到的排量和压力是否正常，有效地降低了原油泄漏造成的污染事故。针对以上事件，作业区为了鼓励员工，增强员工安全环保意识，对当班员工给予奖励。这些制度都在进一步完善之中，尤其是叉输管线，各种参数的设定需要长时间的探索和实践。

5.1.4 进行有奖举报活动

（1）存在问题。

由于受环境的影响，本区域内的管线分布也不尽相同，大多数管线都在无人看护的偏远地带，这些管线一旦发生泄漏，会造成不可估量的后果。

（2）相关建议。

只有发动全社会的力量，才能做到万无一失。侯市作业区自建区以来，发生了数起管线穿孔造成原油泄漏事故，有3起事故为泄漏点周围群众举报所告知的，实践证明这一方法是比较务实的。如2004年9月侯六转外输管线在玉皇沟桥头前400多米的河滩处发生腐蚀穿孔事故，有一过往的当地司机及时发现进行了举报，才避免了一起重大污染事故的发生。

5.1.5 与数字化油田建设相结合

（1）存在问题。

人防、物防、技防是防止管线泄漏、应急抢险的关键。近几年虽然对部分管线、集输系统进行了改造，但远远杜绝不了各种污染事故的发生。

（2）相关建议。

现代科技日新月异，怎样利用现有的科技手段防止管线泄漏或抢险，是各级管理人员所要思考的问题。为了长远效益，在新站建立时应配套使用相应的监控系统，即外输压力及排量远程监控系统、完善各站的计量系统、长输管线泄漏监控仪、外输压力及排量下降报警仪，在关键部位设立探头和油气报警仪等现代化仪器仪表。

5.1.6 不断完善“监控岗”管理机制

（1）存在问题。

在日常管理中，虽然作业区进行了“五级”管线监控，但还存在着许多盲点，尤其是长输管线，不可能利用各种参数的高低或现有人员的巡线达到及时发现、及时处理管线泄漏的目的。

（2）相关建议。

利用当地群众距离长输管线较近这一实际情况，厂及作业区实行重点要害部位设立监控岗已近两年，他们在日常管理中也发挥了重要作用，尤其是偏远管线，采取一定报酬的补偿，既可以满足生产需要，也为当地百姓提供了可靠的收入，是实现管线管理的有效手段之一。

5.1.7 应急抢险的评审、改进及器材的保养

（1）存在问题。

近几年，由于受环境、气候的影响，各种污染事故时有发生，怎样才能把事故的损失降到最低，它所涵盖的层面较多：应急预案是否务实，应急人员的指挥素质是否较高，应急道路、设备是否有效，抢险环境是否适应等一系列的问题，都需要进行不断探索和改进。

（2）相关建议。

一是不断完善防污染应急预案的改进工作，通过预案演练不断持续改进。二是对应急器材进行全面保养维护，尤其是装载机、电焊机、各类灯具等。三是加大应急物资的储备及管护工作，如管卡、拦油网、草袋等要齐全。四是加大抢险道路的保养及维护工作，尤其是主干道必须保证及时恢复、及时使用，从而保障抢险有效。五是尽快建立健全管线走向及方位图，并对周围环境进行测绘，完成直观性的图例，以便于进行抢险。

5.1.8 对集输管网进行综合评价

（1）存在问题。

由于受各种因素影响，老油田的改造、更新项目较多，有些管线集输系统是长期性的，有些是临时性的，但污染事故不能用时间来衡量，一旦管理、技术手段失效，污染事故就会发生。

（2）相关建议。

一是为了便于管理，可有效利用现有资源进行整合，尽量避免管线叉输现象。二是从泵的选型上必须满足管线设计需求，不得超压运行，尽量选择能使用变频装置的，可以对排量进行有效调控。三是不能一味地追求设备利用率和效率，各站的储油罐必须有充足的升库空间。四是不断完善各站的来油、外输计量系统，保障监控科学有效。

5.2 事后预防

（1）存在问题。

作业区结合近几年兄弟单位发生的污染事故进行总结，大多都是在雨季发生，小河道水流较大，一般无法实施有效拦截，且有效拦截面处于距离水库较近的区域，因此事前预防显得最为重要。

（2）相关建议。

一是现场察看，在水流较快的区域采取多道设立拦油坝的方法，多次降低其势能，从而进行有效拦截。二是在保障安全的前提下开展抢险工作，现场指挥人员必须综合考虑，统筹安排。三是在发生事故后，现场判断必须准确，发生部位及周边环境必须清楚、准确，按照“前堵后截”的方法进行有效处理。

6 结语

原油集输管线管理是一项复杂、长期的工作，需要进行长期实践，预防为主、控制在先是此项工作的前提，尤其是侯市作业区“怀抱”王窑水库，环保责任任重而道远。我们只有把事故控制和事故抢险齐抓并举，建立健全各种应急机制及相应的措施，防患于未然，才能有效地促进管道运输乃至石油事业的和谐健康发展，才能够实现企地双赢。

运用人工湿地处理葡北生活污水的探索与应用

王　梅

（中国石油吐哈油田公司　新疆吐鲁番　838202）

摘　要　利用人工湿地处理系统进行生活污水处理的技术，目前国际上有较多研究和应用。该技术主要利用自然生态系统中的物理、化学、生物的三重作用，通过过滤、吸附、沉淀、离子交换、植物吸收和微生物分解作用来实现生活污水的高效净化。结合吐哈油田公司葡北站场站规模的实际情况及对该站生活污水水质进行分析，并对几种常用的污水生化处理工艺进行了比较，确定选用三级潜流型人工湿地处理该站生活污水。本文介绍了三级潜流型人工湿地污水处理系统的工艺特点、运行、维护及效果。经分析论证，利用人工湿地处理分散站的小排量生活污水，以较低的成本实现了生活污水的优质处理，产生较好的经济效益和社会效益。

关键词　人工湿地　生活污水　污水处理

0　引言

吐哈油田大部分位于新疆吐鲁番盆地，油田所属开发区域地质结构复杂，厂站规模相对较小且分散，生活污水无法集中处理。由于油田开发区域多位于荒漠戈壁，在开发早期，部分小规模厂站的生活污水采用人工氧化塘进行自然净化处理。冬季由于蒸发量小，受氧化塘容积限制，部分污水溢出，对周围环境造成一定影响，成为油田环境管理的难点。因此，采用经济有效的办法处理各站点的生活污水对提高油田的环境管理水平具有重要意义。

1　现状

吐哈油田葡北站位于吐鲁番市东北 11km，南距 312 国道、北靠火焰山脉，地处戈壁荒漠地带，远离固定人群的农田、村庄，无自然保护区和环境敏感点，属于典型的大陆性气候，冬季寒冷，夏季酷热，素有“火洲”之称。区域干燥少雨，地表水缺乏，昼夜温差大，年蒸发量达 3000mm。

葡北站于 2002 年建成投用，常驻职工人数近百人，生活污水排放量约 $15m^3/d$。现有污水处理设施为 60 m^3 化粪池和 600 m^3 干化池各一座，其中干化池未作防渗处理。生活污水经化粪池沉淀后进入干化池，干化池出水不能达标排放。为此，需要选用经济技术可行的工艺对污水进行处理。

2　工艺选择

葡北站生活污水 BOD_5/COD_{Cr}值为 0. 33，可生化性较好，表 1 为污水水质情况。

表1　葡北站生活污水水质情况

分析项目	pH值	COD_{Cr} mg/L	BOD_5 mg/L	氨氮 mg/L	总磷 mg/L	悬浮物（SS） mg/L	粪大肠杆菌 个/100mL
分析数值	7.5	230	78	11	3.9	245	320

目前比较成熟的几种生化处理工艺处理生活污水的比较见表2。

表2　常用污水生化处理工艺的比较

工艺类型	处理效果	运行管理	抗冲击性	基建投资	运行成本	占地
活性污泥法	较好	复杂	中	高	中	中
A/O法	好	复杂	中	高	高	中
生物流化床	好	复杂	强	高	高	小
生物接触氧化法	好	中	中	高	中	中
SBR	好	中	强	中	中	小
人工湿地	好	简单	中	低	低	大

其中人工湿地是为处理污水而人为设计建造的、工程化的湿地系统。这种湿地系统是在一定长宽比及地面坡度的洼地中，由土壤和基质填料（如砾石等）混合组成填料床，污水在床体的填料缝隙或床体表面流动，并在床的表面种植具有处理性能好、成活率高、抗水性强、生长周期长、美观及具有经济价值的水生植物。湿地系统依靠物理的、化学的、生物的作用对污水进行处理。人工湿地污水净化过程中，基质、植物和微生物三者相互联系，互为因果，形成一个共生系统，利用基质—微生物—植物的物理、化学和生物的三重协同作用，通过过滤、吸附、沉淀、离子交换、植物吸收和微生物降解等来实现对污水的净化。

通过综合比较，确定人工湿地法是处理葡北站生活污水的最优方案。其优势有以下几点：(1) 人工湿地法基本不使用电机设备，投资和运行费用低，运行管理简单；(2) 葡北站地处戈壁，土地资源丰富，而绿化面积相对较少，采用人工湿地法符合当地的地理条件和环境生态建设的需要，可以营造与其建设面积相等的绿化面积，产生额外的环境效益，为野生动物提供一定的活动场所。

3　工艺设计

3.1　设计水量及进出水质

3.1.1　设计水量

目前葡北站生活污水排放量约15 m^3/d（0.625 m^3/h），考虑日后扩建需要，确定葡北站设计平均污水处理能力为50 m^3/d（2.08 m^3/h）。取时变化系数 $K_1=2.4$，生活污水处理设施设计最大污水处理能力为120 m^3/d（5 m^3/h）。

3.1.2　设计进水水质

葡北生活站点污水处理设施设计进水水质各项指标值见表3。

表3　设计进水水质各项指标值

水质指标	COD_{Cr}，mg/L	BOD_5，mg/L	SS，mg/L	氨氮，mg/L	粪大肠菌群数，个/L
设计进水水质	420	140	45	32	$>10^6$

3.2 工艺流程设计

主体工艺采用三级潜流型人工湿地法，消毒剂选用二氧化氯。总体工艺流程如图1所示。

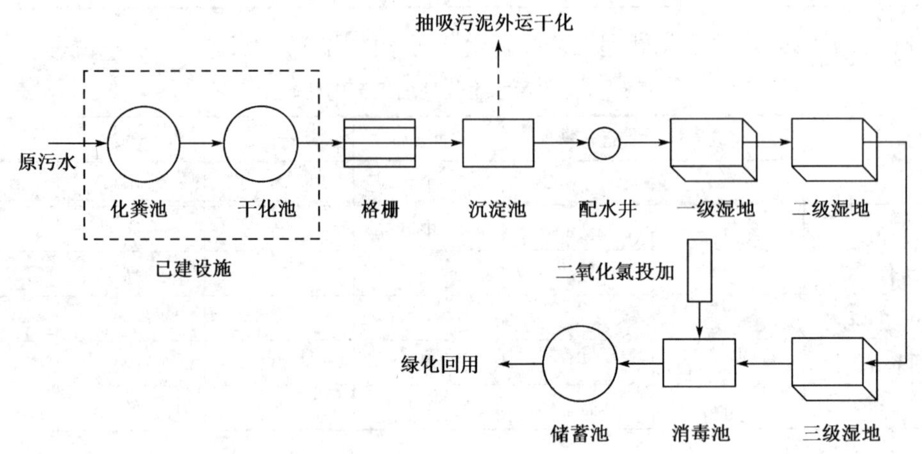

图1 总体工艺流程

3.2.1 三级潜流型人工湿地

为适应北方地区冬季气温较低的特点，设计为三级潜流型人工湿地。第一级面积较小，主要用于高效过滤沉淀池出水，进一步去除其中的固体悬浮物，防止后续人工湿地发生堵塞，延长人工湿地的整体寿命；第二级面积较大，主要依靠其中的生化反应去除污水中的有机污染物；第三级为小颗粒填料人工湿地，确保出水稳定达标。三级人工湿地参数见表4。

表4 三级人工湿地参数

湿地分级	面积，m^2	底层填料	上层填料	湿地植物	BOD面积负荷
一级	80	粒径15 ~ 25mm	粒径5 ~ 10mm	芨芨草	去除SS
二级	600	粒径5 ~10mm	粒径3 ~ 6mm	芦苇	12g/(m^2·d)
三级	600	粒径3 ~ 6mm	沙土	芦苇	6g/(m^2·d)

植物选用：使用当地自然湿地植物芦苇和芨芨草，种植密度不小于20棵/m^2。

人工湿地底部防渗处理：池体底部在原土层的基础上填置30 cm夯实粘土层，粘土层上铺设土工膜，土工膜贴着池壁延伸至填料表面高度。为应对温差变化引起的热胀冷缩效应，在池底边缘处将土工膜进行适量的折叠，以防破裂。

人工湿地池壁防渗处理：人工湿地池壁选用砖砌粘土夹层的方式修建，池壁由两层砖层和夹在中间的厚30cm的粘土层组成，粘土层夯实，墙内面铺设土工膜。

3.2.2 各级人工湿地的布置及连接方式

每级人工湿地分四列并联布置，总宽度均为20 m。各列之间均采用土工膜严格防渗，确保各列的独立性。一级、二级、三级湿地采用串联布置，各级湿地之间采用跌水槽进行连接，对污水进行自然复氧。为了防止过量蒸发和冻损，跌水槽在夏季进行部分遮盖，冬季完全遮盖保温。

3.2.3 消毒单元

考虑到葡北生活站点污水出水需要回用的要求，选用二氧化氯作为处理出水的消毒剂，可以有效地杀菌、去除污水异味。设计有效氯的正常投加量为 10 mg/L。

4 运行、维护及效果

4.1 运行

目前葡北生活站点生活污水量仅为 15 m^3/d，只用设计人工湿地的 1/4 的面积即可满足需要，因此，前期仅需要启动运行每级湿地的一列即可，实行连续进水连续出水的运行方式，配合人工湿地的运行方式种植植物。

生活污水水量具有不均匀性，沉淀池进水通过简易自控柜根据格栅井内水位对水泵进行启停控制，保证湿地进水配水的均匀性。同样，三级湿地出水进入储蓄池也是通过简易自控柜进行控制。

4.2 维护

维护工作量较小，主要是以下三部分：（1）每年三月去除老死的植物，清理湿地表面的残枝败叶；（2）每月对自动控制设备、潜水泵等的工作状况进行检查，确保设备运转正常；（3）每半年清理一次沉淀池的污泥，可根据生活污水水量适当调整清理次数，保证湿地配水的均匀性。

4.3 冬季管理

新疆冬季寒冷，为防止污水处理设施、管道在冬季发生故障，将污水管线埋地，对裸露地表的管道进行加伴热保温，防止管线冻堵；冬季之前不割湿地植物，只是压倒植物，植物上层覆盖草席子，于次年 3 月揭掉草席子，并清除湿地植物，防止植物腐烂造成二次污染。

4.4 运行效果

葡北站人工湿地污水处理设施自建成后运行良好，系统运行稳定，出水水质良好，湿地的植物在夏季生长旺盛，目前已几乎布满整个湿地，从成为葡北站一道美丽的风景。表 5 为运行以来的出水水质数据。

表 5　人工湿地出水水质监测数值

项目 / 序号	水质指标	设计出水水质	运行出水水质
1	COD_{Cr}，mg/L	150	68
2	BOD_5，mg/L	60	26
3	SS，mg/L	40	23
4	氨氮，mg/L	25	10.3
5	粪大肠菌群数，个/L	<900	41

注：运行出水水质数据来自委托新疆鄯善火车站镇吐哈石油技术监测中心取样分析数据，2010 年的平均数值。

5 结语

从目前葡北站人工湿地污水处理系统的运行情况分析，利用人工湿地处理葡北站点的生活污水非常成功，出水水质达到绿化回用的要求，实现了节水和节能减排的目的。选用人工湿地处理分散站的小排量生活污水是十分经济且有效的，以较低的成本，实现了生活污水的优质处理，产生了较好的经济效益和社会效益。

参考文献

[1] 刘东阁，孙爱华，谢文军，等．人工湿地污水处理技术研究综述［J］．山东林业科技，2009，（4）：124－128.

[2] 成先峰，赵永红，张涛．人工湿地系统处理生活污水的设计应用研究进展［J］．江西理工大学学报，2010.

国内原油库最大储罐灭火战斗车辆补水存在的问题及对策

吕有为　任　峰　余中华

（中国石油吐哈油田公司　新疆鄯善　838202）

摘　要　在原油库容积最大储罐火灾扑救中，若要保证灭火行动的持续进行，需给灭火战斗车辆源源不断地补水。本文结合实际指出了长期以来在原油或其他石油产品库容积最大或相等储罐火灾扑救中，给灭火战斗车辆补水方法中存在的一个普遍性问题，并针对原因进行了分析，提出了解决问题的对策。

关键词　最大原油储罐　战斗车辆补水　问题　对策

1　问题的提出

原油库容积最大的储罐一旦发生火灾，具有燃烧速度快、热辐射强、灭火难度大等特点。在实施扑救过程中给灭火战斗车辆（包括主战车、辅战车，以下统称战斗车辆）不断地补水是决定灭火成败的关键。目前国内常用战斗车辆最大载水量少则数吨，多则十几吨，其自身供水能力小，使用车载炮两分钟左右即可将车载水用完。如何给战斗车辆不断地补水，长期以来普遍方法是利用消防水带或吸水管从储罐周围消火栓上直接取水向战斗车辆补水。然而，这种补水方法存在一个问题，就是当固定冷却水系统给最大原油储罐供冷却水时，消火栓供水管网内的供水能力有限，不能满足战斗车辆不断补水的需求。

2　问题产生的原因分析

2.1　固定冷却水系统简介

为确保原油库容积最大储罐消防安全，按照国家有关建设消防标准，设置固定冷却水系统。它是由消防水池（罐）、消防水泵、合用管网、消火栓、固定冷却水环管、喷头等部件组成，如图1所示。工作原理是启动消防水泵，通过合用管网给固定冷却水环管及喷头供冷却水，对储罐进行冷却降温。

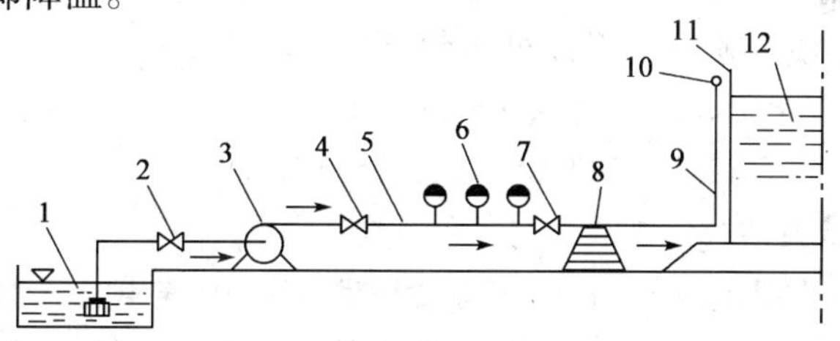

图1　固定冷却水系统组成示意图

1—水池；2—进水阀；3—水泵；4—出水阀；5—合用管网；6—消火栓；7—控制阀；8—防火堤；9—立管；10—环管；11—喷头；12—储罐

2.2 直接原因分析

根据固定冷却水系统组成及工作原理，固定冷却水系统与消火栓合用一条供水管网，简称合用管网。当合用管网给最大原油储罐供冷却水时，同时也给消火栓供水。合用管网供水能力主要考虑的是固定冷却水系统给最大原油储罐供冷却水的用水，消火栓用水基本没有考虑；即便是有，剩余量也不大。无论是哪种情况，合用管网的供水能力都不能满足复杂火灾情况下最大原油储罐战斗车辆不断补水的需求。

2.3 案例分析

以某原油库最大立式钢质原油储罐为案例，通过估算，对复杂火灾情况下合用管网不能满足最大原油储罐战斗车辆补水的直接原因做进一步的分析。

某原油库最大立式钢质原油储罐容积是 50000 m^3，直径是 60m，罐高是 19.35m，截面积是 2826 ㎡。固定消防冷却水系统基本情况见表 1。

表 1　固定式消防冷却水系统基本情况

项　　别	基本情况
消防水泵	消防水泵 3 台，流量 500 m^3/h，扬程 114m；类型是离心泵
消防水泵运行	用二备一；并联运行
合用管网	环状管网，主管网管径 250mm，分区管网管径 200mm
消火栓	型号 SS150/80－1.6；12 套
固定冷却装置	喷头 489 只，单只喷头流量 15L/min，工作压力 0.35MPa

假定复杂火灾情况是全液面燃烧，且储罐顶部固定泡沫灭火设施被破坏，其余消防设施运行正常。扑救选用重型泡沫车，车载泡沫炮流量是 64L/s，泡沫液是 6% 型水成膜；泡沫混合液供给强度是 $6.5L/(min \cdot m^2)$。

依据以上假定的情况进行估算分析。

（1）合用管网供水能力估算。

离心泵水泵并联运行时，2 台效率是 90%。

合用管网供水能力＝并联消防水泵数量×单台流量×90%
＝2×500×90%＝900（m^3/h）＝250（L/s）

（2）固定冷却水设施用水量估算。

固定冷却水设施用水量＝喷头总数量×单只喷头流量＝489×15
＝7335（L/min）＝122.25（L/s）

（3）消火栓供水能力估算。

消火栓供水能力实质上就是合用管网供水能力剩余量。

剩余量＝合用管网供水能力－固定冷却水设施用水量
＝250－122.25＝127.75（L/s）

（4）消火栓供车能力估算。

消火栓供车能力（辆）＝消火栓供水能力/车载泡沫炮流量
＝127.75/64＝1.996（辆）≈2（辆）

（5）复杂火灾情况下战斗车辆补水总量估算。

第一步：泡沫混合液用量估算。

泡沫混合液用量 = 泡沫混合液供给强度 × 着火罐燃烧面积

$= 6.5 \times 2826 = 18369\ (L/min) = 306.15\ (L/s)$

第二步：重型泡沫战斗车数量估算。

重型泡沫战斗车数量（辆）= 所需泡沫混合液用量/车载泡沫炮流量

$= 306.15/64 = 4.78$（辆）≈ 5（辆）

第三步：补水总量估算。

补水总量 = 重型泡沫战斗车数量 × 车载泡沫炮流量 × （1 − 0.06）

$= 5 \times 64 \times 0.94 = 300.08\ (L/s)$

（6）估算结果对比分析。

从上述第（3）、（4）、（5）项估算结果来看，该原油库最大立式钢质原油储罐合用管网供水能力剩余量是127.75 L/s，最多能满足2辆重型泡沫战斗车补水量的需求；而扑救复杂火灾情况下则需要5辆重型泡沫战斗车，补水总量是300.08L/s；尚缺补水量172.33 L/s，占总补水量的57.4%。显然，对比分析结果表明，合用管网供水能力不能满足扑救复杂情况下最大原油储罐战斗车辆不断补水的需求。

2.4 现场测试分析

对本文第2.3节案例分析的估算结果即合用管网供水能力不能满足扑救复杂情况下战斗车辆补水需求进行现场测试。方法是通过固定冷却水环管喷头处的压力变化来判定合用管网供水能力的变化。

（1）场地。某原油库最大立式钢质原油储罐区。

（2）设备及器材。压力表1只，检测水枪1只，13−80−40型消防水带20条（备用4条），重型泡沫战斗车4辆（备用1部），固定冷却水系统一套包括消防水泵2台、合用供水管网1套、消火栓12套、固定冷却水环管、喷头等。

（3）准备。卸下固定冷却水环管最上一层喷头1只，将压力表安装上去；在储罐区南侧消火栓上安装1只检测水枪；在储罐区东西侧消防车道上各布置2辆重型泡沫战斗车，并利用13−80−40型消防水带就近连接重型泡沫战斗车与消火栓；每2套消火栓各连接2条消防水带给1辆重型泡沫战斗车供水。具体布置见图2。

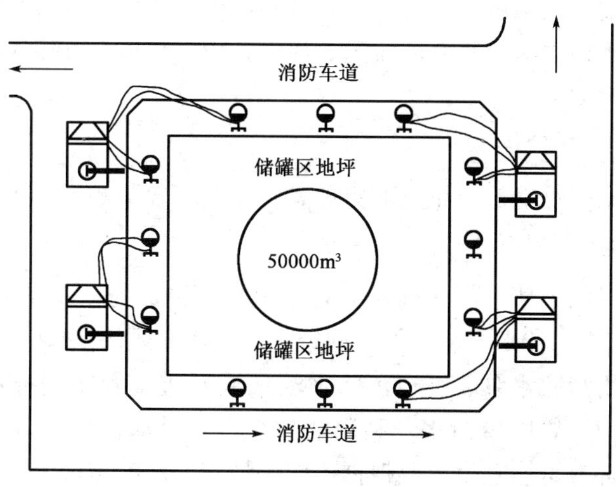

图2　重型泡沫战斗车与消火栓连接布置示意图

（4）实施步骤。启动 2 台消防水泵向合用管网、固定冷却水环管、喷头供水，观察检测水枪和压力表的压力值，待压力表升至喷头工作压力（0.35MPa）后，开启 2 套消火栓用 4 条消防水带向 1 辆重型泡沫战斗车供水，1min 后记录下检测水枪和压力表压力值；然后开启第 3 套消火栓（累计用 6 条消防水带）分别向 1.5 辆重型泡沫战斗车供水，1min 后记录下压力表和检测水枪压力值。这样测试程序每开启 1 套消火栓进行一次，直至压力表值低于 0.35MPa 时为止。最后，再采用校对法，减去 1 条消防水带，观察检测水枪和压力表的压力值并记录。

按照上述（1）~（4）过程调集重型泡沫战斗车及相关设备器材进行现场测试，当消火栓开启数量和消防水带条数分别增加到 5 套和 10 条时，喷头处的压力已经不能满足 0.35MPa 的工作压力要求。其结果与本文第 2.3 节案例分析估算结果相符。

2.5 间接原因分析

这个问题的间接原因是在战斗车辆补水布置时，没有完全掌握固定冷却水设施与消火栓合用管网供水能力不足的问题，致使采取了不能保证战斗车辆不断补水的方法，即不能利用消防水带或吸水管从储罐周围消火栓上直接取水。

3 解决问题的对策

根据存在问题的原因以及原油库储罐区消防设施的设置情况，按照最大原油储罐灭火战斗车辆供水的要求，因地制宜，提出如下弥补战斗车辆补水不足的对策。

3.1 消防水池（罐）取水

由一辆或数辆供水消防车，采用串联方式，直接从消防水池（罐）取水给战斗车辆补水，同时开启消防水池（罐）的进水管线阀及时给消防水池（罐）补水。在实现这一补水方法时，如果是消防水池应在池顶适当位置设置一个或数个供消防车吸水管取水的孔；如果是消防水罐应在罐壁下部适当位置设置一个或数个供消防车吸水管取水的接口。

3.2 启动备用消防水泵

正常情况下，原油库储罐区固定冷却水设施和消火栓共用供水管网都设置有备用消防水泵，且单台流量不小于最大消防水泵的流量，启动备用消防水泵可加大固定冷却水设施和消火栓合用管网的供水能力。

3.3 调集运水车辆

如有条件可以调集附近单位或企业的生产、生活等水罐车，战斗车辆可直从其取水。

3.4 采取相应补水方法

根据最大原油储罐的灾情，利用尚且完好的固定消防设施（包括固定冷却水系统和固定泡沫系统），采取相应的补水方法。如前假定的 50000 m^3 原油储罐发生全液面燃烧火灾的情况，在采用启动备用消防水泵、开启消防水池（罐）进水管线阀补水等方法的同时，启动泡沫泵并将其改为泡沫管网供清水，利用消防水带或吸水管从泡沫栓取水给战斗车辆补水。在现场各种情况都有可能发生，应根据不同灾情和固定消防设施完好情况采取相应的补水方法。

举例见表 2。

表 2　最大原油储罐灾情和固定消防设施完好情况及主要补水方法举例

灾情	固定消防设施完好情况	主要补水方法
全液面燃烧	罐顶固定消防设施全被破坏	（1）启动消防水泵（泡沫泵）→合用管网→消火栓（泡沫栓）→战斗车辆→冷却、灭火 （2）消防水池（罐）→供水消防车→战斗车辆→冷却、灭火
	罐上部固定冷却水装置被破坏	（1）启动消防水泵（含备用）→合用管网→消火栓→战斗车辆→冷却、灭火 （2）消防水池（罐）→供水消防车→战斗车辆→冷却、灭火
	泡沫管网出现故障	（1）消防水池（罐）→供水消防车→战斗车辆→灭火 （2）启动备用消防水泵→合用管网→战斗车辆→灭火

说明：根据实际补水需要，以上补水方法可同时选用，也可选其一。同时可采取开启消防水池（罐）、进水管线阀门、调集运水车辆等方法。

3.5　增大合用管网的供水能力

此问题形成的根本原因是合用管网的供水能力不足。增大合用管网的供水能力，同时加大合用管网的直径，从根本上解决这个问题。具体做法是增加消防水泵的单台流量或数量。因为当多台消防水泵并联运行时，合计流量受管网直径的限制。

4　结语

随着原油库最大储罐建设大型化、地上化、钢质化的发展趋势，灾情发生呈现出复杂化、多样化、大型化等新情况，战斗车辆补水也随之发生了变化。在实际灭火行动中，战斗车辆补水总量基本上是大于合用管网供水能力。如 2010 年 7 月 16 日，大连中石油国际储运有限公司保税区油库由于原油管道爆炸破裂引发了 $10\times10^4m^3$ 外浮顶原油储罐火灾事故，其战斗车辆补水总量就大于合用管网供水能力。其实，此问题不仅限于最大原油储罐，还存在于其他石油及其产品容积最大储罐或相等储罐，包括近年来建造的一些国家石油战略储备库及特大型石油库，储罐容积基本相等，而且容积多在 $10\times10^4m^3$ 或 $10\times10^4m^3$ 以上。这个问题如不能得以很好解决，将严重影响石油库包括原油库的消防安全。

参 考 文 献

［1］GB 50183—2004 石油天然气工程设计防火规范［S］.

［2］GB 50074—2002 石油库设计规范［S］.

［3］GB 50084—2001 自动喷水灭火系统设计规范（2005 年版）［S］.

［4］中华人民共和国公安部消防局. 中国消防手册（第九卷）［M］. 上海：上海科学技术出版社，2006，186－205.

在用防爆电气设备安全隐患排查及控制

杨平原　陆杏区　李振军

（中国石油冀东油田公司　河北省唐山市　063004）

摘　要　防爆电气设备是爆炸性危险场所安全生产的重要保障。油气生产过程中的腐蚀性介质、高湿、高温、振动等环境条件，以及防爆电气设备选型、安装、使用、维护、检修不当等会造成设备防爆性能下降乃至失效。本文主要探讨了在用防爆电气设备的安全隐患、形成原因及排查和控制措施。

关键词　防爆电气设备　安全隐患　排查控制

1　在用防爆电气设备安全隐患排查及控制的必要性

为加强爆炸危险场所的安全管理，在1995年1月22日劳动部颁布实施的《关于颁发〈爆炸危险场所安全规定〉的通知》中，对爆炸危险场所做出全面详细的安全规定，其内容涉及了危险等级划分、危险场所的技术安全、安全管理、罚则等相关内容。同时，国家又相继发布了一系列标准，用以规范防爆电气设备的选型、安装、维护、检修等工作，如《爆炸和火灾危险环境电力装置设计规范》（GB 50058—1992）、《爆炸性气体环境用电气设备　第13部分：爆炸性气体环境用电设备的检修》（GB 3836.13—1997）、《爆炸性气体环境用电气设备　第15部分：危险场所电气安装（煤矿除外）》（GB 3836.15—2000）、《爆炸性气体环境用电气设备 第16部分：电气装置的检查和维护（煤矿除外）》（GB 3836.16—2006），以及《危险场所电气防爆安全规范》（AQ 3009—2007）等。国家还实施了防爆电气设备合格证制度、生产许可证制度以及产品质量抽查制度，其目的都是为了保证防爆电气设备能有过硬的产品质量和完善的质量保证体系。

但是，一方面由于石油化工生产工艺腐蚀性介质、高湿、高温、振动等恶劣的环境条件普遍存在，容易造成在用电气设备防爆性能的下降甚至失效。另一方面由于工程设计单位、石油化工企业用户、项目施工安装单位、防爆电气检查维修单位等防爆专业知识欠缺，大多局限于识别防爆标志和防爆证书的层面上，对防爆电气设备的安装、使用、维护、检修要求不甚了解，以致本来防爆质量合格的产品经不恰当安装、维护、检修后，防爆性能反而下降甚至失效，其掩盖的不安全因素甚至比直接使用非防爆电气设备更多，后果更为严重。从全国石油化工行业统计的事故来看，每年发生大小防爆电气设备爆炸事故近百起。因此，不仅要关注防爆电气设备的制造质量，还要重视其选型、安装、使用、维护及检修等各个环节的工作，使防爆电气设备真正发挥作用。

2　在用防爆电气设备的主要安全隐患

爆炸性危险场所在用防爆电气设备存在的安全隐患主要有以下十个方面。

2.1　爆炸性危险场所使用非防爆电气设备

GB 50058—1992、AQ 3009—2007等相关标准明确规定：爆炸性危险场所必须使用防爆电气设备。但经常会发现一些非防爆电气设备在现场使用，例如非防爆的检测仪表、配电箱、控制柜、计算机、打印机、插座等。

非防爆电气设备未经过任何防爆处理，如果在爆炸性危险场所使用，往往是火灾、爆炸等事故发生的最直接原因。

2.2 防爆电气设备选型错误

在 GB 50058—1992、AQ 3009—2007、GB 3836 系列标准中都明确规定：根据现场不同的危险等级和可燃气性质选择相应的防爆型式的电气设备。而现场防爆电气设备的防爆类型与环境要求不符的情况时有发生，如Ⅱ类厂用环境里使用了Ⅰ类厂用防爆电气设备，设备的温度组别不满足现场可燃气对温度组别的要求。

对防爆电气设备的选型错误，其危险性不亚于直接使用非防爆电气设备，而且容易迷惑使用、维护人员。

2.3 使用假冒伪劣防爆电气产品

假冒伪劣的防爆电气产品其防爆性能无法得到任何保障，常见特征有防爆合格证号不符合发证机构的编写规则（见图 1）；防爆标志不符合标准规定的编写规则（见图 2）；防爆标志与产品实际防爆结构不符等。

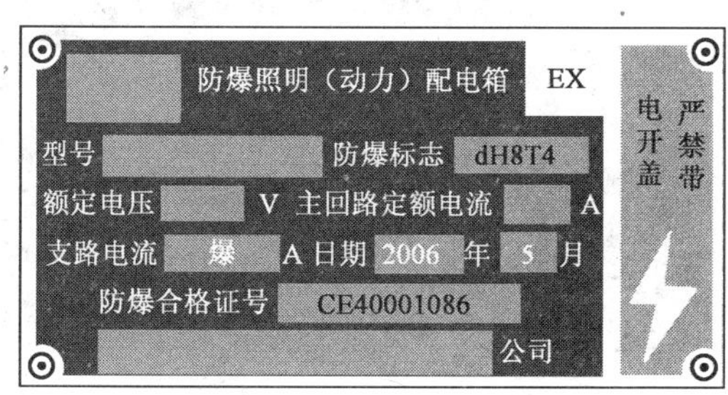

图 1　防爆标志和防爆合格证号有误

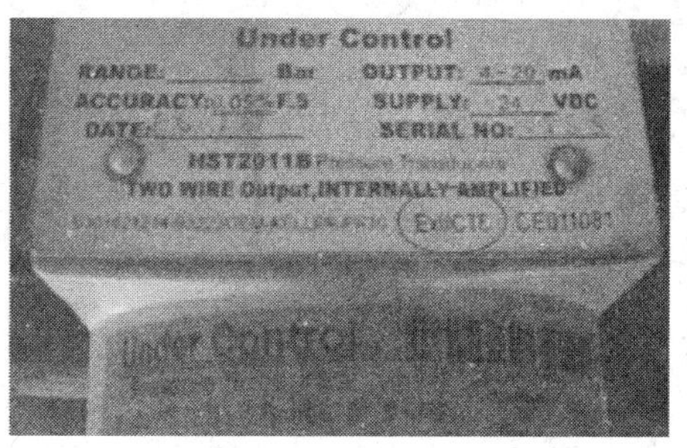

图 2　防爆标志不符合标准规定

2.4 隔爆面的问题

隔爆面的间隙、长度、粗糙度等相关参数决定着隔爆型产品的防爆型能。由于现场工况以及人为因素的影响，致使很多隔爆型产品的隔爆面不符合标准要求，隔爆性能下降甚至失效。

较典型的情况有：

（1）隔爆面锈蚀严重（见图 3）；

（2）安装或维护造成的隔爆面磕碰划伤；

（3）隔爆面上添加了防护用橡胶垫（见图 4）；

（4）隔爆面间隙超差等。

这些情况往往直接导致隔爆型电气设备隔爆面损坏，不符合 GB 3836.2—2010 标准关于隔爆接合面结构、参数等相关要求，致使其防爆性能失效。

2.5 橡胶密封垫的问题

增安型、正压型、限制呼吸型以及粉尘防爆型等防爆电气设备为了提高外壳的防护等级，需要在外壳接合面上安装橡胶密封衬垫。但由于使用环境高温、光照等因素会加速橡胶材料老化，再加之设备安装、维护时施工人员的不细心，致使橡胶衬垫折皱、断裂（见图 5）

甚至丢失（见图6）等，不能切实起到应有的防护作用，使相应的增安、正压、限制呼吸、粉尘防爆电气产品性能下降甚至失效。

图3　隔爆面锈蚀

图4　隔爆接合面增加衬垫

图5　橡胶条断裂

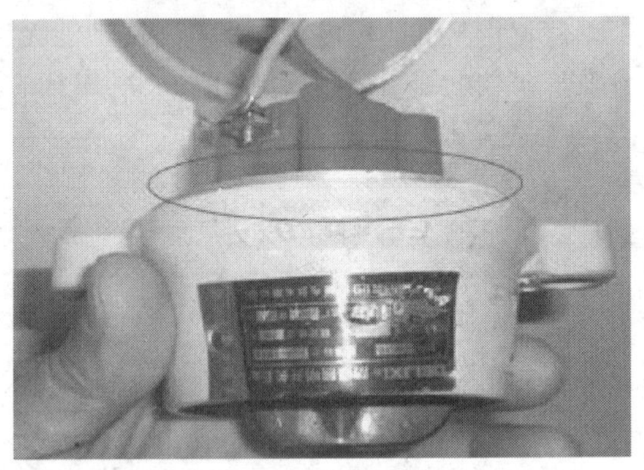

图6　橡胶垫丢失

2.6　引入口的问题

防爆电气设备对于引入口的处理存在的问题比较多。集中体现在：

（1）塑料材质临时压紧螺母没有更换为金属材质压紧螺母，从而无法压紧密封圈，不能防止引入电缆被拔脱；

（2）电缆配线时，单个引入口引入了多根电缆甚至导线；

（3）电缆配线时，橡胶护套过早被剥离，电缆在密封圈压紧处甚至未引入前仅剩芯线，不能形成有效封堵（见图7）；

（4）钢管配线时，配线钢管与电气设备引入口之间没有安装过渡压紧元件，也没有安装隔离密封盒；

（5）未使用的引入口没有配置相应防爆类型的封堵件，未进行有效封堵；密封填料函没有按规定安装，内穿电缆截面积过大（见图8）；

（6）擅自更改引入装置元件等。

这些问题往往使密封圈无法被压紧，从而无法包紧电缆、实现引入口的有效封堵，不能满足不同防爆型式的密封要求，从而导致即便合格的防爆产品也不能达到防止爆炸的尴尬局面。

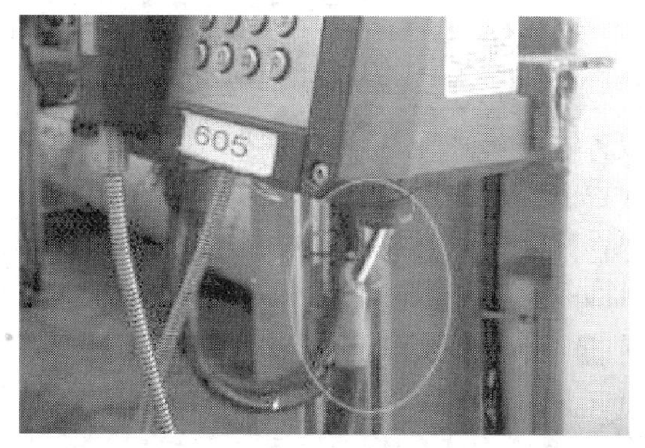

图7　电缆引入前提早剥离护套

图8　填料函内电缆截面积过大

2.7　紧固件的问题

防爆电气设备外壳紧固件对于保证电气设备的防爆性能起着至关重要的作用，甚至直接决定着防爆性能是否失效；隔爆型产品紧固件决定着隔爆接合面的间隙；增安型产品紧固件决定着外壳的防护等级；正压型、限制呼吸型产品紧固件决定着外壳的气密性，这些都直接关系到防爆性能是否能够正常发挥。但是，由于振动、腐蚀等客观因素（见图9）以及疏忽大意等人为因素（见图10）导致的紧固件松脱、丢失现象极其常见，导致了产品的防爆性能下降甚至失效。

图9　风机接线盒紧固件因振动松脱

图10　接线盒维护后没有拧紧紧固件

2.8　接地和等电位连接的问题

对于防爆电气设备的接地和等电位连接，AQ 3009—2007、GB 3836.15—2000 等相关标准有明确的规定。经常发现的问题有：

（1）接地元件丢失；

（2）有接地螺钉等元件，但没有连接；

（3）接地连接件锈蚀严重；

（4）接地线因锈蚀或连接件松脱而浮接甚至断开；

（5）接地线没有接到专用的接地螺钉上（如连接到外壳紧固件上）。

接地和等电位连接是防止电气事故、火花、静电、雷击的重要措施，一旦接地或等电位连接性能下降很容易引发火灾、爆炸等事故。

2.9 存在未经批准的修改

AQ 3009—2007 标准规定不允许有未经批准的修改。在现场施工安装或维护维修防爆电气设备时，为了功能的需要，有时会修改防爆电气设备的结构（如擅自增加引入口、增开观察窗等，见图 11）或安装新的电气元件（如在接线箱内安装电磁阀、PLC 等，见图 12），破坏了原外壳的防爆性能，不再符合原设备温度组别的要求，直接导致了设备防爆性能的失效。对于防爆电气设备的修改需经国家认可的防爆质检机构批准备案，否则即为未经批准的修改。

图 11　壳体上增加开孔和引入装置

图 12　接线盒引入口安装天线内部增加电气元件

2.10 其他问题

除了以上九个方面比较突出安全隐患外，爆炸性危险场所在用防爆电气设备比较常见的问题还有：设备外壳破损；铭牌丢失或无法清晰辨识；立式安装的电动机风罩上方没有安装防止异物坠入的挡板；地坪引出的钢管没有做有效的隔离密封；电缆的自由端没有进行妥善处理等。

另外，对防爆电气设备管理工作的不规范和不完善也是相当明显的问题，主要表现在：没有建立在用防爆电气设备档案（内容应包含设备基本信息、安装区域、工位编号、防爆合格证复印件、使用说明书、维护保养记录等）；没有制定落实连续监督和定期检查计划；没有或很少进行防爆电气设备的检查和维护。

3　在用防爆电气设备安全隐患的成因

爆炸性危险场所在用防爆电气设备安全隐患的形成原因主要有：

爆炸性危险环境中，腐蚀性介质、高湿、高温、振动等恶劣的环境条件会不同程度地造成在用电气设备防爆性能的下降甚至失效。

湿热环境和气、雾、尘等形式的腐蚀性介质会造成防爆电气设备的外壳、接合面、衬垫、紧固件等部件的腐蚀，从而降低防爆性能。腐蚀会使外壳强度降低、接合面隔爆性能下降、衬垫老化、防护性能和密封性能下降、绝缘材料的耐泄痕指数降低，对运转部件的锈蚀使得正常的动作受阻或摩擦，对电气连接件的腐蚀使其接触电阻增大甚至断裂开路。

高温可导致胶粘剂或浇封剂、防护用橡胶衬垫、进线口橡胶密封圈、电气绝缘材料等非金属材料劣化和老化加速，从而影响防爆性能。

振动会对防爆电气设备的防爆结构造成破坏，直观表现为使外壳紧固件、电气连接件松脱甚至丢失，使外壳的隔爆、防护性能下降，造成电气虚接或短路等电气故障。

在采购、安装、使用、维护、检修等环节，由于企业管理水平、从业人员素质等诸多原因，均有可能造成防爆电气设备在不良状态下运行，使其安全性能下降甚至失效。

爆炸性危险场所使用非防爆电气设备、对防爆电气设备的选型错误往往发生于小规模的项目改造，大多由于电气设备未经专业设计人员或技术人员的正确选型所致。在设备维护过程中，用选型错误或非防爆的电气设备替换原有防爆电气设备的情况也时有发生。另外，使用人员的技术欠缺或疏忽大意也是造成此类安全隐患的重要原因。

假冒伪劣防爆电气产品的使用是管理环节薄弱造成的。企业相关部门没有对防爆电气设备的生产、销售、供货体系做全面深入的评估，没有积极主动地向制造商索取相关证照，没有建立专门的防爆电气设备档案，没有认真细致地查询和核实防爆电气设备的铭牌、防爆合格证、发证机构网站公布的防爆信息，这些都是此类问题频频出现的直接原因。

隔爆面问题、橡胶密封垫问题、引入装置问题、紧固件问题、接地和等电位连接问题此五类安全隐患除现场环境以外，其最主要的原因是防爆电气从业人员技术力量薄弱。国家标准 GB 3836.13—1997、GB 3836.15—2000、GB 3836.16—2006 都明确规定防爆电气设备的安装、维护、检修均需由有资质的人员进行，并且维护和检修工作应定期进行。而实际情况中往往是企业缺少具备防爆专业资质的电气检维修人员，也很少进行定期维护、检修工作，只有当设备出现了比较严重的、看得见的问题时才着手维护或检修。这就很难发现防爆电气设备的不规范安装和由于环境、使用等原因造成的隔爆面锈蚀和隔爆间隙超差、橡胶密封垫和密封圈老化、紧固件松动、电气连接件锈蚀所致的虚接断路等各种安全隐患。

设备存在未经批准的修改，也是由于设备安装或检修人员防爆知识欠缺所致。防爆电气设备经过私自改装或改造后，在防爆型式、结构参数、发热温度等方面，往往不再符合防爆要求，甚至完全丧失防爆性能。

4　在用防爆电气设备主要安全隐患的预防及控制

科学合理地对防爆电气设备进行选型、安装、使用、维护、检修，是保证在用防爆电气设备安全有效发挥防爆功能的重要途径。为了预防和控制防爆电气设备的安全隐患，应至少从以下三个方面做起。

4.1　对于客观的环境因素，应采取措施尽量避免其对防爆电气设备的直接影响

在设计阶段将设备安置在远离高温、高湿、高腐蚀、有振动的地方，在选型阶段选择更适于恶劣环境下使用的防爆电气设备。如在有腐蚀性介质的环境使用非金属外壳的设备；为设备增加防护罩，以减少设备与腐蚀性介质或雨水、液滴等直接接触；设置隔热板或增加通风措施，以减少高温热源对防爆电气设备的不利影响。

4.2　加强防爆技术培训，普遍提高从业人员防爆知识和选型、安装、使用、维护、检修水平

国家安全生产监督管理总局第 30 号令《特种作业人员安全技术培训考核管理规定》明确规定，对各类防爆电气设备进行安装、检修、维护的作业人员必须取得防爆电气作业操作证。AQ 3009—2007 标准第 7.1.2 条规定：防爆电气设备的检查和维护应由符合规定条件的有资质的专业人员进行。这些人员应经过包括各种防爆型式、安装实践、相关规章和规程，以及危险场所分类原理等内容的业务培训，并进行继续教育或定期培训，具备相关经验，取得相关资质证书。

4.3 加强防爆电气设备各个环节的管理

严把防爆电气设备入口关。建立合格供应商名录，实行定期评价，动态管理；制定和完善防爆电气设备档案，确保一台设备一份档案，并确保档案内容和产品一致。

严把防爆电气设备检查关。根据设备使用情况和工况恶劣程度制定适宜的维护和检修计划，并由具备专业资格、资质的从业人员或机构严格执行。对于设备的每次维护和检修都记入该设备档案中。在装置和设备投入运行前、工程竣工交接验收时进行初始检查，使危险场所用电气设备的危险性降至最小。开展连续监督和定期检查，保证危险场所在用电气设备处于良好状态。由企业的专业人员按要求进行连续监督工作，并做好相应的记录，发现异常现象应及时处理。按照不超过3年的时间间隔，委托具有防爆专业资质的安全生产检测检验机构进行定期检查，针对查出的问题及时采取整改措施。

严把防爆电气设备整改关。对防爆电气设备的结构、参数发生变化，与原防爆型式及设计不符且不能修复的，即判定失效，并立即予以停用、更换。对非防爆设备、选型错误的防爆设备、假冒伪劣产品、存在未经批准修改的设备，及时参照国标 GB 50058—1992 和 AQ 3009—2007 的规定重新选型并更换。对防爆电气设备的隔爆面问题、橡胶密封垫问题、引入口问题、紧固件问题、接地和等电位连接的问题应及时进行维护和检修。对经检修不能恢复原有防爆等级的设备可根据实际防爆性能，降低防爆等级使用或降为非防爆电气设备使用。

5 结语

对于爆炸性危险场所在用防爆电气设备，不同程度地存在着以上安全隐患，其安全生产状况让人担忧。为了营造良好的安全生产环境，促进社会和谐发展，在用防爆设备的安全隐患问题必须引起广泛重视，共同探讨其形成原因，研究其预防和控制措施，以采取切实可行的措施予以消除，杜绝或减少爆炸危险场所安全生产事故。

参考文献

[1] AQ 3009—2007 危险场所电气防爆安全规范 [S].

[2] GB 3836.13—1997 爆炸性气体环境用电气设备 第13部分：爆炸性气体环境用电气设备的检修 [S].

[3] GB 3836.15—2000 爆炸性气体环境用电气设备 第15部分：危险场所电气安装（煤矿除外）[S].

[4] GB 3836.16—2006 爆炸性气体环境用电气设备 第16部分：电气装置的检查和维护（煤矿除外）[S].

[5] GB 50058—1992 爆炸和火灾危险环境电力装置设计规范 [S].

[6] 王文义. 爆炸危险场所电气防爆安全技术 [M]. 北京：学术书刊出版社，1991.

[7] 王厚余. 低压电气装置的设计安装和检验 [M]. 北京：中国电力出版社，2007.

论员工心理健康与企业安全管理

贾小艺　贾　钟　郭谨榕

（中国石油兰州石化公司　甘肃省兰州市　730060）

摘　要　本文先对石油化工企业员工目前心理健康状况进行了分析，后对影响员工心理健康的安全问题及隐患进行了重点剖析，提出加强员工心理健康安全迫在眉睫、势在必行。文章用大量数据和事实，科学分析了目前员工心理健康存在问题的影响因素、产生问题的根本原因，以及员工心理健康安全与企业安全管理的关系等问题，尤其对企业安全文化建设在员工心理健康安全中的重要作用、健康安全环境管理体系以人为本的安全核心价值理念等关系进行了重点研究与探讨。

关键词　健康　心理健康　安全管理　健康体系　安全环境

0　引言

随着市场经济的迅猛发展和日趋激烈的社会竞争，紧张的工作与快节奏的生活，让人们在观念、心理、行为上发生一连串共性与个性变化。2010 年发生的深圳某企业员工“连环跳”事件，引发人们深层次思考和反思。员工由于各种压力导致严重的心理问题，应引起企业和社会的普遍关注。作为高危的石油化工企业，健康与安全联系更紧密，可以说，安全是企业的生命，员工健康是企业的财富，更是维系成千上万家庭幸福的纽带。因此，加强对员工心理健康安全的研究与探讨，努力培养员工积极向上的人格和心态，对促进企业安全生产与员工的全面发展有着重要的现实意义。

1　加强员工心理健康安全的必要性和紧迫性

1.1　健康概念与员工心理健康安全问题的提出

世界心理卫生联合会提出健康定义为：“健康不仅仅指没有疾病或不正常现象的存在，还包括每个人在生理心理上以及社会行为上能保持最佳、最高的状况。”

企业员工心理健康，主要是指员工在劳动关系领域里心理机能处于正常状态，没有疾病和缺陷；能够经受住任何挫折和打击，始终保持积极向上和旺盛的情绪；热爱企业，热爱生活，健康而快乐的工作。

当今社会，人们越来越关注心理健康问题。一方面，市场经济的发展，要求所有的参与者具有更健康的生理和心理状态，能够以一种更加饱满的精神状态投入到经济建设之中；另一方面，经济的快速发展导致人们的生活节奏得到提速，使人的身心健康，适应能力等变得更具有挑战性，给员工工作与生活带来巨大压力，由此而引发的各种不安全因素也与日俱增，所有这一切将促使企业和社会更加关注员工心理健康安全问题。

心理学最新研究表明，企业员工心情的昂扬与低落、心态的积极与消极、心理的健康与病态，不仅直接决定着个人的人生质量与结局，而且还会影响到企业的安全生产与社会的和谐稳定。

1.2 目前企业员工心理健康状况分析

近期，笔者就员工心理健康安全等问题，对某企业220名员工进行了综合问卷调查。调查内容主要有，员工对心理健康安全的认识和需求以及常见的心理健康问题等。调查对象主要包括：企业管理人员、操作服务人员、劳务用工人员等。

调查显示：在对心理健康安全的认识上，22%的人认为“身体健康，就是心理健康”；18%的人认为“自己很健康，心理没有问题，就算有问题也是我自己的事，与企业无关”；53%的人认为“心理问题只是发生在少数人身上，无需小题大做”；15%的人认为“心理健康与安全生产无太大关系”；其中有47%的员工在思想上有焦虑、烦躁、易怒等情绪困扰。在对员工心理健康需求七项内容调查情况看，员工尊严需求80%、安全需求90%、公平需求21%、信任需求11%、包容需求6%、沟通需求35%、情感需求30%。其中，安全需求、尊严需求是广大员工最大的愿望；沟通需求、情感需求主要集中在80后员工群体；信任需求主要是管理层群体；包容需求主要是50年代或60年代群体；公平需求主要集中在劳务用工人员群体。可见，员工对心理健康安全的需求是不同的，它不但与员工的心理生理年龄有关，也与员工工作阅历有关，更与员工所处的工作环境有关。

调查表明，企业员工心理健康安全现状令人担忧，首先是员工在心理健康的认识上存在偏差，其次是情绪困扰比较普遍和突出，再次就是员工心理健康需求呈现多元化趋势，给企业经常性的安全管理带来严峻挑战。

据新华社消息：2011年4月11日，在北京召开的“员工积极心理与企业安全管理”专题论坛会上，与会企业及代表对目前企业员工心理健康状况深感忧虑和不安。与会专家指出：“我国企业员工的健康安全面临空前压力，心理健康问题日趋突出。如果不及时调整好员工工作与生活的积极人格与心态，其后果不堪设想，必须引起全社会高度关注。”

1.3 员工心理健康存在的主要问题及隐患

综合分析石油化工企业员工心理健康方面存在的问题，突出表现在以下四个方面：

（1）由职业危害因素而引发的各种职业病个案逐日增多，令员工产生严重心理担忧。

如各种有毒有害、易燃易爆、粉尘污染等特殊作业都会对员工的健康带来不利影响，易使员工产生疲劳感觉、情绪急躁、思维混乱、注意力不集中等现象，目前职业健康危害已成为影响员工心理健康的重大隐患。

（2）由安全事故和突发事件因素而引发的员工对生产安全的恐惧心理倍增。

员工在工作中精神高度紧张、焦虑困惑突出、遇事反应过急、心理过度疲劳、工作能力下降，易产生严重的心理障碍，这是目前企业安全生产面临的严重隐患。

（3）职场竞争日趋激烈，心理压力困扰加大，已成为影响员工绩效和健康安全的又一大隐患。

导致员工职场压力增大的主要因素有：工作岗位竞争激烈、预期目标不能实现、工作前景不乐观、个人与工作要求不匹配、工作环境对顺利开展工作不利等。员工产生巨大的职场压力，如不及时排忧解难，必将导致身心健康受损，没有上进的动力，影响业绩和人际关系。对于公司而言，会导致员工士气低落，消极情绪相互传染，降低了生产效率和质量。

（4）个体因素影响日趋严重，情绪困扰比较突出。

如家庭矛盾、感情纠纷、身体疾病、心理承受力脆弱等。这是目前制约和影响员工身心健康安全的重大问题，也是最大的难题，更是容易引发社会问题的不安全因素。如果不能正确引导和妥善解决，必将给企业和社会带来巨大的隐患和不稳定因素。

现代科学研究证明：绝大部分的疾病与心理因素有关，其中大部分的病因与精神压力过大有直接关系。据有关资料证实，目前企业发生的安全事故近 90% 与人的健康因素和不安全行为有关。据不完全估算，全国每年因为员工心理健康等原因而造成的企业各项经济损失超过 10 亿人民币。

综上所述，目前员工心理健康安全形势不容乐观，已经影响到了员工的心理健康安全，影响到了企业正常的生产活动，更影响到了社会的和谐稳定。所以，加强员工心理健康安全势在必行且意义深远。

2 影响员工心理健康的主要因素及根本原因

从大的方面讲，影响员工心理健康的因素主要有社会因素和个人因素两个方面，但是起决定作用的则是个人因素，它直接影响着个人的健康观念与行为。

2.1 员工心理不健康行为外在因素分析

在企业日常生产与管理中，员工对来自外部环境的影响相对敏感，尤其是面对与员工生命安全息息相关的生产安全、技能要求、风险识别等因素，员工的思想情绪对企业安全生产的影响就显得更加突出。

（1）工作方面。

首先，由于企业岗位任职要求严，岗位津贴差别大，部分员工对优越岗位的需求和向往更为迫切，易使员工产生失衡心理。其次，随着企业生产和管理模式程序化及标准化程度的提高，员工主动开展工作研究的行为在下降，引发工作创新不足，易产生懒惰心理。再次，部分管理者管理方法简单，缺乏有效的管理方法和手段，最易引发各种矛盾和问题，使员工产生严重逆反心理。

（2）社会因素。

如长期受到排斥和压抑、生活挫折和压力、周围环境不良刺激、严重缺乏关爱、理想和现实脱节、前途迷茫等，更易引发心理健康疾病。尤其是对一些不良的社会现象，缺乏正确的认识和理解，产生抱怨和抵触情绪，易造成个人和社会之间的矛盾和冲突加剧。而这种矛盾和冲突，从某种程度上是个人本身心理不健康的表现，如这种矛盾和冲突长期得不到解决，则会进一步加重个体的心理不健康，进而影响到工作与生活质量。

（3）人际关系。

人际关系问题既有同事之间，也有上下级之间，还有业务活动中遇到的不顺畅等问题，由此而产生的各种压力负担，往往造成员工思维受阻、行为受控，易产生强迫、焦虑、抑郁、恐怖、疑病、神经衰弱等神经症状，给工作、生活带来严重影响。

2.2 员工心理不健康行为内在因素分析

一般来说，心理健康内在因素主要与生理的、心理的诸多因素有关，同时也与个体的思想意识、工作心态、生活态度等因素有关，尤其是各种不健康心态，直接威胁着企业的安全生产。

（1）从众心理。

主要表现为，工作随大流，遇事随风飘，易产生不思进取、苛求偷安心理。如在工作中，看到个别员工省略程序，违章操作，不去立即阻止，而是也跟着去学等。这些现象目前比较普遍，是造成不安全行为的重要内在因素。

（2）应付心理。

部分员工认为，企业开展的各项安全检查活动，主要是做给上级领导看，只要在检查时不出问题，就万事大吉了，平时岗检不岗检都无关紧要。往往是平时工作不努力，遇到检查临时抱佛脚，出现问题尽量绕着走，结果是既害单位形象又损个人利益。

（3）侥幸心理。

认为多年来自己一直从事某一岗位工作，一切尽在掌控之中，就算是违章也不一定有事，有事不一定伤人，伤人更不一定是我等。结果是把自己时刻置于高风险的环境之中，大大增加了安全事故的不可预测性。

（4）不健康生活方式。

往往表现为，娱乐过度，只求过瘾；饮酒过量，只图痛快；家庭观念淡漠，关心呵护家庭成员不够等。导致随心所欲放纵自己，挥霍健康，透支生命，给企业生产和社会稳定带来难以预测的不稳定因素。

2.3 员工心理不健康问题的根本原因

（1）对石油化工企业的员工而言，高污染、高风险的特殊工作环境，是造成员工心理不健康的重要原因之一，也是导致各种职业病频发的罪魁祸首。因为对于石油化工企业来讲，装置生产具有易燃、易爆、易腐蚀的特点，再加上一线岗位粉尘、油气污染严重，最易引发员工的安全恐惧和心理不安。

（2）企业在开展生产过程中，往往注重安全管理，而忽视了员工心理健康安全的教育与引导；往往注重用行政手段强化管理，而忽视了用经常性的思想政治教育开展疏导，这也是造成员工心理不健康的关键原因所在。

（3）员工自身对心理健康安全理念认识淡薄，在思想和行为上没有养成良好的生活心态和积极向上的人格品德，尤其是长期以来对自身心理健康不重视，再加上对健康的透支太多，是造成员工心理不健康的主要原因。

分析可见，影响员工心理健康因素是社会环境的、工作环境的、心理的诸多因素综合影响的结果，尤其是员工对健康与安全理念认识的淡薄，是造成员工心理不健康的思想根源所在。

3 正确认识员工心理健康安全与企业安全管理的关系

3.1 员工心理健康安全是企业安全管理的前提和基础

员工作为企业的主人，从入厂那天起，生命与企业的命运就紧紧联系在一起，不再是独立的自由个体，而是有组织、有纪律的团队成员；工作、学习、生活中的一言一行，也不仅仅代表个人，而是企业整体；因此，员工的心理健康安全与否，也不仅仅是代表员工个体自己，而是涉及企业的安全生产与健康发展之路。

心理健康是提高学习和工作效率的重要前提，只有心理健康的人才会对学习和工作的目的、意义、作用有明确的认识。在实际工作中，对于企业出台的各项管理规定和要求，心理健康的员工都知道那不只是要求与责任，不只是劳动与疲劳，它更是丰富多彩的生活内容之一，是体现自我能力、实现自我价值、获得成就感和幸福感的重要渠道。员工有了这样的认识与观念，才能更自觉的服从与服务于企业安全管理，才能全身心投入企业安全生产之中。

可见，员工的健康不仅是企业的巨大财富，而且是企业安全管理的根本所在。企业要安全健康发展，离不开每一位员工的努力工作；而员工要爱岗敬业，快乐工作，最基本的就是心理健康。

3.2 企业安全管理是员工心理健康的重要保障

在现代管理哲学中，人是管理之本。管理的主体是人，客体也是人，管理的动力和最终目标还是人。在安全生产系统中，人的素质（心理与生理、安全能力、文化素质）是占主导地位的，人的行为贯穿企业生产的每一个环节。因此，在安全管理过程中，必须坚持“以人为本”，采取必要措施，提高员工对安全生产工作的积极性和创造性，全面提高人的综合安全技能，确保员工身心健康安全，从而使广大员工在安全管理中找到真正归属感，最终形成安全管理“命运共同体”，推动安全管理工作向纵深发展。

企业安全管理对员工的安全意识和能力的基本要求是：对本职工作认真负责，遵章守纪；在异常紧急情况下，处置果断，有较强的生产处理和事故应变能力；能正确分析和解决生产操作和工艺设备问题；有较强的安全、环境与健康意识，能自觉做好安全工作；能正确使用消防救护器材等，有较强的抢险救灾能力和自救互救能力；取得法规要求的资质，经过必要的安全技术培训，证件齐全、持证上岗。

近年来，企业以安全生产为主开展的各项安全管理与安全教育活动，在企业整个安全生产过程中起到了非常重要的作用，大大促进了员工的心理健康与安全。但在企业实际的安全管理中，对由员工的心理健康因素所反射出的影响安全生产的因素把握和引导还不够，出现问题往往过分强调“责任心事故”，而忽视了行为背后的心理因素，比如：家庭矛盾、生活困难、期望落空、工作受挫，朋友误解等。这些看不见、摸不着的心理障碍，往往带来情绪波动，引发异常行为，给安全生产带来巨大的事故隐患。

实践证明：员工心理健康安全与企业安全管理同等重要。员工的健康安全是企业安全生产的重要基础和保证，而安全管理是企业生存发展之本，是开展各项工作的前提。员工心理健康安全与企业安全管理，相辅相成，辩证统一，缺一不可。如果单纯强调安全管理工作而忽视了员工心理健康安全，就会导致“以人为本”理念的偏失；如果只强调员工心理健康安全而轻视了生产中的安全，其后果更是不堪设想。只有将二者有机地结合起来，才能促进“以人为本”理念更好地贯彻落实，才能促进企业又好又快的安全健康发展。

4 正确理解企业核心价值观在员工心理健康安全中的重要地位

企业的核心价值观是企业哲学的重要组成部分，其核心就是以人为本，它在企业安全文化中居于核心地位，是确立健康、安全与环境管理体系的重要理论基础。

4.1 充分认清企业安全文化建设在员工心理健康安全中的作用

安全文化建设是安全系统工程和现代安全管理的一种新思路、新策略。企业安全文化要求在人的安全知识、安全技能、安全意识以外，还应正视健康、观念、态度、品行、道德、伦理、修养等更为基本和深层的人文因素和人文背景。它全面、深刻地影响着人的观念、思维和行为，从而形成客观的物态和环境的安全质量。

石化企业作为高危生产行业，企业安全文化建设在员工健康与安全管理中的作用显得更加重要。其一，以人为本的安全文化环境，能使员工耳濡目染，直接起到潜移默化的导向作用，从而影响到每个员工的思想品德、工作态度、工作行为乃至员工的人生价值观，对促进安全管理工作意义重大。其二，先进的安全文化理念，是员工心理健康的重要保证。“高高兴兴上班来，安安全全回家去”这条经典标语，很好地诠释了健康与安全的幸福真谛，揭示了员工心理健康与企业安全生产过程的本质关联。因此，无论是对高危的石油化工企业而言，还是对员工健康安全来说，最基本的安全文化理念是：安全没有上下班，安全没有时间差，安全不能谈好中坏，安全更不能分工作中和工作外，安全只能有百分百。

可以说，企业安全文化是搭建在企业与员工之间一座重要的沟通桥梁，是维系员工心理健康安全与企业安全管理的重要纽带，更是培育企业核心价值观的关键所在。

4.2 科学认识健康、安全与环境管理体系“以人为本”的安全核心价值理念

健康、安全与环境管理体系最重要的理念就是将安全作为企业的核心价值观，把安全当做最大的以人为本，它是实现企业安全发展、清洁发展、可持续发展的重要保障，是落实科学发展观与促进人的全面发展的重要举措，是实现企业安全生产长治久安的迫切需要。

近年来，企业在抓健康、安全与环境管理体系建设中，突出员工安全主体地位、强化落实有感领导、直线责任和属地管理理念、持续改进总体业绩，将企业安全管理与人的全面发展有机统一起来。通过过程识别和控制规范管理，严格目标责任制，建立和完善制度建设，确保人人在制度管理之中，各项工作符合岗位任职安全要求；通过风险控制避免各类事故，重点抓好事故的预防和安全隐患排查，实施污染减排计划，加强对环境污染的治理投入和整治力度，加大对员工职业病防治的预防和管理，确保员工在安全的环境中，身心健康，人身安全，各项指标符合人的心理健康的安全要求。

可见，健康、安全与环境管理体系的重点是人的全员性安全与健康管理，而与之兼容的企业安全管理的重点还是人本管理。在健康、安全与环境管理体系运行中，重点在人，难点也在人，而员工的心理安全健康与否，直接影响到安全管理过程的落实和健康、安全与环境管理体系的运行质量。

以上分析表明，企业核心价值观的确立与落实，直接与企业员工的健康安全有关，更与企业文化建设和健康、安全与环境管理体系运行相关联。只有积极践行企业核心价值观，才能从真正意义上使员工心理健康安全落到实处。

5 加强员工心理健康安全的建议和对策

笔者认为，解决好员工心理健康安全问题，必须建立一套完整的、科学的、有效的工作体系，同时也必须营造好确保该体系正常运行的安全健康环境。

5.1 积极构建员工心理健康安全工作体系

5.1.1 员工心理健康安全体系主要内容

该体系主要以专业的角度为企业提供心理诊断，找到管理中的主要问题和原因；为企业的员工引进和辞退、提拔和任用提供心理学依据；为员工提供心理评估、心理教育和培训咨询服务，帮助员工有效进行情绪管理和压力管理；针对员工的不良情绪和不良行为，进行预防和治疗；组建心理保健专业队伍，开通咨询绿色通道，为广大员工提供高效优质的心理健康服务。

5.1.2 实现员工心理健康安全体系的主要途径与方法

（1）建立企业员工心理咨询与服务的平台。

要结合石油化工高危险行业的实际，结合企业职业病防治的特点，结合员工心理健康的

实际需求，充分利用企业内部网络优势，广泛开展员工心理健康咨询服务和员工健康培训工作；充分利用企业内部职工医院的医疗卫生优势，积极开展矿区心理健康服务活动；加强与有关心理健康机构的同联工作，定期与不定期邀请心理专家到企业进行讲座；对超出自身服务范围的严重心理问题，介绍其到相应的专业医疗机构接受治疗，确保员工心理健康问题能得到尽快解决。

（2）全方位注重员工的职业心理健康。

要进一步完善企业内部员工职业健康档案，搞好经常性的员工心理健康评估；结合实际，适当引进和培育企业心理学人才，着力培育综合型员工心理健康人才队伍；要加强沟通与交流，形成管理层与部门领导、部门领导与普通员工、管理层与普通员工、普通员工之间的多层次交流对话机制，保持内部沟通渠道的畅通；要进一步加强员工健康管理，有效的健康管理可以提高员工身体素质，使员工工作精力充沛、生产效率高，减少因生病缺勤等产生工作不协调，影响工作进度。

（3）努力培养员工的积极人格和生活心态。

企业员工要学会自我调节，增加个人的心理承受能力；要培养良好的生活作风，坚持健康的生活方式；注重讲究心理卫生，防止不健康因素的侵入；不断增强情绪的自我调控能力，及时排除各种负面情绪；崇尚社会道德与职业道德理念，努力培养和完善健全的人格品德；积极参与社会活动，扩大人际交往；在实际工作与生活中，要及时排解不良情绪，放弃不切实际的想法，以积极的态度树立切实可行的目标。

分析研究表明，积极构建员工心理健康安全体系，不仅是企业健康、安全与环境管理体系与国际接轨和企业管理人性化、高效化的需要，也是企业安全生产与安全管理的需要，更是员工幸福感指数增高、实现我国“以人为本”的治国方略、建立和谐社会的需要。

5.2 努力创造良好的员工安全健康环境

5.2.1 优化企业内部环境

（1）安全生产环境。

从石油化工生产的实际出发，重点美化工作环境。从人体舒适度的需要出发，如关注空气、噪声、光线、温度、整洁、绿化、装饰、拥挤度等方面，给员工提供良好的工作空间，提高员工的安全感和舒适感。从对粉尘、油气污染源整治做起，重点对危害员工身心健康的有毒有害源进行彻底整改，确保各项指标符合人体安全要求。

（2）政治工作环境。

充分发挥企业党政工团的政治工作优势，深入细致地做好员工的思想政治工作，广泛开展人文关怀和心理疏导活动，最大限度地为员工排忧解难，引导员工搞好安全生产与身心健康。

（3）企业内部文化环境。

充分利用装置检维修等时机，积极开展丰富多彩的文化体育活动，如：文艺演出、体育比赛、知识讲座、读书演讲、知识竞赛、户外活动等。着力培养员工团队合作精神，提高企业文化理念，提升员工士气，凝聚企业合力。

5.2.2 美化矿区人文环境

（1）加大对矿区文化建设的投入。

把矿区环境基础建设纳入企业年度工作的重要内容，科学制定发展规划，加大人力、物力的倾斜力度。对矿区而言，重要的是发挥好职能作用，合理配置人力、物力资源，突出人本关怀理念，思员工所急、想员工所求、念员工所难，最大限度为员工解决后顾之忧，努力构建高尚、文明的矿区环境。

（2）完善配套各种设施。

充分利用现有文化资源，合理安排活动，提高各种活动场所的使用效率，引进时尚、新颖的活动设施和文明、健康的活动理念，不断提升文化活动的质量。

（3）开展好经常性群众文体活动。

充分利用节假日等时机，广泛开展各项有益员工身心健康的娱乐活动，有组织地开展好各项知识讲座活动，不断丰富员工的内心世界，使员工在和谐环境之中，乐有所玩、情有所趣、安有保障，在寓教于乐中感受企业文化，在文化熏陶中领悟安全理念，在安全健康的环境中感受组织和社会的温暖。

5.2.3 建立和完善“三位一体”员工心理健康安全管理机制

无论是工作中的安全，还是员工心理健康安全，归根到底都离不开家庭、企业、矿区的积极预防和共育共治。家庭作为员工生活的重要领域，是员工健康安全重要的基础把手；企业作为员工工作与学习的重要领地，是员工健康安全的主战场；而矿区作为员工八小时以外的生活港湾，是员工健康安全的重要防线。这三者之间相互联系，相互监督，相互促进，组成员工心理健康安全的共同体。

在实际工作中，要突出“共管”意识，树立全方位、全时制、全天候安全管理理念，将安全管理与员工健康安全有机结合起来。通过采取外部干预、内部管控、家庭教育等手段，实现信息资源共享、群策群力共育、齐心协力共治，使员工更加具有正确的人生观、价值观和企业安全生产的理念。

以上分析表明，营造良好的员工健康环境，丰富员工的内心健康世界，不仅是构建员工心理健康安全体系的重要环节，也是健康、安全与环境管理体系环境安全的重要内容要求，更是建设社会主义物质文明和精神文明的根本要求所在。

6 结语

总而言之，员工心理健康安全问题，已严重影响到了企业的安全发展。面对未来的严峻挑战，只有不断加强企业安全管理，才能确保员工心理健康安全；只有不断的培养员工积极向上的人格和心态，才能确保企业生产安全和社会高度稳定；只有将健康、安全与环境管理体系、企业安全管理、企业安全文化建设与员工心理健康安全活动有效地结合起来，才能促进人与社会及企业的和谐、健康、安全和可持续发展。

参考文献

[1] 侯书森，张秀红. 人生心理健康［M］. 北京：石油工业出版社，2007.

建设项目健康安全环境管理考核的实践与创新

邱　石　陆　野　王　双

（中国石油四川石化有限责任公司　四川省成都市　611930）

摘　要　本文通过两年来中国石油四川石化有限责任公司炼化一体化项目在建设过程中的健康、安全与环境（HSE）管理实践，阐述了 HSE 管理考核在项目建设过程中的实施方式与方法以及取得的成效，为改进与完善项目建设过程中的 HSE 管理提供一条全新的思路。

关键词　项目建设　HSE 管理　考核　创新

0　引言

中国石油四川石化有限责任公司（以下简称“四川石化”）炼化一体化项目是目前国内一次性投资最大的炼化一体化项目，也是中国西南地区第一个大型炼化一体化工程，项目建成投产后对推动西南地区经济全面进步和优化调整中国石油炼化业务布局具有重要意义。

四川石化炼化一体化项目规模巨大、系统结构庞杂、相对工期短、标准要求高，为了确保实现项目建设的“零事故、零伤害、零环境污染”的 HSE 目标，把项目建设成“结构优化、技术先进、装备精良、生态友好、组织精干、管理规范”的典范式炼化一体化工程，一套完善的 HSE 管理体系与切实有效的执行则是最根本的保障。通过项目建设近两年时间的 HSE 管理经验来看，有效的 HSE 管理考核是其中的关键，下面针对四川石化炼化一体化项目建设过程中如何开展 HSE 管理考核进行进一步的介绍。

1　项目建设 HSE 管理模式

四川石化炼化一体化项目采取“IPMT + EPC”的工程项目管理模式，在项目建设的 HSE 管理上，建立了以四川石化 HSE 委员会为决策机构、以项目 HSE 部与各项目经理分部为监督、以参建单位 HSE 部为执行层的项目 HSE 管理机构，实行项目 HSE 部、项目经理分部、监理单位、总包单位、分包单位负责制的 HSE 五级管理体系。另外，鉴于四川石化公司人员组织结构完全按中国石油天然气集团公司（以下简称“集团公司”）提倡的“新企业，新体制，新机制”的模式设置，虽然组织精干，但在工程建设期间也确实体现出专业 HSE 管理人员在数量上的缺乏。为此，公司引进外部 HSE 专业管理力量，借助其专业技能对项目建设实施 HSE 专业化管理，并且成立由外部专业管理团队、监理以及项目 HSE 部共同组成的项目 IPMT－HSE 管理团队，对项目施工建设的 HSE 管理进行监督、指导、检查与考核。

2　项目建设 HSE 管理考核的实践与创新

2.1　制定 HSE 管理考核的依据与原则

俗语说，“无规矩不成方圆”，为了在执行 HSE 管理考核过程中有“法”可依、有

“矩”可行，项目在开始执行考核前就明确了考核的依据——四川石化炼化一体化项目42项HSE管理制度。该42项HSE管理制度在项目开工建设前，依据集团公司与炼化分公司的相关HSE管理要求进行编制，并在项目建设初期结合施工建设的实际进行了修订。修订后的HSE管理制度在下发给所有参建单位进行征求意见后，又进行了再次地完善，并在项目工程建设管理平台上发布。

为了实现考核的有效性，实现项目建设HSE管理的全方位、全过程，项目HSE管理考核以“专项考核与综合考核相结合”为原则，同时兼顾日常检查与集中检查结果，从而避免参建单位仅仅为了应付考核时段的突击管理而放松日常管理的现象出现。

项目建设HSE管理考核以对总包单位、分包单位的考核为重点，坚持“谁主管，谁负责”，突出“直线责任，属地管理”。分包单位发生的问题纳入对相关总包单位、监理单位的考核中，总包单位、监理单位的考核结果纳入对项目经理分部的考核中，现场发生的问题纳入对公司相关职能部门的考核中。

2.2 明确HSE管理考核方式

HSE管理是一个体系，如果在考核中只注重项目施工现场的“人的不安全行为”和“物的不安全状态”，不但是片面的，而且对发现的问题也只能是治标而不治本。因此，四川石化炼化一体化项目的HSE管理考核在执行现场管理考核的同时也注重各参建单位HSE基础管理的考核，并且为了实现考核的有效性，在执行考核的过程中对不同类别的参建单位在HSE现场管理、HSE基础管理方面有不同的倾向性。在执行考核的实际工作中，对监理单位、总包单位主要考核其HSE管理体系是否完善健全，各项HSE规章制度是否具备可操作性、可考核性、可记录性、可转化性，安全责任制是否落实到位、具体到人，对分包单位的管理是否主动、有效等方面；对分包单位（包括其所属施工作业单位）的HSE管理考核则更倾向于施工现场的HSE管理及人员违章情况。

HSE管理考核以月为单位，采取打分制，考核基础分为1000分，现场管理考核得分占80%，基础管理考核分占20%。考核评分以日常检查与集中检查的结果为依据，其中日常检查所得考核分以项目IPMT－HSE管理团队专业工程师的检查打分结果为准，占总分值权重的60%，集中检查所得考核分以项目HSE部、各职能部门、各项目经理分部联合组织进行检查（每月至少一次）的打分结果为准，占总分值权重的40%。

四川石化炼化一体化项目的HSE管理考核实行刚性考核，未建立HSE体系的单位或发生亡人事故的单位为考核评价的否定项。

2.3 HSE管理考核内容与打分方式

四川石化炼化一体化项目的HSE管理考核内容主要包括HSE基础管理考核、HSE现场管理考核两大部分，具体考核内容以项目42项HSE管理制度的要求为主。HSE基础管理考核内容包括“HSE管理体系文件及各项HSE规章制度”、“安全生产责任制的落实管理”、“HSE培训教学管理”与“HSE培训资料档案管理”共9大项100小项考核指标；HSE现场管理考核内容包括“挖掘作业”、“脚手架”、“起重作业”、“施工用电”、“受限空间”、“坠落保护与高处作业”、“焊接与切割”和“作业许可”等24大项263小项考核指标。

为了公平、合理、有效执行HSE管理考核的打分，项目HSE部联合项目IPMT－HSE管理团队的专业工程师依据风险高低，对上述2大类33大项363小项考核项划分为三个考核类级——红色、黄色、蓝色（红色级别最高，蓝色级别最低），并对每一考核项分别赋予不同的考核分值。因此，无论任何人，在执行 HSE 管理考核时，只要依据这 363 项的考核分值，就可以实现考核的公平打分。其部分 HSE 管理考核评分表见表 1。

表 1　HSE 管理考核评分表（部分）

序　　号	受限空间作业考核内容	考核类级	分　　数
1	未办理作业许可证	□	20
2	作业开始前未进行受限空间的气体检测	□	15
3	未按要求在作业过程中进行气体检测	□	15
4	作业过程中无监护人	○	6
5	监护人员不具资质	△	3
6	照明条件未满足作业需要	△	2
7	内部可能存在可燃介质时，所使用的电器不防爆，周边和内部未禁止其他动火作业	□	15
8	未登记进入人员/保留现场准入证	○	6
9	未登记进出受限空间的工具、设备	△	1
10	未设置警示标志	△	1
11	未建立应急救援预案	△	2
12	未落实有关危险/控制措施	△	3
13	未进行能源隔离	○	8
14	未在隔离点挂牌上锁	○	6
15	未使用安全电压	□	12
16	未维持适当的通风措施	○	6

注：□——红；○——黄；△——蓝。

表中的分数为出现不符合时所扣分数。

执行 HSE 管理考核打分（扣分）虽然是一种有效的方法与手段，但若一味地仅执行扣分的处罚方式，缺乏对管理优秀单位的鼓励，那这种考核既不是成功的，同时也不能完全体现出各参建单位之间在 HSE 管理方面的差别。因此，项目在执行考核扣分的同时，对在 HSE 管理过程中表现优秀的参建单位，同样设置了加分奖励的激励手段，例如，举办过 HSE 现场经验交流会、实现百万安全工时的，当月考核加 20 分；发现重大隐患并及时采取措施消除的，当月考核加 10 分；有 HSE 表现突出并获得项目即时奖励的人员的，每人次加 5 分。通过执行加分奖励，完全调动了参建单位开展自主 HSE 管理的积极性，并有效实现 HSE 管理从被动向主动的转化。

2.4　HSE 管理考核的奖惩

项目 HSE 管理考核执行“奖惩并重”的奖惩方式。在考核奖励方面，项目引入“虚惊事件奖励”与“300 万安全工时奖励”两种奖励机制。对于上报的虚惊事件，经相关总包单位、监理单位、项目 IPMT－HSE 管理团队核查确认后，由项目对上报者给予 300 元人民币的奖励。对于实现 300 万安全工时的参建单位，项目给予 10 万元人民币的奖励，且当超过 300 万安全工时后每达到一个 100 万安全工时再奖励 5 万元。截止到 2011 年 5 月底，项目已经实现了 5700 万安全工时。

对于个人违章行为的处理，从表 1 中可看出，项目采取“蓝色、黄色、红色”三级管理。对于发生蓝色违章行为的，对违章人员执行现场纠正与批评教育；对于发生黄色违章行为的，对违章人员进行停止作业并离场参加再培训与考试的处理，同时，违章人员的直线管理者也要同时参加再培训与考试；对于发生红色违章行为的，对违章人员进行立即停止作业、收回入场证并清除出厂的处理。

对于各参建单位的考核，项目 HSE 部依据各参建单位每月考核得分不同，分别给予不同的处理：

（1）900 分≤得分＜1000 分，不奖不罚。

（2）800 分≤得分＜900 分，给予通报批评。

（3）700 分≤得分＜800 分，给予警告。

（4）得分＜700 分，对相关总监理工程师、项目经理进行诫勉谈话。

（5）连续两个月得分＜700 分，给予更换项目经理、总监理工程师的处罚。

另外，为了进一步完善考核，我们把发现问题整改的完成情况也引入到 HSE 考核中来。项目规定：对于低效整改、故意拖延整改的，采取加倍扣分和（或）给予警告处罚；对整改消极、抵触对抗等情节恶劣的，对相关总包单位负责人进行诫勉谈话，严重的将相关总包单位负责人清除出厂。截止到 2011 年 5 月底，项目已对 3 个项目的项目经理与现场监理进行了清除、更换。

通过推行这种“奖惩并重”的考核方式，极大地推动了施工人员与参建单位的自主 HSE 管理热情，项目建设的人员行为违章率控制接近世界先进管理水平。

2.5　HSE 管理考核的信息传递与定期评价

当前，“信息的沟通与传递”已被越来越多的企业所重视，实现良好的信息沟通与传递不但可大大提高企业生产运营的整体效率，同时也对企业员工的工作积极性给予极大的促动。为了实现 HSE 管理考核结果在项目建设范围内的良好传递，在促动问题单位改进自身管理不足之处的同时，达到为其他参建单位提供借鉴、对比查找并改进自身管理缺陷的目的。项目 HSE 管理考核采取“周讲评，月考核，季评比，半年鉴定，全年奖励”的方式：每周利用项目 HSE 例会对当周考核情况进行讲评，实现参建单位及时了解自身问题所在，及时整改存在的问题；每月对当月 HSE 管理考核结果按监理单位、总包单位、分包单位三个类别进行统计、评分，并将评分结果发布到工程建设管理平台上，使各参建单位了解自身 HSE 管理水平以及与其他参建单位之间的差距；每季度对各参建单位的 HSE 管理考核情况进行综合排名（按监理单位、总包单位、分包单位三个类别），对于排名靠后的或 HSE 表现波动大的参建单位，由项目 HSE 部组织召开 HSE 管理能力分析会，讨论造成问题的原因，给出解决问题的措施；每半年项目 HSE 部根据 HSE 管理考核情况，对各总包单位的 HSE 管理表现进行综合鉴定，并以书面形式发函给各总包单位的公司总部总经理办公室，便于各总包单位总公司了解其在四川石化项目的 HSE 管理情况的同时也实现了对各总包单位的督促作用。另外，对于在 HSE 管理上表现优秀的参建单位，项目会不定期地利用 HSE 周例会组织安排其进行经验介绍与分享，以实现各参建单位在 HSE 管理上齐头并进的良好态势。

2.6　HSE 管理考核方法的改进

在执行 HSE 管理考核半年后，项目发现原有的考核系统虽然运作良好，也基本达到了考核的预期目的，但在实际考核工作过程中，却不时会有部分参建单位对考核结果是否公正给予质疑，极少数参建单位甚至出现了消极抵触的情绪。经过项目 HSE 部的全面调查，我们发现了导致这种情况发生的问题所在。其中一点是，项目共有92个子项目，不同子项目的施工复杂性不同，作业种类与作业风险有差别，作业人员的数量更是有很大的差异（例如，有的子项目作业人员数量有400多人，而有的子项目作业人员数量只有几十人），因而面对的管理难度自然是不同的；另一点是，原有的考核系统中缺少对群体违章的考核要求，在出现群体违章时不同的考核人员给予的考核打分标准不同；再有一点是，在项目原有考核系统中把负责考核的IPMT－HSE团队的HSE专业工程师按炼油区、化工区、仓储区与公用工程区4个区域进行分配，对于同一队考核人员在同一个区域工作久了后，在考核时难免会出现主观打分的情况，或者由于不同区域的考核人员的个人考核尺度不同，出现对于同一问题考核打分不同的现象。为此，为了解决这些问题，项目HSE部对考核系统进行了进一步的修改与完善，具体如下。

2.6.1 引入K值修正系数

为了增强HSE管理考核的公平合理性，引入K值修正系数。K值的计算主要由三个因素构成：复合性作业程度、施工人数、经过审批的安全专项施工方案数量。具体如下：

复合性作业程度（K_1）：复合性作业包括脚手架搭设和拆除、起重作业、施工用电、受限空间、高处作业、挖掘作业、动火作业、能量隔离、射线作业、喷砂与涂装、吊篮作业、格栅板作业等12项作业。同一考核区域内，以其中任意5项作业为基础，每超过1项作业，K_1值增加0.002。

施工人数（K_2）：同一考核区域内，以月平均施工人数100人为基础，每超过50人，K_2值增加0.002。

审批的专项安全措施方案数量（K_3）：同一考核区域内，每审批并实施一个安全专项施工方案，K_3值增加0.002。

K值修正系数为K_1、K_2与K_3的算术加和值。在每个考核月结束后，参建单位的最终考核分数为考核打分与K值的乘积。

K值随工程进度和现场实际施工情况，在不同的考核期间内进行相应的调整。

2.6.2 增加重复违章与群体违章行为的考核要求

（1）同一单位同一种类型的违章行为，一个月内每出现5人次蓝色扣分将额外增扣1次黄色扣分、每出现3人次黄色扣分将额外增扣1次红色扣分。

（2）同一作业点一次性出现5人次（含5人次）以上蓝色违章行为，则视为黄色违章，立即停止作业，所有违章人员及其直线管理人员进行再培训教育，考试合格后可再继续进入现场作业；同一作业点一次性出现10人次（含10人次）以上蓝色违章行为，立即停止作业，所有违章人员与施工作业单位负责人、HSE负责人同时进行再培训、考试，并对相关监理单位、总包单位给予警告。

（3）同一作业点一次性出现3人次（含3人次）以上黄色违章行为，立即停止作业，违章人员、施工作业单位负责人、HSE负责人同时参加再培训、考试，对相关监理单位、总包单位给予警告；同一作业点一次性出现6人次（含6人次）以上黄色违章行为，则视为红色违章，所有违章人员立即清除出厂，相关监理单位总监理工程师、总包单位项目经理与HSE负责人诫勉谈话一次。

（4）总包单位及其所属分包单位在一个月内出现6人次（含6人次）以上红色违章行为，总包单位项目经理与HSE负责人、相关监理单位总监理工程师诫勉谈话一次。

（5）一个月内出现2次（含2次）以上对监理单位总监理工程师、总包单位项目经理与 HSE 负责人诫勉谈话，最高处罚是清除监理单位总监理工程师、总包单位项目经理与 HSE 负责人出场。

2.6.3　*考核人员在不同考核区域之间定期轮换*

4 组 IPMT－HSE 管理团队考核人员在 4 个不同的考核区（炼油区、化工区、仓储区与公用工程区）以一个季度为单位进行一次轮换。之所以将轮换频率确定为一个季度，主要是考虑 IPMT－HSE 考核人员对一个新区域的情况（包括人员、作业风险类别、管理关键点等）是需要时间来适应与熟悉的，如果轮换过于频繁，HSE 管理的考核可能会仅局限于表面问题，从而失去项目预定的考核初衷了。

3　实施 HSE 管理考核的效果

通过采用科学的考核方法、人性化的考核手段，四川石化炼化一体化项目的 HSE 管理考核取得了非常有效的成果，最直接的体现是：

（1）作业人员的 HSE 素质得到了本质提高，管理人员的 HSE 管理技能全面提升，“要我安全”到“我要安全”的 HSE 意识实现有效转变。

（2）“安全第一”的 HSE 观念在项目范围内全面树立，参建单位自主 HSE 管理热情全面激活，“有感领导，直线责任，属地管理”得到充分落实。

（3）HSE 管理职责、界面清晰，“谁主管，谁负责”的 HSE 管理原则有效执行。

（4）HSE 基础管理工作得到高度重视，HSE 培训有效开展，HSE 信息有效沟通，为四川石化 HSE 文化的形成奠定了基础。

（5）施工现场文明有序，施工机具与设备管理基本实现本质安全标准。

（6）施工作业规范统一，风险预控化与流程标准化管理确保作业安全受控。

（7）现场安全隐患得到及时发现与整改，个人违章率控制达到世界先进水平。

（8）具有四川石化自身特色的 HSE 文化正在逐渐成熟，为项目典范式工程的建设、为未来的顺利建成投产提供了最根本的保障。

4　结语

四川石化炼化一体化项目的 HSE 管理考核实践表明，有效的 HSE 管理考核是确保工程项目建设安全受控的根本保障之一，而科学性的考核方法、标准化的考核方式、人性化的奖惩机制、坚持如一的执行力度是实现有效 HSE 管理考核的关键与支撑，持续的改进更是有效 HSE 管理考核的核心与灵魂。

工艺危害分析在炼化装置的应用

崔慧龙　史宏林

（中国石油宁夏石化公司　宁夏银川市　750026）

摘　要　介绍中国石油宁夏石化公司炼化装置开展工艺危害分析（PHA）的方法，描述了炼油新项目工艺危害分析的过程，提出了对炼化企业进行工艺危害分析过程中应注意的事项，提高风险识别水平，努力将风险级别降到最低，从而达到本质安全。

关键词　危害识别　风险评价　工艺危害分析

1　宁夏石化公司开展工艺危害分析（PHA）的背景

工艺危害分析（PHA）是通过系统的、有条理的方法来识别、评估和控制工艺中的危害，并使用特定的方法识别危害，评估风险，产生结论和建议的过程。采取从根本上消除而不仅是通过控制措施的原则，来处理与工艺有关的工艺物料的基本化学特性（如毒性、易燃性和反应性）、物料处理的物理条件（如温度和压力）、工艺设备的特性或这些因素的综合作用而带来的危害，从而达到工艺安全的目的。

早在20世纪70年代，当时人们已经看到工艺危害事故的发生会造成十分严重的后果，希望通过探索和使用一些方法和工具，对危险源进行辨识和风险评估，并通过采取适当的安全措施提高危险源的安全性，防止和减少工艺危害事故的发生。工艺危害分析（PHA）由此应运而生。

中国石油宁夏石化公司（以下简称“宁夏石化公司”）自2007年开始与美国杜邦公司合作开展HSE管理改进项目，成立专门的工艺危害分析（PHA）组织机构，全面负责企业开展危害识别和风险评价工作，先后完成了两套在役大化肥装置、500万吨/年炼油改扩建项目设计阶段、在建大化肥项目工艺包和初设阶段的工艺危害分析（PHA），共提出建议800余项，有力地促进了企业的安全管理工作。

2　炼化装置工艺危害分析（PHA）

下面，以500万吨/年炼油改扩建项目工艺危害分析（PHA）过程为例，作一论述。

2.1　成立专门工艺危害分析（PHA）小组

工艺危害分析（PHA）是一项非常细致、繁琐的工作，要耗费大量的时间和精力开展这项工作，因此必须成立专门的分析小组，制订详细的工作计划和管理办法。因新项目存在边设计边施工的问题，所以工作计划与设计、施工进度一定要充分的结合起来。小组的职责主要是辨识、评价炼油新装置工艺危害及可操作性，结合分析出的问题提出相应的建议，反馈到设计和生产准备部门，并由相关单位制定相应的控制措施；人员的构成包括工艺、设备、HSE、电气仪表、工程、设计等经验丰富的人员。

2.2 确定工艺危害分析（PHA）标准

包括定性风险评估规则、故障假设检查表法分析指南、HAZOP 分析指南，严格按照标准进行开展工作。

2.3 召开炼油改扩建项目的工艺危害分析（PHA）协调会

通过召开协调会明确工艺危害分析（PHA）开展的相关流程与职责：由 PHA 小组成员对炼油新装置进行分析，提出问题与建议，汇总后首先由生产准备部审阅，审阅后送设计管理部，由设计管理部与设计院进行最后的交流，得到结果后以书面形式反馈 PHA 小组存档。针对流程的每一个环节明确相应的协调人，有力地促进了 PHA 工作的开展，使 PHA 工作形成了完整的闭环。

2.4 开展针对性工艺危害分析（PHA）培训

对于工艺危害分析（PHA），虽然宁夏石化公司要求要做到全员参与，但是对于参与分析的人员还需要进行针对性培训，确保分析人员熟悉 HSE 体系标准和程序文件，真正掌握识别的目的、识别的范围和对象、识别方法及方法的选择、风险评估的基础知识、怎样确认危害的根源和性质、编制重大危害清单及工艺危害分析报告等内容。

2.5 选择合适的方法开展分析

常用的四种分析方法有：故障假设/检查表分析法（WHAT IF/CHECK LIST）、危害和可操作性研究分析法（HAZOP）、故障类型和影响分析法（FMEA）、故障树分析法。

表 1 常用的四种分析方法优缺点比较

方 法	优 缺 点
故障假设/检查表（WHAT IF/CHECK LIST）	“WHAT IF/CHECK LIST” 分析方法本身缺乏系统、逻辑性和严谨性，它过分依赖分析者的经验，有时即使很专业的专家，开展分析的结论可能也不具体和全面
危害和可操作性研究（HAZOP）	HAZOP 方法系统性和科学性强 ，它对设计、过程、程序或系统等各个步骤中，是否能实现设计意图或运行条件的方式提出质疑 ，可以全面的对整个工艺过程进行分析
故障类型和影响分析（FMEA）	用于辨识由于共因失效或单一组件失效导致的危害事件、事故
故障树	主要用于重大灾难性的事故分析，像火灾、爆炸、毒气泄漏等

通过对以上四种分析方法的优缺点进行对比，发现 HAZOP 更适用于炼化装置的初次工艺危害分析。因为它分析起来较全面，可以涉及装置的每条管线、每个阀门、每个设备。通过划分节点，确定偏差矩阵，然后对每一个工艺偏差，分析其产生偏差的原因、后果和现有保护措施，按照《定性风险评估规则》进行风险分析，通过评估严重性和可能性确定风险等级。对于风险等级在Ⅲ级以上的项目，必须提出建议措施。

表 2 偏差矩阵

引导词/参数	偏大	偏小	无	反向	部分	伴随	异常
流量	流量过大	流量过小	无流量	逆流	浓度错误	杂质	错误物料
时间	时间过长	时间过短					
压力	压力过高	压力过低	真空				
液位	液位过高	液位过低					
腐蚀量	腐蚀量过大						
浓度	浓度过高	浓度过低					

表 3 风险评估矩阵

可能性升高 ↑ 频率级别				
F－4	Ⅳ	Ⅱ	Ⅰ	Ⅰ
F－3	Ⅳ	Ⅲ	Ⅱ	Ⅰ
F－2	Ⅳ	Ⅳ	Ⅲ	Ⅱ
F－1	Ⅳ	Ⅳ	Ⅳ	Ⅲ
	C－1	C－2	C－3	C－4

后果级别 ——→ 严重性升高

表 4 风险分数的解释

风险分数	描　述	需要的行动	PHA 改进建议
Ⅰ	不能容忍的	应当通过工程和（或）管理上的控制措施在一个具体的时间段，如 6 个月内，把风险降低到级别 III 或以下	需要
Ⅱ	不希望发生	应当通过工程和（或）管理上的控制措施在一个具体的时间段，如 12 个月之内，把风险降低到级别 III 或以下	需要
Ⅲ	在控制措施落实的条件下可以容忍	应当确认程序和控制措施已经落实，强调对它们的维护工作	个案评估。评估现有控制措施是否足够
Ⅳ	可以容忍	不需要采取措施降低风险	不需要。可适当考虑提高安全水平的机会（在 PHA 范围之外）

2.6 建议的跟踪落实

工艺危害分析（PHA）小组提出的 400 余项建议，以 PHA 建议反馈单的形式，一部分反馈到生产准备办参与操作规程的修改，另一部分经设计管理部反馈到设计院进行设计缺陷的修改，而且将每一条建议指定了专门的负责人跟踪落实，并将落实记录进行归档留存。

2.7 编写工艺危害分析（PHA）的标准模板

结合宁夏石化公司炼油改扩建项目工艺危害分析，制作了一套完整的工艺危害分析（PHA）表单，把方法固化成统一的标准模块，方便将来在不同 PHA 小组之间和全公司范围内使用。

3 分析的主要方向

3.1 设计缺陷

设计上的问题是首先要寻找的问题，主要采取 HAZOP 分析方法，对整个设计进行系统分析，结合国家标准、行业标准、工艺设计依据、设备设计依据、兄弟企业的相关经验，查找设计上的缺陷，并将分析出的问题反馈到设计院，使其对设计缺陷进行修改。

3.2 施工质量

结合施工现场的实际开展启动前安全检查，分别从工艺、设备、电气仪表、检维修等各个方面分阶段进行系统检查，并将检查出的问题项按照严重性等级高低进行分类，制定专门的负责人进行跟踪落实，确保将施工的问题在开车前全部落实。

3.3 培训

为了确保装置的安全运行，针对查出的问题所引起的设计变更、操作规程的修订，必须对与操作相关的人员进行培训。可分别通过外出培训、仿真培训、请专家讲解等形式，经过考试，对成绩优秀的学员进行奖励，提高学员学习的积极性，为装置的顺利开车打下坚实的基础。

4 开展工艺危害分析（PHA）过程中应注意的问题

（1）对炼化装置的工艺危害分析（PHA）要贯穿于装置的整个生命周期，不同的阶段应该各有侧重点。如项目建议书和可行性研究阶段主要关注工艺技术的选择、整体项目可靠性和完整性以及项目未来可能对周围环境、人员等的影响；初步设计和详细设计阶段主要验证工艺流程的可靠性，辨识项目中的设计缺陷，并通过修改设计达到消除隐患和降低系统工艺风险的目标；封存和报废拆除阶段主要是关注残余能量、残余物料的潜在风险及施工作业的潜在危害，同时关注目标装置封存、报废拆除工作对相邻装置的影响和潜在危害等内容。

（2）用 HAZOP 方法对新装置进行危害识别和风险评价更全面，因为 HAZOP 方法使用偏差作为“触发器”，能够对新装置的设计方案进行系统审查、分析，对于潜在的失误和缺陷能够充分识别。

（3）在对单台设备进行危害识别时，故障假设/检查表分析法（WHAT IF/CHECK LIST）比危害和可操作性研究（HAZOP）法更适用。

（4）对于识别出的危害制定保护措施时，应从预防性、监测性、控制性、应急性四方面依次列出，这样比较全面，而且不易丢失。

（5）新装置的工艺危害分析经常遇到资料不全，此时分析计划一定要与项目的设计进度有机结合。

（6）风险评估一定要实事求是。风险评估过程中经常会出现不完整性和主观性。不完整性主要是由于在危害识别阶段分析人员不可能找出所有的危害；对已辨识的危害，不能保证考虑到所有引发事故的原因和事故后果。主观性主要是由于风险评价本身有高度的主观性，不同的评价人员使用相同的资料评价同一个问题时，可能会得出不同的结果。所以针对风险评估中的这些限制因素，要求分析人员必须实事求是的进行风险评估，让大家真正了解风险评估的意义，更加科学、系统、综合地进行风险评估。

（7）危害识别和风险评价是一个不间断的 PDCA 过程，根据危害识别出的风险要结合自身的实际进行分级处理。对于等级高的风险一定要制定管理方案、运行控制文件或应急预案。随着装置设备、工艺等的不断变化，会有其他新的风险出现，所以要求危害识别和风险评价必须按照规划（PLAN）—实施（DO）—验证（CHECK）—改进（ACTION）的 PDCA 管理模式不断进行，将新生的危害消灭在萌芽状态。

5 结语

工艺危害分析（PHA）是识别炼化装置风险的有效方法，是一项长期的、不间断的工作，工作业绩的好坏、水平的高低取决于领导的重视程度、职工对识别方法与技巧的熟练程度以及与日常工作有机结合的程度。相信通过企业科学的管理、完善的机制一定能达到风险逐渐下降、HSE 业绩稳步提升的目标。

防雷防静电接地阻值变化风险预警管理

赵　刚　黄继伟

（中国石油四川销售泸州分公司　四川省泸州市　646000）

摘　要　雷电和静电极易引发易燃易爆场所的气体燃烧和爆炸，作为石油销售企业，油库、加油站防雷防静电工作历来都是安全管理的重点。从近年库站防雷防静电装置管理情况看，防雷防静电设施从设计、安装、验收、使用和检测等环节逐步得到规范，但在对测试数据分析、防范上还有不完善的地方，存在不足。中国石油四川泸州销售分公司结合工作实践，推出了防雷防静电接地阻值变化曲线图风险预警管理，摸索出一套适合油库、加油站防雷防静电装置管理的新方法，强化对危害因素的识别和对接地装置有效性的动态风险控制，达到对防雷防静电装置测试数据变化进行监控的目的，有效提升了库站防雷防静电安全管理水平。

关键词　防雷　防静电　风险　预警管理

1　防雷防静电接地阻值变化曲线图风险预警管理项目实施的背景

静电与雷电灾害严重影响油库、加油站的安全生产，给企业造成很大的损失。《油库安全事故案例》中收集了445起油库着火爆炸事故，其中由静电引起的有54起，占12.13%；由雷电引起的有21起，占4.72%。《加油站事故百例》一书收集了115起加油站事故，其中由静电引起的有23起，占20%；由雷电引起的有5起，占4.35%。如此高的事故比例，必须引起我们的高度重视，进一步提高静电与雷电灾害预防管理，有效地控制静电和雷电的危害，认真落实安全防范措施，消除雷电与静电的安全隐患，避免雷电与静电事故发生，确保油库、加油站安全生产。

1.1　雷电与静电对油库、加油站的危害

1.1.1　雷电的危害及其火灾危险性

（1）直击雷危害。

雷云间或雷云与建筑物、大地、防雷装置等的迅猛放电现象，在闪击过程中产生强大的电流和高电位，极短时间内释放大量的能量，其强大的电效应、热效应和机械效应会造成灾害。雷电放电时，产生高达数万伏至数十万伏的冲击电压，足以烧毁油库、加油站的电气设备和线路，导致可燃、易燃、易爆物品着火和爆炸。油库、加油站属于易燃易爆场所，遭受雷击造成的破坏是不可估量的。

（2）感应雷危害。

当金属物等导体处于雷云和大地电场中时，金属物上会感应出大量的电荷。雷云放电后，云与大地之间的电场虽然消失，但金属物上所感生的电荷却来不及立即逸散，因而产生很高的对地电压，在金属物上产生静电感应和电磁感应现象，这种电压往往高达数万伏，可

击穿数十厘米的空气间隙，发生火花放电，也可能在金属物之间产生火花放电，从而引起火灾、爆炸、危及人身安全或对供电系统、电子设备造成危害。因此，感应雷对于油库、加油站爆炸危险场所的危害是相当严重的。

1.1.2　静电危害及其火灾危险性

物体间相互接触、分离即可产生静电，当其积聚到一定程度时就会发生火花放电现象。静电危害主要呈现静电力作用或高击穿作用，可能造成安全事故。静电放电过程是将电场能转换成声、光、热能的形式，热能可使易燃气体、可燃液体燃烧或爆炸。油库、加油站油品储运过程的管线、过滤器、油罐等都会产生静电，作业中油品流速过快、采样测温、喷溅式注油、使用塑料桶装油、油罐内有孤立导体突出物、人体活动等都可能发生静电放电，如果此时环境中有爆炸性混合物存在，就有可能引起爆炸和着火。

1.2　油库、加油站防雷防静电现有的主要措施

众所周知，在静电、雷电发生—静电电荷积聚—静电、雷电电荷泄放的过程中，杜绝或减缓其中任何一个环节的过程，都可以达到消除静电、雷电灾害的目的。

目前，油库、加油站主要采取的防雷防静电措施主要有两点。一是通过规范员工操作行为，可以控制或减少静电发生。石油销售企业现有的安全管理规章制度、操作规程比较齐全，明确了操作过程中员工要做什么、该怎样做、不能做什么。只要员工按章操作，就可以有效控制或减少静电事故发生。二是为静电、雷电提供一条电流（包括雷电电磁脉冲辐射）对地泄放的合理的阻抗路径。依据《石油库设计规范》（GB 50074—2002）、《汽车加油加气站设计与施工规范》（2006 年版）（GB 50156—2002）、《建筑物防雷设计规范》（GB 50057—2010）、《建筑物电子信息系统防雷技术规范》（GB 50343—2004）等要求，主要采用“等电位连接”、“传导”、“分流”、“接地”、“屏蔽”等现代防雷、防静电技术措施，实行整体防雷、防静电。

防雷防静电装置的有效、规范设置，可以控制静电积聚和雷电、静电电荷的释放。从近年库站防雷防静电装置管理情况看，防雷防静电设施从设计、安装、验收、使用和检测等环节逐步得到规范，通过对油库、加油站防雷防静电装置存在问题的整改，防雷防静电接地装置设置已比较齐全。但雷电、静电电荷如果不能有效地通过装置接地极迅速释放到大地中，引发安全事故造成的经济损失是不可估量的，甚至还会造成人员伤亡，所以，防雷防静电装置接地电阻值是否合格十分关键。

2　防雷防静电接地阻值变化曲线图风险预警管理的内涵和主要做法

防雷防静电技术是专业性较强的学科，专业人员过少、技术力量过于分散是销售企业遇到的共性问题。为有效预防静电、雷击事故，如何在现有的人员与设备配置的基础上，将静电、雷击事故发生的几率降至最低，给我们进一步提高防雷防静电管理工作提出了新的要求。为此，中国石油四川泸州销售公司（以下简称“泸州销售分公司”）提出了“防雷防静电接地阻值变化曲线图风险预警管理”的方法，强化防雷防静电装置接地有效性的风险预防管理，为库站安全发展、科学发展提供有力保障。

2.1　接地电阻值变化曲线图风险预警管理的内涵

通过对近十多年来部分加油站主要设施设备的防雷防静电接地检测数据分析，季节、气候、土壤及湿度、接地极使用年限等都会对防雷防静电接地装置接地电阻值带来一定影响。

为进一步提高对防雷防静电接地装置的管理，确保防雷防静电接地装置有效运行，泸州销售分公司通过对防雷防静电接地测试工作的严格管理，已积累了十多年的检测数据，具备了编制油库、加油站“重点装置测试数据变化曲线图”的条件，自2010年开始推行防雷防静电接地阻值变化曲线图风险预警管理。在探索执行曲线图管理的过程中，本着检查维护、检测控制、数据分析、整改防范的管理思路，制定合理的控制流程，规范接地检测操作行为，强化对危害因素的识别和对接地装置有效性的动态风险控制，通过曲线图对防雷防静电接地阻值变化进行分析，达到风险预警管理的目的。

2.2 接地电阻值变化曲线图风险预警管理的主要做法

2.2.1 防雷防静电装置接地极使用年限对接地电阻值的影响分析

通过对近年库站防雷防静电接地装置安装、验收、使用、检测过程中积累的数据和经验分析，发现新安装的接地极检测结果数据一般偏高，原因是接地极刚埋入土中，土壤有一定松动，接地极与土壤未紧密接触，接地极与土壤之间接触电阻值较大；经过两三年的使用，接地极检测结果数据逐步下降，原因是土壤经过两三年的沉降，接地极与土壤接触更好了，接触电阻值也随之下降；在之后十余年左右，接地极检测结果数据一般相对稳定；当接地装置使用8~15年后，接地极检测结果数据将逐步上升，原因是埋入土中的接地极锈蚀越来越严重，接地极与土壤之间的接触电阻值逐年增大，直至检测数据超出接地阻值标准，接地装置检测结果不合格。

如果把历年油库、加油站主要设施设备防雷防静电检测数据编制成曲线图，将能对装置接地电阻值超标提前进行动态风险预警判断，提前做好应对防范工作，确保防雷防静电装置有效运行，避免雷电与静电灾害事故发生。

例如，某加油站配电柜电气保护接地于1993年4月安装，接地极测试结果阻值为3.5Ω；之后接地电阻测试数据逐次下降，1995年4月接地极测试结果阻值为2.3Ω；1995—2007年，历次接地电阻测试结果均稳定在2~3Ω间；2007年10月以后，接地极测试结果阻值逐步上升，到2010年10月接地阻值测试结果为4.2Ω（见图1）。依据《汽车加油加气站设计与施工规范》保护接地电阻标准值为不大于4Ω，配电柜电气保护接地检测结果不合格，需对接地极进行整改。根据生成的“测试数据变化曲线图”，如果提前对接地电阻值变化趋势进行分析，实施动态风险管理，就能提前进行风险预警，可以提早对接地极进行整改，提前采取防范措施，避免因接地极电阻值超标而带来的风险。

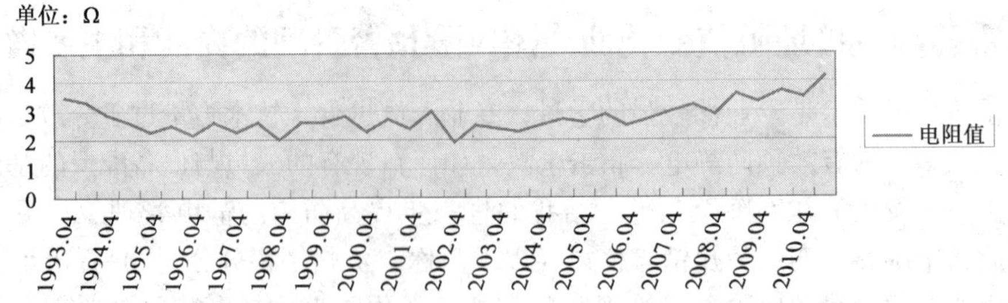

图1 某加油站配电柜电气保护接地电阻值数据变化曲线图

2.2.2 土壤湿度、季节气候对防雷防静电装置接地阻值的影响分析

根据对每次防雷防静电装置检测时季节、气候、温度等记录分析，发现气候对检测结果也有一定影响，当气温较高时，特别是连续一段时间未降雨、高温环境后，检测出的接地电

阻值数据偏高，分析原因为土壤湿度降低，土壤电阻率增大，说明受土壤湿度的变化，不能保证接地体有效发挥导电作用。一些加油站因地理位置环境特殊，每年春季和秋季接地装置检测出的电阻值差异较大，说明接地体受土壤湿度、温度、季节变化等的影响，土壤电阻率发生变化，接地极不能提供稳定的接地电阻。

例如，某油库中转泵房建于1996年，2号管道泵电机外壳保护接地历次测试电阻值数据均不稳定，截至2010年10月，接地极测试结果为4.3Ω（见图2），电气保护接地测试结果超标，需对2号管道泵电机外壳保护接地极进行整改。如果根据生成的“测试数据变化曲线图”，提前对接地电阻值变化进行分析，就会发现，多数年份春季和秋季接地极测试电阻值相差较大，证明接地体受季节影响、土壤干湿度变化，接地电阻值不稳定。通过现场查看、分析判断，该接地极埋设在页岩山地，土壤较薄，导致接地电阻值一直偏高，说明土质对接地电阻值的影响也是相当大的。

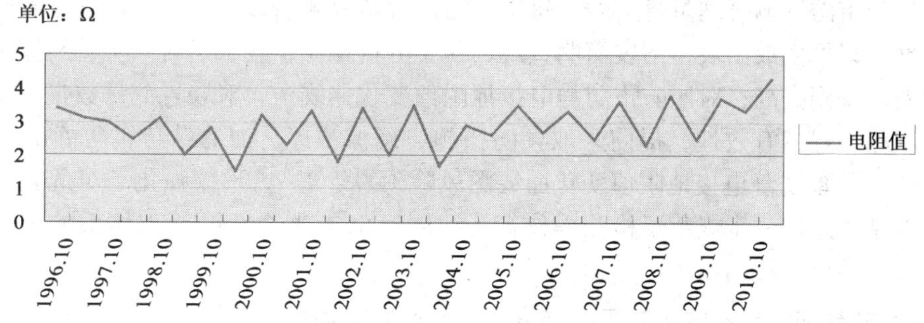

图2 某油库2号管道泵电动机外壳保护接地电阻值数据变化曲线图

2.2.3 接地电阻值变化曲线图风险预警管理的试点、完善和推广

推行“防雷防静电接地阻值变化曲线图风险预警管理”项目，需要历年积累的防雷防静电装置检测数据。2010年5月，泸州销售分公司成立了项目组，选择在历史数据积累较好的中区和泸县片区部分加油站进行试点，针对加油站的重点设施、主要设备的防雷防静电装置，编制了“测试数据变化曲线图”，对防雷防静电接地主要装置测试数据进行分析，对检测不合格的接地点，采取查阅资料、现场观察、讨论等方式重点分析、比对，并及时收集各单位对推行“防雷防静电接地阻值变化曲线图风险预警管理”项目反馈的意见和建议，初步取得了一定成效。

2010年11月，泸州销售分公司组织相关人员学习了《石油库设计规范》、《汽车加油加气站设计与施工规范》、《建筑物防雷设计规范》等现行防雷防静电专业知识，对油罐、输油管道、电力和信息线路、电子电器设备等一系列设施所处的季节气候、土壤、地形地貌等不同环境的具体标准有了更深一步的理解，对各类防雷建构筑物防雷接地与土壤电阻率之间的关系、要求也有了更清晰了解。通过比对等方法逐步对“防雷防静电接地阻值变化曲线图风险预警管理”项目程序进行了完善，具备了向公司所属油库、片区全面推广的条件。

2011年6月1日，泸州销售分公司正式全面推行“防雷防静电接地阻值变化曲线图风险预警管理”项目，要求各油库、片区防雷防静电测试小组在每次检测工作结束后，统计、输入测试数据，生成或更新重点装置测试数据变化曲线图，通过曲线图分析主要装置接地电阻值数据变化趋势，达到对主要防雷防静电装置接地阻值变化风险预警的目的，对接地电阻值可能即将超出标准的接地装置，提前落实防范措施，确保库站防雷防静电装置规范有效运行，防范油库、加油站静电与雷电灾害。

3 防雷防静电接地阻值变化曲线图风险预警管理产生的安全效益

泸州销售分公司通过实施“防雷防静电接地阻值变化曲线图风险预警管理”项目，摸索出一套适合油库、加油站防雷防静电装置管理的新方法。通过一年时间的应用和不断完善，达到了对防雷防静电重点装置接地电阻值变化进行监控的目的，有效提升了对油库、加油站防雷防静电安全管理水平和安全创效能力。“防雷防静电接地阻值变化曲线图风险预警管理”已被中国石油四川泸州销售分公司确定为管理创效推广项目。

3.1 接地阻值变化曲线图风险预警管理实用性、可操作性强

实施“防雷防静电接地阻值变化曲线图风险预警管理”，得到了各级安全管理人员和测试人员的认可。根据HSE管理实用性、可操作性的原则，精细化管理的要求，每一个流程都是根据防雷防静电管理量身定做，每次防雷防静电检测后，油库、片区安全管理人员只要输入数据，即可生成图表，图表简明直观、便于分析操作，在很短时间里就能完成，工作主动性和效率得到提高；对照防雷防静电接地阻值变化曲线图，对装置测试数据历史趋势进行分析，预测装置的有效性，提前采取预防措施，确保油库、加油站防雷防静电装置有效运行。实施“防雷防静电接地阻值变化曲线图风险预警管理”，不仅强化了对危害因素的识别和风险控制，还进一步规范了检测操作行为，同时也丰富了HSE管理体系的可操作性，起到了将安全关口前移的目的。

3.2 从细节管理入手，解决防雷防静电装置测试管理中难题

实施“防雷防静电接地阻值变化曲线图风险预警管理”，能解决测试过程中的一些难题，如：通过分析曲线图，可以监控测试人员检测中操作不到位，接地极未断开进行检测、记录数据弄虚作假等问题。通过进一步加强关键环节的细节管理，促进防雷防静电测试重点操作步骤做精、做细、做到位。实施“防雷防静电接地阻值变化曲线图风险预警管理”，有效提高了防雷防静电测试规范操作过程的监督管理，通过完善和落实各项安全措施，严格管理，强化过程受控，有效杜绝事故发生，达到防雷防静电测试作业过程受控的目的。

3.3 实施重点装置测试数据变化曲线图管理，防雷防静电管理工作更加规范

实施“防雷防静电接地阻值变化曲线图风险预警管理”以来，泸州销售分公司防雷防静电管理水平得到进一步提升，从设计、安装、验收、使用、检测、分析、整改、防范等环节全面提高了库站防雷防静电工作。防雷防静电现场检测操作、测试资料记录、技术数据分析更加规范，确保了检测作业安全受控。推行曲线图风险预警管理以来，公司未发生任何雷电、静电安全事故，有效提升了安全环保管理水平，增强了企业的安全创效能力，同时也促进了公司HSE管理水平、绩效的不断提高，为油库、加油站防雷防静电防灾管理构筑起一道安全“防火墙”。

4 结语

在全球气候变暖、雷电灾害日趋严重的大环境下，油库、加油站防雷防静电减灾工作面临的困难也将日趋严峻。所幸石油销售企业库站防雷防静电装置管理日趋规范，《石油库设计规范》、《汽车加油加气站设计与施工规范》、《建筑物防雷设计规范》、《建筑物电子信息系统防雷技术规范》等标准为加强库站防雷防静电基础工作提供了依据。今后，我们将在

总结经验、借鉴先进做法的基础上，继续大力推行“防雷防静电接地阻值变化曲线图风险预警管理”，进一步完善这一管理方法，有效推进 HSE 管理体系建设，普及防雷防静电知识，强化基础建设和管理，全面提升泸州销售分公司 HSE 管理水平。

参考文献

[1] GB 50074—2002 石油库设计规范 [S].

[2] GB 50156—2002 汽车加油加气站设计与施工规范（2006 年版）[S].

[3] GB 50057—2010 建筑物防雷设计规范 [S].

[4] GB 50343—2004 建筑物电子信息系统防雷技术规范 [S].

[5] GB/T 21431—2008 建筑物防雷装置检测技术规范 [S].

有效提升健康安全环境管理体系运行质量的探索与实践

田建军　肖　南　庞超烈

（中国石油川庆钻探工程有限公司　四川省成都市　610051）

摘　要　通过分析中国石油川庆钻探工程有限公司三年来健康、安全与环境管理体系建设实践，阐述如何运用体系的方法建设健康、安全与环境管理体系，提升健康、安全与环境管理体系运行质量，促进企业安全生产绩效水平不断提高。

关键词　提升　健康、安全与环境管理体系　质量

0　引言

2008—2010年，中国石油川庆钻探工程有限公司（以下简称“川庆钻探”）按照健康、安全与环境管理体系的要求，制定“七个注重、七个转变、七个实现”的工作思路，改进工作方法，优化手段措施，完善体制机制，持续推进健康、安全与环境管理体系建设，实现了健康、安全与环境管理水平的持续提升，取得了良好的健康、安全与环境业绩。

1　注重数据管理，由定性评估向定量统计分析转变，实现体系质量事前控制

健康、安全与环境管理体系建设是一个渐进、持续的发展过程，不仅要明确健康、安全与环境管理体系建设的战略性目标，还要根据形势和任务的发展，明确健康、安全与环境管理体系建设的阶段性目标，推动健康、安全与环境管理体系建设。

1.1　采用数据化监督检查

公司建立安全监督检查数据分析预警系统，对安全监督、安全检查、各种审核、各种违章、设备设施完整性、管理缺陷进行统计分析，找准推进短板，找出推进不平衡原因，用数据显现推进工作在区域上、单位上、要素上存在的短板和问题，使健康、安全与环境管理体系建设推进工作有预见性。

1.2　量化审核评估标准

分专业建立健康、安全与环境管理体系审核量化考核评估标准。每年对各单位进行审核评估，确定各单位安全管理能级和水平，为推进健康、安全与环境管理体系建设提供有效性。

2　注重责任落实，由“全员参与”向“全员负责”转变，实现体系质量全员控制

健康、安全与环境管理体系各个不同的组成部分或要素，在一定的隶属关系中形成等级

次序，这是体系有机联系的必然反映。因此在体系建设中，必须根据人员职级的不同层次和权力由决策层到协调层、执行层、操作层这一运行过程的客观规律，研究和探讨相互间的有序联系，从而使各个层次之间互相衔接，服从服务于健康、安全与环境管理体系整体的最优目标。

2.1 深化有感领导

以推行“七个带头”、个人安全行动计划、健康安全与环境目标责任书为内容和指南，以现场审核、一对一面谈、安全观察与沟通、领导干部联系单位、各健康安全与环境分委员会为工具和载体，以《领导干部健康安全与环境审核实施细则》为考核依据，完善领导干部联系单位实施指南和明确指导内容，实现领导干部对健康安全与环境管理由领导“重视”向“重实”转变，使领导的组织力、影响力、领导力更进一步提升。

2.2 深化直线管理

以推行“谁管工作，谁管安全”、个人安全行动计划、“七个带头”为内容和指南，以现场审核、安全观察与沟通、联系单位、分管业务的安全管理为工具和载体，以《领导干部健康、安全与环境审核实施细则》为考核依据，完善管理流程和明确管理界面，实现管理干部由“参与者”向“责任者”转变，使管理者的组织力、推动力、执行力更进一步提升。

2.3 深化属地管理

以“谁的区域谁负责”、健康、安全与环境责任书、属地管理的五项健康安全与环境职责为内容和指南，以工作安全分析、作业许可、观察与沟通为工具和载体，以《属地管理办法》为考核依据，完善交叉作业、大型作业操作程序和明确责任主体，实现属地管理的操作者向管理者转变，使操作者的履职力、防范力、执行力更进一步提升。

3 注重高危控制，由行为安全向工艺安全转变，实现体系质量全面控制

健康、安全与环境管理体系择优性的应用点主要体现在系统风险控制方案的综合与比较，从各种备选方案中选取最优方案。

3.1 建立工艺危害分析工作机制

开展以工艺流程为主线的工艺危害分析，突出井控工艺危害分析。应用工艺危害分析结果，推动落实直线管理、属地管理、目视化管理、作业许可、启动前安全检查和承包商管理；建立工艺安全审核清单，每年开展一次工艺安全审核，形成工艺安全管理的整体推进思想。

3.2 建立工艺安全信息库

以基层队的工艺安全信息为基本单元，建立公司设计阶段、施工阶段的工艺参数、设备设施参数、物料参数、国内外同行工艺安全评估的等级标准的工艺安全信息库，进一步完善基层基础管理。

3.3 完善设备设施管理

根据设备管理方案，完善设备管理制度、标准、程序，并培训和实施。开展设备管理专项审核，制定设备管理通用审核标准、钻井等主要专业的设备管理审核分标准。

4 注重要素融合，由试点探索向制度推广转变，实现体系质量全过程控制

健康、安全与环境管理体系内各要素之间不是孤立的、封闭的、静止的，而是相互联

系、相互作用、相互制约的。这就要求我们在考虑和处理问题时，必须用发展的、联系的、动态的观点，综合地分析和研究体系结构的最佳模式，研究要素之间存在的必然联系和客观规律，进而有效地进行调节和控制，使各部分相互促进，发挥综合优势，以实现体系的最大功能。

4.1 注重与实际融合

建立以危险源辨识为基础、以风险预控为核心、以管理员工不安全行为重点、以切断事故发生的因果链为手段，融入推进成果和经验，细化“3351”推进做法的管理体系，做到决策有依据、管理有规范、操作有程序、风险有控制、执行有标准，实现由经验管理向规范管理转变。

4.2 注重与体系要素融合

建立以中国石油天然气集团公司28个要素相融合自上而下集成化、一体化的整合型管理体系，整合环境管理体系、职业健康管理体系等，统一责任主体、减少管理交叉，统一管理流程、避免重复工作，统一规范文件、简化文档记录，统一审核认证、减少时间和成本，统一整体推进、减少不平衡，使业务流程更加线性化，管理界面更加明晰化，风险缺陷更加显现化。

5 注重工作方式，由个人经验型向团队科学型转变，实现体系质量多方法控制

健康、安全与环境管理体系必须积极适应外部环境的变化，主动从各方面对自身进行适时调整，以达到与外部环境保持最佳适应状态。

5.1 推进的工具

强力推进5种工具（工作安全分析、作业许可、个人安全行动计划、安全经验分享、安全观察与沟通）的同时，还推行故障类型和影响分析（FMEA）、故障假设/检查表分析（WHAT IF/CHECK LIST）等工作，使不同的专业运用不同的工具。

5.2 推进的方法

强力推行工作安全分析和作业许可，全面实施观察与沟通，落实目视化管理，加大隐患整改力度，实施“三建两查两书”工具控制隐患。三建：建立重点危险源台账，将高、危、险、难分级建立，落实责任人、整改措施、资源保障、整改期限；建立隐患排查日常登记上报制度，鼓励积极上报，任何人检查出隐患及时上报登录安全预警系统；建立基层属地管理跟踪整改隐患管理制度，使任何隐患整改都落实到人员。两查：坚持定期检查和专项检查。两书：对检查出的隐患开具整改通知书和对严重违章、重大隐患等问题开具停工整改书。

6 注重绩效考核，由过去重结果向重过程转变，实现体系质量的事后控制

健康、安全与环境管理体系强调多方案设计与评价。通过对系统的构成要素、组织结构、信息交换和自动控制等功能进行分析、研究、评价，借以达到最优设计、最优控制和最优管理的目标。

6.1 签订责任书

改变责任书签订方式：主要领导为发约人，副职领导为受约人，安全联系单位和分管部

门领导为履约人，将联系单位和分管部门的健康安全与环境绩效与副职领导关联，进一步落实直线管理责任。拓展责任书签订范围：从领导干部延伸到每一名员工，建立自上而下、覆盖全员的健康安全与环境责任体系。

6.2 考核责任书

建立自上而下的健康安全与环境关键绩效指标，确定所有岗位健康安全与环境关键绩效指标。在结构上，增加了过程性指标和管理性指标，将各单位过程管理和主要领导个人行动纳入考核的主要内容。在指标上，调整了百万工时可记录事件率指标，不同单位的风险程度不一样其安全指标不同。在考核上，将年度健康、安全与环境体系审核定级纳入责任书，强化体系运行与日常工作的结合。

6.3 体系运行质量评估

将体系审核、专项检查纳入考核内容中，构建起明确责任—履行责任—落实责任—检查监督—奖励激励的安全履职考评考核体系。

7 注重安全文化，安全文化由“领导倡导”向“全员参与”转变，实现在体系中融入质量文化

健康、安全与环境管理体系强调多学科协作。对于预防事故的发生，仅有安全技术手段和安全管理手段是不够的，安全文化手段的运用，弥补了这种先天不足。

（1）在精神文化方面：以《健康安全与环境管理手册》、《行为安全规范手册》、《企业文化手册》、《视觉形象应用手册》、《机械完整性管理指南》、《目视化管理》为载体，开展健康安全与环境理念宣贯培训，解读健康安全与环境核心价值观、健康安全与环境理念、方针战略、目标；开展“规范管理，强化执行”年活动，树立安全核心价值观，使安全文化内化于心。

（2）在物质文化方面：通过工艺安全管理的有效实施，不断提高技术和装备水平，夯实安全文化的物质基础，使安全文化实化于形。

8 结语

只有毫不动摇地抓好健康、安全与环境管理体系运行质量，才能提升系统化的预防管理机制，从而消除事故隐患，控制风险，最大限度地减少事故，确保公司安全环保形势实现根本好转，为推进一流的综合性油气工程公司建设、实现平稳较快发展提供坚实的安全保障。

参 考 文 献

[1] 中国石油天然气集团公司安全环保部．Q/SY 1002.1—2007《健康、安全与环境管理体系　第1部分：规范》释义［M］．北京：石油工业出版社，2009.

[2] 中国石油天然气集团公司安全环保部．HSE管理典型经验和有效做法汇编［M］．北京：石油工业出版社，2010.

项目管理承包模式下
健康安全环境协议编制方法

梁学光

（中国石油寰球工程公司　北京市　100029）

摘　要　本文针对业主+项目管理承包①+设计采购施工承包②模式（以下简称为“业主+PMC+EPC”模式）下业主合同健康安全环境③协议（以下简称“HSE协议”）中的常见问题，从主客观原因分析入手，讨论了危险源识别条款、双方权利义务条款、职业健康和环境条款的编制方法，提出专业部室与合同部室合作编制危险源条款、根据不同类型承包商HSE工作职责确定双方权利义务、借鉴国外先进合同范本等方式完善现有HSE协议等解决思路。

关键词　健康安全环境协议　业主合同　项目管理承包　设计采购

0　引言

健康、安全与环境（HSE）管理体系自20世纪80年代在欧美大型石油化工公司开始建立，90年代中期引入我国。在石油化工系统内，从国家层面直至项目层面都可以找到HSE管理的制度支撑或实施依据，如图1所示。

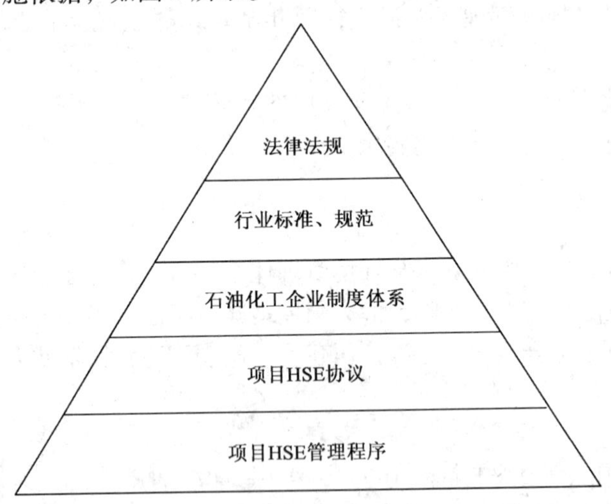

图1　HSE管理依据层次图

国家层面，《安全生产法》、《环境保护法》、《劳动法》以及《建设工程安全生产管理条例》等为HSE管理提供了良好的法律环境；行业层面，中石油等央企相继开发出适用本

①项目管理承包，即PMC（Project Management Contracting）。

②设计采购施工承包，即EPC（Engineering，Procurement and Construction）。

③健康安全环境，即HSE（Health，Safety and Environment）。

系统的 HSE 管理体系标准、实施指南、管理手册等指导性文件；公司层面，各基层企业根据自身特点编制公司级 HSE 管理体系和管理规定；项目层面，HSE 程序文件和作业文件在项目准备阶段予以制定并发布，并在项目的全过程中贯穿执行，如承包商编制的“两书一表”（即 HSE 作业指导书、HSE 作业计划书和 HSE 作业检查表）。在公司和项目之间的界面上，HSE 协议成为缔约双方之间协调 HSE 管理工作界面、明确 HSE 工作职责、约定 HSE 管理标准的依据。

根据中国石油天然气集团公司的要求，业主与各承包商、总承包商与分包商在签订承包合同的同时还应签订 HSE 协议，明确双方在 HSE 管理中的权利和义务。这是集团公司推行“两个合同管理”，通过契约形式规范 HSE 管理活动的成功实践。但相比于 HSE 管理体系文件，HSE 协议的文件成熟度还很低，存在着不考虑主合同约定的工作性质而千篇一律的现象。在“业主 + PMC + EPC”工程建设模式下，业主与 PMC 承包商、EPC 承包商、第三方检测服务承包商等多种类型的公司建立合同关系，这一问题尤为突出。一旦发生事故，HSE 协议的合同缺陷将暴露无遗，以此水平的 HSE 协议条款也无法满足国际工程项目管理的需要。鉴于此，本文旨在探讨“业主 + PMC + EPC”模式下各类业主合同 HSE 协议中的常见问题，试图提出解决途径。

1　问题的提出

作为交易合同的附件，HSE 协议的主要目的在于约定双方在职业健康、安全与环境方面的权利义务事宜。条款框架一般来源于《合同法》的要求，主要包括定义和解释条款、主合同工程项目概况、主要危险源识别、双方权利和义务、事故调查和处理、违约责任及处理、不可抗力、合同变更、解除或终止、保险、争议解决方式和附则。

与普通合同相比，“主要危险源识别”是 HSE 协议中的特有条款。实践中使用的 HSE 协议文本，对于这一特有条款的处理却很粗糙，大多是堆砌石油化工建设工程中的常见风险源，如高处坠落、物体打击、坍塌、触电、焊接烫伤、灼伤、起重吊装伤害、车辆伤害机械伤害、火灾、爆炸、射线辐射、防腐材料污染、有限空间作业中毒窒息等，缺少针对性。

同时，HSE 协议权利义务条款的“千篇一律”也使得协议内容与实际工作脱节。例如：在某大型石油化工建设工程项目中，一套施工合同 HSE 协议范本被相继作为 EPC 合同、监理合同、质量鉴定服务等不同服务对象的合同附件。这不仅使 HSE 协议不能实现其基本目的，还可能造成权利责任混乱、管理界面模糊，既未起到有效约束相关方安全活动的作用，又未能有效规避项目执行阶段业主面临的各类 HSE 管理风险，HSE 协议的实际应用效果大打折扣。

此外，国内项目的 HSE 协议通常重安全、轻环保和职业健康。从危险源的识别到双方权利义务的约定，绝大部分都是与施工安全相关的内容，对于环境影响及员工长期职业健康的影响与防护措施则很少提及。

2　问题的分析

上述问题的产生，根本原因在于业界对 HSE 协议的重视程度不够，业主、承包商均未在项目执行过程中严格将 HSE 协议作为管理依据，业主对承包商履行 HSE 协议的过程监督、绩效考核、改进反馈均未得到充分落实，导致 HSE 协议被束之高阁。

国内石油化工建设系统项目中，参建各方合同意识淡薄，认为合同中的缺陷在项目执行过程中都可以被纠正过来。上文提及的危险源识别条款，以中石油系统的国内项目为例，由于在基层推行“两书一表”管理，危险源识别包含在这些工作中，因此项目前期 HSE 协议中的危险源条款经常被敷衍了事。具体项目执行中，HSE 管理方面通常直接以国家法律法规和行业规定作为依据，HSE 协议中约定的权利义务条款几乎“无人问津”，而合同条款往往由一方出具，另一方对条款的审查主要集中在主合同的价格方面，对于 HSE 协议的权利义务条款缺乏重视。国内项目中，一旦发生工程事故，如此粗糙的权利义务条款会给双方带来不必要的麻烦；参与国外项目时，国内企业对 HSE 协议“架空”的惯性思维也会导致企业在国际工程市场的不利地位，国外的法律环境与国内差别大，双方的合作首先以契约为依据，权利义务条款的不审慎将会带来严重的后果。

关于 HSE 协议条款“轻环保”的现象，可以说是国内工程项目的通病，这与我国所处的经济发展阶段和粗放型的经济发展方式有关，但在国家的环境保护力度不断提高、公众的环境意识不断加强的大背景下，工程项目中环境保护工作理应受到更多的重视。相应的，HSE 协议中环保条款的权重也需要提高。

通过对 HSE 协议编制中存在问题的原因分析不难发现，合同缺陷的存在既有客观环境的原因，也有执行者存在侥幸心理、缺乏审慎态度和精细化管理能力的原因。本文试图从精细化管理的角度提出上述问题的解决途径。

3 业主合同 HSE 协议常见问题的解决思路

3.1 HSE 协议中主要危险源条款的处理

解决 HSE 协议中风险识别条款的可适用性问题，建议采取以下具体措施：

（1）充分利用承包商遴选过程中的招投标程序。

“业主 + PMC + EPC”模式下，工程项目执行阶段危险源的识别工作从项目立项阶段开始。业主合同的招标文件通常要求投标人进行风险识别，并在投标文件中提出风险应对策略，在评标标准中这部分内容也应占有一定的权重。这些工作可以为起草 HSE 协议的风险源条款打下良好基础。

（2）调动 HSE 部门资源，完善 HSE 协议。

在实践过程中大部分业主合同的条款由甲方出具，合同管理人员在 HSE 管理方面的专业知识相对匮乏，与 HSE 部门的专业人员配合可以起草出更合理的危险源条款。

（3）合同双方对 HSE 条款的必要审核。

合同双方对条款的审核也是完备这一条款的必要流程。毕竟，合同相对方在其专业领域内较业主具有经验优势，通常比业主或 PMC 人员对于承包范围内工作可能存在的职业健康、安全和环境风险的预见力更强。从这个角度讲，由对方提供主要危险源的识别结果，再由甲方 HSE 专业人员进行审核也不失为提高工作效率的一种方式。

例如：在实践过程中，某承包商承包工作内容是工作船码头的清污处理，对方是专业的海上救捞工程公司，其提供的清污工作风险源包括物体打击、机械伤害、船舶发动机的灼伤、火灾、尘毒、噪声、翻船堕海、海浪、风力、施工现场的流动污染源、固体废弃物、船舶尾气、冬季施工中的低温冻伤，这其中既包括作业人员安全、职业健康，也涉及了环境风险源。经甲方 HSE 专业人员评审后，采纳了这一危险源条款。

有针对性的危险源条款将为双方权利义务约定提供明确的管理对象，实现有的放矢。

3.2 如实划分权利义务

HSE 协议权利义务条款与双方在履约过程中所执行的 HSE 管理职责密切相关。下文拟就“业主 + PMC + EPC”模式下，业主与 PMC、监理、EPC、第三方检测服务商、质量鉴定服务商等不同类型承包商缔约时所附 HSE 协议的权利义务条款进行讨论。

（1）PMC/监理合同 HSE 协议。

PMC 是业主聘请的专业的项目管理公司，在项目中发挥着延伸业主管理职能的作用。PMC 在安全管理方面的职责是传统业主安全职责的一部分。HSE 协议中 PMC 的义务可以从 HSE 人员配备、HSE 管理执行依据、HSE 教育培训、事故隐患排除和事故报告程序、对总承包商 HSE 资质和 HSE 作业文件的审核、安全巡视等多个方面给出规定；作为业主，有权对 HSE 协议赋予 PMC 义务的履行情况进行监督和纠正，有义务为 PMC 提供必要的支持，如安全环境、HSE 管理规定文件和必要的协调工作。

监理是业主根据法律法规要求聘请的第三方监督管理公司，其工作依据大部分属于法律法规、行业规范的范畴，《建设工程安全生产管理条例》、建设部《关于落实建设工程安全生产监理责任的若干意见》、《建设工程监理规范》、《中国石油天然气集团公司建设工程安全监理暂行规定》等对石油化工行业监理项目部的安全监理责任作出了明确要求。HSE 协议关于监理方的义务可以参照这些要求制定。通常监理方的义务包括：HSE 人员机构配备、项目前期 HSE 文件的编制与审核，如编制《项目监理规划》安全监理部分、《安全监理细则》等项目指导性文件、审核安全施工方案、安全技术措施和应急预案、审查施工单位安全资质和专职 HSE 人员配备情况；施工过程中的定期巡视和定点检查、内部人员 HSE 培训、监督承包商 HSE 培训教育情况、事故隐患预防和上报等。业主在监理合同 HSE 协议中的义务可以参考 PMC 合同 HSE 协议中的要求。

上述义务条款基本体现了 PMC 和监理在 HSE 管理中的基本职责。实践中直接套用施工合同 HSE 协议作为 PMC/监理合同的附件，显然不合理。PMC 和监理并不是工程的执行者，而是管理监督的角色。例如，PMC/监理并无编制“两书一表”的职责，而是监督审核承包商的相关文件。

（2）EPC 总承包合同 HSE 协议。

根据《建设工程安全生产管理条例》，EPC 承包商是项目建设实施的安全生产责任主体，业主与 EPC 承包商签订的 HSE 协议也应更为详尽，覆盖从设计、采购、施工直至试运行阶段的 HSE 管理责任。主要包括项目 HSE 管理体系建立、HSE 管理实施依据和管理目标、HSE 管理人员配备、设计中的安全措施保证［如危险与可操作性（HAZOP）审查、可施工性审查］、物资采购过程中的运输及仓储等环节的 HSE 风险控制、向业主承担分包商的安全管理责任、工程及人员保险、定期和专项安全检查、施工作业“两书一表”管理、对施工作业人员的 HSE 培训、作业许可证管理、施工作业人员劳动防护、施工设备安全状态维持、施工现场安全设施和安全标识的设置和维护、施工现场卫生设施配备和管理、事故隐患发现与排除、应急预案、三废排放管理、试运行 HSE 管理等方面。

目前所见的 HSE 协议大都注重施工过程中的作业安全，已不适用于 EPC 交钥匙工程。编制 EPC 合同的 HSE 协议应从 EPC 承包范围出发，识别设计、采购和施工阶段的危险源，包括对环境、人身安全和职业健康存在威胁的各类因素，明确总承包商在 HSE 管理方面的权利义务。

（3）进驻现场的第三方服务商。

“业主 + PMC + EPC”模式下，业主除与 PMC 和 EPC 承包商签订合同外，还要与第三方检测服务商签订质量服务合同。

以石油化工行业储油库工程为例，因涉及大量焊接工作，业主需要聘请无损检测承包商。这类检测承包商全程与施工作业配合，因此 HSE 条款可以借鉴施工合同 HSE 条款。另外一些质量服务工作，如代表质监部门的质量监督工作，只是在关键施工节点进入施工现场进行取样、见证，HSE 方面的约定可以通过服务合同的 HSE 条款体现，不必单独拟制 HSE 协议。这些 HSE 条款可以要求服务商遵守甲方及 EPC 总承包商制定的施工现场 HSE 规定，如佩戴劳动防护用品、防火等规定，使其在保障服务人员的自身安全的同时也配合维护施工现场正常作业环境和作业秩序。

上文中讨论的各类业主合同 HSE 协议权利义务条款仅是合同条款基本面，针对不同项目还可以做特殊约定，如缺乏项目管理资源的小业主可能要求 PMC 提供 HSE 管理体系的国家或行业标准，作为审查 PMC 工作的依据补充。

3.3 完善目标考核机制，改善 HSE 协议实施效果

HSE 管理目标常见于 HSE 协议，但目标往往过于笼统，无法进行考量，建议细化目标并制定考核目标的合同措施，如 HSE 奖惩规定。限于 HSE 协议篇幅限制，可以通过 HSE 程序文件发布，为保障合同效力，这些程序文件最好作为 HSE 协议的附件。

3.4 借鉴国外先进合同范本的 HSE 条款

国内项目 HSE 协议条款中的“重安全、轻环保和职业健康”的现象屡见不鲜，HSE 协议几乎成为安全协议的翻版。这一问题的解决可以借鉴国外先进合同范本的 HSE 条款。国外 HSE 管理需在当地政府颁布的法律、法规、HSE 标准框架内进行，同时，合同范本的 HSE 条款从安全、环保、职业健康三方面具体明确了甲乙双方的行为底线。

以 99 版 FIDIC 银皮书（EPC 交钥匙工程）合同条款为例。通用条款 4.8 款和 4.22 款对承包商在现场施工安全和安保方面的责任给出了具体规定，包括：遵守所有适用的安全规定，保障有权出入现场人员的人身安全，及时清理施工现场，提供工地围挡、照明、安保，提供必要的临建设施（如施工便道）方便现场周边公众的出行；安保方面要求承包商建立现场准入制度，与工程无关人员禁入。4.18 款“环境保护”，规定：“承包商应采取一切适当措施，保护现场内外环境，限制由其施工作业引起的污染、噪音和其他后果对公众和财产造成的损害和妨害。”对于三废的排放，建议在专用条款或技术规范中给出具体达标排放标准。4.23 款要求承包商妥善处置施工现场的停用设备、剩余材料、建筑垃圾、临时工程等，及时清障，保障施工现场的通畅和安全。在“职员和劳工”条款中，6.2 款规定：“承包商所付的工资标准及遵守的劳动条件应不低于其从事工作的地区同类工商业现行的标准和条件。”6.4 款规定：“承包商应遵守所有适用于承包商人员的相关劳动法律，包括有关他们的雇用、健康、安全、福利、入境、出境等法律，并应允许他们享有所有合法权利。”6.6 款中要求：“承包商应为承包商人员提供和保持一切必要的食宿和福利设施。承包商还应按规范要求中的规定为雇主人员提供设施”。6.7 款规定了承包商对其员工健康和安全的全面责任，如设立急救设施、指派专职的事故预防员、保持现场记录等。这些规定关注劳动者的职业健康和劳动保障，与我国保护农民工权益的政策异曲同工。HSE 管理的引入和推广，本身就带有强烈的人本主义色彩。

4 结论和展望

石油化工建设工程项目实践中，“业主 + PMC + EPC” 模式下业主合同 HSE 协议尚存在一定问题，本文通过对常见问题产生的主客观原因的分析，从精细化管理角度研究危险源识别条款、双方权利义务条款、职业健康和环保条款的编制方法，提出了专业部室与合同部室合作编制危险源条款、根据不同类型承包商 HSE 工作职责确定双方权利义务、完善目标考核机制以改善执行效果、借鉴国外先进合同范本等方式完善现有 HSE 协议的建议。在具体实践中，这些建议还需要组织层面的配合、合同工作人员自身专业素质的加强等措施才能具备更强的可操作性，这些方面的工作也有待进一步研究和探讨。

参 考 文 献

[1] 薛洪旺，张进萍．HSE 管理体系在我国的发展历程及趋势［J］．安全、健康和环境，2008，(8)：15 – 16.

[2] 吴芳，吴永祥．涉外项目投标文件 HSE 管理条款编制要点分析［J］．建筑经济，2005，(7)：76 – 79.

[3] International Association of Oil & Gas Producers (OGP) . HSE management – guidelines for working together in a contract environment［J］. Report No. 423, 2010, 6.

[4] 张水波，何伯森．新版 FIDIC 合同条件导读与解析［M］．北京：中国建筑工业出版社，2003.

对事故责任追究机制的分析和探讨

刘　毅　裴玉起　杜　民

（中国石油安全环保技术研究院　北京市　100083）

摘　要　本文梳理和分析了国内企业关于事故责任追究存在的问题和原因，借鉴国外企业事故责任追究最佳实践，以及中国石油天然气集团公司试点企业的良好做法，探寻改进、完善事故责任追究机制或方法，以期为改善集团公司事故追究提供依据和思路，进一步深化事故的“四不放过”管理。

关键词　责任追究　事故处理　四不放过

0　引言

事故发生往往会涉及事故责任的追究，研究国内企业以及中国石油天然气集团公司（以下简称“集团公司”）事故责任追究现状发现：在一些事故管理相关制度和具体实践中，事故的处理、惩处等规定偏多、偏重，而对于事故事件发生，能及时上报并认真分析事故原因、查找事故的根本原因、充分进行安全经验分享、采取有效措施避免类似事故重复发生的良好表现，奖励和激励较少。这些做法不利于事故事件统计上报、及时处置、重大事故隐患发现等工作的开展。而事故责任的严厉追究制度反过来限制了事故本身真正原因的调查，对事故的调查逐步演变成对事故责任的认定，事故发生的原因没有真正找到，经验没有真正吸取，类似的事故反复发生。以下对改进和完善事故责任追究机制做一些初步探讨。

1　事故责任追究存在问题及原因分析

1.1　事故责任追究存在的问题

安全生产事故责任追究制度是指对事故责任者根据其责任性质和大小追究其行政责任、民事责任或刑事责任的一种制度。对生产安全事故管理现状进行研究发现，一些事故的调查，事故的责任追究占有很大的比重，甚至很多时候追究事故的责任变成为了事故调查的主要目的。这很大程度上是由于国家实行生产安全事故责任追究制度，有些企业则生搬硬套、照搬照抄所产生的。

有效的事故责任追究是在安全责任明确、责任界定清楚的情况下进行的，但目前一些企业“谁主管、谁负责”还没有真正落实，在责任认定上还有很多人认为安全管理人员应当在事故中承担责任。此外，我国安全生产事故的责任认定往往和事故调查在一起，而参与事故调查的人员又大多是管理人员，在目前安全文化的背景下，往往把责任认定的重心放在基层，尤其是发生事故的现场操作人员。

国内企业与欧美发达国家企业在事故处理上存在较大差异。一是国内企业发生事故后，首先是要界定责任，把重点放在责任人的处理上。虽然仍讲“四不放过”，但相当一部分事故是处理了责任人就算事故了结，并没有真正搞清事故原因、吸取教训，更没有真正把事故作为一种资源加以充分研究和利用。二是欧美发达国家事故处理关注的是过程，注重的是预防；国内企业更多关注的是结果，关注考核指标。国外关注的是“事”，注重把事故的过程和原因查清楚，防止再发生类似的事故；国内企业关注的是“人”，注重对事故责任人的查处。查处责任人，不是事故处理的全部，更不是最终的目的。正确处理事故，关键是要搞清原因，完善措施，举一反三，避免事故。三是欧美发达国家企业发生事故后，不仅要认真调查，还要按照分析的情况再模拟一遍，看看是不是这个情况，然后把事故教训总结提炼出来，纳入企业的管理体系。一个区域发生的事故，整个公司都来共享资源、汲取教训，有时一起事故的教训就会形成整个公司的若干规定，在公司贯彻执行。在这方面，国内企业做得尚有差距，往往采取简单化处理的方式。

1.2 事故责任追究存在问题的原因分析

目前，事故责任追究没有起到真正作用，源自于一些企业对于“四不放过”的理解存在着以下的偏差。一是认为凡是发生事故必然要有事故责任者；二是认为事故责任者必然是直接责任者；三是认为只要找到事故直接责任者并处理，就能够减轻上级领导和“民意”带来的管理压力。而正是这种压力造成了管理层的管理偏好，即放大了对于事故责任者的查找与追究，缩小了对事故关键因素的深度分析和对管理系统问题的追踪和改进。

对于责任追究的片面强调，在事故管理的某些环节造成了管理上的不畅。一些企业还不同程度的存在瞒报、大事化小、小事化了的现象。目前，国内企业对“四不放过”的片面理解和落实上的偏差，容易造成如下负面结果：

（1）对“四不放过”的片面理解和落实上的偏差，造成了事故管理的目的侧重责任追究，难于得到事故的真相，弱化了对于系统原因的探寻和改进，因而没有能够达到“举一反三”的事故管理目的。

（2）由于对责任追究的片面理解，事故调查往往着眼于寻找责任人，事故的原因分析也常常千篇一律地落到“误操作”和“安全意识低”等人为差错的层面。而人为差错也只是某些系统失效的症状，不是关键因素，因而也不能从事故中最大化地学习到应该得到的教训。

（3）对事故责任的片面强调，造成一些企业事故的调查只为找到责任人，一旦认为事故的责任人找到了，事故的原因也就基本清楚，因此限制了事故调查工具方法的深入研究和有效探索。

（4）对责任追究的片面强调，造成了部门之间的相互推脱，出现了发生事故后推卸责任的现象。甚至在工作过程中的着力点不是改进以避免事故，而是处处设防，以防一旦发生事故，责任落到本部门和个人身上。

（5）对事故责任追究的片面强调，造成了对事故事件不能有效分享。大家普遍认为事故事件是家丑，不可以外扬，只在小范围处理并通报了事，事故的真正原因没有得到分析，得不到有效地整改和预防，类似的事故可能会再次发生。

（6）对事故责任追究的片面强调，忽视了事故事件管理中正向激励的一面。目前很多企业还没有实施正向激励的政策，致使事故事件管理中好的做法没有发扬或者及时推广，最终导致事故事件统计跟不上安全管理的要求。

2 事故责任追究实例

一个有效运行的 HSE 管理体系应该包括能全面报告和调查事故的机制。通过事故调查，管理层能够确定事故的根本原因并消除它们，以避免再次发生。重要的是，当员工看到管理层快速采取纠正措施时，他们会认为安全是优先考虑的事宜，这也是管理层对安全承诺的有力体现。欧美发达国家的国际企业以及集团公司 HSE 体系试点企业在事故管理方面有很多很好的实践做法。

2.1 国外公司事故处理实例

（1）杜邦公司事故处理。

杜邦公司对事故报告和调查原则是：通过全面和彻底的事故或未遂事件的调查，查找引起事故的所有原因（包括人、物和系统方面），制定避免类似事故再次发生的整改计划。调查的目的不是为找出责任人而进行处罚。调查结果（包括行动计划和完成时间）应备案，事故的主要原因应广泛沟通。所有事件或未遂事件需要更加全面的调查，事故调查的技能需要掌握，其特别强调了事故调查的目的不是为找出责任人而进行处罚，而是为了查明事故背后的关键因素，从事故中学习经验教训，并改进管理系统。

为了在具体的实践中强化和落实事故管理理念，杜邦公司将事故调查和责任追究截然分开，在公司事故管理的标准中，没有责任追究的内容，纪律处分（责任追究）和事故调查是两个完全不同的管理程序，其归属部门也不一样。一般地，纪律处分由人事部门来处理，独立于事故调查程序。杜邦公司非常慎重地对待事故中的责任追究，大多数情况下不会由于某一个具体的事故而“处理”相关人员。一些事故中涉及员工主观故意违反公司 LSR（保命条款）的情形，公司会谨慎地评估，如果评估结果达到或超过了“处理”的标准，则会启动纪律处分程序。

在杜邦公司的事故管理实践中，事故管理的要点是查找关键因素和改进管理系统。为什么要刻意地强调关键因素（而不是叫原因）？为什么在事故调查的流程中没有追究责任的内容呢？杜邦认为发生事故需要多种促成因素碰撞在一起，每一项因素都是必不可少的，任何一个单一因素都不足以破坏系统的防护机制。一个事故的发生就代表着管理系统存在着不足与缺陷。只有努力改进系统缺陷才能从根本上避免事故的再次发生。

（2）美国国家运输安全委员会事故处理。

美国国家运输安全委员会（NTSB）的事故调查理念是把事故调查任务定为查找事故的可能原因，而不是事故的确切原因。他们认为，人的认识有局限性，事故的原因是复杂的，事故的确切原因很难查清，今天认为确切的原因明天就可能被取代或者被推翻，对事故原因的描述只能代表目前的一种认识。即使找不到事故的原因也不奇怪，不能要求每起事故调查都必须查出事故原因，事故调查的结论可以是“事故原因无法找到”。因此，他们调查的结论都是可能的原因，或最大可能的原因，或事故原因无法找到，从不认为事故的确切原因已经找到。

NTSB 的一切调查工作都是围绕怎样更准确地描述事故的原因而进行的。美国的运输事故调查中没有行政责任追究问题（故意破坏事件除外，因为故意破坏事件不属事故调查范畴）。事故调查的任务是查找事故的可能原因，及时发现问题，以便为预防事故提出有效措施。他们认为，事故不是人们愿意或故意造成的，事故的发生是人的行为过失或物的缺陷所致。事故是反面教材，也是安全工作的宝贵财富，广泛吸取事故教训，总结血的经验，改进安全工作，预防未来事故，远比追究事故责任重要得多。

以上就是国外对待事故调查的理念和方式方法，正是由于事故调查中不涉及行政责任追究问题，才能使事故调查是查找事故的可能原因，及时发现问题，以便为预防事故提出有效措施的目的得以实现。

2.2 试点企业在事故处理中的经验做法

集团公司的一些企业，尤其是开展国际 HSE 合作的试点企业正在探索、尝试着用正向激励的政策来引导企业安全文化、引导员工正确看待事故事件，充分利用事故事件资源，改进企业安全管理、提高全员安全技能，从事故的结果管理走向事故的过程和原因预防管理，这体现了集团公司事故管理理念正在向新的阶段迈进。

（1）塔里木油田公司的经验做法。

经过近年来的实践和总结，塔里木油田公司对事故的处理改变了过去以事故责任追究为目的的做法，而是把事故事件作为一种资源，运用正向激励的手段，对事故事件及时上报和分享的人给予奖励，这种做法越来越得到大家的认可。

塔里木油田公司发布的“事故管理及处罚暂行规定”和“事件管理规定”中明确规定：“油田鼓励所有的员工报告各类事件和进行安全经验分享”，“事件的报告、记录和统计分析工作必须坚持及时、准确的原则，公司对事件的报告、安全经验分享实行奖励政策”。从目前的执行情况来看，绝大多数事件得到有效上报和统计分布，并积极开展安全经验分享。在日常工作中，通过在基层作业区广泛开展员工个人安全奖励积分活动，营造对事故事件中的良好行为进行激励的氛围。塔里木油田公司还通过审核，制定激励政策，鼓励员工积极参与安全管理，包括积极分享事故事件资源，在系统安全审核清单中增加考核“能够及时报告事件、事故；有鼓励报告 HSE 事件、事故的措施”、“对及时报告事故、事件并主动进行安全经验分享是否及时进行了表扬或奖励”；在行为安全审核清单中增加考核“直线领导是否建立激励机制以鼓励员工积极参与各项安全活动（如工艺危害分析、事故调查、安全经验分享、行为安全审核、安全里程碑活动、工作安全分析、纠正‘三违’行为等)”。

（2）长庆油田公司的经验做法。

长庆油田公司从 2008 年开始就实施事故控制（ACT）卡考核奖励办法，为激励员工自主安全管理的积极性，不断提高员工自主安全管理的能力，通过事故控制（ACT）卡的有效推广、应用，培养员工良好的安全习惯，进一步削减物的不安全状态和人的不安全行为。考核奖励对象为公司所属单位、部门及全体员工。每季度考核奖励一次；对发现重大隐患、避免事故做出贡献的，根据需要应及时进行考核奖励。ACT 卡的填写内容包括应当鼓励的安全行为、观察到的不安全行为或不安全状态以及纠正和处理措施。通过实施事故控制卡，建立正向激励机制，减少了不安全行为，降低了事故的发生率。

3 对集团公司事故责任追究的改进建议

集团公司在事故事件管理和处理上，做了很多尝试和改进，为了鼓励员工及时报告生产安全的事故隐患，提高广大员工对安全生产的参与和监督意识，预防和避免事故的发生，实施了《中国石油生产安全事故隐患报告特别奖励办法》，对企业员工上报的生产安全事故隐患进行奖励，发布了《生产安全事件管理办法》，鼓励事件特别是未遂事件的上报和统计，形成预警分析。同时集团公司越来越重视事故事件资源，并利用培训、会议等各种场合鼓励员工进行安全经验分享。在 2009 年，集团公司发布了 HSE 管理九项原则，其中第八条明确规定“所有事故事件必须及时报告、分析和处理”，从更高的角度认识到事故是一种资源，事故调查和处理的目的是找出根本原因，避免类似事故的重复发生。

在当前国内法律法规环境和文化背景下，事故责任追究仍然是一个非常复杂、难以通过制度进行充分、准确界定清楚的事情，并且由于集团公司管理幅度大、专业范围广、所属企业众多、事故事件涉及类型和性质复杂等多种因素，事故事件管理还需要我们不断地探索和持续改进，需要在持续推进 HSE 管理体系、提升安全文化的基础上逐步加以解决。通过以上分析，对今后集团公司事故责任追究及事故事件管理的改进提出如下建议：

（1）转变事故事件管理的理念。事故管理的目的是将不利的事故转化成积极学习的过程，从根源上消除引起事故的关键因素，而不是简单地处理事故的责任人，因此在事故事件管理的政策、标准、程序和实践中，谨慎使用责任、责任人等字眼，将关于责任追究的部分放到另外一个独立的管理程序中。

（2）有效落实“直线责任、属地管理”理念，划分安全管理的职责，提高安全管理的能力，真正做到“谁主管、谁负责”，而不是仅由安全部门负责，要把责任和权利归位到属地主管手中。

（3）大力倡导鼓励事故事件上报、发现安全事故隐患、纠正不安全行为、分享事故事件资源等良好的实践做法，制定激励措施，鼓励报告所有的事故、伤害和未遂事件，营造一种学习、坦诚、信任的事故报告氛围，鼓励和奖励遵守事件报告程序的员工。

（4）强化对事故事件的认识，开展内部经验学习和外部经验交流，采取有效的方式方法建立正向激励机制，逐步由关注事故的结果管理向关注事故事件的过程管理转变。

（5）研究和完善责任认定的方式和方法，借鉴国外公司的良好实践，不只是简单地基于事故本身和当事人界定事故责任人，更重要的是查清管理上的疏漏、规程上的瑕疵等系统性问题，以便从整体上分析原因，改进管理，提升水平。

4 结语

探寻有效的事故责任追究机制或方法，是今后集团公司安全生产事故管理需要继续研究的重点之一，是进一步统一认识、解放思想和不断提高的持续改进的过程。本文结合 HSE 体系推进和试点工作中的一些有效做法，借鉴美国杜邦公司等事故责任追究及正向激励的成功经验，提出了五个方面的管理措施建议，以期真正实现事故调查是查找事故的可能原因、及时发现问题、为预防事故提出有效措施的根本目的。

二氧化碳咸水层封存技术现状及展望

陈昌照　刘光全　陈宏坤

（中国石油安全环保技术研究院　北京市　100083）

摘　要　二氧化碳的大量排放导致全球气候异常已成为不争的事实，人类正大力发展各种科技手段减少碳排放。二氧化碳地质封存技术具有巨大的减排潜力，而咸水层的封存容量占地质封存容量的95%以上，因而备受世人瞩目。咸水层封存是指将超临界态的二氧化碳注入咸水含水层中，通过矿物封存等多种作用机理，将二氧化碳永久的封存在地下。目前，世界各地已经有多个咸水层封存的示范和商业工程项目，取得了一定的成果。但是对于封存容量评估方法、针对安全性的检测手段和数值模拟，以及咸水层封存机理等方面的研究，还有待我们开展进一步的工作。

关键词　二氧化碳　地质封存　封存潜力　低碳　咸水层

0　引言

据美国能源部能源信息署统计结果，中国大陆地区2003年的 CO_2 排放量为 35.41×10^8t，是仅次于美国的第二大排放国。预计2030年中国的 CO_2 总排放量将达 67.0×10^8t，约占全世界的17.6%，成为第一大排放国。中国作为一个对化石燃料高度依赖的发展中国家，在国际呼吁低碳减排的大环境压力下，发展CCS技术，攻关二氧化碳地质封存的关键技术已经迫在眉睫，而咸水层封存在地质封存中的潜力最大。

1　二氧化碳地质封存的发展背景

温室气体导致全球气候异常，其主要包括二氧化碳（CO_2）、甲烷（CH_4）、氧化亚氮（N_2O）、氢氟碳化物（HFCs）、全氟碳化物（PFCs）、六氟化硫（SF_6），其中大气中 CO_2 的浓度对气候的影响为主要因素，由图1可见地表温度随着大气中 CO_2 浓度的增大而呈现逐步增高趋势。根据夏威夷Mauna Loa观测台、中国气象局瓦里关山全球大气观测站及南极Law Dome冰心资料测试的大气二氧化碳质量分数：1000—1750年为 280×10^{-6}，2000年达 368×10^{-6}（增加约31%）。全球表面平均温度在20世纪增加了（0.6±0.2）℃，预测到2100年大气的二氧化碳质量分数将达到 $540\times10^{-6}\sim970\times10^{-6}$，IPCC（政府间气候变化专门委员会）预计1990—2100年，全球气温将升高1.4～5.8℃。

全球气候变暖导致的灾害性极端天气频发、物种的消亡、旱灾和沙漠化、饥荒、冰川融化等问题已经受到世界的密切关注。为此近200个国家签署了《京都议定书》，要求发达国家到2012年将温室气体排放量相对于1990年减少5.2%，中国将在2012年开始承担减排义务。欧盟计划在2050年之前将总体温室气体排放量在1990年水平上减少80%～95%，并将努力实现2030年减排40%的阶段性目标。中国计划到2020年将单位GDP的 CO_2 排放量在2005年水平上减少40%～50%，在最新的十二五规划中，中国明确了未来五年碳排放强度

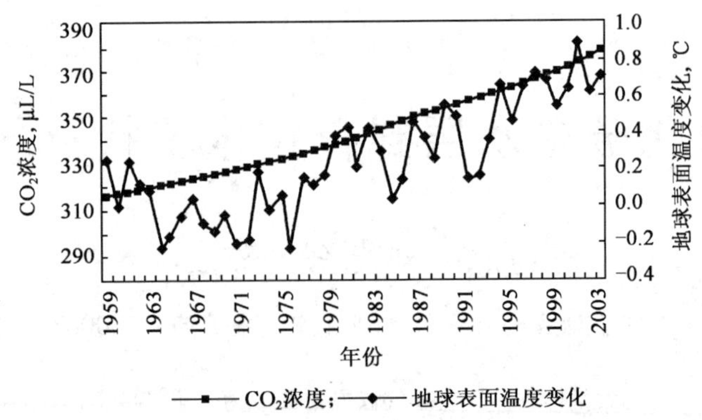

图1 大气中 CO_2 浓度与地球表面温度变化

将下降16% ~17%的减排目标。这些减排目标都将通过落实到具体的行业和技术来实现，中国石油作为国际大型能源企业，必然将承担起高减排指标下的减排重任。

CCS（Carbon Capture and Storage）技术作为二氧化碳减排的重要手段，减排潜力巨大，远远超过其他各种通过提高能效手段所带来的碳减排量（图2）。二氧化碳地质封存在低碳车轮的驱动下，近十年来取得了迅速的发展。

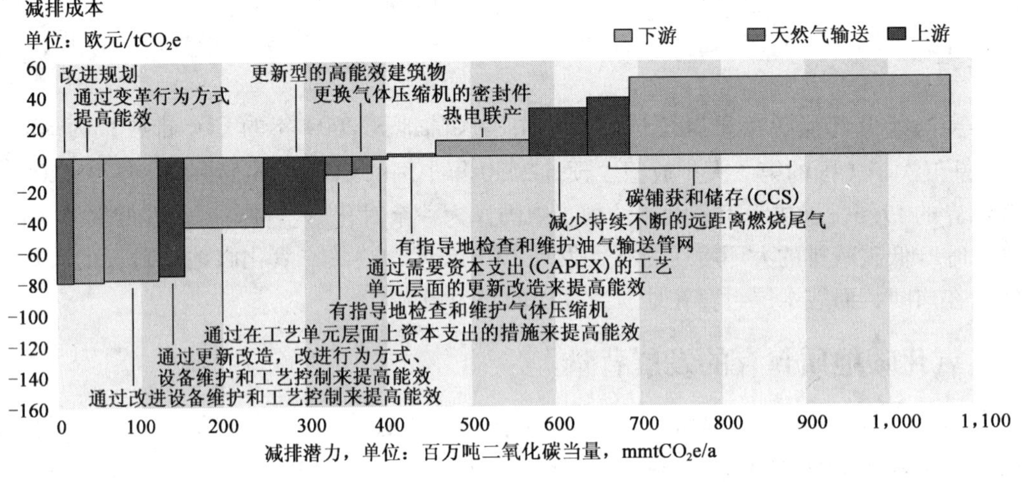

图2 多种技术的减排潜力—成本对比图

2 二氧化碳咸水层封存的技术现状

二氧化碳在地下构造中的封存称为地质封存，现阶段确定的三类主要地质封存储层有：衰竭油气藏（EOR/EGR）、煤层（ECBM）和咸水层（见图3）。根据对全球范围内 CO_2 地质封存容量的评估，全球范围内深部咸水层 CO_2 的封存容量为400 ~10000Gt，枯竭油气藏 CO_2 的封存容量为920Gt，深部煤层 CO_2 的封存容量为20Gt，全球范围内深部咸水层 CO_2 封存容量为油气藏封存容量的10多倍，为煤层封存容量的数百倍，可见咸水层最具二氧化碳封存潜力。

2.1 咸水层的封存机理

将 CO_2 注入无法开采使用的深部咸水层中，从而实现将 CO_2 永久封存的目的，其封存

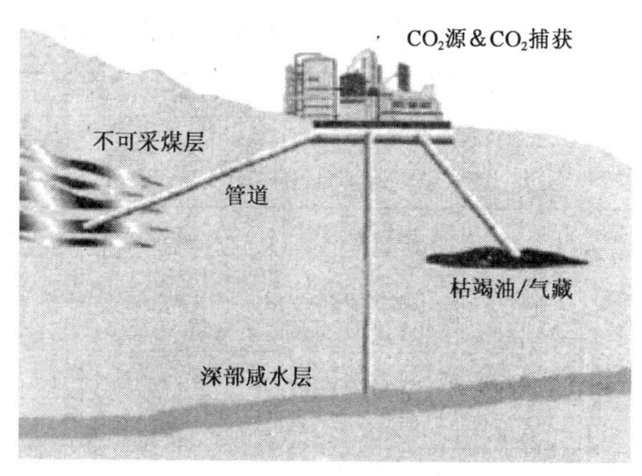

图3　二氧化碳地质封存的分类

潜力是各种地质封存技术中最大的。咸水层封存有3种基本形式：（1）分子状态（地质圈闭封存）。二氧化碳被注入储层后，在浮力作用下，上升至盖层之下，并逐渐扩散形成二氧化碳储层，又可细分为构造封存、地层封存、残余气封存。（2）溶解状态（溶解封存）。随时间的推移，二氧化碳逐渐溶解于地层水中，溶解的速度由二氧化碳与地层水接触的表面积控制。国外模拟研究表明，在25年时间里，将有大约10%～25%的二氧化碳溶解于水中，而完全溶解则需要几千年的时间。溶解后的二氧化碳以溶解态的方式通过分子扩散、分散和对流进行运移，极低的地层水运移速率确保了二氧化碳在地层中的长期（地质时间尺度）封存。（3）化合物状态（矿物封存）。注入的二氧化碳在地层温度、压力下，与地层矿物发生反应生成化合物，从而得到封存。模拟研究表明，大部分的二氧化碳是以分子状态（自由气）储存在岩石孔隙中，有可能封存上万年。

在封存的过程中，各种封存机理在不同时间阶段的封存贡献不同。从开始注入100年之内，地质圈闭封存占主导作用；随着时间的积累，在100～1000年，溶解封存的捕获量慢慢变大，并成为最主要的封存作用；而在1000年以后，矿物封存作用占据主导地位，地质圈闭封存和溶解封存的容量逐渐变小。

2.2　咸水层的封存条件

适合封存CO_2的地下咸水层，应该具备以下几个条件：

（1）咸水层中咸水的咸度应大于100g/L，以免破坏地下引用水源。

（2）最小孔隙度应大于20%，最小渗透系数应大于500mD。

（3）地下咸水层的埋存深度应大于800m，此时CO_2处于液态，并且距离地表有足够的安全距离。

（4）地下咸水层的厚度应大于50m，盖层的厚度应大于100m。

（5）地下咸水层应具有低渗透性的盖层（如泥岩、页岩）和允许地下咸水体透过的边界，以便注入的CO_2得到地下咸水的置换空间。

地下咸水层封存关键参数见表1。

2.3　咸水层的封存潜力

国际能源机构IEA（International Energy Agency）评估世界CO_2的埋存潜力，见表2，数据是对比2000—2050年CO_2的排放量得出的。深部咸水层埋存量计算来自于20世纪90年代，计算北西欧地质储层的埋存量至少为8000Gt（主要指深部咸水层），将来的研究需要确定深部咸水层的埋存量。IPCC 评价的世界 CO_2 的地质埋存量数据是对比 2000—2050 年 CO_2 的排放量得出的，同时考虑注入 CO_2 的成本为 20 美元/吨，见表 3。针对这些储层埋存能力的预测表明，CO_2 地质埋存对其减排将起到重要作用，深部咸水层可提供巨大的埋存潜力。

表 1　咸水层封存 CO_2 的关键地质指标

名　　称	应满足的指标
静态封存能力	评估出的封存能力应比注入 CO_2 的体积大得多
动态封存能力	地质体或盖层地质结构应能承受注入井产生的压力
深度	>1000m，<2500m
地质体的厚度	>50m
孔隙度	>20%
渗透率	>500mD
矿化度	>100g/L
岩性	均一
岩性的连续性	岩性均一，有少量裂隙或没有裂隙
盖层的厚度	>1000m
盖层承受的压力	比注入二氧化碳产生的最大压力大很多

表 2　世界储层 IEA 评价 CO_2 封存量

封 存 类 型	CO_2 全球封存量，Gt	占 2050 年排放量,%
枯竭油气藏	920	45
深部咸水层	400 ~ 10000	2 ~ 50
不能开采煤层	>15	>1

表 3　世界储层 IPCC 评价 CO_2 封存量

封 存 类 型	CO_2 全球封存量，Gt	占 2050 年排放量,%
枯竭气藏	690	34
枯竭油藏	120	6
深部咸水层	400 ~ 10000	2 ~ 50
不能开采煤层	40	2

国土资源部开展的“全国 CO_2 地质储存潜力评价与示范工程（2010－2012）”项目，使用 CSLF 的封存潜力评估方法，对全国的封存潜力进行了推算。专家对我国一些主要的潜在封存地址的封存潜力进行初步评估，结果显示：中国 CO_2 理论封存潜力为 3088Gt ，其中，深部咸水层可封存 3066Gt，占总封存容量的 99%；油田封存量为 4. 8Gt；气田封存容量为 5. 2Gt；煤田封存容量为 12. 0Gt。

2. 4　咸水层的封存工程

目前世界各地已有多处咸水层封存项目建成或在建，见表 4。挪威北海的 Sleipner 深海域咸水含水层储存 CO_2 项目，是世界第一例具工业规模的工程，自 1996 年已开始灌注，年储存二氧化碳 100 万吨，储层埋存 CO_2 的能力约为 6 亿吨。CO_2 气源来自 Sleipner 公司在 Vest 开采天然气过程中产生的二氧化碳提纯，注入北海海域 Utsira 砂岩咸水含水层中部，深约 900m。IEA（国际能源组织）投资 4500 万美元对其开展监测，目前未发现泄漏。神华集团在鄂尔多斯建设注入量为 $10 \times 10^4 t/a$ 的 CO_2 咸水层封存示范项目，于 2011 年 1 月 2 日在封存区域成功试注。

表 4　全球 CO_2 咸水层封存工程项目

地点	国家	注入时间（年）	注入速度 t/d	封存规划总量 t	地层时代	地层岩性
Sleipner	挪威	1996	3000	2000 万	三叠系	砂岩
Minami – Nagoaka	日本	2002	40	10000	第四系更新世	砂岩
Frio	美国	2004	177	1600	三叠系	砂岩
Snehvit	挪威	2006	2000		侏罗系	砂岩
Gorgon	澳大利亚	2009	10000		侏罗系	砂岩
Ketzin	德国	2006	100	6 万	三叠系	砂岩
Otway	澳大利亚	2005	160	1000 万	石炭系	砂岩

3　需解决的关键技术问题

二氧化碳地质封存技术虽然在全球提倡碳减排的大背景下飞速发展，但仍存在很多未解决的关键技术难题制约着封存能力的突破，甚至可能危害到人类的安全。

（1）封存潜力评估的不准确，业内未形成统一的标准。

近年来业内主要机构发表了一些估算咸水层封存潜力的方法，包括 DOE（2006）、CSLF（2007）、CO_2CRC（2008）、USGS（2003/2006）、USGS（2009）、IEA/EERC（2009）、CGSS（2010）等。其中 DOE 方法被作为其他一些方法制定的参考，然而在对咸水层封存机制的一些假设上有根本分歧，如 CSLF 认为只有咸水层中的地质构造和岩层阻滞才能封存 CO_2，而 DOE 认为整个咸水层都能够封存 CO_2。不同方法计算的封存潜力有一定差距，有的甚至差别很大。

由于储层系统的复杂性、咸水层的储层信息的缺失导致难以获得关键参数等因素，给封存容量的计算带来较大的困难。

（2）二氧化碳在地下运移的动态监测、安全性及环境影响评估技术有待提升。

封存在地质结构中的 CO_2 一旦发生泄漏，蹿升至地面后将富集在地表，对人类和动植物的生存构成威胁，因此，需进行 CO_2 地下运移的动态监测、安全性及环境影响评估。目前已经存在的技术有：试井、压力监测、示踪剂和化学取样、地面和井筒地震，以及电磁和地质力学仪器。但在监测二氧化碳泄露的空间及时间精度方面，这些技术还远远不够。

（3）对 CO_2 地质封存的机理研究尚不全面。

国内外对二氧化碳咸水层封存开展的机理研究相对薄弱，基础研究考虑的影响因素并不全面。如咸水层碳封存中，不仅需要考虑 CO_2 和咸水两相驱替溶解的问题，还需考虑 CO_2 与水、岩石矿物的地球化学作用，以及外界注入导致地层压力变化所带来的岩石力学、地层学方面的影响。只有在摸清这些基础理论的前提下，才可能建立更加接近事实的模型，提出可行性强的实施方案。

4　结论

中国石油天然气集团公司（以下简称“集团公司”）在油气田勘探开发过程中积累了很

多油田区域的地质、物探资料，这是开展咸水层封存地址选取、规划设计必须具备的基础，而国内其他公司不具有这样的优势，这为集团公司迅速占据国内咸水层封存技术高点提供了根本保障。

二氧化碳地质封存对于刚迈进“十二五”的中国和集团公司来说，既是艰巨的挑战也是极佳的机遇。伴随着碳税的出台和 CCS 技术列入 CDM 项目，二氧化碳咸水层封存技术将发挥其用武之地，带来可观的经济效益，同时，也能在国际社会中树立良好的国家、企业形象。

建议应从以下几个方面开展工作：

（1）在前人研究的基础上，结合封存机理研究和储盖层地质描述方法，进一步改进封存潜力计算方法，提高封存潜力计算精度。针对我国多陆相沉积盆地的特征，开展针对我国特点的封存潜力评价方法。

（2）大力发展追踪二氧化碳迁移的高分辨率测绘技术、应变和微震监测技术、监测气体泄露和地表应变的遥感技术等，使 CO_2 地下运移的动态监测、安全性及环境影响评估更加准确可行。

（3）开展全面、系统的 CO_2 地质封存的机理研究。针对咸水层封存的水—气—岩的复杂相互作用过程，综合考虑储盖层岩性、咸水的矿物组成、温度、压力、溶解度等多个因素，摸清封存机理，为注入后地下情况的数值模拟以及安全性评估打好坚实的基础。

参考文献

［1］孙枢 . CO_2 地下封存的地质学问题及其对减缓气体变化的意义［Z］. 973 会议内部资料，2006 .

［2］European Commission. A Roadmap for moving to competitive low carbon economy in 2050. Brussel，European Commission，2011.

［3］谷丽冰，李治平，侯秀林 . 二氧化地质埋存研究进展［J］. 地质科技情报，2008，27（4）：80－84 .

［4］Bachu S，Gunter W D. Perkins of Carbon Dioxide：Hydro－dynamic and Mineral Trapping Proof on Concept［M］. Alberta，Canada：Ltd. sherwood Park，Geosciences Publishing，1996.

［5］Bachu S. Sequestration of CO_2 in geological media in response to climate change：road map for site selection using the transform of the geological space into the CO_2 phase space［J］. Energy Conversion and management，2002，43（1）：87－102.

［6］Ennis King J，Paterson L. Reservoir engineering issues in the geological disposal of carbon di oxide［C］Anon. Proceedings of the 5th International Conference on Greenhouse Gas Control T chnologies，CSIRO. Collingwood，Australia：［s. n.］，2001：507－510.

［7］Lindeberg E，Bergamo P，Moen A. The long term fate of CO_2 injected into an aquifer［C］Anon. Proceedings of the 6th International Conference on Greenhouse Gas Control Technologies . Oxford，UK：Elsevier，2003：489－494.

［8］Johnson J W，Nitao J J. Reactive transport modelling of geologic CO_2 sequestration at Sleipner［C］Anon. Proceedings of the 6th International Conference on Greenhouse Gas Control Technologies. Oxford，UK：Elsevie，2003：327－332.

［9］Gherardi F，Xu Tianfu，Pruess K. Numerical modeling of self－limiting and self－enhancing caprock alteration induced by CO_2 storage in a depleted gas reservoir［J］. Chemical Geology，2007，244（30）：103－129.

［10］Pruess K，Spycher N. ECO2N：A fluid property module for the TOUGH 2 code for studies of CO_2 storage in saline aquifers［J］. Energy Conversion and Management，2007，48：1761－1767.

［11］Gale J. Geological storage of CO_2：What do we know，where are the gaps and what more needs to be done

[J]. Energy, 2004, 29: 1329 - 1338.
[12] 张二勇，李旭峰. 地下咸水层封存 CO_2 的关键技术研究 [J]. 地下水，2009，31 (3): 15 - 19.
[13] 江怀友. 世界二氧化碳埋存技术现状与展望 [J]. 中国能源，2010，32 (6): 28 - 32.
[14] 李小春，刘延峰，白冰，等. 中国深部含水层 CO_2 储存优先区域选择 [J]. 岩石力学与工程学报，2006，25: 963 - 968.
[15] 刘延峰，李小春，白冰. 中国 CO_2 煤层储存容量初步评价 [J]. 岩石力学与工程学报，2005，24: 2947 - 2952.

二 等 奖

工程机械维修过程中“5 源”的防控实践

朴凤元　聂建龙　方荣权

（中国石油大庆油田物资公司　黑龙江省大庆市　163453）

摘　要　工程机械维修中的“5 源”即危险源、污染源、浪费源、故障源、缺陷源，是维修中经常面对并需要解决的问题。有效防控“5 源”，可以提高维修效率和维修质量，降低维修中的安全风险，节省企业维修费用，提高维修工作的 HSE 绩效。刘备战班组在长期的实践中，以推进维修场所 6S 管理为基础，通过管理创新和技术创新对“5 源”进行有效治理，取得了良好的效果。本文着重介绍了刘备战班组防控“5 源”的具体做法。

关键词　工程机械维修“5 源”　技术和管理创新　有效治理

0　引言

刘备战班组是大庆油田党委以班长名字命名的班组，隶属于中国石油大庆油田物资公司（以下简称“大庆油田物资公司”）让胡路仓储分公司机械一队，是大庆“好工人精神”的发源地，“干是千斤顶，学是螺丝钉”是他们的班魂。班组现有人员 12 人，担负着分公司 33 台推土机、装载机、抓管机、挖掘机等工程机械的维修保养任务。工程机械维修技术含量高，劳动强度大，工作环境差，危险系数及受污染程度较高。降低维修时的安全风险，提高维修效率和设备出勤率，改善作业环境，节约维修成本，提高工程机械维修 HSE 绩效，是企业工程机械维修一直追求的目标。实现这一目标，有效治理工程机械维修中的“5 源”至关重要。在长期实践中，刘备战班组致力于治理“5 源”的技术创新和管理创新工作，在“5 源”的防控中取得了良好的效果。

1　工程机械维修中的“5 源”及原因分析

工程机械维修中的“5 源”即危险源、污染源、浪费源、故障源、缺陷源，是日常维修过程中经常面对并需要解决的问题，它们可以单一形式出现，也可相互转换。

1.1　危险源

1.1.1　主要的危险源

（1）来自维修时起重设备的使用。

主要是使用桥式起重机、举升机、千斤顶等。可能发生的伤害：大型零部件拆卸的吊装时，因起重物重心偏移倾斜、吊索脱出吊钩、吊索断裂、钢丝绳因吊装物体棱角受力产生死弯断裂等原因，造成吊件坠落，损坏机械设备或对现场操作人造成起重伤害。

（2）来自维修时压力拆装设备的使用。

主要是使用百吨液压机、链轨拆装机等。可能发生的伤害：受压物体因受力偏斜，脱离束缚飞出，对操作者造成物体打击伤害。

（3）来自压力测试设备的使用。

在使用各类中低压测试仪表时可能因仪表接头压力泄漏，对操作人员造成伤害。

（4）来自维修时的地沟作业。

可能发生的伤害有：人员跌落地沟摔伤；工具或其他物体掉入地沟，对维修人员造成物体打击伤害；地沟作业视线不清或上下同时维修时配合不当，对维修人员造成物体打击伤害。

（5）来自清洗剂的使用。

清洗零部件时存在火灾隐患，且清洗剂挥发后污染作业场所，增添污染源。

（6）其他危险源。

维修过程中存在的磕、砸、碰、高处坠落等危害。

1.1.2 形成危险源的原因分析

（1）维修人员抱有侥幸心理，不按操作规程和作业程序作业；对工作现场、工作对象检查不细致、不到位；没有监护人员；试车启动前未对车辆进行检查；配合作业无有效沟通等。

（2）使用的维修设备和用具“带病”工作，留有安全隐患。如天吊、举生机等没有定期检修，未做静载动载试验；起吊用的索具、钢丝绳等锈蚀、断股等。

（3）工程机械总成件或零部件形状复杂不规则，吊装作业挂绳操作困难，吊装物重心易出现倾斜。

（4）作业现场脏乱差，不规范。如：地沟没有防护措施、配件摆放凌乱、地面有油污等。

（5）敞开式清洗零部件，遇明火易引发火灾。

1.2 污染源

1.2.1 主要的污染源

（1）清理推土机、装载机底盘或空气滤清器滤芯时产生的粉尘污染，既危害操作者健康，又对作业环境造成污染。

（2）维修时来自液压系统、液力传动系统渗漏油料的污染。主要是液压管线、液压缸、操纵阀油封失效等原因，造成渗漏，直接造成机械本身和环境的污染。

（3）来自清洗剂的污染。清洗剂挥发对作业现场环境造成污染。

1.2.2 形成污染源的原因分析

（1）进场设备维修部位清洁不到位。

（2）液压系统、液力传动系统密封元件功能失效，造成油液渗漏。

（3）维修现场整体脏乱。

1.3 浪费源

1.3.1 主要的浪费源

（1）维修设备故障判断不准确，在液压系统和液力传动系统、主机油底和散热装置、机械底盘等拆卸中，拆卸不当或涉及多余部位拆装，使得设备内的油液损耗增加，造成浪费，同时也污染了环境。

（2）清洗剂的使用效率低，不能重复使用，造成浪费。

1.3.2 形成浪费源的原因分析

（1）维修人员技术素质低，没有做到“四懂三会”，对故障判断不准确。

（2）工程机械设备服役时间长，已进入耗损故障期，本身的性能日益劣化。

（3）润滑油接收容器简陋，不利于油品的再利用。

1.4 故障源

1.4.1 设备经常发生故障的部位

推土机：发动机、变矩器、变速箱、转向离合器、边减速器、底盘。

装载机：发动机、变矩器、变速箱，差速器、轮边减速器，以及机械设备的各类液压控制阀等部件。

主要故障表现为低温、高温、渗漏、失灵等，直接影响设备完好率和出勤率。

1.4.2 形成故障源的原因分析

（1）大庆油田物资公司实行24小时保生产，只要有物资到货就需要装卸倒运，装载机、推土机等设备必须出动，机械设备在库在区内是24小时全天候作业，作业频率高，33台设备平均每年都要出动1万余次，大大增加了设备的故障率。

（2）作业环境差。机械设备的作业对象主要是库区内的工程沙、河流石、碎石等物资，作业环境粉尘大，对设备的磕碰多，且因物资堆积高，使设备作业倾斜角度大，不利于设备运行，增大了故障率。

（3）维修和保养没有很好地结合，事后补救式的维修方式，不能提前预防设备故障，不能有效降低故障率。

（4）操作人员未定期例行保养，对设备的初始故障没有引起足够重视，使小毛病演变成大故障，小修变成大修，造成不必要的浪费。

1.5 缺陷源

1.5.1 主要的缺陷源

（1）设备本身设计缺陷。

（2）人为维修缺陷。

（3）零部件质量缺陷。

1.5.2 形成缺陷源的原因分析

（1）由于库区内作业环境差，对机械设备防尘、防磕碰、防雨淋等性能要求高，而设备的初始设计在液压系统的液压缸、管路等外置设计和中低压管线的表面防护与固定等内部设计上，达不到库区作业要求。

（2）维修人员技术不过硬，零部件装配工艺水准低，维修质量差，形成人为维修缺陷。

（3）对更换的零部件质量缺乏必要的鉴定。

2 刘备战班组在防控“5源”中的实践

“5源”是维修工作中影响HSE绩效的重要因素，减少或根治“5源”能够从根本上改善维修人员的工作环境和劳动强度，大幅度降低车辆进场的返修率，降低材料消耗。2007年以来，刘备战班组依靠管理创新和技术创新，积极治理“5源”，取得了良好的效果。工程机械维修次数大幅度降低，从治理前的上千次，下降到400余次，设备完好率达95%以上，作业环境得到了进一步改善，违章操作行为大大减少，现场作业更加安全化和规范化，累计维修各类工程机械约2786台次无事故，节约材料费70多万元。具体做法如下。

2.1 以推进6S管理为基础治理“5源”

6S涵盖了整理、整顿、清扫、清洁、素养、安全，是一个改造“人”的工程，其核心是保障生产安全地进行。工程机械维修场所推行的6S管理，是维修行业从低端走向高端的必然，是提高HSE管理水平和维修质量、实现无尘作业的强力举措和必由之路，对防控机械维修“5源”有以下几个助力点：

（1）能够很好地改善维修作业环境，改变维修人员工作习惯。

（2）促进可视化和定置化管理。

（3）促进人机和谐，人与环境和谐。

（4）有助于提高修保质量，增产节约，节能减排。

2007年，刘备战班组开始推行6S管理，经过几年的实践，取得了很好的效果。一是通过推行6S管理，使班组基础维修条件发生了根本性的改变，维修设备、工具定置化管理，作业现场井然有序，为安全作业提供了保障。二是进一步规范了维修人员的操作行为，杜绝了违章操作，使维修作业达到了标准化和规范化。三是维修效率有较大的提高，标准化的操作，良好的作业环境，使维修的机械设备得到精确测量、调整、紧固，故障率降到零。

2.2 通过管理措施和技术措施治理“5源”

2.2.1 消除危险源

（1）消除起重设备使用危险源。制作了安全、方便、多功能化的专用吊具，主要有：吊耳，吊钩、吊环、吊链、特殊形状吊具等，便于吊装零部件时调整重心和重心的基准定位，因可视化而易于现场监护，避免出现挂坠现象，解决了因机械总成件或零件形状复杂不规则、起吊挂绳难、重心易偏移而引发事故的问题。同时，也减少了吊装零部件时吊绳与吊物的接触，避免吊绳受损断裂。自制拖带轮专用吊具见图1。

图1 自制拖带轮专用吊具

（2）消除压力设备使用危险源。压力设备安全使用的重点是受压体的稳定性，根据受力对象形状制作了压头、模具、垫具，使受压体受力合理，避免受压物体因受力偏斜而飞出伤人。对较大的拆装校正件，与起重机具配合使用。

（3）消除工程机械压力测试危险源。对测试仪器及管线加装双保险，仪器管线加装防护外罩。测试中高压时，采取缓慢提升测试压力的方法，避免系统压力对人身造成伤害。

（4）制作使用各类专用工具、夹具，提高安全系数、装配质量和工作效率。

（5）制作了专门的零部件清洗机，半开式循环油清洗，有效隔断与明火的接触，避免火灾发生。

（6）制作了维修平台，对维修地沟区域设置标志和警戒线，加装了防跌落护板，有效控制地沟作业安全风险。

2.2.2 遏制污染源

（1）减少油液的污染。维修时，根据推土机漏油部位不同制作了液压缸油孔、管路封堵件、小型手动抽油泵和面积较大油液接收过滤器等油液回收工具和用具，修理部位完全清洁后，采用抽、堵、接的方法（抽：使用小型油泵进行回收；堵：对不易排放、接收的油液进行封堵；接：用面积大的油液粗滤器），把油液回收到密闭容器内，使油料排放损失降到最低限度。自制的油液回收器和封堵工具分别见图2、图3。

图2 自制油液回收器

图3 自制的封堵工具

（2）减少粉尘污染：车辆进厂前对机械进行彻底清洗。制作了“空气滤芯除尘装置”，改变了以往使用压缩空气吹除空气滤芯粉尘的做法，改善了工作环境。人工清理和机械清理空气滤芯的比较见图4、图5。

图4 人工清理空气滤芯

图5 机械清理空气滤芯

（3）清洗零部件使用专门的清洗机，作业时实行半开式，不作业时密封，避免清洗剂挥发而污染作业环境。

2.2.3 截流浪费源

（1）用“以点代面法”根除漏液点和漏液面，对油封结合面处进行防尘保护，使油封使用寿命增长，减少材料损耗。

（2）提高维修中液压油的回收利用率。油品经过粗滤、多次无腐蚀沉淀后，经滤油机精滤后重新使用，使废液压油再利用率达到90%以上。

（3）使用清洗机来清洗零部件。零部件清洗机由油箱、油泵、清洗槽组成，清洗油存于油箱，油质为柴油，使用时用油泵抽出，对零部件清洗后经两层滤网返回油箱，可反复使用，大大节省了清洗剂费用。

2.2.4 治理故障源

（1）把预防维修和主动维修有机地融入到设备运行中，改变原来被动、浪费的事后补救性维修方式，为主动、节约的预防性维修。2006—2010 年度维修统计见表 1。

表 1 2006—2010 年度维修统计表

年　度	维修总台次	项修台次数	总成中修台次数	总成大修台次数
2006	1125	930	180	25
2007	1006	860	160	26
2008	710	600	100	10
2009	660	560	80	20
2010	410	360	40	10

依据设备使用保养内容，绘制推土机、装载机 4000 小时设备进场保养流程循环动态图，集中零散保养内容，把每台设备定期保养的时间和内容融入其中，通过设备运转记录指示设备的运行位置，使在用设备所处的保养节点一目了然。在此基础上，提炼设备维修“三无标准”和设备“润滑标准”作为维修规范，即主机及底盘运行无异响；全车各部螺丝无松动、缺失；各液压密封面无渗漏、电器及线路无损坏；润滑标准点到、量足。

（2）在设备的定期维修中，把复杂的工作简单化、健康化、安全化，不完全依赖繁琐的故障检测设备，并自创“维修工作速学法”。利用成熟的修车经验和快捷方式，对设备进行全面的性能检测及故障排除。用“探底法、撬齿法、看液流法”等查询故障，用“对号入座法、复原位法、照相法、分解不触及法”等提高工作效率，故障发生率明显下降。

2.2.5 改造缺陷源

（1）对在用的山推 TY220、SD22 型推土机进行初级改造，制作完成了推土机液压油缸活塞杆防护装置，具有防尘、防磕碰、防雨淋多项功能，大幅度降低液压缸渗漏故障的发生次数。未加防护装置的油缸活塞杆见图 6，液压油缸活塞杆防护装置见图 7。

图 6 未加防护装置的油缸活塞杆

图 7 液压油缸活塞杆防护装置

（2）SD22 液力传动系统布局复杂，管线相互磨损，易造成渗漏，为此，制作了液压管线防磨损隔离装置，减少了这类缺陷故障的发生。

（3）组成故障鉴定小组，对设备故障、零部件更换、新购零部件质量进行鉴定、确认，确定合理的维修方案，与质量好、信誉高的配件供应商建立合作关系，使配件质量得到有效保障。

3 结语

通过管理创新和技术创新可以有效防控工程机械维修中的“5 源”，改善维修环境，降低维修中的安全风险，为企业增收节支。防控“5 源”是一项长期的工作，需要在今后的工作中不断地总结和探索。

油田安全生产应急预案桌面推演有效管理的探讨

杨晓存　曹立民　闫宝东

（中国石油大庆油田第四采油厂　黑龙江省大庆市　163511）

摘　要　本文围绕油田安全生产应急预案桌面推演展开有效性分析，明确了应急预案桌面推演活动持久开展的针对性、时效性、经常性，阐述了要搞好油田安全生产应急预案桌面推演工作，需要构建与运行“三定”管理网络，需要健全与实行“三分”管理机制，需要探索与推行“三更”培训方法的三种观点。通过探索、推行应急预案桌面推演管理新模式，可以使油田岗位相关人员时刻掌握和熟练运用应急预案，提高突发事件的控制处理能力，对安全生产管理创新工作具有指导与引导意义。

关键词　油田　应急预案　桌面推演　有效管理　探讨

0　引言

企业安全生产的应急反应工作，是随着我国经济建设和现代化管理的发展而发展。作为国有重点企业的中国石油大庆油田有限责任公司（以下简称“大庆油田公司”），安全生产应急反应工作要扎实开展、富有成效，除了围绕诸多生产环节，编制具有针对性、控制性、适用性较强的突发事件应急预案，更重要的是围绕各种应急预案开展有效演练活动，让油田岗位相关人员完全掌握和熟练运用预案，提高生产突发事件的控制处理能力，降低事件造成的各种损失。预案桌面推演是在室内利用各种辅助手段开展预案模拟演练的组织形式，与实战演练对比，具有成本投入极少、危险性极小的特点，非常适用于油田安全生产应急预案的演练工作。为此，现结合大庆油田公司安全生产应急预案桌面推演工作，进行有效性分析与有效管理的探讨。

1　油田安全生产应急预案桌面推演的有效性分析

油田各单位要将应急预案桌面推演活动开展的富有成效，必须围绕安全生产应急预案，探索、创新、运行有效培训管理方式，主要体现以下三个方面的特点。

1.1　油田安全生产应急预案桌面推演要具有针对性

大庆油田公司的二级单位很多，有生产与保障单位之分；油田的工作岗位更多，有前线与后线岗位之别。每个单位的每个岗位都有突发事件发生的可能性，不同的岗位有不同的突发事件应急预案，不同的应急预案必须开展不同内容的演练活动。所以，不同的单位、不同的岗位要全面有效开展应急预案桌面推演，必须区分不同的安全生产应急预案，组织岗位人员有针对性进行对号入座的应急预案演练活动，只有搞好各种应急预案针对性桌面推演，才能有效提升各种突发事件应急预案执行者的执行能力，最大限度地降低事件造成的伤害与损失。

1.2　油田安全生产应急预案桌面推演要体现时效性

油田任何突发事件，都是在某种条件下形成、某种环境下发生，往往反映某个时期、某个时段应急反应工作的特点。所以，油田安全生产应急预案桌面推演应特别注重在事件易发期，开展相应的应急预案专项演练。如春季开展以防火等突发事件应急预案为重点的演练，夏季开展以防中暑等突发事件应急预案为重点的演练，冬季开展以防冻等突发事件应急预案为重点的演练。按易突发事件的时间规律性去搞好应急预案的事前桌面推演，可以有效增强应急预案执行者的预防观念和防控能力。因此，油田安全生产应急预案的桌面推演有必要体现时效性。

1.3　油田安全生产应急预案桌面推演要坚持经常性

油田应急预案是针对突发事件的应急对策，直接控制事件的损失程度，不但要求执行者演练掌握预案相应方法与规定，更需要执行者长期熟记与掌握预案全部内容与要求。为此，要想持久牢记油田安全生产应急预案，必须持续针对相应的应急预案开展经常性的应急预案桌面推演，不断提升预案执行者的执行效率与处理能力。所以，油田安全生产应急预案制定或修改之后，不是演练一次就结束，而是需要经常模拟推演。只有围绕应急预案开展经常性桌面推演活动，才能为油田安全生产应急预案的有效执行奠定坚实基础。

2　油田安全生产应急预案桌面推演有效管理的探讨

为增强油田安全生产应急预案桌面推演的针对性、时效性和经常性，油田各单位有必要探索“三、三、三”有效管理途径。

2.1　要搞好油田安全生产预案的有效桌面推演工作，需要构建与运行“三定”培训管理网络

2.1.1　构建与运行油田安全生产预案桌面推演的定员培训管理网络

油田各单位参与编制安全生产应急预案的人员，是精通预案实施所对应生产管理岗位的专家，可将他们直接定为油田安全生产预案演练的策划与组织主体，采取桌面推演一级培训方式，集中先教会岗位生产操作骨干，再由骨干人员在岗位展开预案桌面推演二级培训活动，构建与运行“定员式”桌面推演拓展培训管理网络（见图1）。

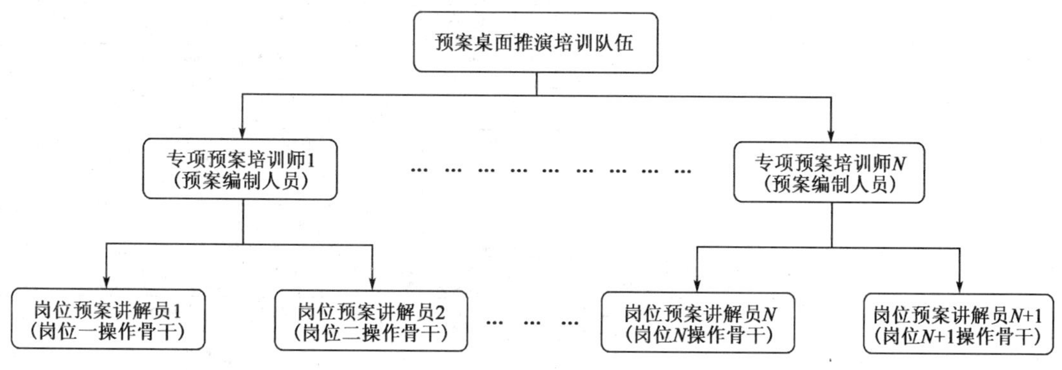

图1　油田安全生产应急预案桌面推演定员培训管理网络图

2.1.2 构建与运行油田安全生产预案桌面推演的定点培训管理网络

油田安全生产应急预案的执行点位是相关生产岗位，执行者是生产岗位的操作人员。把应急预案执行的相关岗位设定为桌面推演点位，将岗位员工确定为桌面推演对象，由经过桌面推演一级集中培训后的骨干人员担当预案讲解员，构建与运行“定点式”桌面推演传授培训管理网络（见图2）。

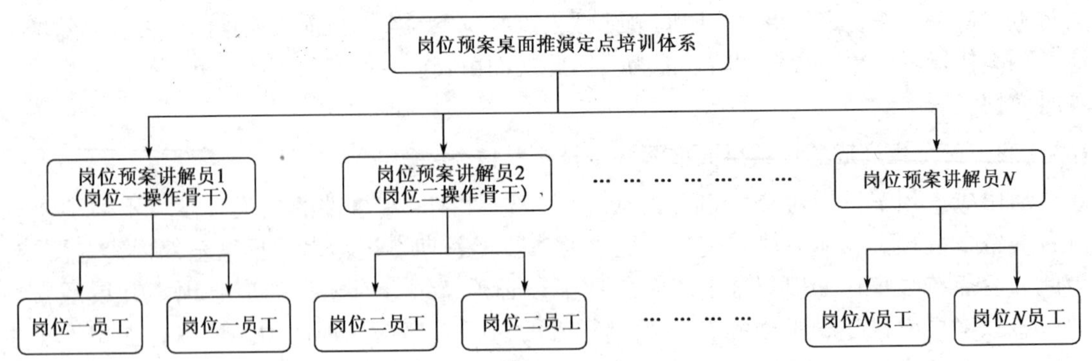

图2 油田安全生产应急预案桌面推演定点培训管理网络图

2.1.3 构建与运行油田安全生产预案桌面推演的定项培训管理网络

油田不同职能单位、不同工艺岗位，执行的安全生产应急预案各有所不同。因此，为了增强油田安全生产应急预案桌面推演的针对性，需要构建与运行“定项式”桌面推演的专业培训管理网络，开展划分单位、细分岗位、区分预案的定项桌面推演活动。如大庆油田公司采油矿构建与运行生产岗位“定项式”桌面推演培训系统管理网络（见图3），将油田安全生产预案演练工作细分到井站。

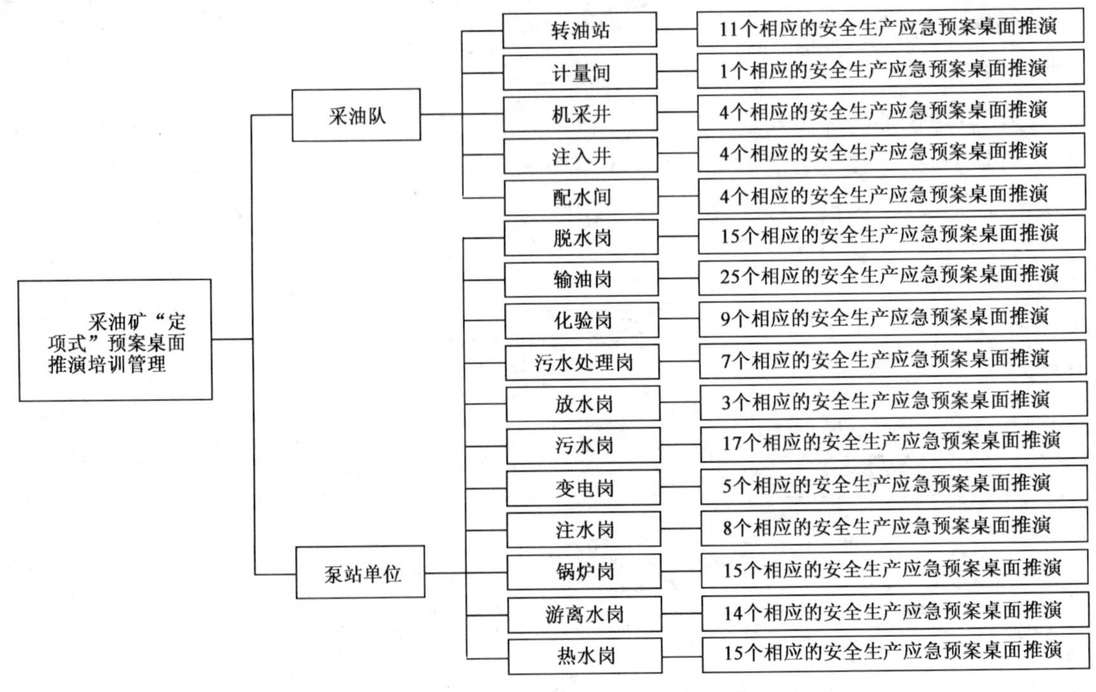

图3 油田安全生产应急预案桌面推演定项培训系统管理网络图

2.2 要搞好油田安全生产预案的有效桌面推演工作，需要健全与实行“三分”培训管理机制

2.2.1 健全与实行油田安全生产应急预案桌面推演的分期培训目标管理制度

油田各单位既然将安全生产应急预案桌面推演培训纳入到员工技能操作培训工作之中，就应该同技术培训一样，分期预案桌面推演培训办班要有培训目标，既有桌面推演培训通过率的总目标，也要有人员出勤率、理论考试及格率、桌面推演达标率等分目标。不但要确定预案桌面推演培训的总目标与分目标，使安全生产应急预案桌面推演培训有衡量标准，还有必要通过健全与实行安全生产应急预案桌面推演的分期培训目标管理制度，进一步提升全油田岗位人员对突发生产事件应急处理水平。

2.2.2 健全与实行油田安全生产应急预案桌面推演的分路培训计划执行制度

要实现油田突发事件应急知识培训目标，需要实施具体培训措施加以保证，即要有具体的安全生产分路应急预案桌面推演培训计划与计划执行制度。如春季由安全管理一路开展以防火等应急预案为重点的桌面推演培训，夏季由生活保障一路开展以防中暑等应急预案为重点的桌面推演培训，冬季由井站管理多路开展以防冻等应急预案为重点的桌面推演培训。分路搞好应急预案桌面推演培训的事前计划编制，并在培训中严格计划执行制度。

2.2.3 健全与实行油田安全生产应急预案桌面推演的分项培训检查考核制度

一项工作的完成情况，需要事中检查与事后验收，安全生产应急预案培训也是如此。所以，要使油田安全生产应急预案桌面推演的分项培训活动富有成效，除了确定培训目标、执行培训计划，还要在每次培训之中，采取以赛代培、以问代训等形式，进行培训效果检查；在培训之后，采取理论考试与模拟演练相结合、考评工作与奖金评定相结合等形式，进行桌面推演培训验收与考核。因此，在每个单位、每个岗位开展的油田安全生产应急预案桌面推演的分项培训中，需要通过健全与实行分项培训检查考核制度，把油田应急反应的分项桌面推演培训工作抓实抓细、抓出成效。

2.3 要搞好油田安全生产预案的有效桌面推演工作，需要探索与推行“三更”及时培训方法

2.3.1 探索与推行油田安全生产应急人员更换后的桌面推演及时培训方法

油田安全生产应急预案中的组织机构是由各级相关人员构成，少则十几人，多则几十人，由于一些人员职务调整、岗位变动，应急人员经常出现更换情况。要让刚加入安全生产应急预案组织机构中的人员快速了解、掌握安全生产应急预案内容，需要探索人员调换跟近引导、人员更换跟踪指导、人员增加跟上宣教等桌面推演及时培训新途径，推行油田安全生产应急人员更换后的桌面推演及时培训新方法，达到安全生产应急人员人人懂应急、个个会应急的素质标准。

2.3.2 探索与推行油田安全生产应急措施更改后的桌面推演及时培训方法

随着油田的发展、管理的进步，对油田安全生产应急工作经常提出一些新的要求。所以，油田安全生产应急预案中的各项应急措施，经常会按照上级的要求和生产管理的需要，进行几项或多项更改。要使相关人员及时掌握油田安全生产新的应急措施，需要探索与推行油田安全生产应急措施更改后的修订人及时讲解、骨干人员及时传授、利用计算机技术模拟演示等桌面推演培训方法，使油田安全生产应急措施更改后的桌面推演跟进培训工作得到快速到位。

2.3.3 探索与推行油田安全生产应急技术更新后的桌面推演及时培训方法

为了有效提高油田应急工作能力与运作水平，岗位安全生产应急技术也在逐步更新。为此，相应的安全生产应急预案也随着应急技术的更新而进行匹配性的改变。油田各单位在安全生产应急技术更新、应急预案修订之后，需要探索与推行油田安全生产应急新技术请专家讲解、新预案由专人及时讲授、计算机立体模拟仿真等桌面推演培训新方法，使油田应急技术得到更新的同时，安全生产应急新技术的桌面推演及时培训工作也得到有效落实。

3 结语

在国家石油资源开发的重要企业——大庆油田有限责任公司，安全生产至关重要，应急桌面推演的发展前景非常广阔。油田各单位要将安全生产应急预案桌面推演培训活动持久开展并富有成效，充分体现针对性、时效性、经常性，需要探索安全生产桌面推演的有效管理新途径。本文明确了要搞好油田安全生产应急预案桌面推演工作，需要构建与运行培训管理新网络，需要健全与实行培训管理新机制，需要探索与推行及时培训新方法的三种观点，指出了安全生产应急预案桌面推演有效培训方式的探索思路，结论是：通过创新、推行应急预案桌面推演管理新模式，使油田岗位相关人员时刻掌握和熟练运用应急预案，提高突发事件的控制处理能力，对安全生产管理创新工作具有指导性与引导性。

参考文献

[1] 周家铭，邢培育，汪丽莉，等．安全生产应急预案桌面推演的设计与实施探讨［M］．北京：中国安全科学学报，2007.9.

[2] 宋英华．突发事件应急管理导论［M］．北京：中国经济出版社，2009.5.

井下作业风险预警预控技术研究

杨景武　张晟　唐庆海

（中国石油大庆油田井下作业分公司　黑龙江省大庆市　163453）

摘　要　安全生产风险预警预控管理是现代企业安全生产风险管理的较高层次，实现企业安全生产风险预警预控管理需要系统化、科学化、规范化的风险预警预控技术以及适应企业自身实际情况的风险预警预控动态管理机制的支持。本文着重论述中国石油大庆油田井下作业分公司在建立安全生产风险预警预控机制上的理论及方法。

关键词　油田　井下作业　风险预警预控　理论

0　引言

随着科技的进步和信息化，油田企业相继建立了企业局域网，已初步具备了通过计算机网络传递安全信息、进行现代化安全管理的条件。但是，目前的信息管理平台还不具备全面的风险预控管理能力，一是缺乏生产设备设施风险、生产工艺风险和作业岗位风险的基础数据库，二是没有针对动态风险的实时评价功能，三是缺乏系统、动态的风险报警和预警功能。特别是现有的信息管理系统，不具备对作业风险超前预警和预防，以及对生产设备、设施的风险适时预警和预控的能力。综合以上考虑，中国石油大庆油田井下作业分公司（以下简称“井下作业分公司”）与中国地质大学（北京）合作，对井下作业风险预警预控管理技术进行了研究和探索。

1　风险预警预控管理思路

井下作业 HSE 风险预警预控管理技术研究以风险管理控制理论、管理信息系统理论为依据，在对井下作业分公司存在的风险因素进行辨识、评价分级基础上，建立具有生产风险基础数据库管理，生产现场动态风险自动报警消警预警，作业过程风险管理型人工报警消警预警，以及风险动态评价和分析的信息管理平台，对下属各单位生产过程中可能出现的各种风险因素进行记录、分析和处理，根据其可能造成的影响用红、橙、黄、绿四种颜色做出预警，提示相关职能部门、相关岗位的工作人员依据相应的响应措施提前作出应对。

井下作业分公司在组织结构上主要分为三层，分公司、大队级、小队级，各级均设立专兼职安全管理人员，企业局域网覆盖到小队级，大型车辆全部安装 GPS 卫星监控系统，这些都为建立风险预警预控信息管理系统预警信息，实行风险动态管理提供了必要条件。

2　预警预控信息管理系统功能

井下作业 HSE 风险预警预控信息管理系统根据风险管理理论建立的软件模型，结合井下作业生产管理的特点，在功能设计上主要提供了以下主要功能模块：风险因子管理模块、风险评价模块、风险报警模块、风险查看模块、风险撤警模块、风险分析模块、系统管理模块、作业票管理模块。

井下作业 HSE 风险预警预控信息管理系统的功能见图 1。

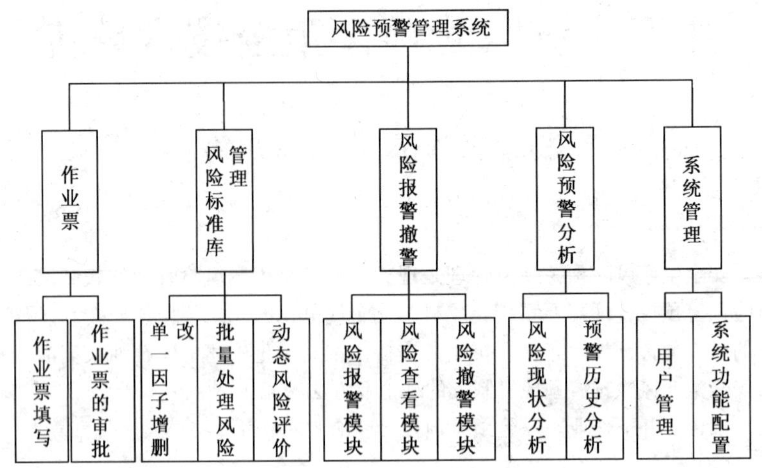

图 1 井下作业风险预警管理系统功能全图

2.1 风险因子管理模块

风险因子管理模块负责维护风险数据库。风险数据库在建立上，结合井下作业生产企业的特点，将风险分为六大专业板块，即压裂专业、修井专业、作业专业、生产准备服务专业、机械加工专业和其他专业板块。根据管理对象的不同分为设备风险、工艺风险和岗位风险，根据风险发生的地点不同，风险因子中包含了所属大队和部门的信息。风险因子管理模块除了提供了对风险因子的单一因子的增删改功能外，还提供了对风险因子的批量导入和查询功能。

2.2 风险评价模块

该模块集成了常用的风险因子的评价方法。根据评价对象的不同采用不同的评价方法，结合企业分级管理和风险预警机制的需要，风险评价主要使用的是半定量的评价方法，这些评价方法大都建立在实际经验的基础之上，通过合理打分，根据最后的分值或概率风险与严重度的乘积进行分级，具有很强的可操作性和易用性。在系统中将作业风险评价使用的评价方法进行了软件编程，使风险评价简单易操作。井下作业 HSE 风险预警预控信息管理系统设计的风险评价方法有：针对设备设施风险的评点法、针对作业过程的 JHA 法、针对作业岗位的 LEC 法、针对井喷等的动态评价法。

2.3 风险报警模块

井下作业 HSE 风险预警预控信息管理系统在报警模式上分为两种，技术型预报模式和管理型预报模式。技术型预报模式主要是针对生产中的技术型参数的预报预警，在该系统中，通过仪器设备对自动车辆的 GPS 数据进行了分级预警。这种预警模式主要是通过车辆 GPS 联网系统数据实现的。管理型预警模式主要是针对生产中无法通过仪器设备收集的风险进行人工检查的方式，通过软件系统界面，进行人工报警。其中人工报警过程如下：风险预警信息收集人员通过日常检查等方式发现风险状态出现后，登录系统，进入相应的专业板块，点击风险报警，进入该专业的风险因子列表，该列表将列出所有与登录者身份相一致的大队级该专业的所有风险，查询选择出现的风险，点击报警图标后对该风险进行报警，对于风险等级固定的风险因子，只需要录入风险发生的地点信息即可，而对于井喷等需要动态评价其风险等级的风险因子，需要录入风险报警时的具体参数，系统动态评价出风险等级。技术型预警模式通过服务器端的服务程序，自动实现。

2.4 风险查警模块

风险查警主要是针对管理层和风险控制人员。当有查看权限的人员登录系统后，可以看到公司及各大队目前的风险状况图，该图按专业和管理对象划分。通过点击风险状况图上的超链接，可以查看风险的详细信息，并可以查看相应的控制措施。

2.5 风险撤警模块

风险撤警模块主要是针对风险控制人员提供对风险进行取消的工具。当一个风险的警报解除时，可以修改警示库中相应记录的标志信息，撤销该警报。

2.6 预警分析模块

预警分析主要是通过组合查询的方式，对风险现状和风险预警历史信息进行多条件的任意组合查询，生成图表，分析风险的规律性，并将查询结果导出为 Word 和 Excel 格式，方便信息交流。

2.7 系统管理模块

系统管理模块是管理用户信息和对系统功能设置的工具。

用户管理的功能为形成一个所见即所得的用户信息管理环境。在这个环境中，一个功能由若干个 Web 页面构成。用户信息编辑环境分为用户查询、新建删除、信息编辑和权限管理四个部分。新建删除用于对用户进行管理和初始化、保存等工作。按照用户类型授予访问权限，表明哪些资源不可以访问，以免机密信息泄露。

2.8 作业票管理模块

作业票管理模块主要的功能：填写作业票、审批作业票、查看作业票、打印作业票。在高危工作进行前需先申报该工作的作业票，填写作业票的相关内容，包括工作单位、工作时间、工作负责人、工作人员、工作名称、工作内容等相关信息。上级安全主管部门需对申报的作业票进行审核，填写审核意见，只有审核通过的作业票才允许动工。系统根据作业票内填写的相关内容提出该工作可能发生的风险，应对该风险给出管理和防范措施以及风险发生后的处置和应急措施。

3 系统预警实施

3.1 系统预警实施原则

（1）以实时、动态的防控，杜绝重大事故发生为风险预警目标。

（2）自动预警与人工预警相结合，风险预警制度化、系统化，确保预警实施切实有效。

（3）对于重点部位以及重大风险，力求保证自动预警实时、准确，对于不能实现实时预警的风险类型，加强人工预警的力度，保障风险防控到位。

（4）识别（包括自动和人工）到警兆后，立即采取合理的处置措施，及时预报警情；当处置措施生效，确定警情消除后，及时撤销报警。

（5）风险“三预”机制：生产作业现场风险实时预报；专业部门风险适时预警；各级部门及单位风险及时预控。

3.2 预警级别确定

按照风险辨识评价所建立的标准库风险等级设定，预警级别共分 4 级：

（1）高风险：分公司级别；

（2）中高风险：大队级别；

（3）中风险：小队级别；

（4）低风险：班组级别。

各专业板块的风险级别由各专业现场辨识出的设备、设施以及作业过程（岗位）中的风险因素（出现与否）确定。

在不考虑关联及组合风险的情况下，上一级单位的风险预警等级由下一级单位的预警等级按照“取大法”生成。

3.3 风险预控

（1）一级预控。

分公司统一指挥，组织机关相关部门及风险所在大队制定具体的控制措施，由各大队负责具体实施，分公司、各相关职能部门及相关大队做好应急准备，随时启动分公司应急预案。

（2）二级预控。

安全环保部会同相关大队组织专家评审风险现状，制定具体的控制措施，以降低风险预警等级。大队做好应急准备，随时启动大队应急预案，分公司保持正常工作、生产和生活秩序；

（3）三级预控。

该风险所在的小队负责人组织生产现场技术员或班组长，根据具体情况采取相应控制措施，评审是否需要另外的控制措施。分公司、大队保持正常工作、生产和生活秩序。

（4）四级预控。

该风险所在的生产现场车间技术员或班组长组织班前教育，提醒相关操作人员要“各控其险”，避免不必要的伤害或损失。

4 结语

油田井下作业流动性大，施工现场点多、面广、线长的特点决定了井下作业分公司必须对大量安全信息进行分析处理，要从根本上保证安全生产，除了定期检查以及加强安全教育外，依靠先进的科技监控手段和技术预防措施对信息进行分析、评测其风险也是预防突发事故的关键。

井下作业 HSE 风险预警预控信息管理系统充分利用了现有的资源，实现了安全管理信息平台能够对隐患、车辆安全管理和基础安全管理信息实施静态及动态管理。

辽河油田井控安全风险控制技术探讨

王鹏飞　韩华君　李均强　潘智勇

（中国石油辽河油田公司　辽宁省盘锦市　124010）

摘　要　井控安全是油气田企业安全生产中的重中之重，井喷失控事件的危害和影响已为世人所知。为有效预防井喷事件的发生，本文通过油气田企业井控风险识别、分析评价、分级管理等技术，对油气田企业搞好井控风险控制提供了技术保障。

关键词　井控风险　控制技术　管理制度

0　引言

井控安全风险控制技术是结合油田地质、地面和工艺技术特点，探索应用量化分级的技术措施，在保护油气层的前提下，有效控制油气井井喷风险的技术。

辽河油田是中国石油天然气集团开发较早的老油区之一，地质条件复杂，具有多断裂、多断块、多套含油层系、多种储层岩性和多种油藏类型、多种油品性质的复式油气区；油品性质多样，有稀油、普通稠油、特稠油、超稠油和高凝油，同时还有气顶气、溶解气、夹层气和浅层气等；开发方式多种，有天然能量开发、注水开发、蒸汽驱、SGAD、蒸汽吞吐、火驱等；作业环境特殊，油井多位于湿地保护区、城区、河流入海区等敏感地区，这些因素大大增加了中国石油辽河油田公司（以下简称“辽河油田公司”）井控工作的风险。

因此，探索适应油田井控特点的井控风险分级技术及配套管理制度，是井控安全风险控制技术的核心。

1　分级技术

1.1　风险分析与评估

统计分析近年来油田发生的溢流、井涌及井喷等险情资料，井控险情的发生几率见表1。

表1　井控险情发生几率统计表

项目＼井型	气　井	油　气　井	油　　井	水　　井
井喷发生率	30%	50%	10%	0%
溢流发生率	25%	40%	30%	5%

井控险情多发生在气井和油气井中，气井发生几率低于油气井，原因是气井施工管理重视程度高、作业频次少、井控装备配备高等。油气井发生几率高于其他井，是由于现有的油气井多为开发后期，尤其是稠油井采用蒸汽吞吐或蒸汽驱等开发方式，地下压力变化复杂、流体性能认识不清、地层串通和作业频次多等，因此发生井控险情的几率最大。

造成井控险情发生的原因主要有：一是复杂的地层压力。辽河油田地质条件十分复杂，具有多断块、多套含油层系、多种油藏类型、多种油品性质的复式油气区，不同的开发区块、不同的开发层系的地层压力有高有低，笼统的压力控制技术难以准确平衡井筒压力。二是多种开发方式和开发区块配套多种作业方式。随着油田的开发，蒸汽驱、SAGD、火驱等开发方式不断扩大，海上、古潜山等新区块不断开发，配套的作业方式也多种多样，地层压力、流体温度、有毒有害气体含量等发生变化，单一的标准不能满足井控安全需要。三是有限的井身结构与井口设备。早期开发的油气水井，井口套管短节腐蚀程度越来越严重，气密封性越来越差。前期投产的水平井，受完井套管头与井口结构的限制，投产作业或措施作业过程中，管外刺漏时有发生，未精确检测与评估，不能为井控技术应用提供保障。四是现场操作人员素质参差不齐。作业施工现场的操作人员更新、更换频率较快，文化程度和理解能力也因人而异，井控技术的掌握程度和井控应急能力存在差异，对日常施工中溢流险情的预防和出现溢流的控制能力不足以保证。

通过表1和井控险情主要原因的分析，上述风险是制约油田井控安全的关键所在，虽不能完全消除，但可通过技术手段进行削减和控制。因此，需要探索不同地层压力、不同作业方式下的井控风险分级控制技术，配套与之相适应的井控装备，就能够最大限度地削减以上风险。

1.2 分级原则的选择

（1）保护油气层优先的原则。油气井的终极目标就是安全高效获取油气资源，在控制风险措施的方案中，在不伤害油气层的条件下，选择安全的工艺措施和预防技术。

（2）保护环境优先的原则。由于生态环境的敏感和不可再生性，选择用装备技术来保障环境。

（3）地层压力控制优先的原则。地层压力和油气组分是影响井控的重大危险源，但又无法消除，选择提前控制。

（4）不可控资源优先的原则。分级对不可控的人群、跨行业的工具、物体，需要避让。

（5）未知因素极大化的原则。对钻遇和开采未知油气层，需按危害极大的方式列入因素中考虑对待。

依据分级原则，优选确定了地层压力系数、油井地面环境、有毒有害气体含量、施工井生产状况作为井控风险分级的四个要素。

1.3 主要参数的确定与量化

结合辽河油田实际情况，将四项影响因素的参数进行优化确定。

（1）按地层压力系数、地面控制程度要求、油品的物性，油气水井压力等级划分为高压井、常压井、低压井。

①高压井：压力系数≥1.0。

②常压井：0.7 < 压力系数 < 1.0。

③低压井：压力系数≤0.7。

（2）按设计井地面环境条件的敏感程度、不可控资源性质与数量，划分为高危、危险、一般地区。

①高危地区：城区；井口周围300m范围内有居民区、学校、医院、工厂等人员集聚场所或油库、炸药库等设施；井口100m边缘临近海洋、河流、水库等易受污染的水资源区。

②危险地区：井口周围150m范围内有铁路、高速公路、国防设施等；井口周围75m范围内有民宅；井口周围40～50m范围内有高压线（6kV以上）及变电站、联合站等；有井喷或井喷失控史的区块。

③一般地区：高危和危险之外的地区。

（3）按油气井井口在完全失控条件下的有毒有害气体含量，划分为高危害井、危害井和低危害井。

①高危害井：井口硫化氢含量高于150mg/m^3（100ppm）的井。

②危害井：井口硫化氢含量为30mg/m^3（20ppm）～150mg/m^3（100ppm）的井。

③低危害井：井口硫化氢含量低于30mg/m^3（20ppm）的井。

（4）按施工井生产状况及未知因素最大化的原则，划分为高危井、危险井、普通井。

①高危井：预探井、浅层气井、天然气井、气油体积比大于500的井。

②危险井：高温高压蒸汽驱井、SAGD井、不能用常规井控设备关井的特殊工艺井、投产新井和老井补层井，有气窜史的稠油井，有气窜、水窜的井。

③普通井：高危井、危险井之外的井。

1.4 结果的评价与调整

按照四项影响因素，将井控风险级别定性为四个级别。一级井控风险井为在高危地区实施的高压井、高危害井、危害井和高危井。二级井控风险井为在高危地区实施的常压井、危险井；危险地区和一般地区实施的高压井、高危害井、高危井。三级井控风险井为在高危地区实施的低压井、低危害井、普通井；危险地区实施的常压井、危害井、危险井；一般地区实施的危害井。四级井控风险井为在危险地区实施的低压井、低危害井、普通井；一般地区实施的常压井、低压井、低危害井、危险井、普通井。

采用井控风险要素量化分级的方法，经过初分级和复核分级阶段，2009年1月至8月完成辽河油区21112口井的井控风险分级动态分级数据库。其中一级井控风险井1077口，占比5.1%；二级井控风险井5204口，占比24.6%；三级井控风险井4352口，占比20.6%；四级井控风险井10579口，占比50.1%。

2010年，辽河油田公司根据井控风险分级的运行情况和油田开发状况，对上述分级结果进行评价：一是分级结果与表1对比，以往出现井喷及险情的井和易发生井喷事故的井，均分布在一级和二级；二是近两年运行以来，未发生任何井喷事故，验证了分级结果及其配套措施的准确性和有效性；三是随着作业者经验积累和素质的提升、井控设备和井控技术的进步，可不断完善调整分级参数。

2 配套技术管理制度

井控分级技术是一项应用性技术，基础是分级，关键是过程控制。过程控制的途径受人为因素、技术应用、设备配套的影响，具有多样性。多年的经验证明，只有把技术与管理完美的结合，才能更好地发挥应用技术的作用。通过探索，选择三个方面配套制定了井控风险管理制度、施工管理制度、装备配套管理制度。

2.1 井控风险管理制度

划分地质、工程、作业等部门和单位的井控责任：地质部门是井控风险识别基础数据的责任单位；工程设计部门核实井控风险识别基础数据，是井控风险初识别的责任单位；作业管理部门是井控风险判别、分级的责任单位；施工单位依据工程设计核实井控风险级别。将各部门和单位的井控责任，与井控风险分级要素判定技术纳入《辽河油田井下作业井控实施细则》，为辽河油田作业井控工作从技术和管理上提供了依据。

2.2 施工管理制度

编制《辽河油田高危地区井下作业施工管理规定》，建立分级施工许可制度和开工验收制度。规定明确了高危地区井控风险井的油气生产单位施工许可审批责任与程序，其中，高危地区的城区一级井控风险井施工许可由辽河油田公司组织审批，城区二级、三级井控风险井的施工许可由油气生产单位主管领导组织审批；明确了高危地区井控风险井的工程技术服务单位开工验收责任与程序，其中，城区一级井控风险井中的重点井，工程技术服务单位和油气生产单位形成联合开工验收意见，由辽河油田公司井控管理部门进行现场开工验收，其余的城区一级、二级、三级井控风险井的施工许可由工程技术服务单位和油气生产单位联合开工验收。

2.3 装备配套管理制度

（1）小修作业（无钻台作业）。

一级风险井选配双闸板防喷器、旋塞和压井、节流放喷管线各一条；二级风险井配备单闸板防喷器、旋塞和简易压井、放喷管线各一条；三级、四级风险井配套简易防喷装置及简易压井放喷管线。

（2）大修作业。

一级风险井根据压力系数选装 2FZ18－21、2FZ18－35、2FZ18－70 防喷器，方钻杆旋塞，节流压井管汇，抢喷短节及各种配合接头等；二、三、四级风险井根据压力系数选装 2FZ18－21、2FZ18－35 防喷器，单流阀，节流压井管汇，抢喷短节（旋塞阀），专用四通及各种配合接头等。

（3）试油作业。

一级风险井根据压力系数选装 2FZ18－35、2FZ18－70 防喷器，旋塞，标准节流，压井管汇；二级风险井根据压力系数选装 2SFZ18－21、2SFZ18－35 防喷器，旋塞，简易压井节流管汇各一条；三级、四级风险井安装 SFZ18－21 防喷器、旋塞、压井和放喷管线各一条。

3 认识与结论

井控风险控制技术的探索，为分级管理提供了技术支持。一是按照压力等级，对高压井、常压井和低压井进行了明确的界定，对分级因素进行具体的量化；二是对于高危、危险和一般地区的划分，数据更加科学、合理，更加符合油区所处地面环境；三是根据有毒有害气体的含量对人体可能造成的危害，进行了量化划分；四是增加了不可预测的井和工艺可能带来的井控风险，按照可能造成风险大小进行了划分。划分更加严格，分级更加精确，更加符合辽河油田的实际情况，更加具有科学性、合理性和可操作性。

井控风险分级技术与配套管理制度有机结合，解决了油田井控管理中的突出矛盾，建立建设方与施工方的联动防控机制，解决油气水井作业的井控安全管理难题。2009 年实施井控分级管理以来，实现井喷事件为零的目标，为油田和谐稳定发展、社会舆论效应做出了正面推动作用。

各油气生产单位做细分级数据库的更新，削减老井、长停井等井口潜在风险，完成了蒸汽驱、火驱等井控风险的分析与控制措施，不断完善井控风险分级动态数据库。通过进一步的精细划分和动态调整，目前有 22756 口井实行了井控风险分级，其中一级井控风险井 911 口，占比 4%，减少 1.1%；二级井控风险井 6150 口，占比 27%，增加 2.4%；三级井控风险井 4917 口，占比 21.6%，增加 1%；四级井控风险井 10778 口，占比 47.4%，减少 2.6%。

为提高井控安全，还需继续深入研究井控风险分级要素，持续完善井控风险分级技术和配套管理制度，形成一套有效遏制井控事件的技术体系。

“瀑布式”安全教育培训系统的建立与应用

罗 青 马万志 于 明

（中国石油辽河油田公司欢喜岭采油厂 辽宁省盘锦市 124114）

摘 要 “瀑布式”安全培训是在企业组织内部分级、分目标实施的培训，它与许多管理培训方式的最大不同点是，通过培训赋予每个管理者应有的职责，调动其接受培训、转化培训的积极性，强化直线领导全过程参与培训，提高施行培训的自主性和自觉意识，而不是作为企业组织通过培训对管理者附加压力和义务。本文重点阐述欢喜岭采油厂创新实施“瀑布式”安全教育培训的背景、策略和具体效果。

关键词 安全 瀑布 培训

0 引言

安全教育培训是企业安全生产的软实力和推动力，为安全生产工作提供强有力精神动力和智力支持。只有搞好安全教育培训工作，提高人的安全意识、安全素养，培养良好的安全习惯，才能真正实现人本安全。随着石油企业的快速发展，人的安全思维、行为、心里活动和安全法制观念等有了较大的变化，尤其是现代科学技术大量应用于石油开采行业，隐患问题越来越深邃、高级，人们对事故风险的预防、判断和控制能力也应有所提高，而传统的安全培训模式已经不能满足日益增长的员工队伍的需求。作为石油系统最基层的管理单位，欢喜岭采油厂在多次探索实践后大胆转变培训观念和培训方式，建立“瀑布式”安全培训系统，大大增强了安全培训的实施效果。

1 石油企业基层单位传统安全培训模式

欢喜岭采油厂隶属于中国石油天然气集团公司，是辽河油田分公司管辖的二级单位。自成立以来，先后实行了分级培训、分档培训、五级教育等培训方法，积累了一些培训经验。但是，受地域、生产条件和人力资源的限制，基层的安全培训工作更多地停留在传统的“课堂教学”、“集中上课”上，存在着一些缺陷。

1.1 受制于培训人的知识水准

因客观条件受限，基层队站的培训基本是由安全知识相对丰富、工作经验较强、有一定语言表达基础的生产骨干担任培训师。培训师缺乏对国内外先进安全理念、安全知识的深刻理解，缺乏授课技巧，导致培训效果不一。

1.2 受制于固定时间和固定地点的安排

由于是24小时生产单位，集中授课或是分批授课多是利用学员的业余时间，影响员工的生活。基层开展培训时出现了旷课、请假、迟到早退等情况。受培训场地的限制，多是在职工学校接受培训，其他学习形式较少。

1.3 培训内容针对性差

一般来说，传统安全培训的内容多以企业和管理者的意愿为主，采取强制性的灌输方式，安全培训课程设计往往偏于理论化，课程元素相对单一，不管员工是否掌握都要被迫学习，存在重复授教、重复学习的现象。

1.4 直线领导参与不足

多数的安全培训都是由安全部门负责，其他直线领导和职能部门很少参与，致使安全部门开展培训时疲于应付，很难提高办学质量。而且，传统的培训师多为基层骨干或安全管理人员，各级领导很少参与授课和学习，对下属员工的安全素质不了解，自身安全技能得不到提高。

1.5 培训效果验证方法单一，缺乏课后辅导

很多基层单位难以保证在一次短期培训中解决企业和受训者所有的疑惑和难题。单一地采取考试、答卷等方法验证培训效果，对不合格人员采取罚款的措施，容易激发学员的不满情绪，而且无法验证学员是否将知识运用到岗位实际操作中。培训师在课堂后没有继续辅导和跟踪的任务，培训后续服务工作不足，培训效果难以估量。

从欢喜岭采油厂以往实施的安全培训效果来看，培训方式的转化、培训需求的建立、培训内容的完善、培训师角色扩充和员工自主学习意识的培养是急需引起关注和解决的问题。

2 欢喜岭采油厂瀑布式培训系统的建立

自2009年实施健康安全环境管理体系推进措施以来，为了提高全体人员的安全意识和安全技能，满足体系推进的需要，欢喜岭采油厂采用了“瀑布式”安全教育培训系统。

2.1 “瀑布式”培训的理念

坚持向员工灌输“培训不到位，人人是隐患”、“安全教育培训是一把手工程”、“教育培训是对员工最大的福利和奖励”、“人人都是培训师”的培训理念，将培训下属作为领导干部必须履行的直线责任，逐级开展教育培训工作。

2.2 “瀑布式”培训的结构

欢喜岭采油厂将培训下属作为一项重要的属地职责，建立起一级培训一级、一人培养多人的“塔式”培训结构（见图1）。

如图1所示，所谓“瀑布式”有两层含义：一是由上至下层层开展传递式培训，通过各级主管的亲自授教，将一个知识点分散开来，使更多的人在接受培训的同时，主动传递培训知识。二是由下至上进行自主式学习。“瀑布式”培训要求人人都是培训师，人人都要参与授课分享安全经验，因此必须主动地自学各种安全知识，掌握一定的安全技能，才能为他人实施培训。

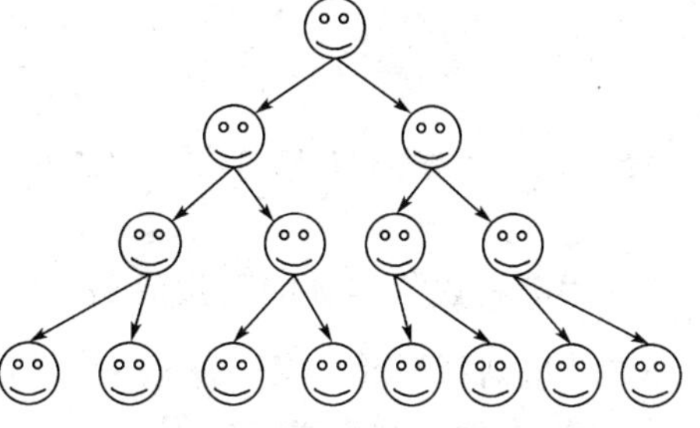

图1 “瀑布式”培训结构图

2.3 “瀑布式”培训的实施方法

欢喜岭采油厂以分散在岗培训、辅导为主，集中脱产培训、讲授为辅的基本原则，在培训学习过程中形成多种典型的培训方式，强力推进“瀑布式”安全教育培训的进行。按照

培训方式的不同，根据自身特色建立了“6M”培训方式（见表1）。

表1　6M培训方法

培训方式	主要内容	适用范围
典型课堂培训（M1）	企业核心价值，健康安全环境方针、政策、目标，通用规则及健康安全环境法律、法规等	适用于健康安全环境规范、程序、通用健康安全环境知识的培训
强化课堂培训（M2）	健康安全环境专业知识	适用于健康安全环境专业知识培训，除课堂讲解之外，辅助有对应的考试测验
各种会议（M3）	健康安全环境经验和知识的交流与分享	适用于工作过程中不同级别、专业和资历的员工之间的沟通与交流
专题讨论（M4）	工作中出现的普遍性问题，澄清健康安全环境规范、程序执行中出现的偏差或疑惑	适用于解决实际工作中的问题
岗位实际练习（M5）	现场执行的管理规范、程序和操作规程	适用于现场操作员工的培训，需在有资质员工的指导和观察下，实际演练培训的内容，掌握必要的技能
网络培训（M6）	健康安全环境知识	适用于时间、空间难以集中的培训对象

“6M”培训方式具有以下特点：

（1）针对性强。针对不同的培训人员，采用不同的培训方式，不同的培训方式讲授不同的健康安全环境知识。

（2）涵盖范围广。由于工作岗位不同，时间安排与培训形式也会不同，根据不同员工的情况，合理安排员工的培训时间，保证培训质量。

（3）实用性强。培训方式的确定是针对员工的工作实际进行的，做到理论与实际相结合，实践性强。

2.4　“瀑布式”培训的PDCA循环过程

欢喜岭采油厂在进行“瀑布式”安全教育培训时，遵循PDCA管理办法，实现全面质量管理，提高培训质量（见图2）。

PDCA循环的各个阶段都需要有具体的保障措施，只有每个阶段都能顺利进行，此循环才能达到理想效果，推动培训工作不断优化升级。

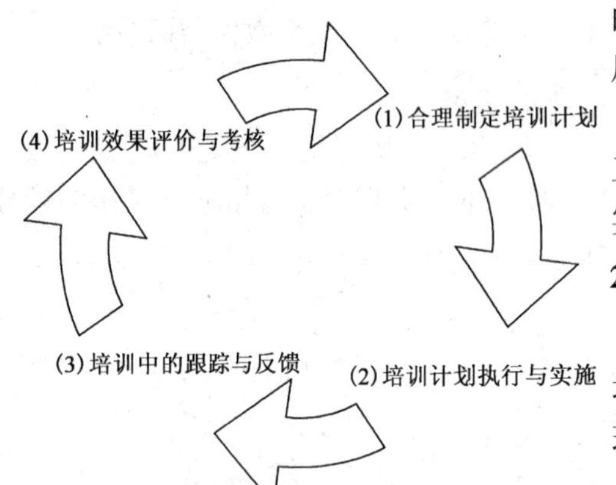

图2　“瀑布式”培训PDCA循环图

2.5　“瀑布式”培训的落实策略

2.5.1　培训计划的制定

培训计划的制定遵循以下原则：

（1）内容针对性。

第一，对科室的培训，依据科室职能分工，针对业务范围内的工作制定《健康安全环境工作指南》，明确健康安全环境职责和工作标准，根据需要采取上专业课、一对一辅导的形式开展。

第二，对大队领导的培训，主要是培训“有感领导”、“属地管理”等意识和理念、健康安全环境管理九条原则、安全行动计划、安全观察与沟通、健康安全环境审核标准等。

第三，对基层干部和班组长培训，主要培训健康安全环境管理九条原则、健康安全环境“一书一表一卡”、基层队（班）基础资料、健康安全环境管理知识等。

第四，对岗位工人培训，根据员工个人需求、员工上年度能力评估的结果，形成矩阵培训需求表，主要培训岗位检查标准、操作过程中的危害因素及控制措施、工作中安全注意事项、应急措施等知识。

第五，其他培训。对特殊工种严格取证、复审培训，对新入厂员工及转岗员工开展三级教育培训，与新员工签订师徒合同，经三个月实习考试合格后，方可独立顶岗。

（2）全员参与性。

凡属涉及健康安全环境岗位人员都要进行健康安全环境知识、专业操作技能、风险辨识与控制、应急反应、岗位职责、健康安全环境管理体系标准等方面的培训。

①新入厂人员培训，由人事科、党委组织部组织，具体执行《辽河油田公司新入厂人员三级教育培训管理办法》规定的内容。

②普通员工培训，由直线领导亲自组织，正职培训副职、老工人培训新工人。

③特种作业人员培训，由安全监察科、员工培训中心组织，具体执行《辽河油田公司特种作业人员安全技术培训考核管理实施细则》规定的内容。

2.5.2 计划编制程序

（1）直线领导和岗位员工共同制定培训需求矩阵表。

（2）职能管理部门和各单位根据需求提出下一年度培训计划。

（3）员工培训中心分析全厂各部门和各单位的培训需求，编制采油厂年度培训计划，经主管领导审批后下发给各部门、各单位，并落实培训所需的资源。

（4）主管部门按照培训计划要求组织开展教育培训工作。

（5）各单位根据本单位实际结合采油厂培训计划，编制本单位年度培训计划，并且组织实施。

从培训计划编制可以看到，欢喜岭采油厂年度培训计划是在各职能部门及各单位分别提出培训需求的基础上汇总得出的，在培训实施前就杜绝了盲目性。

2.5.3 严格执行“四步法”培训流程（见图3）

（1）培训项目在开班前，由各主办部门会同承办单位编制培训方案并组织运行，培训方案包括：培训目的、培训对象、培训内容、进度安排、培训地点等。

（2）培训班结束后，培训组织部门和单位应通过理论考试、操作考核、培训综合考评等方法，评价培训项目的培训效果，提出必要的改进措施。

（3）培训项目的具体实施部门或单位按规定对培训过程进行记录，将相关记录提交培训主管部门存档，或按相关要求自行存档。

（4）员工培训中心组织对培训计划的实施和完成情况进行监督、考核。

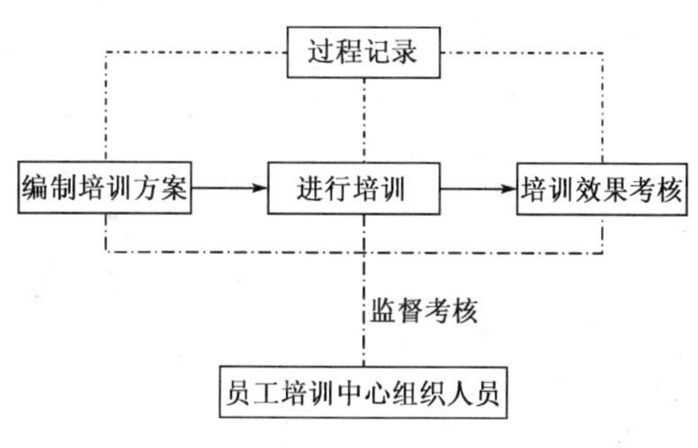

图3 实施培训工作的流程图

2.5.4 培训组织形式多样化

欢喜岭采油厂进行安全教育培训工作时，培训工作的组织分为以下几种情况：

（1）外送培训：计划内培训项目由员工培训中心按年初培训计划签署意见，由业务管理部门选派人员并将参培人员报名表报员工培训中心备案后参加培训；计划外培训项目经逐级审批后参加外送培训。

（2）厂级培训：计划内、外培训项目由主办部门在开班前向员工培训中心提交开班申请，经员工培训中心审核批准后，再由主办部门和员工培训中心联合下发通知。各单位在开班前向员工培训中心提交开班申请，各单位领导在开班申请上签署意见并加盖单位公章，经员工培训中心审核批准后，由各单位下发《培训班通知》，并报员工培训中心备案。

（3）相关方人员培训：对与厂关系密切的外部相关方，由厂相关部门和单位负责对其进行必要的健康安全环境培训、宣传和教育，要求其岗位人员具备相应的健康安全环境管理或操作能力；外来实习、参观、考察人员由具体组织部门或实际接待、接收单位负责培训教育管理。

（4）季节性常态化培训：根据不同季节、不同生产特点进行有针对性的安全培训，为了提高实际应用效果，该项培训基本由基层单位自行组织完成。

2.5.5 培训跟踪与反馈落实策略

（1）进行全过程跟踪。

为保证培训工作顺利进行，欢喜岭采油厂对培训全过程进行跟踪，及时对培训情况进行总结反馈。在培训跟踪与反馈过程中应做到以下三点：

①培训实施者要全过程跟踪培训实施：在培训期间采用培训记录表对培训情况进行了解，掌握培训进展情况。

②及时根据反馈意见调整培训相关事项：根据《辽河油田公司新入厂人员各教育培训管理办法》、《辽河油田公司特种作业人员安全技术培训考核管理实施细则》等规定，欢喜岭采油厂制定相关细则。

③加强培训期间考勤、考试等事项：考勤工作保障员工能够按时接受培训，保证时间；考试工作可以探测员工对培训工作的接受情况，总结培训过程的一些经验和不足（见表2）。

表2 “瀑布式”培训考核记录表

员工培训考核记录

培训方法：C—课堂培训，P—实践，O—在岗培训，S—自学；考核方法：E—笔试，I—面试或口头提问，D—技能演示

<table>
<tr><td colspan="2" rowspan="3">培 训 内 容</td><td colspan="2">考核方法</td><td colspan="6">培 训 记 录</td></tr>
<tr><td rowspan="2">E</td><td rowspan="2">D</td><td colspan="2">2009 年</td><td colspan="2">2010 年</td><td colspan="2">2011 年</td></tr>
<tr><td>培训时间</td><td>是否合格</td><td>培训时间</td><td>是否合格</td><td>培训时间</td><td>是否合格</td></tr>
<tr><td></td><td>油田各级健康安全环境方针、目标</td><td></td><td></td><td></td><td></td><td></td><td></td><td></td><td></td></tr>
<tr><td rowspan="4">安全认知</td><td>作业区健康安全环境组织机构、本岗位岗位职责制</td><td></td><td></td><td></td><td></td><td></td><td></td><td></td><td></td></tr>
<tr><td>作业区和本单位年度健康安全环境目标和安全考核指标</td><td></td><td></td><td></td><td></td><td></td><td></td><td></td><td></td></tr>
<tr><td>通用安全标准</td><td></td><td></td><td></td><td></td><td></td><td></td><td></td><td></td></tr>
<tr><td>个人防护</td><td></td><td></td><td></td><td></td><td></td><td></td><td></td><td></td></tr>
</table>

续表

培训内容		考核方法		培训记录					
		E	D	2009年		2010年		2011年	
				培训时间	是否合格	培训时间	是否合格	培训时间	是否合格
安全认知	安全标志								
	安全管理现状审核								
	行为安全审核								
安全生产技能	防火防爆场所火源控制								
	脚手架安全								
	梯子使用								
	正压呼吸器的使用								
	气体检测仪使用								
	急救知识和技能								
	本单位风险识别和防范								
	防御性驾驶和交通法规								

（2）建立存档机制。

培训工作结束后，每位学员需要对接受培训的效果进行反馈，通过安全教育培训评估反馈表的形式开展此项工作。培训效果反馈表由将接受培训的员工自行完成，然后上交给直线领导，直线领导将反馈表进行汇总，上交给培训主管部门。培训主管部门将反馈资料进行整理，通过接受培训的员工了解培训效果，发现培训不足之处，制定修改措施，运用到下一次培训工作中。最后，信息收集完毕，将反馈表保存，以便查阅。

（3）培训效果综合评估。

员工健康安全环境培训效果评估主要包括：参加健康安全环境培训的态度、考试或考核成绩；健康安全环境意识和能力提高程度；健康安全环境管理规范、程序和操作规程是否有效执行；培训课程的设置是否满足学员实际需求。组织者采用了多角度的评估方式：第一，培训前审核评价。培训前，对培训需求、培训目的、培训内容、学习重点、评估形式及评估要素等相关信息进行考察及核准。第二，自我评价。员工对所学课程内容、收获和工作指导性的总结和评估。第三，直线领导评价。直线负责人对主管员工的培训表现及效果进行综合考核评价（不少于培训人数的10%）。第四，跟进评价。培训组织方根据其培训后一定时期的工作表现和业绩，对培训效果最终评估，同时对培训人员授课水平进行及时评价。培训评估采取问卷、电话征询、面谈、定期走访等形式，将培训效果评估纳入考核体系，形成双层约束机制，将授课者的培训效果和学员的学习成绩进行必要的考核、建档，对培训双方形成有效的约束力度，充分调动双方的积极性，保障培训工作的良好循环。

3 “瀑布式”培训系统运行效果

3.1 实现培训目标与过程的紧密结合

一项培训要获得好的效果和收益，就要做到事前的培训目标和内容以及事后的培训效果评价的连贯和结合。欢喜岭采油厂实施的“瀑布式”培训强调培训目标与培训过程的紧密结合，有利于达到培训的预期效果。

3.2　做到培训对象与内容的紧密结合

“瀑布式”培训要求根据工作、任务状况来设计培训内容，因此培训的内容是培训对象迫切所需的。这种做法的好处在于，培训对象有更高的积极性参与到培训当中去。同时，也为受训者学习如何培训下一级树立了样板，做到“因人施教”。

3.3　体现培训主体和客体的紧密结合

“瀑布式”安全培训的一个信条是：任何一个员工既是一个学习者和被培训者，又是一个学习推进者和培训者。由此，每位员工兼有培训主体和培训客体的双重身份。一名员工成为合格培训客体的一个标志是他能成为积极的培训主体；同样，每位员工成为合格的培训主体的一个条件是他能不断以培训客体的身份接受培训。“瀑布式”培训的乐趣在于，员工不断在培训客体与培训主体的身份转换中升华自我。

3.4　一定程度上实现培训成本与效果的紧密结合

教育培训的发生是需要成本的，“瀑布式”培训能够降低培训费用、提高效果成本比。因为上一级接受培训以后，就担当起培训师的角色，对下一级员工进行培训，既节省了费用，又保证了效果。

4　“瀑布式”安全培训系统的未来发展

面对现存的培训瓶颈及今后的工作重点，欢喜岭采油厂把重点放在员工基本功训练、基础工作和基层建设上，把安全培训的重心放在基层站队、车间、班组和操作岗位上，努力实现“需求式”安全教育培训模式，使培训资源得到整合，形成具有特色的培训体制，为实现安全生产可持续发展提供优秀的人力资源。

胡三联合站安全评价体系的构建及权重分析

顾文婷[1]　顾宏旗[2]　杨荣生[2]

（1. 中国石油长庆油田公司第六采油厂；
2. 中国石油长庆油田公司长庆实业集团　陕西省西安市　710018）

摘　要　安全评价体系的构建是确保油田安全生产的重要措施之一。笔者依据个人在胡三联合站的工作经验，针对实际情况构建了胡三联合站安全评价体系，并运用层次分析法对体系中各个层面的因素进行了计算分析，得出了相应的结论，为胡三联合站的安全生产提供了科学的依据。

关键词　安全评价　层次分析　体系指标

0　引言

联合站是油田生产中地面工程最关键的一环，是将从采油井采出的原油经集输管网汇集、存储、分离、加热脱水、计量后进行外输。联合站的工艺流程非常复杂，其安全性和安全水平也是多种因素的综合反映，因此，要建立能够反映联合站安全现状的数学模型，首先要建立一套能综合反映联合站系统安全性的指标体系。

1　安全评价体系的构建

1.1　安全评价体系构建的基本程序

第一，对评价方案的各种因素进行分析。

第二，确定概要指标体系集。根据独立性和简洁性原则，将影响因素进行宏观分类，总结出概要指标体系，即结构指标体系。

第三，对概要指标进行分解。透过表象分析它们内在联系，弄清它们相互作用规律，将结构指标进行分解，总结出指标体系，或进一步分解出二级指标。

第四，进行指标体系初选。根据可行性、实用性原则，通过专家咨询、讨论，将各指标进行多层次分析和筛选，初步选取评价指标体系。

第五，指标体系的确定。完成指标体系的初选只是完成了评价指标的雏形，采用专家调查法广泛征求并借鉴吸收大量专家学者的意见，在问卷调查表汇总的基础上，结合专家们的宝贵意见，对原有指标进行修正，归纳总结出最终评价指标体系。

1.2　胡三联合站安全评价体系

胡三联合站安全要素可分为五大类（见图1）。

（1）人员因素：违章破坏、违章操作率、违反劳动保护纪律率、违章指挥、技能水平达标率。

（2）设备因素：设备材质达标率、设备维修保养率、设备更新率、设备超负荷作业率。
（3）管理因素：规章落实率、安全教育培训普及率。
（4）作业环境：联合站周边环境、噪声污染控制、油气泄漏污染控制。
（5）安全设施：监视控制仪器、压力防护报警装置、防静电设备。

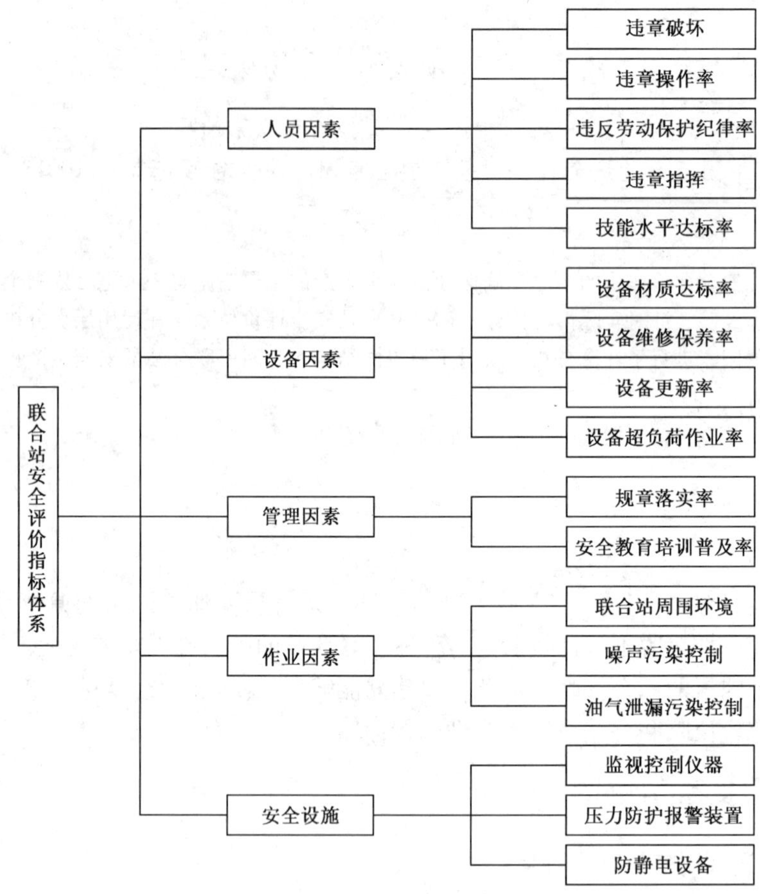

图1　胡三联合站安全评价指标体系

2　基于层次分析法的指标权重计算

权重分析主要是采用主观赋权法，通过专家、技术人员、管理人员的打分对联合站生产过程的安全性进行综合的判断。主观赋权法中的层次分析法（Analytical Hierarchy Process，简称 AHP）应用最为广泛，技术也相对比较成熟，在实际打分操作中很容易理解和应用，所以本文采用层次分析法对胡三联合站的安全评价指标进行权重分析。

2.1　基础理论概述

2.1.1　建立层次分析结构模型

根据对问题的了解和分析，将问题所包含的因素按照是否共有某些特性归纳成组，并把它们之间的共同特性看作系统中新的层次中的一些因素，而这些因素本身也按照另外一组特性组合起来，形成另外更高层次的因素，直到最终形成单一的最高层次因素。这样，即构成了由最高层、若干中间层和最低层组合全排列的层次分析结构模型。

（1）最高层是目标层，即系统所要达到的总目标，一般情况只有一个目标。

（2）中间层是准则层，表示实现预定总目标所要采取的各项准则。

（3）最低层为方案层，表示要选用解决问题的各种方案、措施等。

如果某一单元与相邻下一层次所有单元均有联系，则称这一单元与下一层单元存在完全层次关系。

2.1.2 建立判断矩阵

系统分析应以一定的信息为基础，AHP 的信息来源主要是人们对每一层次中各单元相对重要性所给出的判断。这些判断通过引入合适的标度用数值表示出来，写成判断矩阵。判断矩阵表示针对上一层次单元（元素），本层次与之有关单元之间相对重要性的比较。假定 C 层次元素中 C_s 与下一层次中 P_1，P_2，…，P_n 有联系，则可构造成如下形式的判断矩阵，通常将判断矩阵记为 $\boldsymbol{B}$（见表 1）。

表 1 判 断 矩 阵

C_S	P_1	P_2	…	P_n
P_1	b_{11}	b_{12}	…	b_{1n}
P_2	b_{21}	b_{22}	…	b_{2n}
P_n	b_{n1}	b_{n2}	…	b_{nn}

在 AHP 中，为了使判断定量化，关键在于设法使任意两个方案关于某一准则的相对优势程度得到定量描述。一般对单一准则来说，两个方案进行评比判断出优劣，AHP 采用 1 ~ 9 标度方法，对不同情况的评比给予如表 2 所示的数量标度。

表 2 指标相对重要度比例标定

标　度	定　义	说　明
1	同样重要	两个元素具有同样重要
3	稍微重要	两个元素相比较，一个元素比另一个元素稍微重要
5	明显重要	两个元素相比较，一个元素比另一个元素明显重要
7	重要得多	两个元素相比较，一个元素的主导地位已显示出来
9	极端重要	两个元素相比较，一个元素的主导地位占绝对重要地位
2，4，6，8	上述两相邻判断的折中	表示需要在上述两个标度之间折中时的定量标度
上述各数的倒数	反比较	若元素 i 与元素 j 相比较的判断为 b_{ij}，则元素 j 与元素 i 相比较的判断 $b_{ji}=1/b_{ij}$

有了数量标度，在比较时可先从最底层开始，对 P_1，P_2，…，P_n 个方案以准则 C 进行两两评比，评比结果也可用判断矩阵 $\boldsymbol{B}$ 表示：

$$\boldsymbol{B}=\begin{bmatrix} b_{11} & b_{12} & \cdots & b_{1n} \\ b_{21} & b_{22} & \cdots & b_{2n} \\ \cdots & \cdots & \cdots & \cdots \\ b_{n1} & b_{n2} & \cdots & b_{nn} \end{bmatrix}$$

判断矩阵 $\boldsymbol{B}$ 具有如下特性：

（1）$b_{ii}=1$　（2）$b_{ij}=\dfrac{1}{b_{ji}}$　（3）$b_{ij}=b_{ik}/b_{ki}(i,\ j,\ k=1,\ 2,\ \cdots,\ n)$

判断矩阵中 b_{ij} 是根据资料数据、专家意见和系统分析人员的经验，经过反复研究后确定的。应用 AHP 保持判断思维的一致性是非常重要的，只要矩阵中的数据符合上述特性（3）的关系式，表明判断矩阵具有完全的一致性，但在确定 b_{ij} 时要防止出现矛盾现象。

2.1.3 计算重要性排序

根据矩阵理论，判断矩阵在满足上述完全一致性条件下，n 阶判断矩阵具有唯一非零的也是最大的特征根 $\lambda_{max}=n$，且除此之外，其余特征根均为零。

具体做法是根据判断矩阵，求出其最大特征根 λ_{max} 所对应的特征向量 ω 。方程如下：

$$B\omega=\lambda_{max}\omega$$

所求特征向量 ω 经归一化，即为各评价因素重要性排序，即权重分配。

2.1.4 一致性检验

由于客观事物的复杂性和人们认识的多样性，以及在评判打分时可能产生的片面性，要求每一个判断有完全的一致性几乎不可能，尤其是多因素、规模较大的问题更是如此。因此，为了保证应用 AHP 得到的结论合理化，还需要检验判断矩阵的一致性。

根据矩阵理论的结论，当判断矩阵不能保证具有完全一致性时，相应判断矩阵的特征根也将发生变化，因此可以利用判断矩阵特征根的变化来检查判断的一致性程度。在 AHP 中引入判断矩阵的一致性指标，来检查人们判断打分的一致性，一致性指标可记作 CI，即：

$$CI=\frac{\lambda_{max}-n}{n-1}$$

CI 值越大，表明判断矩阵偏离完全一致性越厉害，CI 值越小，表明判断矩阵越接近于完全一致性。一般判断矩阵的阶数 n 与偏离完全一致性的指标 CI 成正比例变化。此外，对于多阶段判断矩阵，还需引入判断矩阵的平均随机一致性指标，可记作 RI。对于 $n=1\sim9$ 阶判断矩阵的 RI 值，其数值为（见表3）：

表3　RI 数值

n	1	2	3	4	5	6	7	8	9
RI	0.00	0.00	0.58	0.90	1.12	1.24	1.32	1.41	1.45

判断矩阵的一致性指标 CI 与同阶平均随机一致性指标 RI 之比称为随机一致性比率，记作 CR，即：

$$CR=\frac{CI}{RI}$$

一般规定，当 CR 小于0.10时，认为判断矩阵具有满意的一致性。否则，需调整判断矩阵，使其满足 CR 小于0.10，具有满意的一致性。

2.2 安全评价指标的权重分析

根据图1“联合站安全评价指标体系”构造5个判断矩阵。

（1）在“联合站安全因素层次”构造判断矩阵 1（见表 4）：

表 4　“联合站安全因素层次”构造判断矩阵

判断矩阵	人员因素	设备因素	管理因素	作业环境	安全设施
人员因素	1	1/3	3	3	7
设备因素	3	1	4	2	5
管理因素	1/3	1/4	1	1/3	3
作业环境	1/3	1/2	3	1	4
安全设施	1/7	1/5	1/3	1/4	1

用 Matlab 计算：

特征向量 ω = [0. 5297 0. 7628 0. 1668 0. 3205 0. 0837]，最大特征值 λ_{max} =5. 3471，则该指标体系的权重为 [0. 2843 0. 4093 0. 0895 0. 1720 0. 0449]。

最后，进行一致性检验，CI = 0. 0868，CR = 0. 0775 < 0. 10，表明判断矩阵具有满意的一致性，因此该层次权重矩阵为 ω_2^1 = [0. 2843 0. 4093 0. 0895 0. 1720 0. 0449]。

（2）在“人员因素层次”构造判断矩阵 2（见表 5）：

表 5　“人员因素层次”构造判断矩阵

判断矩阵	违章破坏	违章操作率	违反劳动保护纪律率	违章指挥	技能水平达标率
违章破坏	1	1/2	3	3	5
违章操作率	2	1	4	3	5
违反劳动保护纪律率	1/3	1/4	1	1/3	3
违章指挥	1/3	1/3	3	1	5
技能水平达标率	1/5	1/5	1/3	1/5	1

用 Matlab 计算：

特征向量 ω = [0. 5424 0. 7490 0. 1739 0. 3266 0. 0891]，最大特征值 λ_{max} =5. 2803，则该指标体系的权重为 [0. 2884 0. 3982 0. 0925 0. 1736 0. 0474]。

最后，进行一致性检验，CI = 0. 0701，CR = 0. 0626 < 0. 10，表明判断矩阵具有满意的一致性，因此该层次权重矩阵为 ω_2^2 = [0. 2884 0. 3982 0. 0925 0. 1736 0. 0474]。

（3）在“设备因素层次”构造判断矩阵 3（见表 6）：

表 6　“设备因素层次”构造判断矩阵

判断矩阵	设备材质达标率	设备维修保养率	设备更新率	设备超负荷作业率
设备材质达标率	1	3	4	5
设备维修保养率	1/3	1	3	5
设备更新率	1/4	1/3	1	3
设备超负荷作业率	1/5	1/5	1/3	1

用 Matlab 计算：

特征向量 ω = [0. 8586 0. 4543 0. 2132 0. 1046]，最大特征值 λ_{max} = 4. 1894，则该指标体系的权重为 [0. 5265 0. 2786 0. 1307 0. 0641]。

最后，进行一致性检验，CI = 0. 0631，CR = 0. 0701 < 0. 10，表明判断矩阵具有满意的一致性，因此该层次权重矩阵为 ω_2^3 = [0. 5265 0. 2786 0. 1307 0. 0641]。

（4）在“管理因素层次”构造判断矩阵4（见表7）：

表7 “管理因素层次”构造判断矩阵

判断矩阵	规章落实率	安全教育培训普及率
规章落实率	1	5
安全教育培训普及率	1/5	1

用Matlab计算：

特征向量 ω = [0.9806 0.1961]，最大特征值 $\lambda_{max}=2$，则该指标体系的权重为[0.8333 0.1667]。

最后，进行一致性检验，$CI=0$，$CR=0<0.10$，表明判断矩阵具有满意的一致性，因此该层次权重矩阵为 ω_2^4 = [0.8333 0.1667]。

（5）在“作业环境因素层次”构造判断矩阵5（见表8）：

表8 “作业环境因素层次”构造判断矩阵

判断矩阵	联合站周边环境	噪声污染控制	油气泄漏污染控制
联合站周边环境	1	2	1/3
噪声污染控制	1/2	1	1/4
油气泄漏污染控制	3	4	1

用Matlab计算：

特征向量 ω = [0.3493 0.1999 0.9154]，最大特征值 $\lambda_{max}=3.0183$，则该指标体系的权重为[0.2385 0.1365 0.6250]。

最后，进行一致性检验，$CI=0.0091$，$CR=0.0158<0.10$，表明判断矩阵具有满意的一致性，因此该层次权重矩阵为 ω_2^5 = [0.2385 0.1365 0.6250]。

（6）在“安全措施因素层次”构造判断矩阵6（见表9）：

表9 “安全措施因素层次”构造判断矩阵

判断矩阵	监视控制仪器	压力防护报警装置	防静电设备
监视控制仪器	1	1/2	3
压力防护报警装置	2	1	3
防静电设备	1/3	1/3	1

用Matlab计算：

特征向量 ω = [0.5201 0.8257 0.2184]，最大特征值 $\lambda_{max}=3.0536$，则该指标体系的权重为[0.3325 0.5279 0.1396]。

最后，进行一致性检验，$CI=0.0268$，$CR=0.0462<0.10$，表明判断矩阵具有满意的一致性，因此该层次权重矩阵为 ω_2^6 = [0.3325 0.5279 0.1396]。

3 结论分析

通过权重计算结果可知，设备因素、违章操作率、设备材质达标率、安全规章落实率、联合站周边环境、监视控制仪器均为各自的指标层次中权重最大的因素。说明：

（1）设备是安全四要素（人、机、环、管）中的重要环节，设备质量的好坏将直接影响胡三联合站能否安全的生产，是胡三联合站实现本质安全的重要保证。

（2）人的不安全行为是导致事故发生的主要原因。胡三联合站安全培训的重点要放在降低违章操作率、重视安全规章的落实和职工安全习惯的培养这三个方面。

（3）胡三联合站在数字化井站的建设过程中，监视控制仪器是一个重要环节。全方位的数字化监视控制不仅能提高工作效率，降低生产成本，还能真正实现安全管理的“关口前移”，建立科学有序的应急处置体系，做到早发现、早处理，确保联合站安全平稳运行。

参考文献

[1] 龙凤乐．油田生产安全评价［M］．北京：石油工业出版社，2005.

[2] 张华林，刘刚．层次分析法在石油安全评价中的应用［J］．天然气工业，2006，4.

[3] 钟冠华．平均与“权”［J］．统计教育，2003，2.

安全看板在塔中油田透明化管理中的应用

李成文　杨春林　钟文君

（中国石油塔里木油田公司　新疆库尔勒　841000）

摘　要　公开透明的安全管理机制是调动全员参与安全文化建设的重要手段。通过对安全看板在透明化安全管理中的实施、运用、调查，结果发现安全看板能有效提高员工的参与度，大幅提升员工对透明化安全管理的认知度，针对安全看板本身的缺陷提出改进措施。

关键词　透明化　安全看板　文化　调查问卷　建议

0　引言

HSE 体系能否在油田公司的运行中发挥作用，核心在于执行，而透明化管理则是提高执行力的一种有效途径。透明化管理能创造公平的环境，促进企业内部监督，极大地激发员工的参与性、积极性、创造性，从而有效推动企业管理流程的优化，有助于树立良好的企业形象。

日本丰田汽车公司依靠各类生产看板实现生产信息快速准确传递，推动生产企业精细管理。塔中油田公司（以下简称“塔中油田”）依据生产看板理念，设立安全看板，将其作为透明化安全管理机制的主要方式。通过安全看板方式推动塔中油田安全管理信息公开，并快速准确传递，将所有安全工作安排公开化、透明化。

1　常规化安全管理面临的问题

1.1　不能真正有效实现全员参与

自 2000 年推行 HSE 以来，员工对安全工作的参与度有所提高，但上升速度缓慢；2007 年塔中油田引进杜邦安全理念，大规模推行安全文化建设后，员工参与度出现大幅度上升。可见安全文化是带动群众参与度的重要因素。2009 年后，员工参与度已达到 70%，上升速度呈现缓慢趋势（见图 1）。

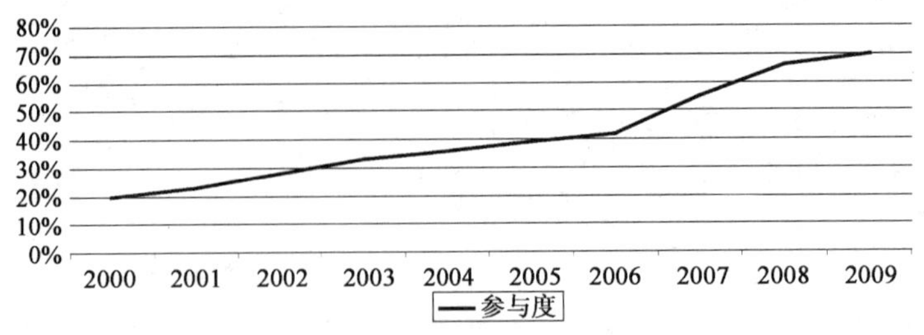

图 1　员工安全文化参与度趋势图

1.2 安全信息不畅通

塔中油田各类安全信息大部分被节流到塔中油田安全办或站队队部，员工对关键性的安全信息不知晓、不关注。

1.3 工作计划缺少监督

由于缺少有效的监控手段，过程管理失控，导致塔中油田及站队 HSE 工作计划、个人安全行动计划部分工作不能按时完成或得不到执行。

1.4 缺少常态化的安全工作机制

由于缺乏常态化安全机制，许多安全基础工作都未能按时如期完成，往往是工作完成后才想起资料没做，进行事后补充，甚至有时为应付检查与审核伪造一些资料。

1.5 不能有效实现闭环管理

由于缺少监督机制，各级安全检查问题不能及时整改，各类安全隐患不能及时消除，PHA 建议不能及时采纳，各类事故事件调查建议不能及时实施。

2 安全看板在透明化管理中的运用

从塔中油田到站队到班组都在公开场所设立多样化安全看板，基本实现所有的安全管理关键信息上看板，这是塔中油田透明化管理最重要的手段与工具。

2.1 安全考核看板运用

为实现站队及承包商安全业绩考核结果透明化，对站队及重点承包商开展月度安全业绩考核，将考核结果在塔中油田大厅公示，每月 1 号更新并在重要会议进行通报，考核结果与单位评优选树和奖金分配挂钩。

2.2 安全计划跟踪落实看板运用

为实现塔中油田各类安全计划执行透明化、安全计划执行过程全程受控，将塔中油田及站队周及月度安全工作计划和个人安全行动计划纳入看板跟踪管理。计划执行表在塔中油田大厅、联合站主控室、各站队队部公开场所公示，计划负责人根据计划执行情况实时填写，重要会议分享计划执行状况，计划执行情况与月度考核挂钩。所有人都可以监督安全工作是否按时按计划开展，避免忘记重要的工作，推动安全计划实现闭环管理，推动公众监督各级管理者履行安全职责。

2.3 安全工作安排看板运用

为实现站队安全工作安排及安全标准执行常态化，培养站队管理者每日梳理安全工作及安全标准习惯。在各站队及班组控制室或会议室设置安全工作安排看板，重点将当天的安全工作安排及涉及的高危作业标准信息上看板，每日班前会更新看板内容，并与员工沟通。建立安全工作日常化透明机制，将安全标准执行及安全工作安排纳入日常工作之中，培育站队管理者每日梳理安全工作与安全标准的习惯。

2.4 安全隐患跟踪管理看板运用

为实现所有安全隐患得到及时整改，将看板设置在塔中油田大厅及各站队公开场所。隐患整改结束后，由整改负责人实时更新看板内容，定期通报隐患整改情况，并与考核挂钩。

2.5 安全措施建议跟踪看板运用

为了保证事故事件、偏差管理、安全会议、PHA 分析等建议措施的有效落实，将各类建议措施提炼并整理制定措施建议跟踪表，上看板跟踪管理，保证建议措施得到落实。

2.6　安全信息公示看板运用

奖惩公开信息、安全通知通告都纳入安全信息公开管理，所有重要的安全通知通告必须上公示看板。

2.7　安全里程碑看板运用

班组以上属地必须建立本属地区域的安全里程碑看板，每日进行数据更新，并建立清零台账。

2.8　安全星级评定看板运用

通过安全积分数量对个人及单位开展星级评定，以星级方式展开安全积分竞赛，激励个人与团队安全贡献。

3　安全看板效果评价

3.1　问卷调查表设计及基本情况

问卷调查的样本（见表1），分布在塔中油田各科室和基层生产站队，采取不记名调查，共发放60份，收回50份。

表1　塔中油田安全看板透明化管理实施效果问卷调查表

<table>
<tr><td>学历</td><td colspan="2"></td><td>参加工作时间</td><td></td><td>专业工龄</td><td></td></tr>
<tr><td colspan="2">现岗位</td><td></td><td>职称</td><td></td><td>职务</td><td></td></tr>
<tr><td colspan="3">您在单位所从事的工作性质</td><td colspan="4">技术性□；管理性□；综合性□</td></tr>
<tr><td colspan="3">您关注哪些安全看板?</td><td colspan="4">安全考核看板□；安全计划跟踪落实看板□；安全工作安排看板□；安全隐患跟踪管理看板□；安全措施建议跟踪看板□；安全信息公示看板□；安全里程碑看板□；安全星级评定看板□；都不关注□</td></tr>
<tr><td colspan="3">您认为安全看板在安全管理中能起什么作用?</td><td colspan="4">引导全员参与安全管理□；增强团队荣誉感□；推动安全管理透明化□；推动安全过程管理□；没什么作用□；其他□</td></tr>
<tr><td colspan="3">您如何看待安全看板的透明度?</td><td colspan="4">安全工作公开透明，让员工能较全面了解安全工作□；透明度不足，信息不真实，更新不及时□；纯粹形式主义，不具透明性□</td></tr>
<tr><td colspan="3">您如何看待安全看板对安全文化建设推动效果?</td><td colspan="4">落到实处，很好推动安全管理□；绝大部分看板发挥作用□；只有少部分看板发挥作用□；基本没用□</td></tr>
<tr><td colspan="3">安全考核看板你更加关注?</td><td colspan="4">本部门挂牌情况□；谁挂黑牌□；挂牌原因□；挂牌公正性□；我都想了解□；我都不想了解□</td></tr>
<tr><td colspan="3">你如何看待安全工作看板对安排安全工作落实安全标准的作用?</td><td colspan="4">有利于向员工沟通当日临时作业的安全风险及措施□；有利于梳理当时工作中涉及的安全标准□；有利于统筹安排当日安全工作□；有一定作用，但执行存在偏差□；是形式主义，基本没有发挥作用□</td></tr>
<tr><td colspan="3">您关注安全里程碑的那些方面?</td><td colspan="4">清零及清零原因□；挑战成功的奖励□；清零分享□；团队荣誉□；基本不关注□</td></tr>
<tr><td colspan="3">安全计划落实跟踪看板你认为?</td><td colspan="4">促进计划有效落实□；计划落实不真实□；缺少对该看板的关注□；没有任何作用□</td></tr>
</table>

续表

学历		参加工作时间		专业工龄	
现岗位		职称		职务	
公开性的安全积分你认为?		都能按要求开展安全积分□；安全积分缺少监督，存在假积分现象□；积分工作走形式□；无所谓□			
您认为安全看板哪些方面需要加强?		安全看板规范及固化□；安全看板进一步细化□；建立员工与领导交流平台□；需要接受员工的改进建议□；不需要□			
您对安全看板推广前景的认识如何?		前景非常好□；前景一般□；前景不好□；前景非常不好□			
对透明化安全管理改进的其他建议					

注：在□处打“√”，可多选，选其他请写出理由。

3.2 调查结果分析

3.2.1 员工认知度

调查结果发现98%以上员工认为看板发挥了作用（见图2）。80%以上的员工给安全看板作用给出了积极正面的评价，其中引导全员参与安全管理的认可度达到了96%（见图3）。78%的员工认为安全看板应用前景非常好（见图4）。

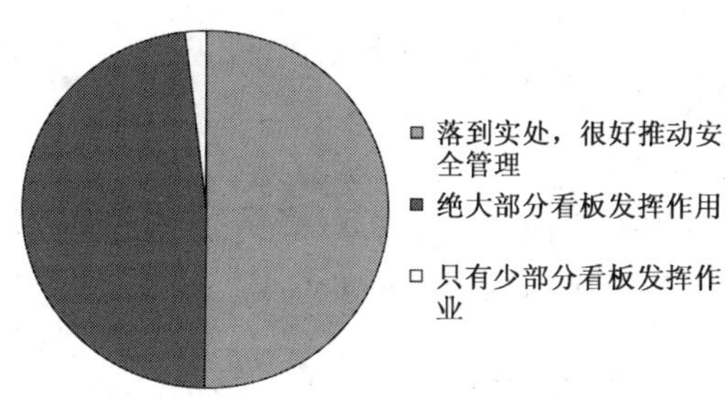

图2 安全看板对安全文化建设推动效果认知调查

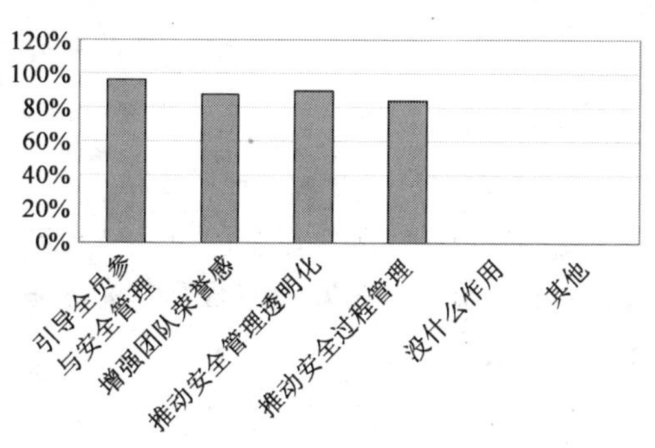

图3 安全看板作用认知调查

3.2.2 员工对看板透明度的认识

安全工作透明化是推行安全看板的主要目标，问卷调查发现：安全看板在透明化管理中确实起到作用，78%的员工认为看板展示的安全工作公开透明，能有效促进员工了解安全工作，但仍有22%的员工认为看板的透明度不足，信息不真实，更新不及时（见图5）。

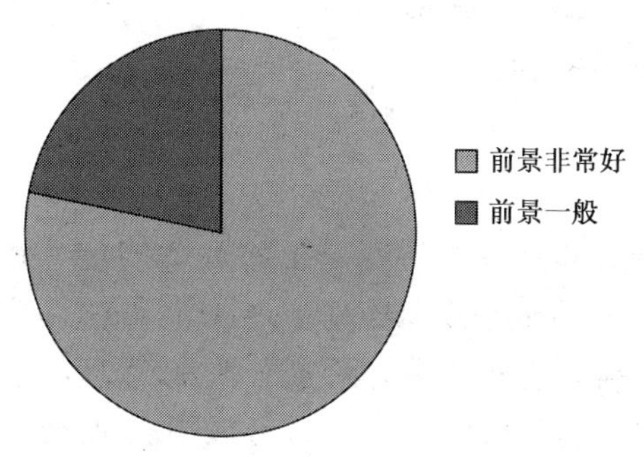

图4 安全看板推广前景认知调查

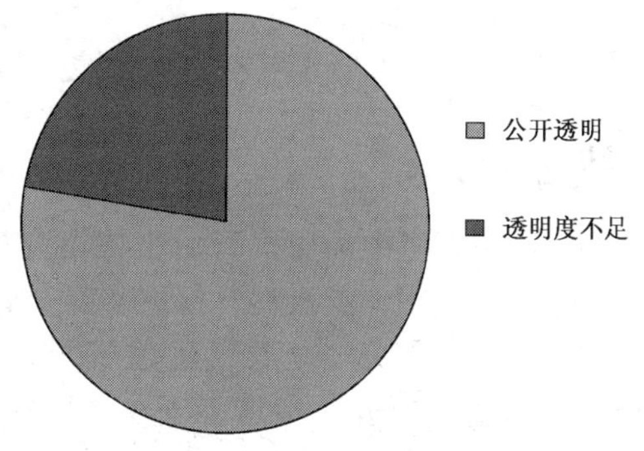

图5 安全看板透明度认知调查

3.2.3 员工对安全看板关注度

问卷调查发现：员工对安全看板整体关注度很高，但仍有个别看板没引起员工关注。安全考核看板、安全星级评定看板、安全工作安排看板及安全里程碑看板都得到了80%以上的关注度，特别是安全里程碑看板通过一年多的推广，获得了100%的关注度，说明安全里程碑已被大家接受认可并广泛运用，是安全看板中成功的案例。而安全措施建议跟踪看板、安全隐患跟踪管理看板及安全计划跟踪落实看板员工整体关注度都低于60%，仍需进一步推广和改进（见图6）。

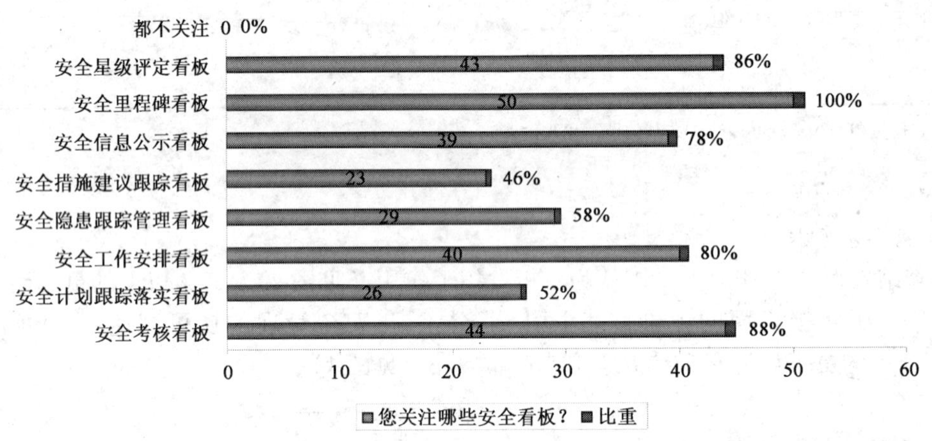

图6 员工对安全看板关注度调查

3.2.4 员工对安全看板管理的看法

据调查反映，50%以上的员工选择建立员工与领导交流平台和需要接受员工的改进建议，36%的员工认为安全看板需规范及固化，12%的员工认为安全看板需进一步细化（见图7）。

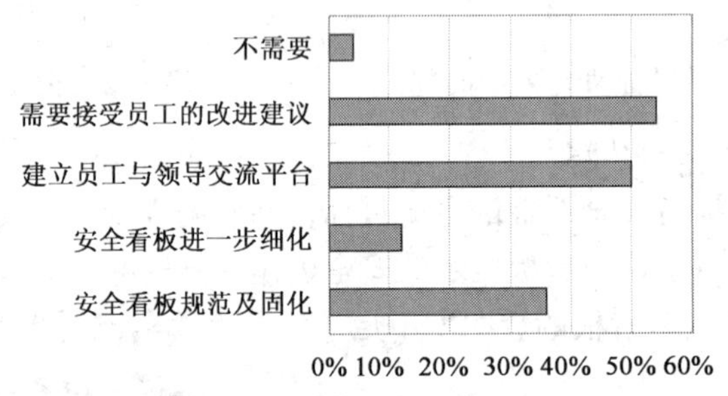

图7 员工对安全看板管理的看法调查

4 结论与建议

安全看板在塔中油田推行后很快得到员工普遍认可，增加了安全工作的透明度，增强员工参与安全工作积极性，促进了安全管理机制的高效运转，提高了塔中油田整体安全管理水平。但部分安全看板还存在员工关注度不高、看板内容不完善、监督管理机制不健全等问题，为进一步加强安全看板在透明化管理的中的运用，提出以下几点改进建议。

（1）建议增加公示内容。

公示考核规则，将考核规则公示在塔中油田网络上或者公示在安全信息公示看板上，以增强员工对考核公正性的信心，有效提升安全考核看板关注度。公示作业票，将高危作业票第二联公示在看板上或其他明显位置，让员工随时清楚的了解当天具体存在什么风险。

（2）促进主动清零。

采取两方面措施将被动清零转化为主动清零：一是加大宣传和奖惩力度及塔中油田的政策支持，因为部分员工仍存在怕受到惩罚的心理和认识不足而不敢主动清零；二是建立另一项挑战目标，如挑战“无被动清零日”等目标，即不会与部分员工存在怕影响团队荣誉感的心理相矛盾。

（3）建立奖惩形式连带监督机制。

为提高员工对看板的关注度，建立连带监督机制，形成一对一的员工相互监督模式，若发现有跟踪记录不属实的情况，监督人和被监督人双方连带接受处罚。

（4）采取宣传沟通等措施增加看板关注度。

（5）建立员工与管理者沟通机制。

定期组织管理者与员工交流座谈及基层走访沟通，实现安全双向透明，不仅将安全信息和上级通知等透明给员工，也能将员工建议透明给上级，有效调动员工积极性。

参考文献

[1] 邵辉．系统安全工程．北京：石油工业出版社，2008.
[2] 门田安弘．新丰田生产方式．河北：河北大学出版社，2008.
[3] 祁有红，祁有金．第一管理．北京：北京出版社，2008.

检查与指导相结合提高油气场站消防安全管理水平

焦　勇　张　勇　张正伟

（中国石油新疆油田公司　新疆克拉玛依市　834000）

摘　要　通过对近年油田火灾形势分析发现，站内泡沫灭火系统不能及时有效运行和系统操作人员操作不熟练仍然是导致火势扩大、增加火灾扑救难度的两个主要原因。如何有效提升灭火系统的完好有效性及操作人员的操作能力是企业各级安全管理人员和消防监督人员一直努力的方向。本文提出利用检查与指导结合提升联合站火灾防控能力的方法，将研制的防爆挡板应用于检查过程中，解决了以往检查中遇到的诸多难题。经过近两年的验证，取得了良好效果和重大的现实意义。

关键词　油气处理站　消防安全　油田火灾

0　引言

油田联合站是易燃易爆场所，尤其是储罐发生火灾后，及时扑救初期火灾和控制火势成为第一要务，而及时有效启动固定消防系统是扑救初期火灾和控制火势的最佳有效途径，所以固定消防系统的完好待用状态和和对其及时有效的操作是根本保证。为了做好此项工作，最大限度地预防火灾发生、将火灾损失降到最低程度，各级安全管理、科研人员做了大量的工作；为了提高灭火系统有效性，国内各油田每年都在定期组织开展联合站固定消防系统检查、工艺防火措施研讨；另外，为了提升站内员工对应急预案的实战能力，油田也组织开展有针对性的教育培训及火灾模拟演练。但是，近几年国内石油工业火灾仍屡见不鲜，损失惨重，究其原因，仍然是固定消防系统不能及时、有效启动，为何平时所开展的大量的工作未能取得实效，对其原因分析如下：首先由于固定消防系统与生产运行系统是连接的，泡沫灭火系统完整运行会使泡沫注入罐内，影响生产，所以平时的例行检查只是部分测试或表面检查，无法保证系统能够完好有效，例如启动消防泵走回流检验工作状况；对泡沫储罐和消防管线仅通过外观进行检查是否完好、泡沫液位是否正常。其次站内平时开展火灾模拟演练，只是简单推演、跑位，岗位人员无法真正掌握消防系统工作原理及操作方法。如何能够模拟真实火灾，开展完整的应急演练，查出系统存在问题的同时，通过现场指导提高操作人员应急操作能力是一直困扰检查人员的问题。通过对中国石油新疆油田公司油田联合站历次检查经验的总结和分析，研制了固定消防系统检查专用工具，利用检查与指导相结合的方法，将检查细化到系统每个部位和人员的每一步操作，真正达到预想的目的。此举对于油田联合站消防安全管理工作，具有重大的促进和指导作用。

1　方法准备及实施

检查前制定《联合站应急预案演练评估表》，表中评估项严格按照《石油、天然气设计防火规范》、《原油库固定式消防系统运行规范》等相关规范要求和实际操作为依据。

同时为了防止泡沫混合液通过泡沫产生器进入油气储罐，检查人员研制了一种带伸缩固定功能的防爆式挡板（见图1），能够使系统完整运行起来，也能观察到系统末端泡沫发泡情况。

如何做到检查与指导相结合。到联合站后，通过站内安全管理人员了解储罐工作状况，选定没有进出油或者空罐作为事故罐，假设火情，安装具有伸缩固定功能的防爆式挡板，为了增强演练实效，在不通知站内员工的情况下开始报警，同时派检查人员到中控室、罐区、消防泵房等关键岗位进行观察。站内各岗位员工接到报警后，会按照应急预案内容展开报警、现场指挥、启动消防系统控制、采取工艺措施等各项工作，这样一来，固定消防系统在站内员工的操作下完整运行起来，检查人员通过各岗位员工的操作和系统的工作状况，如实按照《联合站应急预案演练评估表》进行记录，最后进行汇总并到各岗位逐一现场指导。

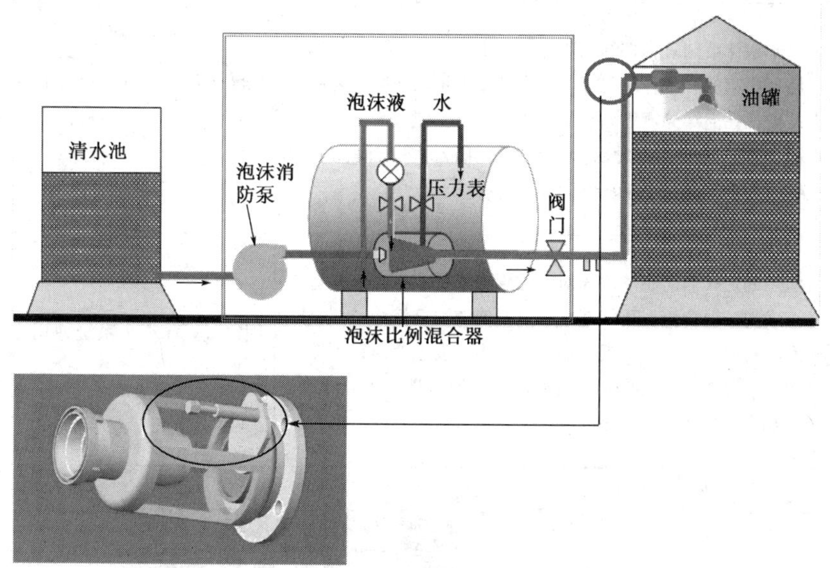

图1　油田固定式消防灭火系统流程图

2　检查中发现常见问题统计分析

通过两年来对油田联合站检查实践，发现三类常见问题：一是消防系统、设施维护检查不到位导致的问题；二是员工对应急预案不熟悉、操作不熟练引起的问题；三是在消防系统设计时遗留下来的问题。经过统计和分析，提出解决方法。

2.1　消防系统、设施维护、检查不到位存在主要问题统计与分析

所存在的主要问题见图2，原因分析与解决方法见表1。

表1　原因分析和解决方法

存在问题	原因分析	解决方法
冷却水圈管存在堵塞	系统长时间未运行，管线内形成锈渣堵塞了圈管上的喷嘴，日常维护中无法发现此类问题，导致罐壁表面不能够完全冷却	定期运行消防系统，尤其是开春入冬时节，发现问题后，及时进行疏通，处于完好备用状态，运行完成后，及时进行放空

续表

存在问题	原因分析	解决方法
管线软连接处、管线与阀门连接处刺漏	系统长时间未运行，且由于季节交替，管线软连接处以及管线与阀门连接处由于热胀冷缩而出现松动，在系统运行时，出现刺漏情况，造成整个消防系统管网压力不足，导致管壁表面冷却水强度达不到规范要求	定期运行消防系统，利于发现此类问题，及时进行紧固螺栓或更换，处于完好备用状态
管线上阀门关闭不严	系统长时间未运行，阀门长时间未进行开启，加上季节交替，阀门本身结构出现松动，导致内漏，造成整个消防系统管网压力不足，使得管壁表面冷却水强度达不到规范要求	定期启闭阀门，用润滑剂进行维护保养
泡沫液储罐内泡沫液量不足	对于泡沫液储罐内部结构不熟悉，由于无法准确判断泡沫储罐内水的容量，所以存在泡沫液量不足的问题。大部分站内都在泡沫储罐腔内添加了过量的水，使泡沫液位计显示“假”液位，皮囊内所盛装的泡沫液并非皮囊的实际容积大小，而是小于皮囊的额定容积	安装水位液位计，保证其液位与皮囊内泡沫液位相平，此时皮囊内泡沫液量为额定容量
泡沫管线内充满泡沫混合液	使用固定式消防系统后未对泡沫管网进行放空，泡沫管网充满泡沫混合液，可能造成：一是泡沫混合液会长期腐蚀泡沫管网；二是泡沫混合液在管网内会发生变质，不能正常产生泡沫，在灭火时将变质的泡沫混合液注入着火罐，影响火灾扑救	固定式泡沫灭火系统使用完毕后，及时进行放空

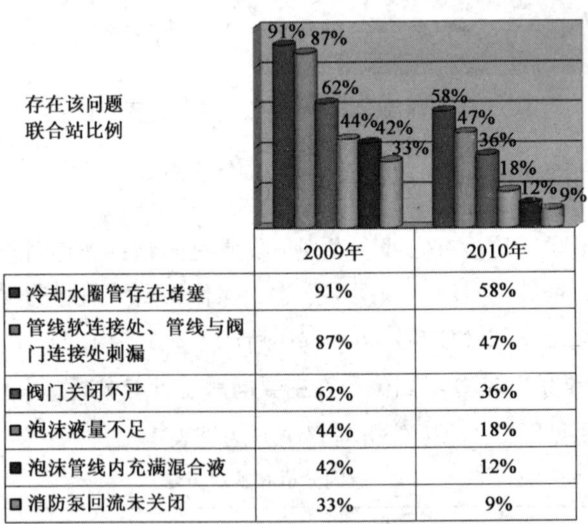

	2009年	2010年
冷却水圈管存在堵塞	91%	58%
管线软连接处、管线与阀门连接处刺漏	87%	47%
阀门关闭不严	62%	36%
泡沫液量不足	44%	18%
泡沫管线内充满混合液	42%	12%
消防泵回流未关闭	33%	9%

图2　存在各类问题的联合站比例柱状图

2.2　消防系统操作中主要问题统计与分析

所存在的主要问题见图3，原因分析和解决方法见表2。

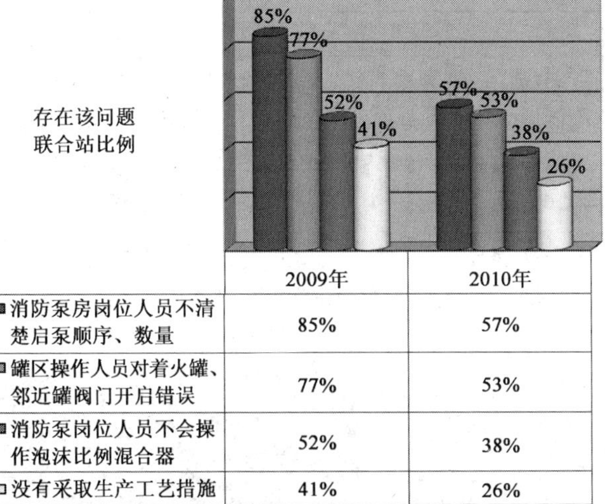

	2009年	2010年
■消防泵房岗位人员不清楚启泵顺序、数量	85%	57%
■罐区操作人员对着火罐、邻近罐阀门开启错误	77%	53%
■消防泵岗位人员不会操作泡沫比例混合器	52%	38%
□没有采取生产工艺措施	41%	26%

图3　存在问题的联合站比例柱状图

表2　原因分析和解决方法

存在问题	原因分析	解决方法
消防泵房岗位人员不清楚启泵顺序、数量	平时推演和检查中，岗位人员只对每台泵进行简单的盘根操作，当火灾发生时，为了在规定的时间内将泡沫和冷却水送至罐顶，同时保证供给泡沫和冷却水的强度满足实际需要，需要及时有效启泵，否则将会贻误最佳灭火时机	制定全年培训教育、应急演练工作计划，强化消防系统原理培训，假设不同情况开展演练，注重各岗位员工的应急操作能力，做到以不变应万变。针对发现的问题指导站内应急预案的完善
罐区操作人员对着火罐、邻近罐阀门开启错误	岗位人员对应急预案内容不熟悉，缺乏应变能力，不同的储罐发生火灾，着火罐和邻近罐也不一样，需要开启的阀门也不同	
消防泵岗位人员不会操作泡沫比例混合器	岗位操作人员对泡沫比例混合器工作原理不熟悉，应开启泡沫泵等压力升至工作压力后再打开泡沫液出液阀，否则使管线内先充满清水才出泡沫混合液，大量水注入罐内可能造成液位升高和沸溢喷溅	
没有采取生产工艺措施	有些联合站在应急预案中没有考虑采取生产工艺措施方面的内容；有些考虑到了，但是员工在紧张情况下未按照预案规定的内容展开。在发生火灾后，减少可燃物也是减小火势的有效办法之一，所以采取关阀断料等有效的生产工艺措施是必要的	

2.3　消防系统设计存在的主要问题统计和分析

消防系统设计中存在的主要问题见图4，提出的建议及分析见表3。

表3　提出的建议及分析

提出建议	建议分析
固定式泡沫灭火系统应具备半固定功能	如果具备半固定功能，纵使整个管网发生问题无法使用，也可以直接通过消防车连接半固定栓口将泡沫送至罐顶实施灭火
将只有两段的冷却水圈管设置为四段	油罐喷淋圈管设置为两段时，如果圈管分开处正对相邻罐投影面时，在相邻罐发生问题的情况下，必须开启全喷淋才能满足要求。若设置为四段时，任意一个相邻方向储罐发生问题，打开着火罐投影面的两段，就可以满足要求

续表

提出建议	建议分析
相邻罐的供水强度应与着火罐一致	规范要求：采用固定式消防冷却水系统时，着火罐管壁表面冷却水供给强度为2.5L/（min·m^2），邻近罐管壁表面冷却水供给强度为2.0L/（min·m^2），但是在实际操作中，无法控制着火罐和相邻罐所需的不同的供水强度，如果在设计中总水量按照这种方法进行计算，且要满足供给强度为2.5L/（min·m^2），就有可能造成连续供水时间不满足规范要求
冷却水管网未设置截断阀	在管网一处发生问题时，可以将发生问题的部分截断，另外的部分继续有效使用；如果未设置截断阀，那么一处问题会导致整个系统的瘫痪

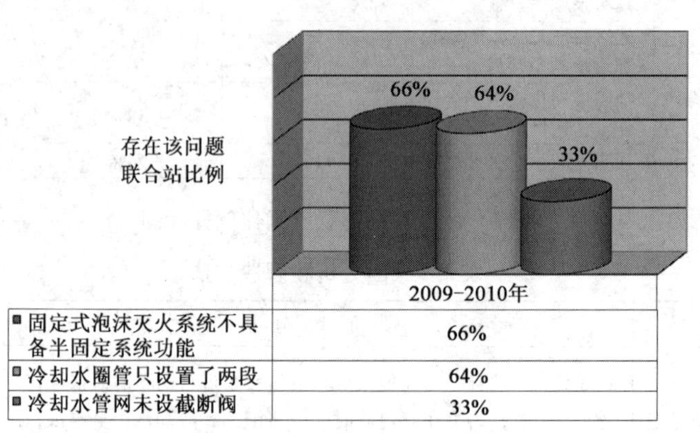

图4　设计中存在问题的联合站比例柱状图

3　方法评价

检查与指导结合法使用两年以来，联合站消防安全管理水平有了显著的提高，火灾防控能力有了明显提升。表现在：应急预案可操作性进一步提高；员工对预案的熟悉程度和应急情况下的协作处置能力有了很大的提高；固定消防系统、设施完好有效性得到了保障，大部分联合站都能够在假设的火灾情况下按照预案内容开展演练，各岗位员工也能够做到紧张有序、操作熟练，接到指令后行动迅速准确、沉着冷静，在规范规定的时间内将泡沫液和冷却水送到指定的着火罐，从而达到演练的真正目的。

从联合站对此项工作的认知来看，站内安全管理者对消防安全有了一个新的重视度，各岗位人员也对此产生了浓厚的兴趣。每逢节日、季节转换，站内会自发组织开展此类演练，真正实现了站在灭火的角度开展防火的理念。

4　结语

一个新事物、新方法的产生，带来利益的同时也存在不足，在每次演练时，为了要观察到泡沫发泡效果，会使用一定量的泡沫液，造成了浪费。下一步将从泡沫灭火系统工艺和原理入手，创新工作流程，在使用最小量泡沫的情况下达到检查和指导的目的。

油田联合站消防安全工作任重而道远，随着我国石油勘探开发和开采技术的快速发展，油田的不断开采，油田油藏性质、油井产品构成、原油物理性质、油气组分等也随着发生变化，这就使联合站消防安全环境也发生变化，促使消防安全管理工作必须与时俱进、开拓思路、不断创新，拓展学习领域，始终将检查和指导工作有效结合起来，坚持“预防为主、防消结合”的工作方针，做到稳步前进。

参 考 文 献

[1] GB 50183—2004 石油天然气工程设计防火规范 [S].

[2] GB 50151—1992 低倍数泡沫灭火系统设计规范 [S].

[3] SYT 6529—2002 原油库固定式消防系统运行规范 [S].

[4] SY 6320—2008 陆上油气田油气集输安全规程 [S].

油气生产中的危害因素辨识与风险评估体系建立的实践与启示

王志成

（中国石油吉林油田公司　吉林省松原市　138000）

摘　要　吉林油田自1961年建矿以来，已经走过了50个春秋。在50年的油气生产中，吉林油田公司的安全环保工作也由过去的传统安全管理向HSE系统化和自主管理转变。在中国石油天然气集团公司深入推进HSE管理体系建设、油田公司以建设科技安全和谐大油田为核心的环境下，油气生产中的危害因素辨识和风险识别工作依然存在着方法不统一、辨识不到位、管理不系统、评估体系不健全等诸多问题。针对上述问题与油田发展间的矛盾，中国石油吉林油田公司开展了危害因素辨识与风险评估体系建立的系列研究与实践，取得明显的效果。本文重点分析吉林油田在这一领域开展的专项研究与作业场所有效地做法，对兄弟油田的同类工作具有指导与借鉴作用。

关键词　油气生产　安全环保　危害因素辨识　风险评估

1　吉林油田概况及其安全环保形势分析

吉林油田地处吉林省境内，探区遍布吉林省大部及内蒙古、辽宁等省，年产油气当量750万吨，是中国石油天然气集团公司（以下简称“集团公司”）重要的东北油气生产基地之一。目前，油田共有油、气、水井2.3万口，油气站、库20座，主要专业设备2万余台套，长输油管线近300公里，天然气管线约700公里；油田年井下作业量达3万井次、年试油1100层、年压裂6000层、年大修井约4000井次、带压作业井达到500口。

从安全环保方面看，通过近几年来的加大投资、加强管理，中国石油吉林油田公司（以下简称“吉林油田公司”）的安全环保形势有较大改观，但面对油田“681”发展规划和建成科技、安全、和谐的千万吨大油田的需要，油田的安全环保工作仍面临较大的压力与挑战，主要表现在以下几个方面：

（1）油田辖区面积大、范围广，人员众多、领域繁多，围绕油气生产的各类作业（包括高风险作业）量纷繁复杂并呈逐年增多的态势，这些方面都是安全环保高风险的区域；

（2）油田的部分探区和开发区地处如扶余城区等人员生活密集区，以及莫莫格自然保护区、查干湖旅游区等环境保护敏感区，存在如套返井等安全环保隐患；

（3）基层单位没有把风险管理作为HSE体系管理的一项重要工作来执行，风险识别活动与生产实际脱节，存在着施工前不进行风险识别、施工中对风险心中无数和风险处理措施不落实等盲区和死角，致使油田的安全环保工作仍面临较大的压力与挑战。

2　油气生产中的危害因素辨识与风险评估研究

针对油田及其周边存在的安全环保隐患以及油田长远发展的需求，围绕着“危害因素辨识”、“风险评价管理”和“风险控制”三方面，以油气生产作业活动细分及其危害因素描述、风险评价方法优选与应用和油田风险管理与评估的分级控制体系为主要研究内容（见图1），开展了油气田生产的危害因素辨识与风险评估专项研究与现场试点工作。

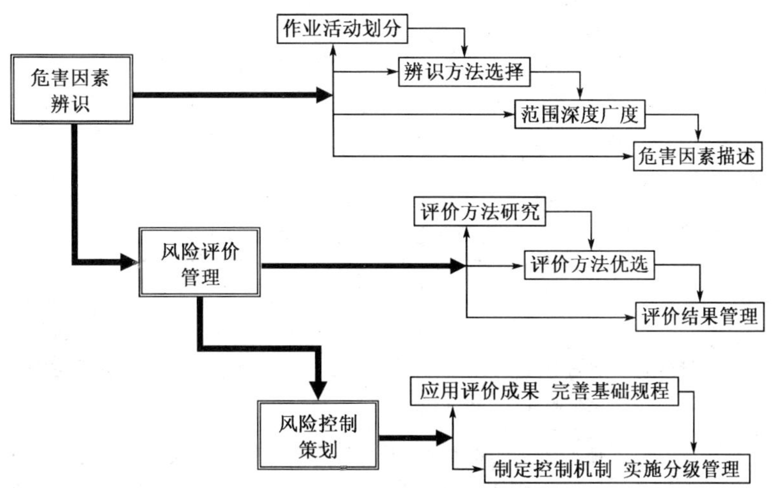

图1 危害因素辨识与风险评估研究技术路线图

本次研究与试点工作中，涉及危害因素辨识的科室6个、基层站队6个，参加人员840人，开展专项培训55次、1527人，现场辅导511次，组织部门、站队辨识1970项作业活动、590台（项）设备设施，共辨识危害因素12506条。

在危害因素辨识与风险评估的专项研究中，重点做了以下四方面工作。

2.1 统一危害和风险描述，细化作业活动划分，奠定危害因素辨识与风险评价的基础

根据吉林油田公司现场实际统一规范了采油、技术和作业生产过程危害因素和风险的描述方式，危害因素的描述的方法为名词+动词。危害因素描述时重点提问危害因素应描述事故、事件产生的原因，而不是“漏电、腐蚀、着火、刺漏”等导致的后果。危害因素的描述应紧密贴近实际，具有指导意义。

为便于员工理解，这里提到的风险主要是指可能出现的危害性事件。风险描述语言尽量精炼、贴近生产实际。风险描述不仅限于HSE风险，还包括：各类设备事故（事件）、生产安全事故（事件）、环境污染事故（事件）、生产事故（事件）、职业病等。风险描述应重点放在最终风险上。在一个危害因素可能产生多个风险的情况下，由经验判断，将最高的风险放在最前面，向后依次排列，同时建立了危害因素描述提示表（见表1）、常见危害因素描述错误提示表（见表2）、风险用语提示表（见表3）。将这些知识和技能应用到油气田生产涉及的人和物，即是该项目研究的主题和核心。同时，开展危害因素辨识（油气生产中的危害因素展示见图2）、风险识别及控制，也是建设和推进HSE管理体系的一项重要内容。

表1 危害因素辨识提示表

人的不安全行为			
种　　类	表现方式	提示举例	备注
不按规定的方法操作	没有用规定的方法使用机械、装置等； 使用有毛病的机械、工具、用具等； 选择机械、装置、工具、用具等有误； 离开运转着的机械、装置等；	倒错流程 负荷没卸净 电动机没移到位 面对丝杠开关阀门	

续表

种　　类	表 现 方 式	提 示 举 例	备注
不按规定的方法操作	机械运转超速； 送料或加料过快； 机动车超速； 机动车违章驾驶； 其他	面对闸刀操作 面对阀门操作 超速行驶	

表 2　常见危害因素描述错误提示表

描述错误类型	举　　例	正确的描述方式	危害因素类型
将作业活动或作业步骤当做危害因素进行描述	登高	上罐时注意力不集中； 梯台有雪未清扫，上罐时滑倒； 护栏破损	人的不安全行为 环境缺陷 物的不安全状态
	开闸门	面对丝杠开关闸门；开错闸门；开闸门速度过快 闸门锈蚀无法打开	人的不安全行为 物的不安全状态
	雷雨天工作	雷雨天情况下在野外作业	人的不安全行为
	戴手套	戴手套操作台钻	人的不安全行为
	倒流程	倒错流程	人的不安全行为

表 3　风险用语提示表

生产安全事故			
种　　类	表 现 方 式	提 示 举 例	备注
物体打击	指物体在重力或其他外力的作用下产生运行，打击人体，造成人身伤亡事故，不包括机械设备、车辆、起重机械、坍塌等引发的物体打击	曲柄伤人、 高压水刺漏伤人、 丝杠飞出伤人、 表崩出伤人、 卡瓦崩出伤人、 平衡块滑坠伤人、 高空落物伤人、 撞击伤人	

(a)存在风险作业的人

(b)存在风险运行的物

图 2　油气生产中的危害因素展示

针对油气生产中作业活动、机械设备等种类繁多、数量庞大，存在各种危害因素的复杂情况，结合目前常用的辨识与评价单元划分的方式及其优点，以“作业活动”、“作业区域”、“设施设备”、“岗位”进行组合的方式进行危害与风险单元的划分。

以往传统的单元划分往往方式单一，作业活动划分比较粗放，分类不够细致和规范，危害因素难以准确定位，导致辨识不够深入，容易产生较大漏项，不利于员工学习掌握。

通过在采油、作业现场实践探索，按照各专业组织对作业活动、作业类别、作业项目、作业内容、作业步骤进行详细划分，统一了作业活动划分的方式方法，为切实有效地完成好危害因素辨识与风险评价工作奠定了基础。

2.1.1 作业活动的划分

根据作业活动所涉及的范围，进行由大到小的层次拆解、细分，分成“作业类别”、“作业项目”、“作业内容”和“作业步骤”。其中，“作业步骤”是最基本的辨识与评价单元（见表4）。

表4 危害辨识与风险评价单元划分表

作业活动划分				涉及区域部位	使用设备	岗位
作业类别	作业项目	作业内容	作业步骤			

“作业类别”以站（队）、科（室）的工作职能和HSE职责为基础单元进一步细分。

“作业项目”中，针对生产单位和科室分别以工艺过程、HSE职责为主线进行划分。

“作业内容”的划分首先根据作业项目的复杂程度判断是否需要细化。需要进一步细分的作业内容，主要以工艺过程的复杂性、HSE职责的重要性、日常工作的习惯性、企业自身的特殊性等方面进行明确。具体的划分着眼点确定为最基础的、可以实现风险控制的单元。对于生产单位而言，“可以指导编制、修订对应的操作卡、检查表或作业指导书为止”，对于管理部门而言，“可以指导编制、修订对应的管理制度为止”。

“作业步骤”划分以其具体操作节点为主，即阀门、管线、仪表等，但不做具体操作的描述（如相关参数控制、动作控制等）。各职能部门和相关活动（工作流程）的划分按照日常工作的相关流程或HSE的具体职责进行划分，并针对其中某些对HSE管理有直接影响、直接体现的和对于生产中断有重大影响的职能和工作流程加以重点明确，没有直接影响的内容实施合并处理。

2.1.2 作业区域、设施设备和岗位的划分

针对所确定的各级作业活动，明确其作业区域、使用的设施设备和从事该项作业的岗位。

2.1.3 单元划分的确认

危害辨识与评价单元划分完成后，组织各专业、各工种、各岗位相关人员讨论、确认，经过相关专家组的评审和再次确认后，将作业活动清单下发到各单位、科室，以岗位为主开展危害因素的辨识工作。

2.2 优选危害识别与评价的有效方法，细究其深度和广度，建立与完善危害因素辨识与风险控制的基本台账

在众多的危害因素识别的方法中，根据吉林油田的地区特点及其油气生产的活动种类和设备设施的功能特点，针对以生产者、工程设备为保护对象，采用“工作任务分析法”和“安全检查表法”为主导方法，辅以“现场观察法”、“头脑风暴法（经验法）”和“系统安全法”（见表5），多种方法相互交叉、相互组合地综合性应用，多角度、多方位、多批次地进行危害因素的辨识与风险评估，使逐步识别出的危害（可能危害）因素和评估的风险更趋于现实（或即将成为现实）的危害因子。

在应用工作任务分析法进行危害因素辨识时，将单元划分中所确定的作业活动清单和岗位危害因素调查表下发各基层班组和岗位。各岗位针对每项作业步骤（工作流程）进行分析，明确各类危害可能出现的原因、后果等，要在调查表中清晰如：可能发生的故障或错误是什么？后果如何？事故是怎样发生的？影响因素主要有哪些？发生的可能性有多大？……各站（队）、科（室）安全员（协调员）汇总整理、单位负责人审核签字后，由安全主管部门组织专家组进行讨论、审定完成，付诸实施。

表5 危害因素辨识的主要方法分析表

辨识方法	基本特点	项目应用情况
工作任务分析法	通过逐级划分单元（作业活动和工作流程），分析每个作业步骤的危害因素和风险进行，特别是全面辨识人的不安全行为类的危害因素	为主要方法。全面用于岗位员工、基层站队、各职能部门的危害因素辨识
安全检查表法	通过事先编制检查表，依据其检查项目逐项识别危害因素和风险。特别适合于对设备设施固有危害因素和风险的辨识	为主要方法。主要由设备维护和管理人员针对设备本质安全方面的风险进行识别，即重要辨识物的不安全状态方面的危害因素和风险
现场观察法	组织专业人员，到作业现场，针对作业活动、设备运转或系统活动进行现场观测，分析人员、工艺、设备运转存在的危害因素	为辅助方法。主要由行业专家通过现场观察的方法，对站、队、班组织识别出的陷害因素进行补充辨识
头脑风暴法（经验法）	依靠辨识者的知识和经验，通过提问讨论的方式，激发创造性，分析可能存在的陷害因素和风险	为辅助方法。主要用于各级管理者依据自身生产和管理经验识别危害因素和风险
系统安全方法	包括事故树、事件树、预先危害分析等，根据作业系统固有特征，采用理论推断的方式，识别系统固有危害因素和风险	为辅助方法。主要由安全专业管理人员针对高风险作业活动和高风险作业区域采用事故树和事件树等系统安全方法进行补充风险识别

对设备设施进行安全检查表法分析、识别危害因素，主要分析各类设备设施运行中可能存在的危害因素，识别机（物）的本质安全风险。设备设施安全检查表分析主要为指导HSE检查表、巡回检查表、专项检查表、点检表等的编制及指导隐患整改措施服务。各单位收集相应的设备设施检查表、安全检查表、巡回检查表等各类检查表，以及相关的设备管理、检查和考核细则、相应设备设施方面的标准，作为确定使用或补充制定设备设施检查表的相关检查点和检查标准的依据。

设备设施检查点的划分针对其主要部件、仪表、阀门、辅助设施等逐项明确，并借鉴现

行的 HSE 检查表、检查内容及标准。概略而言，检查依据“由远及近、由上及下，由外及里”的原则有序进行。

站队安全员或主管设备的技术员依据所确定的设备、设施的清单、检查点和检查标准进行逐一分析，识别可能的危害因素及风险。各站队、科室安全员（协调员）汇总整理、单位负责人审核签字，由单位安全管理部门组织专家组进行讨论，审定完成（见表6）。

表6　设备设施危害因素辨识（安全检查表法）分析表

设备设施	检查项目	检 查 标 准	危 害 因 素	风　险
作业机	发动机	机油使用符合标准	机油变质或缺少	发动机损坏
		水或防冻液使用符合标准	水或防冻液缺少	发动机损坏
		发动机清洁	发动机集油污	火灾、爆炸
		各部位连接牢靠	各部位连接松动，有刺漏	火灾、爆炸
……	……	……	……	……

在对人、物的危害因素识别与风险评价的基础上，进行危害因素和风险的详细描述，建立危害因素识别与风险评价的体系台账，统一规范采油、技术和作业生产过程中危害因素和风险的描述方式，建立危害因素描述提示表、常见危害因素描述错误提示、风险用语提示表等，确保危害因素的描述语言精练、更加紧密贴近实际，具有现实的指导意义。

2.3　精细剖析风险评价方法，具体明确评价工作步骤，保障风险评价工作的有序性和有效性

针对目前风险评价中普遍存在方法过于笼统与单一、应用比较简单、缺少行业与专业针对性、风险评价方式与结果差异较大且效果不佳等问题，在充分对比分析与评价基础上，重点做了两方面的修订与调整：

（1）结合采油、作业、集输等各岗位、工种的生产特点，研究、修订与确定了各种风险评价方法的适应性，使其应用更符合实际。

总结已有的风险评价方法，突出其各自的特点，根据油气生产各岗位实际，推荐适应的评价方法，便于在实际生产中简便而有效。具体如下：

①定性评价法：因其简单易行便于操作，推荐采用的定性评价法为经验分析法和专家评审法。

②经验分析法：是借助于个人经验和主观感受直接地评价对象危险性和危害性。推荐班组员工采用该法进行初次风险评价。

③专家评审法：主要依靠具有丰富实践和管理经验的油田专家，在系统分析史载的隐患、违章、事故等资料基础上，明确各类问题的症结所在，组织专家评审基层站队和各部门的评价结果，最大限度地修订由于评价方法的缺陷而可能导致的评价结果的偏差。

④半定量评价方法：推荐采用的方法为 LEC 法。根据油气生产风险的类型和特点，细化和完善此类评价法，使其更加符合油田实际。

（2）根据操作层、管理层、专业层和班组、站队、厂级的专业和管理的层次性，体现集团有感领导、直线责任和属地管理的理念，明确风险评价方式、操作步骤和成果管理，突出实用性、强化科学性和准确性。

在矿场生产中，规定风险评价采用班组、站队和厂级的三级评价方式。其中，班组（岗位）的风险评价是和危害因素辨识结合在一起，采用经验判断法，产生的结果形成“岗位员工危害因素和风险识别表”；站队（科室）风险评价采用的是经过修订的 LEC 法。在站

队召开的风险评价专项会议中，评价组成员分别对危害因素进行风险评价并提交讨论，只有在75%以上的与会人员同意，该危害因素的风险评价分值及其风险等级才能通过，并将作为站队风险评价的结果列入“作业危害分析和风险评价表”中；在厂级风险评价中，厂安全管理部门将收集整理、分类汇总的各站（队）和职能部门“较高以上风险控制措施清单”作为风险评价的重要参考资料，先行提交评价组评价，包括是否有重要的危害因素遗漏、针对主要的危害因素现有控制措施是否充分有效、风险评价和分级的结果是否合理等，然后安全管理部门组织相关专家以会议评审的方式进行，同样，只有达到75%以上的成员同意，方才通过，并将相关评价等级列入，对评价出的重大风险，由与会人员讨论具体的风险削减控制措施。

2.4 立足危害辨识与风险评价管理，建立分级控制机制和模式，实现HSE风险管理的系统与规范

以往开展的危害因素辨识与风险评价结果往往不能与各种风险控制措施结合，如编制两书一表、应急预案等都不能有效结合危害因素辨识与风险评价工作。

吉林油田公司在本次风险评价的管理中，将各级危害因素辨识和评价结果作为进一步风险控制策划的主要依据和输入，并根据风险大小进行分级风险控制，做到以下几方面的结合：

（1）辨识评价结果与管理方案（隐患治理）相结合。

通过评价产生的不可承受风险将列入重点隐患治理项目并予以重点监控和管理，产生的高风险将优先考虑制定相应的管理方案，产生的较高风险可采取无费或低费措施进行风险消减。研究制定了“危害因素对应管理方案、操作规程等编制修订说明和举例”，以规范管理方案的制订。

（2）辨识评价结果与运行控制相结合。

较高以上的风险将逐项对照修订、完善各类运行控制文件（操作规程、两书一卡、技术交底、设计方案中HSE专篇等）；常规作业活动中存在的较高以上风险必须在相应的操作规程和（或）作业指导书中进行风险提示，并明确规定控制措施；非常规作业和特殊施工在相应的作业指导书、作业计划书和作业指导卡中进行风险提示，并明确规定控制措施；管理部门识别的管理缺陷类的危害因素和风险在相应的程序文件、管理制度和（或）管理办法中规定相应的控制措施；同时，一般风险视情况考虑在相应的运行控制文件中，制定相应的风险控制措施。

（3）辨识评价结果与应急管理相结合。

由评价产生的高风险将制定相应的应急预案，较高风险视情况考虑制定相应应急预案。

（4）评价结果与HSE教育培训相结合。

高风险类将重点开展岗位HSE培训和考核取证；较高风险类开展岗位专项HSE培训考核；一般风险类采取风险提示方式对员工进行教育。

（5）评价结果与HSE监督检查相结合。

高风险类将列入厂级、站队、班组（岗位）的重点检查内容、风险提示板上重点提示（见表7）等方式予以控制；较高风险类列入站队、班组级定期检查项目，在风险提示板上进行提示；一般风险类将根据实际情况确定管理和检查方式。

表7　风险用语提示表

生产安全事故			
种　　类	表现方式	提示举例	备　　注
1. 物体打击	指物体在重力或其他外力的作用下产生运行，打击人体，造成人身伤亡事故，不包括机械设备、车辆、起重机械、坍塌等引发的物体打击	曲柄伤人、 高压水刺漏伤人、 丝杠飞出伤人、 表崩出伤人、 卡瓦崩出伤人、 ……	
2. 触电伤害	包括雷击伤害事故	触电、 雷击、 电灼伤、 ……	
3. 淹溺	包括高处坠落湖泊，不包括矿山、井下透水淹溺	落水淹溺	
4. 灼伤烫伤	指火焰烧伤、高温物体烫伤、化学灼伤（酸、碱、有机物引起的体内外灼伤）、物理灼伤（光、放射性物质引起的体内外灼伤），不包括电灼伤和火灾引起的烧伤	蒸气烫伤、 烫伤、 化学灼伤、 烧伤、 ……	
5. 高处坠落	指在高处作业中发生坠落引起的伤亡事故，不包括触电坠落事故	高空落下	
6. 爆炸	含火药爆炸、锅炉爆炸、容器爆炸、其他爆炸等	锅炉爆炸 电打火爆炸 ……	
7. 中毒和窒息		化学中毒、窒息	

通过上述危害因素辨识与风险控制的系列研究与规范，建立了相对科学、规范的危害因素辨识、风险评价和控制方法，形成了风险管理方案。系统规范了 HSE 风险管理，使岗位员工能熟练开展危害因素辨识，有效控制 HSE 风险，提高应急处置能力，从而防止各类安全环保事故的发生，降低安全环保事故造成的人员、财产损失。

3　危害因素辨识与风险评估在矿场应用分析

在研究和建立了吉林油田公司危害因素辨识与风险评估管理与控制模式后，项目选择了扶余采油厂和修井作业公司，开展全方位危害因素辨识和风险评估研究工作的矿场试点，检验项目研究结果的适用性、实效性和标准规范性。重点开展了各岗位员工对危害因素辨识技能的掌握与熟练，HSE 风险管理知识的理解与应用，学习和操作如何控制 HSE 风险，完善试点单位“两书一表一卡”和操作规程。

通过在扶余采油厂和修井作业公司的试点实施，有效提高了试点单位的全员安全意识和风险意识，最大限度地发现并消减了各类 HSE 风险，有力地推动了 HSE 管理水平和 HSE 绩效的提高，在实际应用上为基层 HSE 管理培训工作提供了风险管理知识、教材和培训基地。

通过实施的油气生产中危害因素辨识和风险评估的项目研究及其应用，初步建立了保障油田安全生产行之有效的危害因素辨识、评估和控制标准方法，有效地提高岗位员工危害因素辨识能力和HSE风险管理水平，为公司HSE管理体系的持续改进，提高HSE管理表现能力与绩效水平，实现安全生产、清洁发展，构建安全科技和谐大油田提供了坚实的保障。

4 关于危害因素辨识与风险评估体系建立的几点启示

（1）危害因素辨识与风险评估是HSE管理体系的基础，这项工作深入有效的开展将为实施推广集团公司工作循环检查、目视化管理、作业许可等工作打下坚实基础。

（2）吉林油田公司开展的危害因素辨识与风险评估研究及其试点应用工作，紧密结合油田生产实际和专业特点，有针对性地采用适用的组合方法达到了更实际的效果，建立了油气田生产中与注采、作业、集输等专业相适应的、行之有效的危害因素辨识与风险评估体系。

（3）通过项目研究与实施，有效提高了全员的安全意识和风险意识，最大限度地发现并消减了各类HSE风险。基层班组安全活动如果将此项工作作为主线，长期坚持，最终能提升班组风险控制能力和安全管理水平。

（4）通过该项目在基层的成功试点，进一步与岗位员工HSE培训矩阵结合，为基层HSE培训提供了风险管理知识和教材，实现了风险管理在基层的有效控制，将有效推进HSE管理体系的高效运行，实现管理效益的最大化。

（5）在危害辨识与风险评估过程中，涉及大量的信息与数据的建立和处理，其中占较大比例的数据具有相关性、相似性。目前在风险管理与信息技术结合方面进行了初步探讨，利用信息化技术对其进行模块化、程序化处理，下一步将加快这方面研究进度，实现快速、准确、便利地完成危害辨识与风险评估工作的目的。

健康安全环境风险管理理论在油田客运企业的实践

奚志英　王志成　刘子英

（中国石油吉林油田公司　吉林省松原市　138000）

摘　要　通过探索与实践油田客运企业危害因素辨识与风险评价，从源头上控制各类风险，以最少的成本获得最大的安全保障，切实保障客运交通安全，对油田客运和谐发展具有重要的现实意义。

关键词　HSE　风险管理　探索与实践

0　引言

HSE 风险管理是指对可能影响企业的 HSE 风险进行危害因素辨识、风险评价，在此基础上优化组合各种风险分析技术，分析它们的影响结果以及提出 HSE 风险处理的方法，制定风险管理方案并付诸实施，以减少 HSE 风险影响一个系统的决策及行动过程。

中国石油吉林油田公司客运公司（以下简称“客运公司”）作为客运专业化管理单位，承担着为吉林油田生产建设提供服务，为吉林油田广大员工、家属提供通勤服务，为地方政府以及社会各类大型活动提供客车运力支持等职责。现有固定值班线路 235 条，市区线路 25 条，年客运周转量达到 4.49 亿人公里，年客运量达到 1004.02 万人次。在企业面临庞大客运工作量的形势下，深入开展危害因素辨识与风险评价等风险管理工作，从源头上控制各类风险，努力实现交通运营过程中的零隐患、低风险、零事故，切实保障客运交通安全，对于油田客运来说具有重要的现实意义。

2009 年以来，通过开展危害因素辨识与风险评价实践工作，在 HSE 风险管理理论和实践上进行了积极的研究与探索，并取得了初步成效。

1　确立 HSE 管理标准，完善风险管理系统

HSE 风险管理的实质是以最经济合理的方式消除风险导致的各种灾害后果，它包括危害因素辨识、风险评价、风险控制等一整套系统而科学的管理方法，即运用系统论的观点和方法研究风险与环境之间的关系，运用安全系统工程的理论和分析方法辨识危害因素、评价风险，根据成本效益分析，针对所存在的风险做出客观而科学的决策，确定处理风险的最佳方案。在客运公司专业部门的指导和帮助下，在现有风险管理理论与实践的基础上设计了一套涵盖风险管理理念、管理内容、管理工具、程序、制度和方法的管理系统，并将其反复运用于企业实际，通过树立理念、转变观念、养成习惯、提高能力，使员工在

生产工作中自觉加以遵守并固化成习惯，从而真正提升企业的 HSE 绩效。这套系统可以表述为：

HSE 风险管理系统 = 风险管理理念 + 风险管理模型 + 标准操作方法

1.1 风险管理理念

确立“预防为主、动态管理、贴近实际、全员参与”的风险管理理念。

1.1.1 预防为主

风险管理本身就是 HSE 管理“预防为主”思想的重要体现。对于客运企业来说，车辆的安全状况、司乘人员的安全意识、风险控制能力决定着客运车辆上乘客的生命安全与财产安全。贯彻“预防为主”的理念，运用危害因素辨识、风险评价、风险控制等工作方法，可以将各类事故有效地消灭在萌芽状态，从而降低各类风险的侵害，有助于客运公司贯彻落实好“安全是天，是重于泰山的责任，是企业和谐发展的根本保障”的大交通、大安全、大发展的经营管理理念。

1.1.2 动态管理

风险管理是一个动态的、持续改进的系统工程，在确保交通安全成为必然的趋势下，必须要形成一种长效的动态管理机制，使风险管理工作随着客运生产活动的变化不断更新，让这项工作做到常做常新。

1.1.3 贴近实际

风险管理工作必须要结合生产实际，从本行业特点出发，才能使危害因素辨识与风险评价工作更具有针对性和可操作性。

1.1.4 全员参与

风险管理工作必须要赢得各级管理者的支持和员工的广泛参与，才能达到全员提升风险意识和提高自我风险控制技能的目的。通过学习和提高认识，使员工受到深入、系统的教育，真正明确风险管理工作的实际受益者是每名员工，特别是客运战线上的每名操作者。

1.2 风险管理模型

HSE 风险管理基本过程包括危害辨识、风险评价和风险控制，整个过程是一个动态的、循环的、系统的、完整的过程，是不断追求 HSE 绩效持续改进的过程。结合客运实际，建立了 HSE 风险管理模型图（见图 1），其充分体现了 HSE 风险管理是一个动态的、循环的、系统的、完整的过程。

1.3 标准操作方法

根据风险管理理念，按照风险管理模型，对危害识别、风险评价和风险控制的全过程和各个关键环节，制定了规范、标准的操作方法，通过不断的培训、评估员工掌控风险管理的程度，来持续提高员工风险管理和控制的能力。

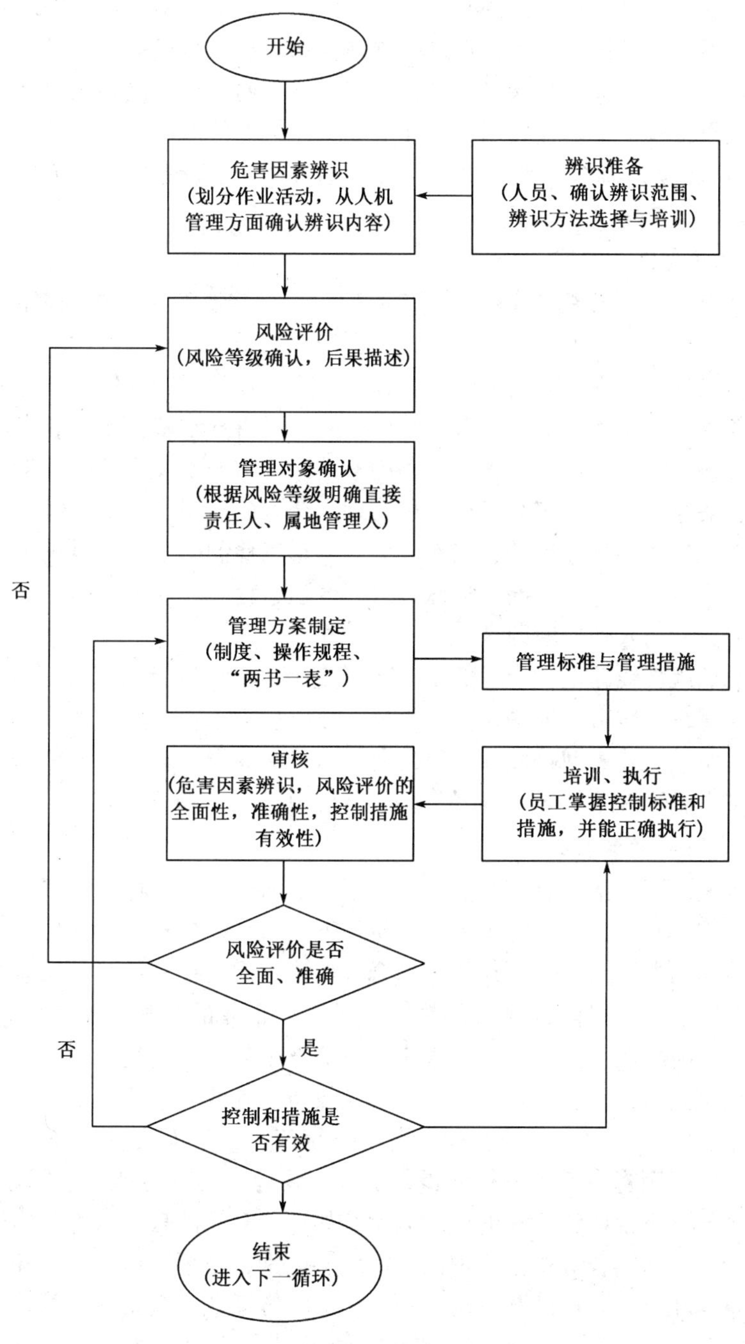

图 1　HSE 风险管理模型图

2　强化关键环节控制，提高风险管理水平

2.1　注重实效，使危害因素辨识具有针对性

2.1.1　划分作业活动步骤

在开展危害识别时，首先要准备一份作业活动清单，包括员工所有日常（正常）工作和偶尔（不经常）从事的工作或临时检修等工作，对常规和非常规作业活动进行识别。作

业活动的划分与确定，是风险识别的基本条件，如果少识别一项作业活动，此项活动时的若干个危害因素就不能及时得到辨识，在进行这项作业活动时就可能造成员工伤害事件。在危害因素辨识工作进程中，采取深入基层进行现场调研，通过查看资料、检查现场，帮助基层站队对什么是工作流程、怎样开展划分作业活动工作、如何形成作业活动清单进行指导，并与基层站队共同探讨如何确定、划分作业活动。通过实际运行，共计划分 167 个作业活动单元，为危害因素辨识工作奠定了坚实的基础。

2.1.2 明确辨识危害因素内容

客运生产过程的危害因素辨识不同于其他行业，有其特殊性，在危害因素辨识过程中，应紧密结合生产过程实际来进行，针对每一个生产环节展开。通过实践，客运企业危害因素辨识与分析必须充分考虑物的不安全状态、人的不安全行为、管理缺陷和环境因素。结合客运公司客运任务繁重，车辆、驾驶员多而集中的特点，将日常工作中的客车保养、车况、材料使用、设备设施四个方面辨识出来的危害因素纳入到物的不安全状态；将驾驶员能力、驾驶员行车管理、乘务员管理、客车运行人员管理四个方面辨识出来的危害因素纳入到人的不安全行为；将综合管理、公务活动、工作任务、客车三检制四个方面辨识出来的危害因素纳入到管理缺陷；将路况、特殊工况、特殊气象、客运过程环境影响因素、行车线路五个方面辨识出来的危害因素纳入到环境因素。

针对客运车辆运行线路的实际情况，将整个油区的井组道路、厂区道路、城市间主干道、城市内主要道路、城市内繁华路段、学校、政府机关、重要军用设施、繁华道口、铁路道口、立交桥、城市内外典型路段和道路的通行状况和通行要求及交通警示标志、录像监控设施等，纳入到交通管理系统中，开展危害因素辨识。

2.1.3 规范危害因素辨识方法

每种危害因素辨识方法都有其优缺点，有不同的适用范围。危害因素辨识工作之所以不能有效地在全员推广，是因为选择了单一的辨识方法。客运公司从实际出发，根据客运行业特点，选择了恰当的方法组合——点线面结合分析法，即在识别风险因素时可以将风险因素划分为点、线、面三类的风险。“点”是指针对客运企业的车辆、主要维修设备设施、区域，对其存在的危险物质、类型、影响大小、可能发生的方式、途径、对车辆及设备设施本体及人员的影响等做出识别和评价，并对车辆及设备设施的防护措施做出评价。“线”是指针对评价对象系统中“流程”进行分析，分析系统流程中所有可能涉及的风险因素、存在的流程风险。如对车辆管理流程进行分析，了解其管理流程其可能存在的流程风险。“面”是指相对于整个系统来说广泛存在的风险因素，如评价对象的自然条件、周边环境、安全管理状况等。运用点线面结合分析法辨识出来的危害因素，包括了员工的全部工作内容以及影响安全的思想意识和上岗操作的整体动作行为。油田客运危害因素辨识从多个角度覆盖了普通员工、安全管理骨干、专业人员、管理者等不同层面，涵盖了客运车辆运行的所有工种和专业岗位，全面体现了“员工必须参与岗位危害因素辨识与风险控制”的理念原则。

2.1.4 统计分析危害因素

危害因素辨识的最终目标是有效控制风险，因此做好危害因素辨识的统计分析工作，为风险评价和风险控制等后续工作提供真实、准确的数据具有重要的意义。在划分作业单元的基础上，充分运用网络、会议、多媒体、到基层和操作员工一起研究探讨等方法，对员工进行充分培训，让员工从实际出发，真正懂得危害因素辨识的意义，了解并掌握危害因素辨识的方法，督促、指导员工按照每个单元的工作流程进行危害因素辨识，逐项登记形成危害因素台账。截至目前，客运公司共计辨识危害因素和风险 16453 个，其中较高风险 3914 个，一般风险 6350 个，低风险 6189 个。

2.2 科学评价与控制，使风险处于受控状态

2.2.1 确定风险评价方法

对应辨识的危害因素识别风险，采用 LEC 法确定危害和等级，用与系统危险性有关的三种因素指标值之积来评价系统人员伤亡危险的大小。这三种因素是：L——发生事故的可能性大小；E——人体暴露在这种危险环境中的频繁程度；C——一旦发生事故会造成的损失后果。其简化公式是：$D = LEC$。

2.2.2 编制风险控制计划

根据不同的风险等级以及风险现有的控制情况增补相应的控制措施，较高以上风险必须制订增补控制措施。不可承受风险只有增补措施有效，把风险降低到可接受等级，方可运行作业。

2.2.3 评审风险控制计划的充分性

在危害因素辨识、风险评价、风险控制措施制定和危害因素台账建立的基础上，根据风险控制等级，组织评审危害因素，选择重要危害因素和较高等级的风险，编制控制措施方案和管理方案，增加风险控制计划的有效性、适宜性及可操作性。

对于高风险建立管理目标、管理方案，修订完善相关运行控制管理制度、操作规程、作业计划书、作业指导书、作业指导卡，定期对客运过程进行检查监督、对人员进行防御性驾驶技能培训、对设备进行检测评估，降低风险度或限期整改，必要时制订应急预案。对于较高风险，建立目标管理、制定管理制度、规定操作规程。加强员工安全教育和培训，进行风险控制和治理，使安全监管工作做到位，实现客运交通安全。

3 结合实际创新，注重提高应用效果

3.1 突出特点，创新方法

在危害因素辨识工作中，针对客运交通行业管理的特点，在原有危害因素辨识的经验基础上，运用点线面结合分析法，突出了车辆运行方面的辨识，综合考虑到物的不安全状态、人的不安全行为、管理缺陷、环境因素，确认存在危害因素的多个方面。这种新的辨识方法对于专业化交通运输企业来说，是崭新的突破，在危害因素辨识模式中也是一种创新。它全面体现了危害因素辨识和 HSE 管理的内涵和本质要求，展现出客运交通管理的大安全观念和行业特点，营造了人人参与辨识和识别风险的宏观工作氛围。

3.2 精细描述，提高水平

危害因素辨识描述的过程是整个危害因素辨识的关键。危害因素辨识描述的过程是比较难的，也容易出现偏差。但是，精细描述不是越细越好，而是以准确为主。按照危害因素辨识的要求，要描述出平时操作过程中容易发生的主要危害比较容易，但是在日常工作当中不容易发现的主要危害，以及异常条件下潜在的危害因素却不太容易描述。危害因素的描述语言不能含糊，统计数据不能粗略。对此，加强语言描述准确化的学习和规范，使危害因素描述更加准确。同时，将危害因素划分为平常的和异常的、容易辨识的和不易辨识的、表象的和潜在的等几种情况。由于危害因素辨识方法贴近实际，危害因素辨识的内容是大家日常的工作，描述的对象是员工自己平时工作中要预防和控制的危害因素，工作中看得见、摸得

着，对自身有好处，因而员工的兴趣高、干劲足，这项比较艰难的工作也得以顺利地开展。在危害因素辨识过程中，紧密贴近实际，遵循针对性和普遍的指导意义，本着认真查找、精确辨识、准确描述的原则，明显地提高了描述危害因素的准确度和辨识水平。

3.3 深入推进，动态管理

随着危害因素辨识与风险评价工作的推广，不断地将危害因素辨识与风险评价工作向各个领域、各个专业以及各个岗位延伸，衍生出更多的危害因素辨识方法，并将危害因素辨识与风险评价工作紧密围绕生产运行的动态不断更新、发展和完善，实现危害因素辨识工作的动态管理。同时，对客运生产过程中出现的新、改、并、调线路，及时调整辨识方法和内容，辨识行经区域的事故多发区、复杂道路交通环境、交通流量、易出现的违章行为、应急驾驶技术等，发挥优先预防的作用，有效防范交通事故。例如对酒后上岗、雾雪天气不使用雾灯、驾车过程违反交通信号和指示标志、接打手机、不系安全带、超速行车、右侧超车、不按规定超车等违章行为进行辨识。员工在参与辨识后，能够清晰地认识到，这些危害因素给行车安全所带来的一系列风险是每个驾驶员必须加以控制的，只有这样才能有效控制违章，实现真正意义上的安全生产。

3.4 相互促进，整体提高

通过危害因素辨识与风险评价工作的实践，锻炼了专兼职安全管理队伍，全面提升了全员危害因素辨识和风险评价、控制能力，营造出了人人想辨识、人人懂辨识、人人会辨识的良好氛围。制定危害因素辨识工作方案，通过开展将危害因素辨识与风险评价工作定位为标准、简约、实用、便于运行的量化工作，突出重点、抓住关键，不断提升客运生产过程HSE管理水平，努力使油田客运交通安全管理达到同行业管理的先进水平。

4 结语

几年来，客运公司坚持不断创新HSE风险管理理论在油田客运领域的运用，对保证油田客运安全生产起到了至关重要的作用。但是，HSE风险管理是一项系统工程，需要不断探索、不断完善、不断创新，因此，本着认真负责的态度、精益求精的精神，不断摸索前进，仔细斟酌，深入研究，反复推敲，探索论证，在实践中不断总结提高，使HSE风险管理系统真正成为油田客运安全管理的有效措施。

冀东油田滩海试油安全环保控制技术探讨

王爱利　杨　波　刘海龙

（中国石油冀东油田公司　河北省唐山市　063004）

摘　要　安全环保是海洋试油作业的首要前提。滩海试油安全环保控制是一项系统的工程，涉及井筒安全评估、现场控制设备的安装布置、周边海域的有效守护防污、现场监测、防护设施的设置、人员的培训及演练等方方面面。针对冀东海上井特殊的工况条件和敏感的环保井控要求，制定和总结出一套适合滩海试油的安全环保控制技术，符合海洋施工作业 HSE 和井控的要求，最大限度保障了海洋试油的安全环保，对其他油田的海洋试油作业有一定的借鉴意义。

关键词　滩海试油　安全　环保

0　引言

冀东滩海地区特殊的工况条件，对于环境污染极为敏感，安全环保要求更加严格。滩海试油均以自升式或坐底式钻井（作业）平台为载体，平台作业使用面积小，要求试油测试和井控安全环保设备占地面积小；污水处理费用高，要求试油测试期间尽可能地减少污水的产生量；滩海养殖区内 QHSE 的要求更高。因此，做好安全环保控制是海洋试油的首要前提。通过不断总结、应用和完善，形成了井筒安全评估、井口装置优化组合、地面流程安全控制、污油污水的处置、试油期间的防污守护五方面控制技术。

1　冀东油田滩海地区海洋环境的特殊性

海床表层稳定性差、淤泥层厚，承载力低，海底坡度平缓；水浅潮差大，沿岸地区无全天通行航道；部分地区回淤十分严重；风大、风暴潮频繁；冬季气温低，冰情严重；海滩鱼虾池密布，地网张网纵横交叉。

2　冀东油田滩海试油的特点

（1）滩海试油施工作业中，必须充分考虑到天气因素的影响。恶劣的气象直接威胁着平台自身的安全，严重影响着平台正常的施工。同时，作业中又需要守护船、运输船、倒污船、油轮等船舶的配合，上述船舶的正常停靠、运输在很大程度上也取决于天气的好坏。

（2）平台孤立于海上，自身的应急及救援手段受限。陆地后援受到各种因素的制约，难于实现及时抵达、有效地保证，且作业场地狭小，四周是对环境污染极为敏感的海洋，从而对于安全环保要求程度更高。

（3）平台试油的费用较高。在安全条件允许下，立足成熟可靠的工艺技术，尽可能地简化工序。条件允许时，采取同一趟管柱实现射孔、测试、措施改造等多项工序，减少试油的周期。

（4）滩海试油所需的生产物资全部为船舶运输，渠道单一，且依赖于天气条件，周期较长。平台场地有限，试油期间所需各种设备工具较多，不可能一次全部到位，需具备超前意识，科学筹划，优化各项工序的上料和减载时间。

（5）滩海试油需要多单位密切协作，平台定员有限，从而要求尽可能地削减人员，所有作业者必须具备“一岗多能”的素质。

3 冀东油田滩海试油安全环保控制技术

试油是尽可能地将储层内的油气诱导进入井筒，并流出井口的过程。针对冀东油田滩海特殊的海洋环境，依据冀东油田储层的地质特征及油气物性，结合冀东油田井筒实际条件，摸索实践形成了适合滩海试油的安全环保控制技术，从而满足在安全环保的前提下，滩海试油快速高效有序地进行。

滩海试油安全环保控制技术主要涵盖了井筒安全评估、井口装置优化组合、地面流程安全控制、污油污水的处置、试油期间的防污守护五方面控制技术。

3.1 井筒安全评估

3.1.1 试油测试井下工具和管柱安全状态分析

试油测试井下工具主要包括射孔枪、封隔器、测试阀等，施工管柱为油管或钻杆。因试油测试井下工具部件结构复杂，且含有非标准件、非通用件，需根据试油测试的工艺特点和管柱结构组合，分析在坐封、射孔、开关井测试、排液、酸化或压裂、解封等各种作业状态下封隔器等井下工具关键部件的力学载荷、应力和变形，以此了解管柱及封隔器在井下的状态和安全性，从而指导试油测试的设计与现场施工操作，避免因试油测试参数选择不当或操作不规范而导致封隔器失封、管柱不密封、管柱变形甚至断脱等情况的发生。

关注试油测试管柱在内压、外压、轴向力等作用下应力和变形的载荷作用，特别是在温度影响下，井下管柱所发生的产生轴向变形。管柱的轴向变形过大，会引起封隔器失封或过大的螺旋弯曲而使管柱塑性破坏或降低管柱的密封性。

对于深井、高温高压井、大型措施改造井，应在不同工况下的管柱安全状态进行系统的评估，设计管柱材质和性能要求，优化井下工具管柱组合。即使出现最恶劣的状况，如因高压节流导致井口温度低，或大型措施改造时大量“冷液体”入井急剧降温，整套管柱和工具的安全系数仍满足要求，始终处于安全受控状态。

在滩海试油中，为保证试油的本质安全，试油测试管柱需要将套管环空封隔，实现无套压生产。因此，试油测试工艺基本上采用射孔—压控式测试排液联作技术，采用一趟管柱实现环空封隔、射孔、测试、排液等联合实施，多项试油工序一次实施。测试选择可承受较高压差的封隔器，如 RTTS、JS 封隔器，能够保持环空的长期稳定封隔。而广泛使用的压控式测试阀，是通过环空压力实现井下开关井，无需活动管柱和拆卸井口，降低了劳动强度及作业风险。在应急情况下操作环空压力，关闭井下测试阀，控制地层流体的流出，从而大大提高了井控安全系数，降低了风险，在深井，高温、高压井，浅井、超浅井，大斜度井中应用广泛并发挥着至关重要的作用。

3.1.2 套管柱安全状态分析

套管柱需要进行抗内压及抗外挤强度的校核，以判断套管在各种工况条件下满足试油测试的要求。结合单井的井身结构特点、钻完井施工情况、待试储层特点、射孔工艺、测试工作制度等因素，进行射孔套管剩余强度分析和套管在试油过程中的工作载荷及使用性能分析。

套管柱安全状态分析的关键是组合悬挂套管和射孔段套管的受力安全系数推算。原因在于组合悬挂套管为全井筒套管的薄弱点，与未射孔套管相比，射孔孔眼的存在使射孔段套管的承载能力有所降低。通过地层压力、压井液比重和测试压差，综合考虑到钻完井过程中钻具对于套管的磨损程度，计算出套管薄弱段所承受的最大内压和外挤值是否在安全范围内。同时，根据壳体力学理论、应力集中理论、断裂力学理论，计算在设计要求的枪（弹）型和布孔方式下，射孔段套管剩余承载能力。

3.2 井口装置优化组合

3.2.1 一体化井口

试油因其工序繁杂需频繁拆装井口。由于海上钻井或作业平台受特殊作业环境和空间的限制，平台每拆装一次防喷器组和安装采油树，都需要拆装节流压井管汇，前后左右移动悬臂梁吊装井口，拆装一次井口需二十几个小时。在拆装期间井口在无任何安全保障措施的条件下，长时间处于失控状态，对于已射开的油气层来说始终存在着巨大的安全隐患。而拆装作业程序繁琐、工作量大，海上舷外吊装作业风险也大。

为了解决上述这些问题，根据不同的平台量身定制两组转化法兰，将套管头、防喷器组、采油树三者进行连接，形成试油试采一体化井口装置。试油试采一体化井口装置的使用，一次安装试压后，后续施工中将不再拆卸，缩短了作业周期，提高了试油时效，消除了在更换井口过程中存在的安全隐患，根本上实现井口安全可控。

3.2.2 试油井控设备及辅助设施

试油测试严格按照海洋钻井井控设备及辅助设施的要求进行配备，包括远程控制台、防喷器组、内防喷工具、压井管汇和节流管汇及相匹配的闸门、井控监测仪器、防护设施、液气分离器、分流器、液面报警仪、可燃气体和硫化氢监测仪、正压式呼吸器等。

防喷器组应至少配用一套包括一个环形防喷器、一个全封闸板防喷器、一个半封闸板防喷器、一个剪切闸板防喷器组。受平台空间的限制，闸板防喷器应采用液压锁紧机构。平台井控设备配备的压力等级要求，应符合如下规定：闸板防喷器额定压力不低于70MPa；环形防喷器额定压力不低于35MPa；节流管汇、压井管汇额定压力不低于70MPa；放喷、压井管线额定压力不低于70MPa。

试油期间所安装的采油树应按照本体工作压力等级值进行试压，要求分别进行水密和气密试压。现场安装后，对井筒及采油树分别进行高、低压试压。平台应配备高压泵和氮气橇。

若试油施工管柱使用油管，防喷器内通径的几何尺寸大于入井工具的最大外径值，防喷器半封闸板与施工管柱的外径相匹配，或者配备与防喷器闸板相匹配的防喷单根。

3.3 地面流程安全控制

试油测试地面流程中包括主测试流程、主放喷流程、辅助放喷流程、试压流程以及协助放喷流程，另外还有套管放喷流程与反循环压井流程。

主要设备包括：采油树（或测试树）、地面安全阀（ESD 控制系统）、油嘴管汇、热交换器（蒸汽锅炉）、高压三相分离器，分离出的液体进入计量罐计量，通过输油泵由平台外输至油轮或倒污船中，而天然气流经燃烧臂，经燃烧器放空燃烧。

3.3.1　地面监测系统

在测试过程中，通过安装在试油测试地面流程上的压力和流体传感器等装置，自动采集监测井口、紧急关断阀、套管、油嘴管汇上下游、热交换器、分离器等区域的压力、温度和流量等各项参数，远程进行自动监测、报警及计量工作。

平台必须安装火灾、硫化氢和可燃气体监测报警系统，而通过安装在辅助流程上的各种变送器及探头来进行安全环境监测、设备运转状态的监测和视频监控。

3.3.2　紧急关断系统

远程控制系统自动控制紧急关断阀（ESD）、井下安全阀的工作状态，当试油过程中发生异常情况时可实施远程紧急井口和井下关井，保证安全生产。

在平台的所有易燃危险区均安装了易熔塞回路。当平台发生火灾事故时，环境温度上升至易熔塞的熔化温度，易熔塞可熔化泄压并切断系统回路，与此同时启动地面控制系统自动关闭油井，最大限度地确保平台安全，保护海洋环境。

3.4　污油污水的处置

滩海敏感的安全环保环境，要求试油期间产出的原油回收、天然气燃烧排放，而产生的泥浆、压井液也要在收集后海运至陆地指定场所处理。因此，试油所生成的污油污水处理是滩海试油环保工作的重要内容，油、气、水绝对不能落海，确保做到零排放、零污染，防止对周围海洋环境造成污染。

地层所产出的流体，经三相分离器分离后，液体部分（油、水）进入密闭环保计量罐，酸液需加碱搅拌中和成中性，缓冲计量后，通过输油泵由平台外输至油轮或倒污船中。平台外输管线接头采用法兰连接，并安装保险绳套，保证舷外管线的泄漏。另外，外输管线与油轮或倒污船的结合部位配备快速脱离装置，确保在大风大浪等应急状态下，船舶能够快速解缆脱离平台。

天然气流经燃烧臂，经燃烧器放空燃烧。平台燃烧器主要用于海上试油作业，是海上平台不可或缺的关键设备。燃烧器要求达到充分燃烧，符合大气排放标准，达到绿色环保要求。而为了避免因风向改变所造成燃烧火焰对于平台船舷的高温炙烤，由防火罩及海水喷淋系统形成双级水幕，平台船舷也配备海水喷淋水幕，共同作用将天然气燃烧处理过程中的热能与平台有效隔离，保证操作人员和设备的安全。

3.5　试油期间的防污守护

试油是打开油气层后，在受控状态下将地层流体诱导至井口的过程。与钻井正压钻进截然不同，在试油测试过程中，特别是放喷求产或压裂和酸化等措施改造期间，油井处于高压状态。同时，恶劣的气象直接威胁着平台自身的安全，严重影响平台的正常施工。而平台孤立于海上，自身的应急及救援手段受限，为保证海上作业的人员、平台安全，阻止原油落海，避免污染扩大化，海上试油施工作业中需配备防污船和守护船。

3.5.1　试油防污要求

试油施工前做出针对性的溢油应急计划，并逐级审核、审批。防污船具备所在防污海区的适航能力，平台和守护船配备的各类防污物资，包括围油栏、吸油毡、化学消油剂等设施齐全。

3.5.2　现场守护要求

守护船应具备所在守护海区的适航能力，甲板有足够空间的营救区，并应有明显的标志。为应急救助、撤离人员，需配备担架、长柄钩、抛绳器、救生圈、急救医疗用品、救助艇、探照灯等设备和器具，并至少有一种方式的通讯设施能保证守护船随时与被守护的钻井平台及陆岸基地通讯联系。

4 结语

（1）滩海试油安全环保控制是一项复杂的系统工程，应贯穿在试油地质工程设计、应急预案中。试油测试中严格控制过程，加强关键点源和重点部位的监测和控制，相关方履行属地管理职责，共同做好海洋安全环保工作。

（2）实现滩海试油的安全环保和清洁生产，要立足于试油施工前的前期准备工作，根据不同的井层、海域环境、平台布局、试油工艺等因素，进行井筒安全评估、井口装置优化组合、地面流程安全控制、污油污水的处置、防污守护等各项工作的准备。

（3）滩海试油安全环保控制应强调日常的预防和事前的评估工作，未雨绸缪，防患于未然。平台和试油各施工方加强定期演习（消防、弃平台、人员落水演习）和不定期演习（防喷演习、防硫化氢演习、溢油回收演习、有毒物质的溢漏演习、限制空间营救演习、人员救护演习、防台演习、防冰演习等），切实提高应急演习的效果和目的，规范应急演习的行为。

参 考 文 献

[1] 王爱利，赵江援，任斌斌，等．冀东油田海上试油快速排液工艺浅析［J］．油气井测试，2011，1.
[2] 鹿成亮，许亚东，吴军，等．南堡油田滩海试油测试技术的综合应用［J］．油气井测试，2008，6.
[3] 苏小华，胡涛，李清伟．海上石油钻井平台燃烧器的国产化及应用［J］．石油机械，2009，7.

聚合车间丙烯腈罐区安全风险分析

袁宗辉　周　倜

（中国石油大庆石化公司　黑龙江省大庆市　163714）

摘　要　通过科学手段分析了聚合丙烯腈罐区存在的各类风险；结合安全分析与风险评价技术，阐述了安全及科学管理的重要作用和深远意义；评价了从科学角度进行分析、从根本上杜绝事故发生的创新理论；研讨了人的安全生产与科学管理之间的重要联系；介绍了弘扬与倡导安全文化的概况及深刻的时代内涵；提出了化工生产过程中开展科学管理的希望和建议。最后强调：营造一个安全、少灾、无害、和谐的社会，要靠安全科技繁荣与发展，深入分析安全风险的作用，既现实，又长远，随着化工生产的规模化和科学化管理的不断壮大，安全科学必然成为保护人民身心安全与健康、保障社会稳定、促进安全文明生产的精神支持和物质动力。

关键词　风险评估　分析　评价技术　火灾爆炸

0　引言

原料储存装置与设施的安全管理工作是石油化工生产企业安全管理的重点工作，但是由于涉及装置的建立时间和新标准、新规范的推出时间导致各类石化企业的现实状况存在不同程度的差异性。本文针对中国石油大庆石化公司（以下简称“大庆石化公司”）腈纶聚合装置丙烯腈和乙酸乙烯酯混合罐区的设计与管理现状，进行综合性的安全分析与评估。

1　概述

大庆石化公司腈纶聚合装置是采用美国氰胺公司专利技术两步法水相悬浮聚合工艺，生产原料以丙烯腈为第一单体，乙酸乙烯酯为第二单体，在氧化还原体系中引发，以巯基乙醇为链转移剂的自由基聚合生成聚丙烯腈。聚合装置由美国 Chemtex 公司做初步设计，上海纺织设计院进行施工图设计，大部分设备由日本川琦重工制造，核工业部二十三公司施工。

聚合装置原料储罐区设置在聚合装置东北方向，距离装置 100m，罐区共有储罐七个，其中三个 400m^3 丙烯腈储罐，两个 235m^3 和一个 400m^3 的乙酸乙烯酯储罐，罐区的南侧有一个 110m^3 的硝酸储罐。

2　原料罐区安全风险性分析

2.1　丙烯腈原料储罐

丙烯腈：Acrylonitrile

分子式：C_3H_3N　　相对分子质量：53.06

理化性质：无色易流动的液体，微溶于水，能溶于丙酮、四氯化碳、乙醇、乙醚等有机溶剂。水解生成丙烯酸，还原生成丙腈。纯品易自聚，在缺氧或暴露在可见光情况下，更易聚合，在浓碱存在下能强烈聚合，能与乙酸乙烯、氯乙烯等单体共聚。

相对密度：0.8004（20℃）　熔点：－83℃　沸点：77.3℃

蒸气压：13.33kPa　闪点：－5℃　自燃点：481℃

爆炸极限：3.05%～17%

爆炸等级为ⅡB级，属于含氮化合物，毒物组别为T1级。丙烯腈原料储罐相关参数见表1。

表1　丙烯腈原料储罐相关参数

设计温度	46℃	工作温度	26℃
筒体材质	SS41	有效容积	400m^3
隔热保温厚度	100mm	隔热保温材料	H102
投产日期	1988年7月	筒体厚度	6.8mm

2.2　乙酸乙烯酯原料储罐

乙酸乙烯酯：Vinyl acetate

分子式：$C_4H_3O_2$　相对分子质量：86.09

相对密度：0.93　熔点：－100℃　沸点：72.7℃

蒸气压：13.3kPa　闪点：－7.78℃　自燃点：426.7℃

爆炸极限：2.6%～13.49%

爆炸等级为ⅡA级，属于含氧化合物，毒物组别为T2级。乙酸乙烯酯原料储罐相关参数见表2。

表2　乙酸乙烯酯原料储罐相关参数

设计温度	46℃	工作温度	26℃
筒体材质	304L	有效容积	235m^3，400m^3
隔热保温厚度	100mm	隔热保温材料	H102
投产日期	1988年7月	筒体厚度	568mm

3　爆炸危险性分析

3.1　液态介质受热超过临界温度发生爆炸

在密闭的金属容器中，液态介质都处于其临界温度之下，因为超过这一温度，热和压力都不能将气体液化，同样，如果液态介质在火灾中受热辐射作用温度逐渐上升超过了其固有的临界温度，必然要吸收蒸发潜热向气态转变，这个相变过程会使其内部压力急剧升高，待液体完全气化之后，其压力一般将上升至几百个大气压，使容器因超压而爆破。这种情况大多会出现在相邻储罐发生火灾爆炸情况中，由于聚合装置原料罐区为混合罐区，此种情况必须在安全防范过程中加以考虑。

3.2　液态介质接触高温介质发生爆炸

低沸点液态介质接触相对温度较高的物质之后，会急剧升温至沸点以上而迅速气化，这时会发生另一种类型的爆炸，称为接触型蒸气爆炸。1995年大庆石化公司该装置乙酸乙烯酯储罐曾经发生过由于氮气吹扫过程中，操作人员失误而造成氮气长时间通入储罐，使乙酸乙烯酯液面温度急剧升高，由于当时储罐内液位较高，因此内部没有形成爆炸空间，但是造成了乙酸乙烯酯在储罐内爆聚，经济损失很大。

4 发生超压区域爆炸模型的建立

4.1 沸腾液体扩展蒸气爆炸（BLEVE）

压缩的液体突然泄漏到大气中去时，由于容器受到冲击时可能产生火花，如果介质易燃，那么泄漏的物质将被点燃并形成一个火球，产生沸腾液体扩展蒸气爆炸。由于聚合装置原料罐区总体储量达到2070m^3，单个储罐也达到400m^3，因此可能形成大规模、大容量的BLEVE，所以完全有必要通过计算机建立一套爆炸模型分析系统。

4.2 非受限蒸气云爆炸（UVCEs）和闪火

通常非受限蒸气的爆炸和闪火发生在易挥发的、易燃的材料泄漏到大气中，扩散到能被点燃的程度时。一般闪火发生在蒸气云含量少于1t的物质被点燃时，UVCEs和压力波发生在较大的泄漏并被点燃时。由于原料罐区储存介质的实际，物理爆炸和受限爆炸模型在分析和制定控制方案过程中可以不进行考虑。

目前聚合原料罐区已经进行爆炸模型数据分析，运用计算机程序模拟爆炸冲击波和扩散模型。但是其他作用如飞射碎片的产生是很难模拟的，此类影响在制订应急计划和控制措施过程中应加以考虑。通过对邻近单位人员和设备设施的控制，降低非模型控制范围的影响。

5 原料罐区区域概况

区域内物质的火灾危险性特征包括工艺特征和设备特征，分别见表3和表4。

表3 工艺特征

物料名称	闪点,℃	自燃点,℃	爆炸极限	危险性
丙烯腈	-5	481	3.05%~17%	化学活性、毒性
乙酸乙烯酯	-7.78	426.7	2.6%~13.4%	化学活性、毒性

表4 设备特征

序号	设备名称	型号规格	数量	安装地点
1	防爆灯	B3C	8	室外
2	AN储罐	7.63×9.65/6，8	3	室外
3	VA储罐	6.45×7.9/5，6，8	2	室外
4	VA储罐	5D×9.65H/6mm	1	室外
5	HNO_3储罐（停用）	4.6×6.26/5，6，8	1	室外

建筑耐火等级：围墙为砖石混凝土结构，属非燃烧体。

6 耐火等级

6.1 区域火灾危险性类别

依据 GB 50058—1992 第 2.2.1 条、第 2.2.3 条、第 2.2.4 条、第 2.2.5 条、第 2.3.8 条，确定释放源的级别、位置、通风条件，结合生产的火灾危险性划分表及大庆石化公司最高火灾危险性类别的特征，确定原料罐区火灾危险性区域属于甲类。

6.1.1 释放源的工艺条件

介质：丙烯腈、乙酸乙烯酯和硝酸；温度：环境温度；压力：常压。

6.1.2 泡沫消防系统简介

（1）泡沫消防系统组成由消防泵、氟蛋白储罐、通向各处消防管线、消防柜、消防喷头组成。

（2）泡沫消防系统是将消防水利用消防泵增压，使其达到一定的高度，从而消灭初起火灾。

（3）消防泵有三种启动方式：手动启动、自动启动、室外设置的卫星站启动（卫星站有两个）。

（4）消防泵参数：流量 $75m^3/h$，功率 115 马力，柴油 35 号，三级离心泵，操作压力 0.6MPa，最高压力可以达到 1.2MPa。

（5）水成膜泡沫储罐正常储量为 $0.85m^3$（$1.35m^3$），配电盘电压为 12.5V。

6.1.3 操作人员经过系统培训，操作技术和操作经验达到良好水平

（1）每周二由车间安全监督负责全面检查泡沫系统的备用情况，做好检查记录。

（2）聚合岗位人员及班长负责罐区、消防间所有灭火设施的备用情况。

（3）聚合岗位人员由班长、聚合岗长负责每两小时巡检并将巡检内容写在交接班日记上。

（4）要求聚合车间所有员工必须知道消防系统流程、组成、用途和操作方法。

（5）各条消防管线通往各处的阀门在出口管线处的墙上有明显标识。

（6）每年至少进行两次大规模消防演练。

（7）进入冬季前利用工业风将消防管线内积水排净扫线。

（8）水成膜泡沫每八年更换一次，柴油机每两年检修一次，每周启动一次消防泵并有相关记录。

6.2 原料罐区火灾危险性区域范围

原料罐区火灾危险性区域范围有 $7201m^2$。

6.3 火灾级别

依据 GB 50160—1992 第 2.0.2 条和附录三，火灾级别定为甲 B。

7 安全防护系统概述

7.1 大庆石化公司生产装置事故预防及紧急救援系统

大庆石化公司生产装置事故预防及紧急救援系统由哈尔滨工业大学组织多名专业技术人员应用地理信息系统对聚合装置和丙烯腈罐区进行了地理标定，同时制定详细的应急救援与相应方案。

7.2 重大危险源监控档案

重大危险源监控档案见表5。

表5 重大危险源监控档案

名　称	聚合车间原料罐区
部位	聚合车间东北方向40m处，回收车间南侧25m处
基本情况	原料罐区共有储罐7个，3个丙烯腈储罐，3个乙酸乙烯酯储罐，1个硝酸储罐，消防喷淋系统和泡沫灭火系统
危险类型	(1) 存放的是丙烯腈、乙酸乙烯酯，高温下易爆聚造成重大损失； (2) 原料罐区火灾危险性区域属于甲类，遇到明火发生火灾爆炸； (3) 连接部位、管线泄漏污染周边环境； (4) 连接部位、管线泄漏导致作业人员中毒； (5) 储罐外溢造成作业人员人身伤害
发生原因	(1) 暴聚：夏季室外温度过高； (2) 火灾爆炸：施工作业或自然原因并伴随接地不良； (3) 泄漏：连接件损坏或垫片损坏； (4) 泄漏：作业人员操作不规范导致物料泄露； (5) 外溢：罐体破损或卸料过量
安全风险评价	矩阵法评价为4级
目前已有风险削减措施	(1) 罐区有良好的喷淋设施； (2) 设有消防泵站、报警器等消防设施； (3) 每天两小时巡检一次，同时自控时刻关注液位与报警器； (4) 操作人员经过系统培训，操作技术和操作经验达到良好水平； (5) 严格控制卸料液位小于80%

7.3 QHSE安全风险评价报告

通过安全风险评价报告将日常操作存在的安全风险（采用LEC和事故风险评价技术）、安全操作规程、安全防护技术等安全资料整合后下发岗位，组织岗位操作人员学习并执行。

7.4 日常安全管理

结合日常安全监察和安全考核强化日常管理工作。

8 结语

化工产业的安全文化应该成为工业安全生产和安全、无害、持续发展的典范。安全第一的原则、安全至上的道理，在实际运用过程中企业和行业存在不同的差异，但是运用科学的分析方法对存在的安全风险进行分析与评价已经成为国际通行的强调本质安全的基本手段。目前我国国有大型石油化工企业普遍推广的HSE（健康安全环境管理体系）核心也是通过科学的分析手段对存在的风险进行识别与评价。本文通过对大庆石化公司的丙烯腈罐区可能存在的安全风险进行了全面的分析，溯本逐源，从根本上解决存在的安全风险，实现本质安全，营造一个安全、少灾、无害的安全生产环境，同时也为中国石化企业的发展与壮大尽绵薄之力。

乙醛生产过程中危害因素分析及对策

梁　凯　王桂英

（中国石油吉林石化公司　吉林省吉林市　132022）

摘　要　乙醛具有易燃易爆特性，乙醛生产过程是烃氧化高危生产过程，易出现安全事故。本文从生产工艺、设备、人的方面入手，分析了乙醛装置可能产生的危害因素，结合生产实际，提出了减少和降低风险的具体措施和手段。

关键词　乙醛　安全　生产

0　引言

中国石油吉林石化公司电石厂（以下简称“电石厂”）乙醛装置采用德国赫斯特公司的技术专利，是目前国内唯一一套采用乙烯氧化法制乙醛的生产装置。乙醛装置无论原料、产品、副产物均具有易燃易爆特性，因此正确识别出乙醛生产过程中的危害因素，并采取有效应对措施，对乙醛装置长期安全平稳生产显得尤为重要。

1　乙醛装置生产过程中的危害因素分析

中国石油吉林石化公司电石厂乙醛装置自开车以来，不断地消化吸收引进技术，通过一系列的技术改造和工艺调优，形成一套先进的自有核心技术，使装置的各项经济技术指标达到世界一流水平。乙烯、氧气、蒸汽等主要物耗都优于德国专利厂赫斯特公司的乙醛装置，达到国际先进水平。

1.1　工艺方面危害因素分析

乙醛装置工艺反应单元在运行中经常发生突然产生大量 CO_2 的完全氧化反应（以下称为“亚燃烧反应”）。亚燃烧反应是乙醛装置工艺运行方面的重要危害因素，它不但对安全生产构成威胁，而且严重影响了乙醛的消耗定额，如 $PaCl_2$、$CuCl_2$、乙烯、氧气等的定额都会上升。为解决这一问题，1994 年国内同类装置曾共同邀请德国专利厂赫斯特公司乙醛工厂专家斯坦比西博士来吉林石化公司，对燃烧反应问题进行专题研讨。研讨中对产生燃烧反应的原因及如何彻底避免没有形成一致认同的意见，只是与会者多数认为“亚燃烧反应”成因中衬砖脱落是关键因素，也提出了尽量避免产生更为严重的后果和连锁停车的处理方案。

乙醛装置反应单元流程简述：乙烯、氧气在反应器里催化剂 $PaCl_2$、$CuCl_2$ 盐酸水溶液的作用下，在压力为 0.35MPa、温度为 125℃ 的条件下反应生成乙醛。乙醛由工艺气体吹出，经一、二、三级冷凝，最后由吸收塔吸收，制取质量分数为 8% ~11% 的粗乙醛。反应系统生产的粗乙醛送入蒸馏系统，经脱轻组分、脱重组分，最后制成纯乙醛产品。为保持反应器里催化剂活性，反应系统连续采出催化剂到再生系统，加氧高温氧化分解催化剂中的高聚物和草酸铜后，返回反应系统。

1.1.1 亚燃烧反应现象描述

一步法乙烯直接氧化制乙醛装置的亚燃烧反应，在国内外装置中都发生过。发生频率大时为每周十几次，发生频率小时为每年数次（据统计电石厂从2007年以来共发生二氧化碳升高现象46次）。每次发生时，从工艺条件上分析，没有任何前兆反应，都是在工艺运行非常平稳的情况下突然发生。发生后，在数十秒内，循环气氧气含量降低，乙烯含量迅速下降到连锁停车值，系统压力迅速上升到连锁停车值。燃烧反应可以使循环气中的 CO_2 含量达到30% ~40%（正常值12% ~15%）。如果作业人员发现不及时，处理不当，就会发生连锁停车。燃烧反应的实质就是乙烯的完全氧化反应。反应后由于生成了大量 CO_2，使系统温度、压力升高，发现不及时或没有采用安全措施就会发生爆炸。

1.1.2 亚燃烧反应的危险性

亚燃烧反应生成大量的 CO_2，破坏了系统内各组分含量的平衡，不仅会对后续设备造成严重腐蚀、催化剂活性降低、各物料消耗定额上升，更有可能因处理不当造成装置联锁停车、甚至发生火灾爆炸等重大险情事件。

由此可见，亚燃烧反应的危险性极大，是乙醛装置工艺方面的重要危害因素。因此，减少亚燃烧反应的发生对乙醛装置安全平稳生产起着至关重要的作用。

1.2 设备方面危害因素分析

乙醛装置催化剂中含有铜离子、钯离子、盐酸等介质，且温度较高（130℃），催化剂长时间与设备、管线接触后，会对设备产生一定腐蚀性，对安全生产不利，如2009年12月14日反应器下封头泄漏事件、2010年8月19日再生器法兰面泄漏事件、2010年11月30日B装置再生器上封头突然泄漏等，都是由于设备与含酸性催化剂介质长时间接触造成的。另外，乙醛装置仪表、电气方面也曾出现过多起险情事件，从2007年至今，仪表、电气方面发生的险情事件共有25起。在这些事件中有仪表误动作引发的险情事件，如2007年7月9日B装置因FR－1203指示失灵；2007年8月24日B装置因AR－1106电源损坏，造成反应系统停车；2008年1月12日B装置因气温低紧急停车按钮HS－000出现故障，造成反应单元联锁停车等事件。还有因维护管理不到位引发的险情事件，如2010年7月28日B控制室仪表柜爆鸣事件，2010年9月15日、16日因电气维护原因造成B装置停车，2011年2月23日更换UPS造成装置停车等。

1.3 人方面危害因素分析

美国著名安全工程师海因里希曾调查过75000起工业伤害事故，发现98%的事故是可以预防的，在可预防的工业事故中，人的不安全行为导致的事故占88%，由此可见，人的不安全行为造成的事故比例远高于物的不安全状态造成的事故比例。如1998年2月25日，电石厂车间安排白班内操人员联系仪表工调校1102、1103、1104三块氧含量表，由于仪器组更换了新人在室内校表，虽然通知内操要校表，但内操人员误以为此次校表还是按以前经验先校1103、1104氧含量表，后校1102氧含量表，随后内操人员开始将系统进行桥接，并进行记录。而此时仪表工并没有像内操人员想象的步骤进行校表，而是直接校1102氧含量表，由于内操人员没有及时发现这一细微变化，当时氧气调节阀开关仍然用1102氧含量表调节氧气流量（正常情况下，氧含量表与氧气进料阀为串级操作），致使系统内氧含量迅速下降到8.5%（正常情况下，系统内氧含量达到8.0%就应停车），内操人员虽然采取了措施，开大放空，但始终未能有效降低系统内氧含量，幸亏值班长进控制室发现及时，摘下串级，手动关闭进氧，才避免了装置出现停车及火灾爆炸险情事件（经事后测算，设备内可燃气体已经达到爆炸极限）。

2 采取的措施和方法

2.1 工艺方面亚燃烧反应采取的措施方法

2.1.1 提高岗位人员判断亚燃烧反应现象的能力

发生亚燃烧反应时，控制室盘上画面显示为 PDR1417 突然升高，随之 PC1416 升高，氧气流量增加，乙烯流量下降，循环气乙烯和氧气含量下降，滞后一段时间后 CO_2 含量升高。

2.1.2 明确亚燃烧反应现象处理的步骤

桥接，摘除 FC1204 串级，关闭 FC1204；现场关闭 9712，反应系统强加盐酸 300L；调整放空量及 PC1416，稳定系统压力及循环气乙烯含量。处理过程中应注意合理调整放空量和乙烯加入量，防止系统压力超过 0.45MPa。及时调整火炬加蒸气量，尽量避免冒黑烟；FC1206 调至手动，适当降低至 5000 ~ 6000m^3/h 为宜。循环气乙烯含量达到 80% 以上，氧含量小于 1%，重新组织进氧；调整进氧量，使循环气氧含量尽快达到 4%，稳定后 FC1204、投入串级，调整各工艺参数正常，投入联锁。

2.1.3 定期内部协调

定期召开催化剂攻关会，形成了统一的意见和调整操作手段，避免因意见不统一，造成催化剂状态恶化，影响装置安全平稳生产。

2.1.4 外部沟通协商

与吉林石化公司、电石厂相关科室沟通协商，尽量减少负荷调整和原料质量出现问题。

2.2 设备方面危害因素采取的措施方法

从设备本质安全入手，应注意以下几点：首先要稳定工艺操作，尤其是对温度、压力方面的调整，操作要避免大起大落，严格执行操作规程，特别是当装置出现异常情况时的监盘操作，要考虑操作可能对设备造成的影响；其次要利用检维修时机，对易损设备、管线进行检验检测，做到早发现早处理；最后要重视仪表、电气人员维护方面的一些操作，不仅要现场有化工人员进行监护，控制室人员也必须掌握仪表、电气人员检修进度，检修部位及可能对装置造成的影响。

2.3 人为方面危害因素采取的措施方法

2.3.1 加强教育和培训

利用一切时机加强对岗位人员的培训和教育，培训教育应从多角度进行，如工艺、设备、安全、心理、环境等方面。

2.3.2 现场监护过程中，要安排责任心强的人员负责监护

监护过程要严格执行“八个到位”，即风险识别到位、作业票证书到位、安全设施到位、劳动保护到位、施工质量到位、现场监护到位、行使权力到位、清理现场到位。

3 结语

乙醛装置生产过程中危害因素产生有很多方面，只有正确掌握其应采取的措施和方法，规范各种操作，才能确保装置长周期安全稳定运行。

循环水排污水回用技术应用研究

王作有　徐洪海

（中国石油吉林石化公司　吉林省吉林市　132022）

摘　要　为解决目前化工企业水资源短缺问题，降低化工企业外排污水对环境的污染，降低排污水的处理成本，本次研究以循环水排污水为处理对象，对其进行水质分析，研究絮凝—气浮—过滤一体化预处理与倒极电渗析脱盐为核心的循环水排污水深度处理新工艺的应用。该工艺可将化工企业循环水装置外排污水处理后，达到工业循环冷却水补充水的水质要求。本文对循环水排污水的回用技术进行了可行性分析，并对技术应用性进行评价。

关键词　排污水回用　倒极电渗析　絮凝—气浮—过滤一体化

1　循环水技术概述

我国是一个贫水国家，缺水状况十分严重。随着科技的飞速发展和工业化水平的提高，合理利用水资源已经摆在了工业发展中的重要位置。随着工业用水量日益增大，水资源越来越成为制约城市和工业发展的桎梏，而工业冷却用水占工业总用水量的70%左右，提高循环冷却水节水工艺尤为重要。

提高浓缩倍数运行是目前公认的有效节水方法，但随着浓缩倍数的提高，循环水系统结垢和腐蚀因子也随着成倍上升。在循环水系统设计合理及排除影响浓缩倍数提高的因素情况下，通过不同的途径虽然可以将浓缩倍数提高至5~6，但实际上许多地方不可能将浓缩倍数一下子提到5~6时，这是一个循序渐进的过程，即使达到5~6倍也需要排污。假设循环水系统循环水量30000m^3/h，干球温度为28℃，进出水温差为10℃，浓缩倍数控制5~6，排污量仍可达到90~120m^3/h，循环水量越大，排污量也越大。因此开展循环水污水回用技术，实现循环水污水零排放势在必行。同时由于循环水系统每四年检修一次，系统内的各种有机物和粘泥逐渐积累，必须通过排污才能保持系统的水质指标，与节水低耗的运行要求明显背离。

循环水排污水回用技术的选择，直接关系到处理后出水的各项水质指标能否稳定可靠地达到《再生水用作循环水冷却水的水质控制标准》（GB 50335—2002）的要求、投资和运行成本是否节省、运行管理及维护是否方便、占地指标是否较低等，因此，循环水排污水回用技术方案的分析对比是循环水排污水回用成功与否的关键。

针对目前吉林石化公司乙烯厂（以下简称“乙烯厂”）循环水场状况，本研究采用絮凝—气浮—过滤一体化预处理结合倒极电渗析脱盐工艺对循环水排污水进行处理，有效降低水的浊度、硬度、含盐量和碱度等水质指标，经处理后的淡水各项指标均达到《再生水用作循环水冷却水的水质控制标准》（GB 50335—2002），浓水主要水质指标达到《污水排放综合标准》（GB 8978—1996）一级标准。

2　乙烯厂循环水排污水电渗析脱盐预处理设计

2.1　循环水排污水预处理设计原理

絮凝—气浮—过滤一体化设备主要起固液分离作用，达到降低浊度、悬浮物含量、

COD、色度等目的。

通过化学絮凝使水中胶体以及悬浮物脱稳，形成絮体矾花，为实现固液分离提供条件。溶气系统中，在一定的工作压力条件下，空气最大限度地溶入清水（回流水）中，通过快速减压释放，可形成直径在 30 ~ 50μm 的微气泡。

预处理单元利用溶气系统产生溶于水中的微气泡，与絮凝水中的悬浮物絮体粘合在一起，通过改变固液界面对表面张力、降低固液界面能等作用有效实现固液分离，悬浮物随微气泡一起上升至水面，形成浮渣由刮渣系统排出，使水中的悬浮絮体得以去除；大颗粒沉降经过滤料过滤后，反洗从排污口排出。针对循环水高含盐、高 pH、高腐蚀性等特点，在脱盐处理工艺中，核心是去除排污水中的浊度、悬浮物、COD。经以上两种作用后，水中的悬浮物含量和浊度大幅降低，同时降低部分 COD。

2.2 除盐单元的工艺设计

循环水排污水回用技术是一种处理含盐污水创新技术，其结构由混合室、释放器、第一反应区、过渡区、第二反应区、无极电渗析等部分组成。预处理后的污水加入酸进行 pH 值调节，加入防止极膜结垢的阻垢剂后，进入电渗析除盐单元。

2.3 絮凝—气浮—过滤一体化预处理工艺流程

从循环水装置排出的排污水加入絮凝剂，进入絮凝反应池中，经过快速絮凝反应，形成悬浮絮体进入气浮池，悬浮絮体在池底进入上浮的微气泡作用下上浮到水面，形成浮渣由刮渣系统排出。带有大颗粒杂质的水进入中间缓冲池缓冲后，进入到过滤池进行过滤。缓冲池一部分水回到溶气系统，在溶气罐内水和压缩风进行加压混合溶解空气，然后进入气浮池底部，为气浮所使用。过滤出水加入酸来调节 pH，加入阻垢剂，然后进入电渗析进行脱盐，脱盐后的清水直接回用作为循环水补充水，浓盐水则直接排入到污水管线中。

2.4 污水回用处理单元工艺流程

结合预处理和脱盐流程，形成了排污水回用处理单元，如图 1 所示。

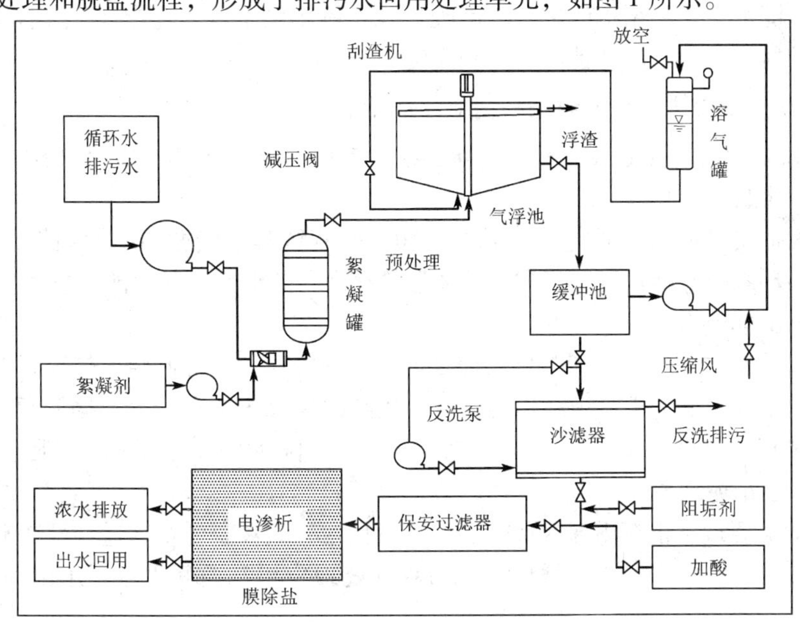

图 1　排污水回用处理流程图

3 循环水排污水处理技术优点

循环水排污水回用技术在吸收国内外先进技术优点的基础上，针对传统工艺存在的问题和不足做了改进，以提高设备的性能和适用性。

3.1 预处理采用絮凝—气浮—过滤一体化设备

和污水相比，由于循环水排污水低浊度、低SS、低COD的水质特点，以及频繁倒极电渗析对进水SDI容忍度高的特点，采用化学絮凝—气浮—过滤的预处理工艺满足后续处理要求。

3.1.1 循环水系统不增加任何离子，符合绿色、循环经济和可持续发展要求

絮凝过程采用有机高分子絮凝剂，不仅其用量小，且溶于水后的密度和水相当，由于气浮作用，主要以絮凝物形式存在于气浮池上层，通过刮渣系统和过滤双层作用，不进入后续工段。

3.1.2 设备高度集成，停留时间短的特点，大大减小了占地面积

由于一体化设备对絮凝、气浮、过滤三种工艺进行了有机组合、集成，具有停留时间短的优点，和电絮凝工艺相比，其停留时间不足电絮凝工艺的1/4，大大减小了设备的占地面积，其占地面积仅为常规电絮凝工艺的1/4左右。设备污水处理成本远低于超滤、反渗透等膜处理设备，出水水质适合作为循环水补水使用。

3.1.3 滤料选择性多，可适合不同水质

可以根据需要选择不同的滤料或滤料组合满足不同的处理要求，如选用锰砂滤料可以达到降低循环水铁含量的要求。

3.1.4 减少缓冲池投资和占地，实现在线反洗，24小时连续运行功能

常规过滤工艺在滤料堵塞、压差升高至一定程度时需要停车对滤料进行反洗，由于反洗时不产水，因此常需设置一定体积的缓冲池以稳定给后续工艺的供水。而循环水排污水回用技术通过对过滤池合理的结构改进和控制改进，一体化设备可以连续24小时均匀产水，实现在线反洗功能，减少了缓冲池的占地和投资。

3.2 从工艺和结构上进行技术改进和创新，抑制结垢

(1) 酸和阻垢剂交替加入，不仅抑制了结垢趋势，同时缓解二氧化硅胶体的产生以及异养菌的大量生长。

酸和阻垢剂交替加入，通过控制 $LSI < 2.0$，有效缓解了碳酸钙结垢趋势，同时缓解了单纯加酸时循环水中硅酸盐以二氧化硅胶体形势存在，并抑制异养菌的大量生长，在夏季必要时可配合杀菌剂使用。

(2) 进行内部结垢改进，增加膜表面处的水流搅拌作用，抑制结垢趋势。

通过对频繁倒极电渗析隔板结构的改进，强制改变流体在离子交换膜附近的流动状态，增强了膜水界面处的冲刷作用和无序状态，达到了抑制钙垢晶核形成以及促进晶格畸变效果，从而抑制了结垢现象的发生。

(3) 根据需要调节电压电流来改变脱盐率，保留一定离子含量，适合循环水补水特点。

与反渗透等技术相比，这是循环水排污水预处理应用在循环水排污水回用领域的优势之一。

(4) 改进的频繁倒极电渗析系统，继承了频繁倒极电渗析的优点，自身具有自清理

功能。

通过频繁改变电场方向，水中的 H^+ 和 OH^- 不断改变迁移方向，从而达到频繁改变膜附近的酸碱环境，不仅能在钙垢晶核形成之前抑制结垢，而且酸性环境时能够溶解已生成的钙垢，从而使离子交换膜本身具有了自清理功能。

4 循环水排污水回用技术的应用设计

4.1 乙烯厂循环水排污水回用装置单元设计

乙烯厂循环水排污水处理单元，设计处理水量 $100m^3/h$，采用两台 $50m^3/h$ 排污水回用处理装置，利用两个循环水场的排污水和旁滤反洗水、厂内清净下水为水源水，单台每小时可产水 $50m^3/h$，产出水全部进入循环水系统。

4.2 工艺流程

来自两个循环水场的排污水和旁滤反洗水经污水泵加压后，进入两台排污水回用装置进行处理，处理后的水进入清水箱，由清水泵加压后送入第二循环水场冷却塔底水池，循环水排污水回用处理装置的排污水进入污水池外排进入工业污水线（见图2）。

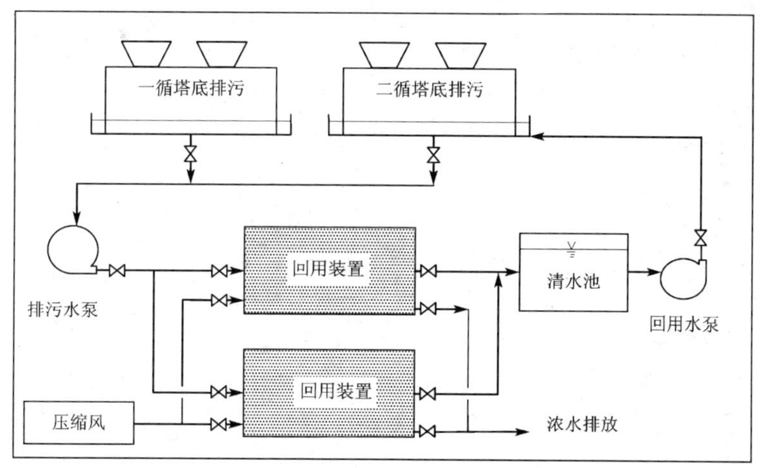

图2 排污水回用系统流程图

5 结语

通过对循环水排污水回装置的污水处理能力分析，循环水排污水回用装置对排污水中的浊度、悬浮物、总铁、硬度、COD 等主要指标均有明显的去除效果，适合于乙烯厂的循环水排污水及部分清净下水回用处理，使处理后的水满足《再生水用作循环水冷却水的水质控制标准》（GB 50335—2002）要求，再利用作为循环水装置的补充水使用。研究表明絮凝—气浮—过滤一体化预处理 + 倒极电渗析脱盐的工艺技术，用来处理循环水排污水回用是可行的，具有工业化应用价值。

循环水排污水回用技术，投资少，工艺流程简单，工艺技术成熟，自动化程度高，便于操作控制，并且适合于对高盐、高浊的轻污染废水回收，再生作为循环水补水使用，经济可靠。

在实际应用中，也可以考虑将该设备直接对循环水吸水池或塔底水池的含泥量高的循环水进行处理，降低系统的粘泥含量，除去盐分和有机物，为循环水系统的长周期运行提供有力保证。

参 考 文 献

[1] 陈观文，徐平．分离膜应用与工程案例［M］．北京：国防工业出版社，2007.
[2] 张林生，刘济阳，董岳，等．水的深度处理与回用［M］．2 版．北京：化学工业出版社，2008.
[3] 张艳萍．污水深度处理与回用［M］．北京：化学工业出版社，2009.
[4] 徐铜文，黄川徽．离子交换膜的制备与应用技术［M］．北京：化学工业出版社，2008.

污水回用技术在石化废水处理中的应用

罗纯胜　曾　杰

（中国石油抚顺石化公司　辽宁省抚顺市　113004）

摘　要　本工程首次将臭氧氧化工艺引入石化废水回用工程中，采用 BAF＋臭氧氧化＋UF＋RO 双膜法处理工艺解决了乙烯厂废水回用于循环冷却水的问题。同时采用臭氧氧化＋次氯酸钠氧化的联合处理工艺将难处理的 RO 浓排水处理到 $COD_{Cr} \leqslant 30mg/L$，满足地表水水质标准 GB 3838—2002 中Ⅳ类水质指标。通过工程实践证明，合理有效的预处理是双膜法成功应用于化工废水回用中的关键步骤。

关键词　乙烯废水　BAF　砂滤　臭氧氧化　双膜处理

0　引言

近年来，利用反渗透技术对污水进行深度处理得到广泛应用，但在石化行业废水回用应用还不成熟。原因主要是反渗透的前处理不够成熟，造成后续反渗透膜的污染。本工程对膜前的预处理做了大量的工作，装置投产后其水质完全满足循环水补水的水质标准，其系统浓排水进行相应处理，达到地表水水质标准 GB 3838—2002 中Ⅳ类水质标准外排。工程项目的成功为以后石化行业的废水回用打下良好的基础。

1　现状分析

通过对外排混合水水质分析，需要经过深度处理才能使各项水质指标达到循环水补充水标准，处理技术的科学、合理选择是非常关键的环节。

2　回用水处理技术的综合选择

2.1　预处理工艺技术比选

废水回用于循环冷却水的深度处理需进行脱盐处理，但是无论采用何种脱盐工艺，为保证后续主脱盐工艺的顺利进行，均需进行预处理。可选择的预处理工艺通常有普通生物滤池和曝气生物滤池两种工艺，针对这两套工艺进行比选。

2.1.1　普通生物滤池

（1）运行原理。

①废水自上而下从滤料空隙间流过，与生物膜充分接触，有机污染物被吸附降解；

②主要依靠滤料表面的生物膜对废水中有机物吸附氧化；

③依靠大气自然供氧完成微生物的生命活动。

（2）优点。

①处理效果较好，BOD 去除率可达 70%～75%；

②运行稳定，易于管理；

③供氧方式为自然通风方式，节约能源。

（3）缺点。

①占地面积大，不适于工厂内部处理大水量的污水；

②滤料易于堵塞，当预处理不够充分或生物膜季节性大量脱落时，都可能造成滤料堵塞；

③供氧为自然通风方式，不能给滤料提供较稳定的、均匀的通风量，滤池堵塞会影响自然通风，使滤池供氧不足导致微生物缺氧，严重影响处理效果；

④出水中氨氮不能完全被硝化；

⑤不具备反冲洗系统，在滤池堵塞时不能及时将堵塞的脱落微生物膜和其他杂物清理出滤池；

⑥污染环境，滋生蚊蝇。

2.1.2 曝气生物滤池（Biological Aerated Filter，BAF）

曝气生物滤池具有去除 SS、COD、BOD、脱氮除磷的作用，其特点是集生物氧化和截留悬浮固体于一体，在保证处理效果的前提下使处理工艺简化。此外，曝气生物滤池有机负荷高、水力负荷大、水力停留时间短、基础投资少、能耗运行成本低等特点，同时该工艺出水水质高。

在曝气生物滤池工艺中，采用强制鼓风曝气来代替普通生物滤池的自然通风供氧。由于采用强制鼓风曝气技术，使气、水极好的均分，防止气泡在滤料中凝结，氧气利用率高，能耗低。另外，曝气生物滤池设置了反冲洗系统，可以在需要时通过人工或自动利用适量的水、气量对滤池进行清洗，使滤料上多余的或增厚的微生物膜和截留在滤层中的已脱落的微生物膜及固体物质被冲洗出滤池外，使滤池保持通畅、不堵塞，以保证污水处理时滤层中的水、气的正常流通。

2.1.3 预处理工艺的选择

将普通生物滤池与曝气生物滤池进行比较，如表 1 所示。

表 1 普通生物滤池与曝气生物滤池的比较

项　目	普通生物滤池	曝气生物滤池
组成部分	池体、填料、布水系统及排水系统	池体、填料、布水系统、布气系统、反冲洗系统、排水系统
布水方式	从滤池上部用喷嘴滴洒状喷淋	从滤池下或上部通过布水器均匀布水
供氧方式	在没有堵塞的情况下，靠自然通风供氧，效果受外部条件制约	强制鼓风曝气，基本不受外界条件影响
滤料不同	滤料一般采用碎石、矿渣、塑料滤料等，其粒径在 40 ~ 70mm，比表面积为 43 ~ 65m^2/m^3，滤料层高度 2 ~ 3m	滤料采用特制的轻质陶粒或页岩滤料，粒径在 3 ~ 6mm，比表面积 3 ~ 5m^2/m^3，挂膜性能好，容易反洗，截留能力强，阻力小，滤层高度可大于 3m，水头损失约 0.2mH_2O/m 滤料（高）
机理不同	利用滤料表面生物膜对废水中的有机物进行吸附氧化，使废水净化。生物膜中以硝化细菌占优，但不能充分硝化，一般只进行到亚硝酸盐阶段	过滤、生物吸附与生物氧化作用净化废水，滤料表面为好氧环境，内部为厌氧、缺氧的环境，存在厌氧、好氧、缺氧微生物，使硝化、反硝化同时进行

续表

项　目	普通生物滤池	曝气生物滤池
负荷差别	水力负荷0.5～1.5m^3/（m^2·h），BOD负荷<1.0kg/（m^3·d）	水力负荷2～8m^3/（m^2·h），BOD负荷1.5～7kg/（m^3·d）
系统启动	利用污水中所含微生物进行启动，初次启动时间为4～6周	利用污水中所含微生物进行启动，初次启动时间为2～3周
适用范围	适用于处理可生化性较好的废水，其进水COD<200mg/L；若COD浓度在400～500mg/L，则应增加回流设施，否则会出现厌氧现象；进水SS<50mg/L，与曝气池串联使用成为活性生物滤池以提高处理效率	适用于处理可生化性较好的废水，其进水COD浓度允许达到1000～1500mg/L，进水SS<100mg/L，按照处理要求不同，分为CN池、N池、P池，若无脱氮除磷要求可单级使用，是污水深度处理的理想工艺
处理效率及出水	BOD去除率为70%～75%	BOD去除率大于90%，出水SS、BOD小于10mg/L，NH_3－N可控制在1mg/L以下

综合以上分析，预处理工艺采用曝气生物滤池。

2.2　脱盐工艺技术比选

常用的脱盐方法：复床离子交换、电渗析、反渗透法。

2.2.1　离子交换

该工艺设备成本低，但存在如下缺点：

（1）含盐量一般要求小于500mg/L，不适用高含盐水处理，否则再生周期过短，频繁再生反洗；

（2）需要酸碱再生，运行费用高；

（3）操作复杂；

（4）有污水排放，产生二次污染；

（5）细菌可在复床中繁殖；

（6）离子交换树脂有一定的有机溶出物。

2.2.2　电渗析法

该方法水的利用率较低，在一定程度上造成水资源的浪费。

2.2.3　反渗透法

反渗透法属于膜法水处理技术的一种，从分离精度上来说，通常将膜法分为四类：微滤、超滤、纳滤和反渗透，其特征分别如下：

（1）微滤（MF）：截留粒径范围在0.1～5μm，微滤膜允许大分子物质和溶解性固体（无机盐）等通过，但会截留悬浮物、细菌及大分子量的胶体物质。

（2）超滤（UF）：能截留尺寸在0.001～0.1μm之间的大分子物质及杂质，超滤膜允许小分子物质和溶解性固体（无机盐）等通过，但会截留住细菌、胶体、微生物和大分子有机物，超滤膜的截留分子量在1000～500000道尔顿之间。

（3）纳滤（NF）：能截留纳米级（0.001～0.005μm）的物质，介于超滤和反渗透之间，其截留溶解性盐类的能力为20%～98%之间，对可溶性单价离子的去除率低于高价离子，纳滤一般用于去除地表水中的有机物和色素，地下水中的硬度和镭，且部分去除溶解盐。

(4) 反渗透（RO）：反渗透为最精密的一种膜分离产品，能有效截留所有溶解盐及分子量大于100的有机物，同时允许水分子通过，复合反渗透膜脱盐率一般大于98%。

反渗透技术是目前较先进和有效的除盐技术，具有以下优点：

①反渗透在室温条件下，采用无相变的物理方法使水淡化、纯化；

②不用大量的化学药剂和酸碱再生处理；

③无化学废液排放，无废酸碱的中和过程，无环境污染；

④系统简单，操作方便，产水水质稳定；

⑤适用于较大范围的进水水质，既适用于苦咸水、海水以及污水的处理，又适用于低含盐量的淡水处理；

⑥运行维护和设备维修工作量少，设备占地面积少。

通过以上四种膜技术的比较可以看出：要实现化工废水的深度处理及回用，采用RO膜作为脱盐工艺较好，但RO是最为精细的一种膜分离产品，要保证其正常的寿命并延长其清洗周期，在曝气生物滤池预处理的基础上还需进行进一步的处理。

MF、UF与石英砂过滤同时作为RO预处理时，MF、UF出水水质稳定，处理水中的SDI和浊度均能满足RO进水要求（SDI <3，浊度 <1NTU），UF可滤去较小的杂质，对后续的RO膜有更好的保护效果，有效延长RO膜的清洗周期和使用寿命。

2.2.4 脱盐工艺的选择

考虑到待处理水源污染物成分复杂，浊度、含油量及耗氧量高且变化范围大，选择新型抗污染反渗透对其进行脱盐处理。为确保反渗透系统更为安全可靠运行，选用强度高、耐腐蚀性强、亲水性好、材质为PVDF的外压式中空纤维膜作为其预处理手段。为了保护超滤膜，选用ARKAL盘式过滤作为超滤的预处理，以上工艺经过中试试验验证是成功的。

2.3 工艺方案的确定

通过以上预处理及脱盐工艺的比选，确定了工艺方案：滤池反洗排水经沉浮一体机进行物化处理后与厂区内其他排水混合进入均质池，混合后的污水通过潜水排污泵提升至曝气生物滤池，由曝气生物滤池处理后的出水经石英砂过滤后分两套系统进行深度处理，一套处理系统以“臭氧氧化+活性炭吸附”为主处理工艺，另一套处理系统以“盘滤+超滤+反渗透”膜法为主处理工艺，经过脱盐处理后的出水与经过“臭氧氧化+活性炭吸附”工艺处理后的出水进行勾兑，达到循环水补水水质标准后进行工业循环水利用，从而节省工程投资并降低运行费用。

3 具体工艺流程

3.1 工艺流程说明

场区滤池反洗水经截流井进入回用系统集水井（T101），经一级提升泵（P101A/B）提升至调节池（T102）。调节后的水通过二级提升泵（P102A/B）提升至沉淀池（CD101），沉淀池出水自流进入气浮机（QF101A/B），经沉浮后的出水进入均质池（T201）。清净下水池汇集污水处理场出水、清净下水以及雨水后经清净下水泵（P108A/B）提升进入均质池，这两部分水在均质池内混合，混合后的水经BAF提升泵（P201A/B/C）提升至BAF池（T202），通过曝气风机（B201A/B/C/D/E）及池内穿孔管向池内曝气，根据需要定期在池内投加营养盐（葡萄糖），以保证陶粒表面生物膜的活性，从而更好地降解水中有机物。BAF处理后的水分以下两条路线处理：（1）多介质过滤＋盘滤＋超滤＋反渗透的膜法处理工艺；（2）臭氧＋砂滤＋炭滤的普通过滤工艺。在路线（1）中超滤产水一部分进入反渗透装置，一部分直接进入清水池。最后反渗透产水、超滤产水以及经路线（2）处理后的水以3∶1∶1的比例在清水池内混合，出水回用于循环冷却水。系统浓排水经过进一步处理，出水达标后排放（见图1）。

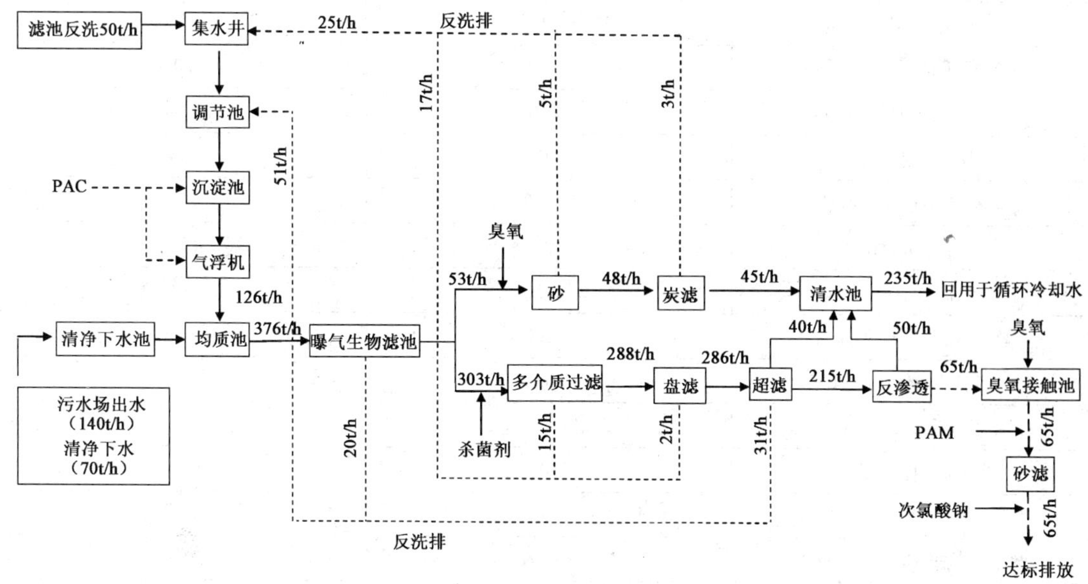

图1　工艺流程水量平衡图

3.2　设计进水水质

设计进水水质数据见表2。

表2　设计进水水质

水 质 项 目	清净下水池水	滤池反洗水
pH值	6.5～8.5	6.5～8.5
生化需氧量 BOD_5，mg/L	≤15	≤15
化学需氧量 COD_{Cr}，mg/L	≤100	≤130
氨氮，mg/L	≤1.5	≤1.0
石油类，mg/L	≤3.0	≤1.0
总磷，mg/L	≤1.0	≤3.0
电导率，μS/cm	≤1000	≤1800

3.3　设计出水水质

回用水水质满足乙烯厂内循环水补水水质要求，浓排水经过处理后达到地表水Ⅳ类水体水质指标。

3.3.1　循环水补水水质一览表

循环水补水水质见表3。

表3　循环水补水水质

水质项目	循环冷却水补水水质	
	国家标准	乙烯厂标准
pH值	6.5~9	6.5~7.5
悬浮物，mg/L	—	≤1.0
浊度，NTU	≤5	<3.0
生化需氧量 BOD_5，mg/L	≤10	≤5.0
化学需氧量 COD_{Cr}，mg/L	≤60	≤20.0
氨氮（以N计），mg/L	≤10	<1.0
总硬度 $CaCO_3$，mg/L	≤450	≤80
总碱度 $CaCO_3$，mg/L	≤350	≤40
铁，mg/L	≤0.3	≤0.2
氯离子，mg/L	≤250	—
总磷（以P计），mg/L	≤1.0	<1.0
溶解性固体，mg/L	1000	—
游离余氯，mg/L	末端0.1~0.2	—
类大肠菌群，个/L	2000	—
色度，度	—	<10.0
化学需氧量 COD_{Mn}，mg/L	—	≤3
细菌总数	—	1×10^3
硫化物，mg/L	—	≤0.1
石油类，mg/L	—	<1.0
电导率，μS/cm	—	<450
Ca^{2+}（以 $CaCO_3$ 计），mg/L		≥60

说明：

（1）出水水质指标中要求 COD_{Cr}≤20mg/L，高于国家标准 COD_{Cr}≤60mg/L，主要原因是：如果在循环冷却补水系统中 COD_{Cr} 较高，在系统浓缩过程中可能会导致系统微生物的滋生繁殖较快，造成系统粘泥污染。

（2）出水水质指标中要求 NH_3-N≤1.0mg/L，高于国家标准（NH_3-N≤10mg/L），主要原因是：氨氮含量高会引起系统腐蚀倾向加剧，同时循环水中藻类大量滋生导致液氯等氧化性杀菌剂大量投加，从而加大运行费用。

（3）出水水质指标中要求系统出水电导率小于450μS/cm、Ca^{2+} 浓度在60mg/L左右，主要原因是：溶解固体过高可能导致循环冷却系统腐蚀加剧，影响冷却循环系统浓缩倍数。

经过多方调研比选并结合乙烯厂目前循环水补水用水水质及相关运行管理经验，若改变补水水质可能会影响原有系统的加药量及其他管理方式。为了方便实际的运行管理，最后确定循环水补水的水质标准如表3所列各项指标。

3.3.2　地表水Ⅳ类水体主要水质指标

详细水质指标见表4。

表 4　地表水Ⅳ类水体主要水质指标

水质项目	水质指标	水质项目	水质指标
pH 值	6～9	石油类，mg/L	≤0.5
生化需氧量 BOD_5，mg/L	≤6	总磷，mg/L	≤0.3
化学需氧量 COD_{Cr}，mg/L	≤30	挥发酚，mg/L	≤0.01
氨氮，mg/L	≤1.5	硫化物，mg/L	≤0.5

3.4　处理单元功能描述

针对以上比选所确定的工艺流程，设置了相应的处理单元。

3.4.1　曝气生物滤池

曝气生物滤池将生物氧化与过滤结合在一起，滤池后部不设沉淀池，通过反冲洗实现滤池的周期运行。在该池内定期投加一定的营养盐，通过鼓风曝气提供足够的溶解氧，保持微生物的活性。该单元共八格滤池，单格处理能力为 $45m^3/h$，池内溶解氧控制在 2～3mg/L。正常运行时，由 PLC 控制自动运行，设定反洗周期为 12～72h，特殊情况需要强制反洗时可人为操作。营养盐投加频率为 1 次/2 月，也可通过观察微生物相来调节营养盐的投加量。

3.4.2　卧式多介质过滤罐

多介质过滤罐具有截污能力强、悬浮物去除率高的特点，罐内装填无烟煤和石英砂，可进一步去除部分 COD_{Cr}，降低水的浊度和 SDI 值，满足深层净化的水质要求。卧式多介质过滤罐由 PLC 控制自动运行，设定反洗周期为 24h，特殊情况（如：产水浊度不小于 4NTU，SDI 不小于 4）需要人为操作进行强制反洗。正常情况下采用气洗、气水反洗以及水反洗方式。反洗时通过观察孔留意滤料的膨胀高度，防止滤料跑失。

由于 BAF 出水中残留一定的微生物，为防止对后续超滤、反渗透造成污染，在多介质过滤罐入口投加消毒剂，投加量根据超滤入水余氯含量进行控制，保证其入水含量为 0.5～1.0mg/L。如果超滤系统在反洗过程中投加次氯酸钠，该加药过程可以视具体情况选择性投加。投加次氯酸钠的主要目的是减少超滤膜和反渗透膜微生物污染的可能性。

3.4.3　立式石英砂、活性炭过滤罐

同多介质过滤罐类似，石英砂罐内装有精制石英砂，对悬浮物去除率高。活性炭过滤罐内装填净水用果壳活性炭，可以进一步吸附有机物，去除部分 COD_{Cr}，降低水的浊度和 SDI 值。过滤罐的出水进入清水池，与反渗透产水进行混合。两台罐体同样采用 PLC 自动控制，设定反洗周期为 24h，特殊情况（如：产水浊度不小于 4NTU，SDI 不小于 4，COD_{Cr} 不小于 20mg/L）需要人为操作进行强制反洗。正常情况下采用水反洗方式。反洗时通过观察孔留意滤料的膨胀高度，防止滤料跑失。

在立式石英砂过滤罐的入水口投加臭氧，将大分子有机物转化为小分子有机物，进而被活性炭吸附。

3.4.4　盘式过滤器

4 台盘滤共用一个控制器，系统根据压差或时间进行反洗，反洗时 A、B 两台盘滤的第一个组件同时反洗，其他类推。C、D 两台的第一个组件同时反洗，其他类推。系统采用内源反洗，反洗水量为 $40m^3/h$，反洗时间为 1～2min。

3.4.5　超滤装置

超滤主要用来降低进水浊度和SDI值，保护后续反渗透系统正常运行。单套产水量$65m^3/h$，采用死端过滤，系统回收率达90%。

3.4.6　反渗透装置

反渗透装置主要用来脱除水中的盐分，系统脱盐率为97%，正常情况下单套产水量$94m^3/h$（25℃），浓水排放量$32.5m^3/h$，产水电导率不大于100μS/cm。反渗透在运行过程中应时刻注意各药剂的投加量，如进水温度、pH值、ORP值以及进水SDI值等。

3.5　运行效果

（1）进水单元水质数据见表5。

表5　进水单元数据

水质项目	设计值	实际值
清净下水池水		
化学需氧量 COD_{Cr}，mg/L	≤100	48.06
生化需氧量 BOD_5，mg/L	≤15	—
总磷，mg/L	≤1.0	—
石油类，mg/L	≤3.0	2.3
氨氮，mg/L	≤1.5	0.85
电导率，μS/cm	≤1000	857
pH值	≤8.5	7.12
滤池反洗水		
化学需氧量 COD_{Cr}，mg/L	≤130	79.79
生化需氧量 BOD_5，mg/L	≤15	—
总磷，mg/L	≤3.0	2.15
石油类，mg/L	≤1.0	2.11
氨氮，mg/L	≤1.0	0.67
电导率，μS/cm	≤1800	1620
pH值	≤8.5	8.55

（2）各处理单元水质数据见表6。

表6　各处理单元数据

水质指标	设计值	实际值
BAF单元		
进水 COD_{Cr}，mg/L	≤80	50.62
出水 COD_{Cr}，mg/L	≤35	24.17
卧式多介质过滤罐单元		
进水浊度，NTU	≤10	2.05
出水浊度，NTU	≤4	0.42
进水 COD_{Cr}，mg/L	≤35	25.01
出水 COD_{Cr}，mg/L	≤30	21.58

续表

水 质 指 标	设 计 值	实 际 值
立式石英砂、活性炭过滤罐单元		
进水浊度，NTU	≤10	2.05
出水浊度，NTU	≤4	0.52
进水 COD_{Cr}，mg/L	≤35	25.01
出水 COD_{Cr}，mg/L	≤30	24.92
超滤单元		
进水浊度，NTU	≤4	0.35
出水浊度，NTU	≤0.5	0.27
进水 COD_{Cr}，mg/L	≤30	26.51
出水 COD_{Cr}，mg/L	≤25	22.06
SDI	≤3	0.87
反渗透单元		
进水浊度，NTU	≤0.5	0.27
进水 COD_{Cr}，mg/L	≤25	22.06
出水 COD_{Cr}，mg/L	≤1	—
进水 pH 值	6.5～8.0	7.12
进水电导率，μS/cm	≤50	19.29
进水 ORP，mV	120～350	225
浓排水		
进水 COD_{Cr}，mg/L	≤120	78
出水 COD_{Cr}，mg/L	≤30	24

（3）污水回用产品水单元数据见表7。

表7 污水回用产品水单元数据

水 质 项 目	循环冷却水补水水质	
	乙烯厂标准	实 际 值
pH 值	6.5～7.5	7.21
悬浮物，mg/L	≤1.0	6
浊度，NTU	<3.0	0.27
生化需氧量 BOD_5，mg/L	≤5.0	—
化学需氧量 COD_{Cr}，mg/L	≤20.0	12.81
氨氮（以 N 计），mg/L	<1.0	0.38
总硬度 $CaCO_3$，mg/L	≤80	77.76
总碱度 $CaCO_3$，mg/L	≤40	57.88
铁，mg/L	≤0.2	未检出
氯离子，mg/L	—	—
总磷（以 P 计），mg/L	<1.0	—

水 质 项 目	循环冷却水补水水质	
	乙烯厂标准	实 际 值
溶解性固体，mg/L	—	—
游离余氯，mg/L	—	—
类大肠菌群，个/L	—	—
色度，度	<10.0	—
化学需氧量 COD_{Mn}，mg/L	≤3	2.41
细菌总数	1×10^3	1.75×10
硫化物，mg/L	≤0.1	未检出
石油类，mg/L	<1.0	0.86
电导率，μS/cm	<450	375
Ca^{2+}（以 $CaCO_3$ 计），mg/L	≥60	60.05
	浓排水	
pH 值	6~9	7.75
生化需氧量 BOD_5，mg/L	≤6	—
化学需氧量 COD_{Cr}，mg/L	≤30	24
氨氮，mg/L	≤1.5	0.95
石油类，mg/L	≤0.5	0.39
总磷，mg/L	≤0.3	0.18
挥发酚，mg/L	≤0.01	未检出
硫化物，mg/L	≤0.5	未检出

3.6 运行成本

系统出水为回用水及浓排水，其各自的实际运行成本见表8、表9。

表8 污水回用部分成本表

序号	项 目	单 位	设计消耗指标	实际消耗指标	设计费用元/tH_2O	实际费用元/tH_2O	实际价格
1	电费	kW·h/tH_2O	1.51	1.48	0.727	0.71	以0.48元/kW计
2	药剂费				0.40	0.397	
2.1	絮凝剂	kg/tH_2O	0.0135	0.028	0.027	0.059	按2.1元/kg计
2.2	阻垢剂	kg/tH_2O	0.0034	0.0002	0.152	0.012	按60元/kg计
2.3	还原剂	kg/tH_2O	0.0082	0.0034	0.033	0.010	按3元/kg计
2.4	酸	kg/tH_2O	0.026	0.020	0.026	0.020	按1.0元/kg计算
2.5	杀菌剂	kg/tH_2O	0.049	0.069	0.073	0.083	按1.2元/kg计算
2.6	清洗药剂				0.089	0.213	
3	每吨水处理成本合计				1.127	1.107	3=1+2

处理水量为300t/h，进水水质及出水水质满足设计要求，加药量及配药浓度以及其他操作条件满足设计要求。

表9　浓水处理部分成本表

序号	项目	单位	设计 消耗指标	实际 消耗指标	设计费用 元/tH_2O	实际费用 元/tH_2O	备注
1	电费	kW·h/tH_2O	13	3.28	6.08	1.57	以0.48元/kW计
2	药剂费				1.79	0.183	
2.1	混凝剂	kg/tH_2O	0.0273	0.064	0.54	0.134	按2.1元/kg计
2.2	助凝剂	kg/tH_2O	0.015	0.003	0.75	0.011	按3.65元/kg计
2.3	氧化剂	kg/tH_2O	0.333	0.032	0.5	0.038	按1.2元/kg计
3	每吨水处理成本				7.87	1.753	

从能耗和药剂成本来看，污水回用装置实际运行成本比设计成本低。

4　结果与讨论

4.1　工艺方面

污水回用装置除总碱和悬浮物与设计指标有一定差距外，其他指标均能满足设计要求。

4.1.1　总碱不能达到设计要求

设计总碱不大于40mg/L，标定期间的总碱为57.88mg/L，大于设计值。总碱的指标与水中所含碱度物质的量有关系，当进水碱度高时，回用水总碱度也会高，不能达到设计值。

4.1.2　悬浮物不能达到设计要求

悬浮物控制指标在不大于1.0mg/L，标定期间为6mg/L左右，大于设计值。从分析方法上看，最主要的原因是现有的分析方法无法满足要求。

4.2　工程设计方面

在系统运行过程中也发现了一些问题，需要在今后的设计中予以考虑：

（1）潜水泵的选型、应用要慎重考虑，否则长周期稳定运行无法保障。

（2）进水油含量变化后预处理如何解决对膜的保护等问题应综合考虑。

（3）系统反洗水量对负荷平衡调整的影响应得到解决。

（4）由于所加药剂腐蚀性强，设备、管线的材料选择应考虑周全。

5　结语

随着国家对环境保护工作和节水工作的日益重视，保证总排口水质达标排放，污水有效处理并进一步回用是当今的重中之重，应用好污水回用装置显得尤为重要。

参考文献

[1] 周本省．工业水处理技术［M］．北京：化学工业出版社，2006.

[2] 邵钢．膜法水处理技术［M］．北京：冶金工业出版社，2001.

[3] 刘茉娥．膜分离技术的应用［M］．北京：化学工业出版社，2007.

[4] 齐兵强，王占生．曝气生物滤池在污水处理中的应用［J］．给水排水．2000，26（10）：4~8.

危险与可操作性研究在石油化工生产装置风险管理中的应用

张英太　曲　哲

（中国石油辽阳石化公司　辽宁省辽阳市　111003）

摘　要　为了保证石油化工企业的安全生产，定期对化工生产装置的运行状况进行风险评估是十分必要的。HAZOP 方法是国际上公认的可行的风险评估方法，尤其适用于石油化工系统。本文通过 HAZOP 方法在柴油加氢精制等装置的应用，研究石油化工生产装置的风险评估，提出削减风险的合理对策。

关键词　危险与可操作性研究　风险评估　应用

0　引言

随着工业自动化、连续化、大型化的发展，生产工艺越来越复杂，特别是由于经济原因，单系列的生产装置更加普及。同时，生产装置的密集程度越来越高，对操作、控制及安全的要求也越来越严格。石油化工生产的原料、中间产品及产成品一般都属于易燃、易爆或有毒物质，这就使得化工生产一旦发生事故，后果将极其严重，不仅会造成巨大的财产损失、人身伤亡和环境污染，甚至会造成很坏的国际影响。因此，必须加强石油化工生产装置的 HSE 管理，而 HSE 管理的核心是风险管理。通过中国石油十几年 HSE 风险管理的实践，对石油化工生产装置进行风险评估被证明是行之有效的方法之一。目前，国内外风险评估的方法很多，对在役石油化工生产装置的工艺操作、生产管理的风险进行辨识，危险与可操作性研究（Hazard and Operability Study，HAZOP）是国际上公认有效的并被普遍使用的风险评估方法。本文通过实际工程案例阐述 HAZOP 方法在石油化工生产装置风险管理中的应用。

1　HAZOP 方法

HAZOP 是用来全面系统评估生产装置风险的方法，目的在于对装置设计提出意见，以提高其安全性和可操作性，对识别出的设计（操作、维护）中存在的危害、风险提出防范措施。HAZOP 方法适用于装置运行周期的下列阶段：初步设计、详细设计之后，试车后/运行前、运行中、工艺变更后。

HAZOP 方法从生产操作系统中的工艺、状态参数出发，运用启发性引导词来研究工艺、状态参数的变动，从而进行危险辨识，在此基础上分析危险可能导致的后果以及相应的控制措施。

1.1　HAZOP 方法中的重要术语

偏差是 HAZOP 分析时最重要的术语，它由引导词与工艺参数结合而成。引导词共七个，包括：空白（None）、过量（More）、减量（Less）、部分（Part of）、伴随（As Well

As）、相逆（Reverse）和异常（Other than）；工艺参数包括概念性参数和具体参数，主要有：温度、时间、次数、长度、压力、浓度、粘度、距离、流量、液位、电压、厚度、速度、pH 值、电流、体积、混合、反应、副反应、分离等。在 HAZOP 分析中常用的有意义的偏差组成如表 1 所示。

表1 偏 差 表

工艺参数	引导词						
	空白	过量	减量	部分	伴随	相逆	异常
流量	√	√	√			√	
压力	√	√	√				
温度	√	√					
液位	√	√	√				
界位	√	√	√				
反应		√	√	√	√		
污染/组分					√		√
破裂/泄漏							√
检维修							√
开/停工							√
人为因素							√
设备布置							√
仪表							√
泄压							√
化学品特性							√
引燃							√
辅助系统故障							√
采样							√
腐蚀/侵蚀							√
以前的事故							√
安全							√

注：√表示有实际意义的偏差。在 HAZOP 分析中，为了提高效率，针对划分的节点一般只分析其对危险和操作性有重要影响的偏差。

1.2 HAZOP 方法基本假设

1.2.1 单一偏差假设

在分析某一偏差的原因和后果时，假设其他工艺参数正常。所以在讨论偏差时，要避免两个或两个以上偏差同时存在的情况。

1.2.2 保护层失效假设

在对某一事件进行风险分析时，要假设与该事件相关的所有保护层全部失效，以最大的可能性和最严重的后果来确定风险等级，然后通过对保护层的分析确定是否能将风险降低到可接受水平，进而确定是否提出建议措施。

1.2.3 设备完整性良好假设

除分析某节点破裂、泄露、腐蚀等失效情况外，在分析工艺偏差时，都是基于动静设备、管道完整性良好的假设。HAZOP 方法是针对生产工艺的风险评估方法，不能通过 HAZOP 方法分析识别设备的风险。

2 柴油加氢精制装置的 HAZOP 分析

2.1 柴油加氢精制装置的现状

柴油加氢精制装置始建于 1995 年，设计处理能力为 80×10^4t/a，年开工时间为 8000h。1998 年，装置经改造在保留原有夏季生产 0 号柴油的工艺流程基础上，增加在冬季生产 -20号柴油的工艺流程，两套流程冬、夏季切换使用。装置生产的主要产品为精制柴油和石脑油，柴油产品量为 65×10^4t/a，石脑油 15×10^4t/a；装置采用生产 -20 号柴油生产方案时，石脑油产量为 17.57×10^4t/a，-20 号柴油产量为 33.46×10^4t/a，重油产量为 16.99×10^4t/a。

柴油加氢精制装置采用中压加氢改质（MHUG）工艺技术，选用加氢精制—加氢裂化一段串联工艺。在加氢精制段将原料油中的硫、氮杂质脱除，并将其中的部分芳烃进行饱和；而在加氢裂化段，在催化剂作用下进行多环芳烃的开环裂解，生成相对分子质量较低的单环芳烃，这样就使柴油产品中的多环芳烃明显降低，而裂解形成的难以加氢饱和的单环芳烃则主要集中到较轻的汽油馏分中。因此，当以柴油馏分为原料时，就可以同时生产芳潜含量较高的石脑油（重整原料）和十六烷值较高的柴油。通过调整催化剂配比或反应条件，还可以灵活调整柴油、汽油的产率和产品质量。

2.2 柴油加氢精制装置的 HAZOP 分析步骤

2.2.1 HAZOP 分析的前期准备

（1）成立装置 HAZOP 分析小组。成员包括组长、专（兼）职记录人员、工艺、设备、仪表、电气、安全工程师和有经验的操作人员等。

（2）收集必要的分析资料。包括 PFD 图、P&ID 图、工艺操作卡、操作规程、装置物料平衡数据表、管道及设备数据表资料。

（3）确定 HAZOP 分析用的风险矩阵。

分析小组应结合风险理论和风险承受能力确定风险矩阵。

2.2.2 进行划分节点

石油化工生产装置 HAZOP 分析节点的划分一般应遵循下列规则：

（1）依据 P&ID 图，按照工艺流程进行；

（2）从 PFD 图的界区进料管线开始；

（3）直至设计意图的下一个改变；

（4）直至工艺条件的重大变化；

（5）直至下一个设备。

2.2.3 实施 HAZOP 分析

按划分的节点，确定所选节点的偏差，逐节点进行以下分析：

（1）节点偏差产生的原因分析。

（2）节点偏差存在的后果分析，主要表现在人员伤害、环境破坏、装置破坏、停产损失等方面。

（3）风险分析：考虑事故发生的可能性和严重程度，再根据风险矩阵确定风险等级。

（4）保护措施分析：保护措施包括防止偏差发生和减轻事故后果两方面的措施。主要有仪表指示、控制、报警、冗余系统、安全联锁系统、泄压系统、紧急停车系统等。

（5）建议：当分析小组认为现有的保护措施不足以把可能的风险降低到可接受的程度时，需要提出建议，如增设新的保护措施，以降低装置的风险和增强其可操作性。

2.2.4 形成 HAZOP 报告

在实施 HAZOP 分析的全过程中，记录人员以报表形式记录所有的结论。当所有节点的分析工作完成后，小组对整个 HAZOP 分析过程进行汇总、总结、讨论和进行必要的修正，在此基础上整理出一份完整的 HAZOP 分析报告。

2.3 柴油加氢精制装置 HAZOP 分析的关键技术方案

2.3.1 风险矩阵的确定

不同的行业，以及生产特点和性质不同的企业、生产装置，风险管理和抗风险能力是各不相同的。HAZOP 分析过程中风险矩阵确定是否符合实际，是决定风险评估结果准确与否的关键。

本文柴油加氢精制装置 HAZOP 分析所确定的风险矩阵方案，是结合中国石油天然气集团公司和地区公司现行的事故、事件管理制度中的事故、事件的分级加以改进的，如图 1 所示。

2.3.2 装置划分节点

加氢精制装置共有设备 120 台，具体分类如表 2 所示；工艺参数与报警值 186 个。

表 2 设备一览表

设备总数	加热炉	反应器	塔	各类容器	换热器	空冷器	机泵	风机	压缩机	过滤器	起重等其他设备
120	2	1	3	39	23	20	18	3	3	3	5

根据 HAZOP 分析的节点划分原则、加氢精制装置工艺流程和设备类别，在加氢精制装置的 HAZOP 分析过程中共划分节点 22 个。结合表 1 的 HAZOP 分析常用偏差，同时，为了便于实施 HAZOP 分析计划，根据划分节点不宜过大或过小原则，建立加氢精制装置 HAZOP 分析的节点和对应偏差表，如表 3 所示。

2.4 柴油加氢精制装置的风险评估

鉴于 HAZOP 方法具有类比性，本文以柴油加氢精制反应器节点为例，说明 HAZOP 分析方法的应用。

柴油加氢精制反应器节点的工艺意图是：经反应进料加热炉 F6101（简称 F－1）将原料油、混合氢加热至反应所需温度（310～340℃）后，进入加氢精制反应器 R6101（简称 R－1），在 RN－10 催化剂作用下油品进行加氢脱硫、脱氮、烯烃饱和等精制反应。加氢精制反应器设置三个催化剂床层，床层间设置冷氢盘，通过注入冷氢，控制反应温度，自 R－1底部出来的加氢精制后的反应产物，经注入冷氢调节至所需温度后进入加氢裂化反应器（R－2）。该节点的 P&ID 图如图 2 所示。

后果严重性					风险矩阵				
名誉损失	环境影响	财产损失或浪费	对人的危害	等级					
国际影响 受到国外媒体的报道关注和评论	**巨大影响** 环境破坏影响到全国乃至全球	**巨大损失** 经济损失或浪费在1亿元以上	**多人死亡** 事故或职业病导致3人及以上死亡或10～50人重伤	5	Ⅱ 5	Ⅲ 10	Ⅳ 15	Ⅳ 20	Ⅳ 25
国内范围 受到省级以上媒体的报道关注和议论	**重大影响** 环境破坏波及企业的周边地区	**重大损失** 经济损失或浪费为5000万～1亿元	**单个死亡** 事故或职业病导致1～2人死亡或3～10人重伤	4	Ⅰ 4	Ⅱ 8	Ⅲ 12	Ⅳ 16	Ⅳ 20
一定范围 受到企业所在地区媒体的报道和关注	**大的影响** 环境破坏在企业所处的区域内	**大的损失** 经济损失或浪费为1000万～5000万元	**严重的伤害** 事故或职业病导致3人以下重伤或3人以上轻伤	3	Ⅰ 3	Ⅱ 6	Ⅱ 9	Ⅲ 12	Ⅳ 15
小影响 在企业内部被通报和议论	**小影响** 环境破坏在企业内部范围内	**小型损失** 经济损失或浪费为100万～1000万元	**轻微伤害** 事故或职业病导致3人以下轻伤	2	Ⅰ 2	Ⅰ 4	Ⅱ 6	Ⅱ 8	Ⅲ 10
极小影响 只是在涉及该过程的人员内部关注和议论	**极小影响** 环境破坏限制在过程范围内	**极小损失** 经济损失或浪费在100万元以下	**可忽略的** 限工、医疗、急救箱及未遂事件	1	Ⅰ 1	Ⅰ 2	Ⅰ 3	Ⅰ 4	Ⅰ 5
				等级	1	2	3	4	5
					从来没有发生过	本行业发生过	本单位历史上发生过一次	本单位一个检修周期发生一次	本单位每年至少发生一次
				发生可能性					

图1　HAZOP分析所采用的风险矩阵

表 3　常见的节点和对应的偏差

是否常用 节点 偏差	塔	管线	加热炉	换热器	反应器	容器	过滤器	离心泵	离心压缩机	往复泵	往复式压缩机
压力过高	√	√	√	√	√	√		√	√	√	√
压力过低	√	√	√	√	√	√			√		√
流量过高		√	√								
流量过低/无		√	√								
逆流		√	√								
温度过高	√	√	√	√	√	√			√		√
温度过低	√	√	√	√	√	√					
液位过高	√					√					
液位过低	√					√					
界位过高						√					
界位过低						√					
搅拌过高					√						
搅拌过低					√						
反应过快					√						
反应不足					√						
组分污染/杂质	√	√	√				√		√		√
泄漏/破裂	√	√	√	√	√	√	√	√	√	√	√
检维修	√				√	√	√				
开/停工	√				√	√					

注：√表示节点与可以考虑的偏差。

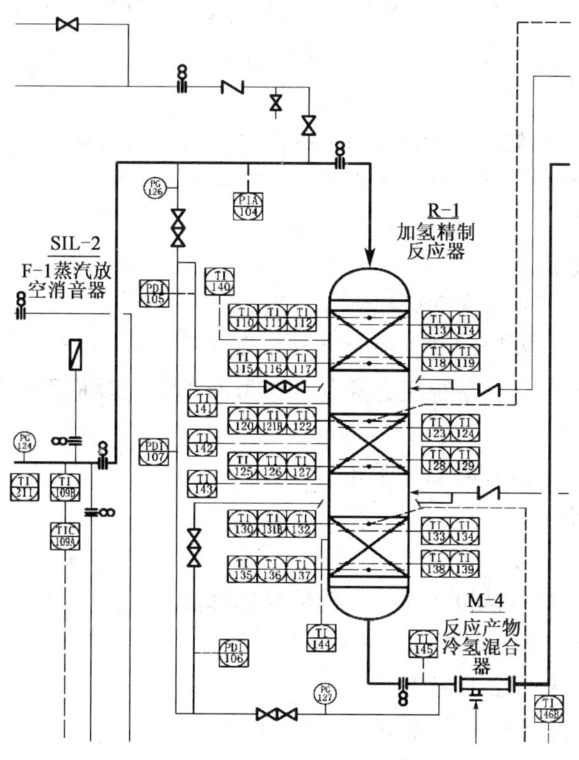

图 2　加氢精制反应器 P&ID 图

在进行节点分析时，根据该节点工艺意图和表3的节点与偏差对应关系，选取了反应器R-1出口流量过高、出口流量过低或无、床层温度过高、床层温度过低、氢分压过高、氢分压过低、床层压差过高、床层压差过低、氢油比过高、氢油比过低、维修等11个偏差。以其中床层温度过低为例，进行对应的HAZOP偏差分析，结果如表4所示。

以此类推，其余各节点的分析与加氢精制反应器节点的分析过程类似，同时形成其他节点的分析结果表。

为了提高HAZOP分析的效率，除手工HAZOP分析外，还可以使用目前最流行的针对危险分析而开发的专业软件PHA-Pro7。

3 措施及对策

待装置所有节点分析完成后，根据企业HSE管理要求和HAZOP风险分析结果，对装置存在的不可接受的风险，还必须考虑风险消除、削减措施，重点应从以下方面考虑：

（1）修订完善相应的管理制度、工艺技术规程。

（2）当上述措施不能消除、削减辨识的风险时，应将辨识出的风险作为年度安全隐患治理项目进行立项，委托设计进行消除。

由于HAZOP方法侧重的是对生产装置设计上存在的风险进行辨识。因此，对在役生产装置识别出来的风险，提出的风险消减对策往往不能即刻实施，需要有一个论证、设计、实施的过程，而这个周期一般较长。为保证生产装置在此期间的生产安全，风险消减之前采取适当的防范和应急措施就显得尤为重要。目前，国际上大型石油化工企业通行的做法是，针对HAZOP分析识别出的工艺风险制定相应的应急处理预案，并组织生产岗位的管理、操作人员进行定期演练，以应对风险消除前可能出现的突发风险事件。

现以表4中TIC2121A、TIC2131A控制回路故障，导致TV2121A、TV2131A开度过大，引起加热炉炉管破裂为例，制定如下应急处理措施：

（1）反应系统。

①熄灭反应加热炉火嘴，打开炉膛消防蒸汽，开大烟道挡板和风门。

②手动按下紧急泄压按钮，反应系统紧急泄压。

③通知生产调度系统，停装置上游新鲜原料。

④关闭原料进装置截止阀。

⑤关新氢、燃料气、除氧水和脱盐水界区阀。

⑥报告车间管理人员及厂调度，报火警。

⑦联系调度准备氮气，当系统压力降到0.05MPa时，对反应系统进行置换。

（2）分馏系统。

①产品停止出装置，改分馏部分循环。

②注意控制塔液位。

③熄灭分馏加热炉。

④关闭分馏加热炉烟道挡板和风门，闷炉自然降温。

（3）压缩机。

①停新氢压缩机，处于备用状态。

②停循环氢压缩机，处于背压暖机状态。

③由新氢压缩机入口向反应系统冲氮气，同时进行机体置换。

表 4　加氢精制反应器节点 HAZOP 分析表

节点:加氢精制反应器 R－1
图纸:L8101－8｜1－PR1｜12－反应部分管线及仪表流程图
偏差:反应器 R－1 床层温度过低
设备位号:R－1

原　因	后　果	风险分析			安全措施	建　议
		严重度	可能性	风险等级		
(1)混氢油入反应器 R－1 温度过低	反应深度降低,影响产品质量	2	4	Ⅱ	TI2109B,TI2110－2139,TIC2121A,TIC2131A	
(2)混氢油入反应器 R－1 流量过高	空速过高,床层压差增大,影响产品质量	2	4	Ⅱ	TI2110－2139,PDI2105－2107	
(3)氢分压下降	反应深度降低,床层易结焦,压差增大,影响产品质量	3	2	Ⅱ	TI2110－2139,PDI2105－2107	
(4)TIC2121A、TIC2131A 控制回路故障,导致 TV2121A、TV2131A 开度过大	(1)冷氢流量过高,床层温度下降,精制效果差,影响产品质量;	3	4	Ⅲ	FI2107, FI2108, TI2121B,TI2131B	建议 TV2121A、TV2131A 增设阀位回讯系统
	(2)造成入混合器 M－1 氢气流量过低,混合氢入 E－1/3 流量过低,导致原料油加热炉炉出口温度上升,严重时加热炉炉管结焦	4	4	Ⅳ	制定相应应急预案	建议增设 FI2107、FI2108 高报警
(5)催化剂活性下降	反应深度降低,影响产品质量	2	4	Ⅱ	TI2109B,TI2110－2139	
(6)催化剂严重粉碎、沟流	反应深度降低,床层压降升高,影响产品质量	2	2	Ⅰ	TI2110－2139,PDI2105－2107	
(7)原料性质变化(直馏柴油含量过高)	反应热降低,下游换热量减少,加热炉 F－1 燃料气消耗增加	2	4	Ⅱ	SCA1,TI2110－2139	
(8)原料油中带水严重	催化剂失活,床层压差增大,严重时装置停车	4	2	Ⅱ	缓冲罐出口采样口,TI2110－2139,PDI2105－2107	

（4）泵岗。

①停 P9101、P9102、P9103，关闭出口阀，使其处于备用状态。

②听从指挥人员指挥，配合其他岗位做好处理工作。

至此应急处置结束，装置转入正常停车、退守状态。

其他节点分析表中辨识出来的短时间内不能消除的、风险出现可能性大、严重性大的风险，也应制定相应的事故应急处理预案，补充到工艺操作规程中。

4 结论与展望

本次对加氢精制装置进行 HAZOP 分析，共划分节点 22 个。考虑了对人员安全、环境污染及财产损失三个方面的影响，共分析偏差 705 项，提出建议 122 条。其中，对严重风险提出建议 80 条，对一般风险提出建议 42 条。

从分析后的结果看，HAZOP 分析方法比较适合目前石油化工企业的 HSE 管理，对于审查和改进工艺、增加装置的安全性和提高企业员工应对生产突发事件的能力具有重要意义。

此外，通过本次加氢精制装置 HAZOP 分析方法的应用，也发现一些不足。主要存在以下问题：对分析人员经验过度依靠、类似的节点分析工作不断重复、装置以往工艺技术改造资料保存不完整、企业缺乏各类事故、事件的统计和汇总资料等。目前国内外的一些专家正在尝试使用计算机辅助 HAZOP 分析技术，如 SDG－HAZOP 技术，使用符号有向图法在一定程度上解决了 HAZOP 分析中的一些问题，可在一定程度上提高分析效率。其他一些类似的 HAZOP 分析辅助软件也可减轻 HAZOP 分析人员的工作量，提高 HAZOP 分析的效率和质量。

随着石油石化企业 HSE 管理科学性的需求增加，HAZOP 方法必将得到更大发展空间。其发展方向是：以智能化为核心，结合浅层知识和深层知识（专家系统）各自的优点，采用动态仿真技术进行案例试验，开发具有综合优势的自动 HAZOP 分析软件，同时以逻辑化辅助 HAZOP 软件为下游自动生成 HAZOP 文件。此外，针对分析出的严重风险，还需要通过保护层分析（LOPA），增加安全联锁系统并通过安全完整性等级（SIL）验证以确保装置的本质安全。

参考文献

[1] Venkat Venkatasubramanian，Jinsong Zhao，Shankar Viswanathan. Intelligent systems for HAZOP analysis of complex process plants［J］. Computers and Chemical Engineering，2000（24）：2291－2302.

[2] 赵文芳，姜春明，姜巍巍，等. HAZOP 分析核心技术［J］. 安全健康和环境，2005，5（3）：1－3.

[3] 王若清，胡晨. HAZOP 安全分析方法的介绍［J］. 石油化工安全技术，2003，19（1）：19－22.

[4] 张斌，赵东风，周乐平，等. HAZOP 分析技术改进研究［J］. 中国安全科学学报，2007，17（10）：160－164.

[5] 李丽霞，王明贤. 工艺过程危险有害因素辨识的研究［J］. 中国安全科学学报，2007，17（9）：135－139.

[6] 陈旭，张秀娟，邵冬生. 过程工业 HAZOP 分析辅助软件［J］. 安全与环境工程，2004，11（3）：75－78.

炼油装置硫铁化合物自燃防范对策

陈　虎　洪　胜

（中国石油独山子石化公司　新疆独山子区　833600）

摘　要　近年来，随着炼化装置含硫原油加工量的增加，硫对加工设备和油品储罐腐蚀产生的硫铁化合物，因硫铁化合物自燃导致多起设备、储罐火灾爆炸事故，本文针对硫铁化合物产生和自燃原因，提出中国石油独山子石化公司炼油装置硫铁化合物自燃防范对策。

关键词　炼化装置　硫铁化合物　自燃　对策

0　引言

中国石油独山子石化公司（以下简称“独山子石化公司”）以加工进口哈萨克斯坦含硫原油为主，炼油装置防止硫腐蚀一直是设备管理的重点，腐蚀产物一部分在腐蚀部位堆积，一部分随加工流程向下游装置转移。由 FeS、FeS_2、Fe_2S_3 等几种硫铁化合物组成的混合物（以下简称“硫铁化合物”），在主要的工艺装置、储运罐区均有存在，硫铁化合物具有自燃危险性，给装置安全生产带来影响。近年来，国内外因硫铁化合物自燃引发多起火灾、爆炸事故，造成严重后果。独山子石化公司在实际生产过程中，发生过多次类似事件，因发现处理及时未造成严重后果。

1　硫铁化合物自燃事故案例分析

2004 年 7 月，独山子石化公司液化气装置 2 号气柜停工处理，在蒸汽吹扫时，为防止钟罩冷却中形成负压抽瘪设备，打开钟罩人孔进行通风，空气的流入使气柜壁、顶部积存的硫铁化合物自燃，引燃柜内残存的浮油导致发生闪爆着火，造成气柜变形损坏。

2006 年 3 月，中国石化金陵石化公司 160 万吨/年焦化装置冷焦水罐发生闪爆，罐体飞出造成配电间损坏，装置停工。经事故调查，因罐向外倒水过程中空气抽入罐内，形成爆炸性混合物，引发硫铁化合物自燃，引起爆炸。

2010 年 5 月，中国石化上海高桥石化公司炼油事业部 2 号联合罐区 1613 号内浮顶石脑油罐发生闪爆，罐顶撕裂，起火燃烧。经事故调查确定为罐壁腐蚀生成的硫铁化合物自燃，引起浮盘与罐顶间油气与空气混合，发生爆炸。事故未造成人员伤亡，经济损失达 62.5 万余元。

以上事故都是由于加工油品中硫含量增加，对设备腐蚀加剧，在运行周期内罐壁、浮盘、管线等处产生硫铁化合物，由于硫铁化合物具有还原性，当温度达到一定程度时，遇空气容易自燃，引发设备内存留的可燃物或爆炸混合气体，导致火灾爆炸事故发生。

2　炼油装置硫铁化合物产生原因

硫铁化合物是原油及其馏出中间产品中的硫化物与装置设备的金属材质发生腐蚀作用的产物，硫主要来自原油本身，也有加工过程中添加硫化剂等添加剂所带来的。硫腐蚀贯穿于炼油工艺的全过程，主要以化学及电化学腐蚀作用形式。原油通过蒸馏后，大部分硫残留在重质馏分中以酸性硫化物形式存在，在有水存在情况下，导致明显的化学和电化学腐蚀作用，在设备金属面生成硫铁化合物。

生产过程中，硫铁化合物会随物料从上游流程向下游转移，在流速较低的部位沉积。在检修拆卸换热器封头、检查填料塔构件、清理罐底油污时常可以见到一定量硫铁化合物聚集。对于长期停工设备，如无良好防锈处理或氮封措施，设备金属会因大气腐蚀生锈，未清除铁锈在生产过程中会与硫化氢发生作用生成硫铁化合物。

根据硫铁化合物产生原因，独山子石化公司炼油装置中，加氢裂化装置、加氢精制装置、蒸馏装置、催化裂化装置、延迟焦化装置、芳烃抽提装置、含硫污水汽提装置、硫黄回收装置、瓦斯回收装置等加工含硫介质（包括含硫原油）的重点装置，含硫原油、石脑油、轻重污油罐区等存储设施，对硫铁化合物导致的腐蚀泄漏及自燃引发火灾爆炸重点防范。

3 硫铁化合物自燃引发火灾爆炸原因分析

硫铁化合物自燃实质是硫铁化合物氧化积温上升的过程，硫铁化合物氧化放出热量，热量散发不及，导致油品和硫铁化合物温度上升，氧化反应加剧，最终导致自燃着火。硫铁化合物自燃事故较多发生在含硫油品介质储罐和装置检维修设备打开期间。

对于含硫油品介质储罐，气相空间的内壁因油品中酸性硫化物、水分存在，易发生化学腐蚀，附着硫铁化合物较多。内防腐涂层被硫化成一层较厚的、柔性很强的角质膜。在罐顶通风口附近，硫铁化合物与空气接触氧化，但热量不易积聚，处于稳定状态。在油罐下部，靠近浮盘的气相空间氧含量低，氧化生成单晶硫，掺杂在块状、松散结构的硫铁化合物中，为硫铁化合物的自燃提供了充分的条件。当发油时因油罐呼吸作用，进入油罐气相空间，浸没在浮盘下和液相下的硫铁化合物也暴露出来，发生氧化反应迅速发热，因覆盖角质膜和无通风散热条件，温度急剧上升进而发生自燃，引发储罐油品火灾爆炸事故。

对于生产装置工艺设备，在连续生产期间，设备内腐蚀产生的硫铁化合物与空气隔绝，无氧化反应条件。但当设备进行检修时，不能被蒸汽吹扫、水冲洗置换干净的硫铁化合物在打开设备后，与空气接触发生氧化反应，释放出热量发生自燃，遇设备内未处理干净油品，引发设备检修过程火灾爆炸事故。

4 硫铁化合物自燃防范对策

针对独山子石化公司炼油装置生产特点，结合硫铁化合物自燃原因分析，制定主要防范对策如下。

4.1 炼油装置生产过程硫铁化合物控制对策

严格调整原油掺炼比例，确保原油硫含量在指标范围内，加强“一脱四注”工艺措施及脱硫工艺参数控制，控制石脑油中硫化氢、硫醇硫等活性硫的含量，减轻对储罐及设备腐蚀，减少设备硫铁化合物形成数量，降低自燃风险。

生产过程中腐蚀产生硫铁化合物（FeS、FeS_2、Fe_3S_4）的炼油装置，针对硫铁化合物危害组织危害识别和风险评价，开展腐蚀监测工作，对评价、监测出的重点易被硫腐蚀设备和部位，将设备材质升级为耐腐蚀钢材，并采取防腐保护技术措施。

含硫介质（高硫原油、直馏石脑油、焦化汽油、含硫污油、含硫污水等）储罐内表面采用喷涂耐腐蚀金属或涂镀耐腐蚀材料等技术，设置氮气保护、正压保护、汽封等措施，并定期检查完好情况。

腐蚀生成硫铁化合物的储罐容器，生产运行过程必须采取隔绝空气技术措施。无氮气保护、正压保护、汽封措施的高含硫介质储罐，定期检查安全附件完好情况，严禁随意敞开罐顶透光孔、取样孔。

无氮气保护措施的含硫介质内浮顶储罐，制定定期检查制度，检查浮盘密封效果。检测可燃气超标的内浮顶储罐，采取高液位稳定操作和氮气保护措施，严格控制罐液面不低于浮盘限位高度，高温天气条件下外送物料时，采取罐顶喷淋水降温技术措施，降低油罐温度，及时消散硫铁化合物氧化放出的热量。

严格执行储罐定期检查制度，加强储罐安全监控，含硫原油储罐每 4 年清罐检查 1 次，直馏石脑油罐每年 2 年清罐检查 1 次，焦化汽油、含硫污油罐、含硫污水罐每年清罐检查 1 次。

工艺生产过程使用铁系脱臭剂、催化剂，需对硫铁化合物形成进行技术分析，严禁在与空气接触或存在空气进入的工艺条件下使用，防止生产运行过程中硫铁化合物氧化积温自燃。

4.2 炼油装置检维修、清理过程中硫铁化合物控制对策

炼油装置检维修、清理时，针对性采取氮气置换、蒸汽蒸煮、冲水湿润、化学清洗等处理措施，清除硫铁化合物和可燃物，破坏硫铁化合物自燃条件。

加工含硫介质（包括含硫原油）的重点装置及工艺生产过程中产生硫化物的装置，应全面检修，必须制定化学清洗或钝化处理方案，防止检修过程中设备残存硫铁化合物自燃。

加工含硫介质（包括含硫原油）的重点装置及工艺生产过程中产生硫化物的装置检修，不具备化学清洗或钝化处理条件的塔、容器，必须针对性制定水冲洗、蒸汽吹扫、氮气置换等安全保证措施，彻底清除可燃物，对设备内取样分析或气体检测可燃气小于 0.5%（体积分数），可燃气爆炸下限小于 4% 的，气体检测可燃气小于 0.2%（体积分数），方可打开设备检修。

对存在硫铁化合物聚集的设备、管线检修时，打开设备、管线后立即清理硫铁化合物，不得随意停止作业，长时间放置。如必须中断作业时，必须制定并落实打开设备、管路空气隔离和置换措施。

对含硫介质储罐、瓦斯气柜清理作业必须制定专项作业方案，明确硫铁化合物自燃防范、可燃物清除措施及应急方案。含硫原油储罐原则上采取机械清理方式，不具备条件需人工清理时，制定作业方案必须充分考虑罐底油泥中可燃物挥发导致的风险。

盛装含硫介质储罐的清罐作业，必须吹扫、蒸煮 48h 处理，从放空处检查储罐内排出凝水无可燃物残留，停蒸汽降温并合上顶部透光孔（检查呼吸阀必须通畅，底部阻火器无堵塞），防止空气大量进入。降至常温后，从罐顶采样孔处检测可燃气小于 0.5%（体积分数），可燃气爆炸下限小于 4% 的，气体检测可燃气小于 0.2%（体积分数），方可打开储罐人孔。打开人孔后立即采用水冲洗、喷洒等方式对罐内壁、罐内附件充分湿润，按程序办理作业票证，落实安全措施后，方可进入罐内作业。

盛装过含硫介质的塔、储罐、容器打开人孔清理，必须连续完成，防止打开通风情况下，硫铁化合物干燥后自燃。作业期间定期对容器内冲水、喷洒湿润处理。

检维修、清罐作业清理出的含硫铁化合物运往指定地点进行填埋处理。

5 对策实施效果

独山子石化公司炼油装置自掺炼哈萨克斯坦含硫原油以来，高度重视对硫铁化合物自燃导致火灾爆炸风险防范，对炼油生产流程进行硫分布分析，确定重点装置，制定并落实工艺、设备防范措施，先后对蒸馏装置、焦化装置、重整芳烃装置的塔器、设备进行针对性材料升级改造。针对石脑油罐硫腐蚀严重问题，分批增加原油罐的固定喷淋系统，石脑油罐增加氮封处理措施，完善罐区收发油操作规程，确保长周期安全平稳运行。

在2007年装置大检修中，严格检修作业过程硫铁化合物危害识别控制，各主要装置停工后均安排进行钝化处理，设备检修打开执行验收程序，对设备内残存可燃物进行检测，合格后方可进行设备清理作业。2007年对独山子石化公司炼油厂瓦斯回收装置的20000m^3气柜进行清理检修，采用氮气置换可燃气、密封油系统退油置换、钝化剂进行钝化浸泡底部油泥等处理措施，严格执行检修、清理作业过程控制，实现安全检修。对检修中因工艺设备条件无法钝化的处理设备、管线部位，在确保可燃物吹扫置换合格后，打开设备、管线，立即采取喷水冲洗湿润含硫铁化合物的残留物，现场快速清理，定点填埋确保硫铁化合物自燃风险严格受控。

6 结语

炼化装置加工、储运过程中，影响硫铁化合物自燃的因素有油品含硫状况、设备材质等级、防腐技术水平、与空气接触机会、温度和湿度条件等。防范硫铁化合物自燃必须针对主要因素制定防范措施，需要从工艺操作过程、设备运行维护、检修过程管理等方面全面防控，确保实现安全平稳生产。

参 考 文 献

[1] 张振华，李萍，赵衫林．硫化亚铁引发储罐火灾危险性研究［J］．中国安全科学学报，2004，14(11)：96－99.

[2] 谢传欣，王慧欣，黄飞，等．硫化亚铁自燃危害及预防［J］．中国化学化工文摘，2006，7：1－25.

热电厂输煤系统粉尘治理措施探讨

荣　梅　陈永生　邓占国

（中国石油独山子石化公司　新疆克拉玛依市　833600）

摘　要　本文针对热电厂燃化车间输煤系统粉尘超标问题治理过程中的措施，并从设备维护、精细运行管理化、现场设备卫生管理角度对实现职业卫生指标合格的措施进行了探讨。

关键词　输煤系统　粉尘　治理　精细化管理

0　引言

燃化车间输煤系统粉尘治理是车间2010—2011年重点工作之一，改善员工的作业环境、降低粉尘浓度是车间的努力目标，车间从运行管理、设备检修、技改技措、卫生清理进行全方位、立体的综合治理，实现粉尘治理目标。从2009年独山子动力站开工以来，针对输煤系统粉尘时常出现超标的问题，开展了隐患治理，使用了微动力降尘新技术，对现有的7号带12个布袋式除尘器、多管冲击式除尘器、喷淋设施进行消缺，对设备漏粉问题持续改进，2011年上半年实现粉尘指标合格率95.6%。现将具体的粉尘治理经验进行探讨。

1　输煤系统粉尘的来源

1.1　粉尘的来源及危害

燃料煤进厂后，从汽车卸煤沟翻卸、叶轮给煤机给煤、皮带多段转运输送、破碎、筛分、细碎、梨煤等各种输送设备进入原煤仓。在整个输送过程中，车间共计有输送皮带9条，伴随设备转段落差大、皮带速度高、设备泄漏、除尘器投运不正常、地面及机架设备扬尘等，形成尘化气流，小的煤尘散布在空气中，形成尘源向四周扩散，蔓延充斥在作业现场，微尘长时间悬浮在空气中不能沉降，甚至二次扬尘，造成环境煤粉污染；车间员工在巡检、设备检查，部分管理人员、检修人员，均有可能接触煤尘，煤尘可能导致的职业病是尘肺。

原煤从一条皮带上经落煤管倒运到另一条皮带时，下落过程的同时携带了大量的诱导风进入。当煤下落过程中，落煤管下部变成正压，诱导风与原煤中的细粉相互作用，形成尘气，带到下一条皮带的导料槽内，使导料槽内形成一定的正压，从各个漏点向外飘逸。从4号带到6号带经过碎煤设备，粗碎、筛分、细碎，从30多米到地下6m，高差40m左右，产生的诱导风大，且煤粉粒度变小后，形成尘气量大，成为粉尘的重灾区，也是粉尘治理的核心区。

皮带上输送量越大，其原煤下落时所携带的诱导风就越大，2号转运站堆取煤量最大，3号、5号带双向运行，密封难度大，堆煤时量大，产生诱导风比一般堆煤、取煤粉尘大。

落煤管的倾斜角越接近于垂直，落差大，原煤在落煤管内的下落速度快，其所携带的诱导风就越大，对系统破坏越严重。动力站筛分下落至6号带，落差大，倾斜角接近垂直，且上大下小，产生的诱导风就越大，冲击大落煤管磨损严重，粉尘大。

落煤管下部的导料槽越处于正压，粉尘大量向外飘逸越多。所有导料槽顶部设计为平顶，导料槽挡煤皮与挡煤皮之间接合不够紧密，而且大部分落煤管正下方都有挡煤皮接合处，致使煤粉尘和小煤粒从接合处喷出，煤粉尘飘散在空气中，而小煤粒卡在挡煤皮与输送带之间，加速了挡煤皮的磨损，磨损处扩大后，更多的煤粉尘和煤粒从磨损处喷出。

只要产生正压，粉尘就必然从各漏点或出口处向外飘逸，产生粉尘污染。落料点物料对锁气器（缓冲）冲击大，磨损严重。落料点不正造成撒煤现象严重。

由于新疆气候干燥致使拉送来的原煤表面水分过低，导致原煤干燥，在输送过程中易产生大量的煤粉尘，汽车卸煤沟、地磅房由于拉煤车行走和卸料时扬起的煤尘使地面积有大面积的煤粉尘，而卸煤沟没有抑尘设施，扬尘较大。另外在汽车行走和风力作用下，被扬起的粉尘飘散在空中，如此周而复始，极不易清除。

1.2 独山子热电厂燃化车间现场降尘设备存在的问题

1.2.1 输煤系统喷淋状况及存在的问题

具体见表1。

表1 燃化车间燃料专业喷淋装置投运情况表

序　　号	喷淋系统所属设备	投 运 情 况
1	0号甲带2台叶轮给煤机	所有喷头堵塞，叶轮给煤机喷淋给水系统不畅（给水槽堵塞，给水泵工作不正常）
2	0号乙带2台叶轮给煤机	所有喷头堵塞，叶轮给煤机喷淋给水系统不畅（给水槽堵塞，给水泵工作不正常）
3	1号甲乙带	喷头堵塞，控制系统需检查恢复
4	2号甲乙带	喷头堵塞，控制系统需检查恢复
5	4号甲乙带	喷头堵塞，控制系统需检查恢复
6	6号甲乙带	喷头堵塞，控制系统需检查恢复
7	7号甲乙带	无喷头和控制系统
8	1号斗轮机悬臂及尾车	未试运正常
9	2号斗轮机悬臂及尾车	未试运正常
10	翻车机系统	投运正常

1.2.2 输煤系统喷淋投运情况不佳的主要原因

（1）所有输送带的水喷淋装置全部安装在导料槽出口，而最短的导料槽（4号带）有15m，运行中，导料槽内的煤粉尘还没到达除尘管进口和水喷淋喷头处，就从挡煤皮的接缝和导料槽密封不良处溢出；系统停运后，由于除尘器故障或除尘效果不好等原因，导料槽内存有大量煤粉尘向导料槽出口飘散，水喷淋喷头处潮湿，煤粉尘很容易沉积附着在喷头，久而久之，大部分喷头被煤粉尘堵塞，水喷淋装置失去了喷水抑尘的作用。

（2）喷头清理维护不到位。

1.2.3 除尘器的配置、投用情况及完好状况

（1）燃化车间燃料专业多管冲击式除尘器共12台，除尘器的配置投运见表2。

表 2　多管式除尘器投运情况

序号	除尘器名称	完好状况	除尘区域	投运情况
1	1 号甲乙带除尘器（2 台）	完好	皮带给煤机、1 号甲乙带导料槽	良好
2	2 号甲乙带除尘器（2 台）	完好	2 号甲乙带导料槽	良好
3	4 号甲乙带除尘器（2 台）	完好	4 号甲乙带导料槽、3 号带导料槽	良好
4	6 号甲乙带除尘器（2 台）	完好	6 号甲乙带导料槽	除尘效率不佳
5	甲乙筛分机除尘器（2 台）	完好	甲乙筛分机	良好
6	5 号带除尘器（1 台）	完好	5 号带	良好
7	9 号带除尘器（1 台）	排污阀与排污口不能对口，除尘器本体无法存水	9 号带导料槽	除尘效率差（该皮带作为备用带，长期不运行）

（2）多管冲击式除尘器是一种新型湿式除尘设备，除尘效率大于 99%，在碎筛设备上级输送系统中使用效果良好，但在碎筛设备下级 6 号甲乙带除尘器，由于粉尘量加剧，除尘效果不佳。其原因是除尘器出厂设计为 8min 一个工作循环，在安装时，将除尘器调试成符合输煤系统运行条件，系统运行时除尘器运行，系统停运时除尘器停止。运行方式在碎筛设备上级系统，由于粉尘量少，还可满足除尘条件，但在碎筛设备下级（6 号带），由于粉尘量增加，一次运行后，除尘器下箱体积尘太多，3min 冲洗时间不能将积尘冲洗干净，多次运行后，除尘器下箱体积满煤尘，煤尘越积越厚，致使多管管壁内和多管喷头处沾满煤泥，严重影响除尘效果。同时除尘器本体箱下部内积尘时还影响排污阀的正常工作。排尘管与正常水位间塑料喷头损坏使除尘器工作不正常，煤粉尘易从出气管口冒出，使 6 号带现场粉尘浓度超标。

（3）7 号输送带使用的 12 台除尘器为脉冲袋式除尘器，因为除尘器风机电机和空压机故障，部分布袋破损，投运效果不佳。

2　燃化车间燃料专业粉尘超标点的原因具体分析

0 号带汽车卸煤沟的喷淋设施没有正常投运，上部卸煤，汽车翻卸过程扬尘大。

输煤皮带的导料槽的护皮与缓冲床之间有缝隙，小颗粒煤从护皮中冲落；所有导料槽顶部设计为平顶，含尘气流在导料槽内没有缓冲余地，直接从导料槽出口和导料槽密封不良处喷出；导料槽挡煤皮与挡煤皮之间接合不够紧密，而且大部分落煤管正下方都有挡煤皮接合处，致使煤粉尘和小煤粒从接合处喷出，煤粉尘飘散在空气中。

2 号转运站的 3 号带、5 号带三工位落煤管处护皮不严密，三工位人孔门处密封不严，有漏粉。

输煤皮带导料槽滚筒非工作面有扬尘；清扫器部位地面有扬尘。7 号带尾部清扫器需要进一步调整，落煤管落煤点位置不正，煤粉力度细，输送距离长。

细碎煤机上部落煤管缝隙处漏粉，落煤管泄漏从 6 号带底部的高空处飘落，地面存在扬尘。

6 号带除尘器内部下箱体和多管喷头煤粉堵塞，投运效果不佳。输送带的水喷淋装置安装在导料槽出口，存有大量煤粉尘向导料槽出口飘散，水喷淋喷头处潮湿，煤粉尘很容易沉积附着在喷头，久而久之，大部分喷头就被煤粉尘堵塞，水喷淋装置就失去了喷水抑尘的作用。

3　具体治理方案

粉尘的治理关键是预防，之后才是治理，防治结合，持续改进，才能从根本上解决粉尘治理这一难题。因此，必须从煤源降尘、设备喷淋系统的改进整改、除尘器的正常投运等做起。

3.1　设备管理方面

3.1.1　完善投用原有降尘设施

7 号输送带脉冲袋式除尘器将原有的 12 台空气压缩机拆除，重新安装一条空气管线，更换布袋除尘器中的破损布袋，恢复使用功能；定期清理多管冲击式除尘器的积粉管，对内部的多管喇叭口进行恢复，修复筛分机。对输煤皮带的锁气器进行功能恢复。设备密封：由于各设备的检查门、观察门密封不严，碎煤机楼设备与基础之间间隙较大，运行时，煤粉从缝隙处溢出，因此在输送带、碎煤机等设备检查门、观察门加密封专用密封脂进行密封，防止煤粉尘溢出。

3.1.2　增加除尘设施

2011 年 5 月 20 日完成微动力除尘器的安装，具体安装部位：2 号、4 号甲乙带、6 号甲乙带尾部、头部微动力除尘器各 1 台；7 号甲乙带尾部无动力除尘器各 1 台；7 号甲乙带头部微动力除尘器各 1 台；7 号甲乙带原煤仓口防尘密封罩 36 个。微动力除尘器的工作原理是在蜗壳底部与运动皮带间（物料出口除外）安装密封装置，在物料下落出口及皮带前部安装具有吸尘作用的软帘，大部分可以飞溅的粉尘被吸尘软帘吸附，未被软帘吸附的粉尘被布袋除尘器中离心风机所产生的旋涡气流吸到特制的滤筒之中，当滤筒内的灰尘达到一定密度时，反吹系统开始工作，在强压下产生负压区将滤筒内的灰尘全部击落掉，减少粉尘的飘散。

3.1.3　加强输煤系统设备完好检查，确保无泄漏、除尘系统能够正常投运

重点对除尘器、水喷淋、导料槽的护皮、挡煤帘的完好、三工位的密封情况、细碎煤机的落煤管泄漏情况，进行详细检查，7 号甲乙带导料槽喷淋系统进行修复，三工位落煤管的护皮用毛毡进行封堵，减少了落料口的扬尘；对输煤皮带导料槽喷淋胶管脱落进行及时修复。

3.1.4　规范设备定期检查制度

制定完整的除尘设备检查标准，利用干部周检，分区域每周对输煤皮带的除尘设备的完好性、投用情况进行检查和点评。将输煤系统的职业卫生设施分区域承包给各管理干部，落实责任人，强调属地承包责任。对可能造成粉尘超标的设备泄漏，当日组织消缺，职业卫生设备无法正常投运，作为抢修对待，且不能拖拉，要主动积极协调，克服困难，快速推进设备检修任务。

3.1.5　对 1 号煤场、2 号煤场、3 号煤场、4 号煤场进行喷淋设备整改

4 个煤场喷淋埋地管线（175 + 85） × 8m 重新整改布线，拆除、恢复护坡混凝土（$175 \times 2 \times 0.01 \times 4$）$m^3$，开挖、恢复土方（$175 \times 1.5 \times 2$）$m^3$，管线放至地面，以便维护；4 个煤

场靠挡风墙喷淋主管线外移2m，挡风墙侧23个喷淋管线重新布置，有效增加煤场喷淋的面积，避免死角，提高煤的水分。

3.2 加强输煤系统运行管理

3.2.1 进厂原煤干燥，合理利用2个斗轮机进行倒烧

汽车来煤均先堆至煤场，充分利用煤场喷淋对进厂煤进行加湿。在降尘的同时，必须合理安排煤场喷淋的喷洒时间及喷洒适度，防止原煤过湿。及时安排人员清理卸煤沟，有限制的提高原煤的表面水分，从而达到控制粉尘飞扬的目的。引用冲洗水，适当对卸煤沟进行喷洒，防止扬尘。

3.2.2 严格输煤系统运行管理

输煤皮带的喷淋全部打开，各输煤皮带的微动力除尘器、水冲击除尘器全部投入运行，各皮带安排专人监护，防止因煤潮湿，造成筛分机堵煤。

3.2.3 加强输煤系统设备投运前的检查，依靠全员，加强输煤值班员工作责任心

积极发现输煤存在影响设备安全运行、粉尘治理的缺陷，采取激励方式，鼓励员工主动查找缺陷，落实整改的进度的意识。除尘设备、喷淋系统投用正常后，才能进行正常的上煤操作，将这一理念贯穿员工的思想，不能将投运除尘设备、喷淋系统的投用，专业干部督查后才投用或才汇报缺陷，延误检修的时机。

3.3 班组管理

鼓励班组诚信交接，对当班发现的问题，不隐瞒、不迟报、积极上报并应急处理，不能将上班问题交代不清，造成接班班组的工作被动。发挥干部承包责任，承包干部对班组管理的问题动态及时掌握，对承包班组承担管理责任。输煤系统全面卫生清理后，将现场卫生清理作为交接班管理的内容之一，由运行班组对新疆电建保洁的卫生情况进行检查或打分，作为月度考核的指标之一，形成运行班组齐抓共管的局面。

3.4 现场管理

大量的煤粉长期散落在设备、输煤皮带机架等一旦设备运行轻微振动，造成二次扬尘，且分散在空气中，无法排除，所以需要建立输煤系统卫生清理定期清扫制度。每月对输煤系统设备及周围进行全面清理；每周对设备机架、导料槽上部管线及平面盖板进行水冲洗，每天对地面卫生进行水冲洗。

将输煤系统的仪表信号、开关更换为防水性或对开关进行规范的防水处理，便于卫生清理时，可以用水冲洗，降低冲水时的不受控状态。组织电建保洁人员对输煤系统的卫生进行全面大清扫，列出清理计划，分区域集中清理，（包括玻璃、门窗、消防水系统、墙壁等），降低煤粉的长期堆积，避免二次扬尘。

4 治理效果验证

收集2010年、2011年不合格的作业区域的检测结果进行对比，经过近一年的努力，2011年5月27日粉尘监测共计23个点，7号带尾部不合格，合格率95.6%（表3、表4）。

表 3　2010 年热电厂燃化车间职业病粉尘监测结果

序号	基层单位	检测点	检测项目	检测频率	检测日期	检测机构	合格标准 mg/m³	检测结果 mg/m³	是否合格
1	燃化车间	2 号转运站	煤尘	半年一次	2010 年 12 月 21 日	监测站	8	13.6	不合格
2	燃化车间	4 号带头部	煤灰尘	半年一次	2010 年 6 月 1 日	职防科	8	12.9	不合格
3	燃化车间	4 号带尾部	煤灰尘	半年一次	2010 年 6 月 1 日	职防科	8	31.6	不合格
4	燃化车间	5 号带尾部驱动站	煤灰尘	半年一次	2010 年 6 月 1 日	职防科	8	30.4	不合格
5	燃化车间	6 号带中间	煤灰尘	半年一次	2010 年 6 月 1 日	职防科	8	20.3	不合格
6	燃化车间	7 号带头部	煤灰尘	半年一次	2010 年 6 月 1 日	职防科	8	9.6	不合格
7	燃化车间	7 号带尾部	煤灰尘	半年一次	2010 年 6 月 1 日	职防科	8	15.75	不合格
8	燃化车间	细碎煤机间	煤灰尘	半年一次	2010 年 6 月 1 日	职防科	8	8.08	不合格

表 4　2011 年热电厂燃化车间职业病粉尘监测结果

序号	车间	项目	位置	检测机构	周期	合格标准 mg/m³	2011 年 3 月 1 日监测结果 mg/m³	2011 年 3 月监测结果是否合格	2011 年 5 月 27 日监测结果 mg/m³	2011 年 5 月监测结果是否合格
1	燃化车间	煤尘	0 号带尾部	职防科	半年一次	8	56.0	不合格	2.50	合格
2	燃化车间	煤尘	0 号带中部	职防科	半年一次	8	18.7	不合格	3.95	合格
3	燃化车间	煤尘	2 号带尾部	职防科	半年一次	8	9.7	不合格	2.55	合格
4	燃化车间	煤尘	2 号转运站平台	职防科	半年一次	8	29.5	不合格	1.65	合格
5	燃化车间	煤尘	4 号带尾部	职防科	半年一次	8	9.7	不合格	3.85	合格
6	燃化车间	煤尘	4 号带头部	职防科	半年一次	8	14.9	不合格	2.10	合格
7	燃化车间	煤尘	6 号带尾部	职防科	半年一次	8	9.1	不合格	5.35	合格
8	燃化车间	煤尘	7 号带尾部	职防科	半年一次	8	9.9	不合格	14.00	不合格

5　结语

通过对独山子热电厂燃化车间粉尘超标原因分析及整改措施的落实，对实现燃化车间职业卫生指标 100% 合格的初步探讨，有利于今后更好地开展粉尘治理工作，改善员工的作业环境，降低职业病的危害，提高员工的健康水平。

实施上锁挂签测试 强化能量隔离管理

杨学刚

（中国石油宁夏石化公司 宁夏银川市 750026）

摘 要 近几年通过对中国石油天然气集团公司发生的各类工业事故、事件的分析与整理，发现造成各类事故、事件的原因中，因未对能量进行有效识别和控制而导致的事故、事件占事故、事件总数的60%以上，所以对危险能量进行有效地隔离和控制是确保作业过程安全的前提条件。上锁挂签测试是应用在能量隔离上的一种较有效的方法，体现员工“我要安全”的意识，即自己的安全自己管理，不能寄托于别人不犯错误的基础上，让安全掌握在自己的手里，真正杜绝危险能量的意外释放或已隔离的危险能量被人为破坏，确保作业过程安全。

关键词 能量 隔离 上锁挂签测试 体会 心中锁

0 引言

中国石油宁夏石化公司（以下简称“宁夏石化公司”）在推行HSE管理改进、提升项目的过程中，自2008年开始执行上锁挂签测试管理程序，通过对程序内容和执行标准的不断规范、提升，使现场作业过程中的各种危险能量得到了有效地隔离和控制，防止了能量意外释放而造成人员伤害、设备损害和环境破坏，将事故防患于未然，提高了公司操作及检维修作业的安全管理水平，确保了作业人员的安全。

上锁挂签测试管理是在对能量实施隔离后，为确保能量隔离的有效性和持续性的一种手段、方法。其主旨思想是：树立每个作业人员自我保护的意识，不能只依赖监护人员做监护，更好的保护是“自己保护自己”，让安全真正掌握在自己的手里，充分体现员工“我要安全”的意识，即自己的安全自己管理，不寄托于别人不犯错误。

1 能量隔离

1.1 能量和隔离的定义

能量是指可能造成人员伤害或财产损失的工艺物料或设备所含有的能量。主要包括电能、机械能（移动设备、转动设备）、热能（机械或设备、化学反应）、势能（压力、弹簧力、重力）、化学能（毒性、腐蚀性、可燃性）、辐射能等。

隔离是指将阀件、电气开关、蓄能配件等设定在合适的位置或借助特定的设施使设备不能运转或能量不能释放。

1.2 危险能量的识别

目前，石油化工装置生产过程中，在装置单元中可能产生危险能量的系统主要包括：压力系统、机械系统、电气系统等关键部分。对这些部分的系统可能产生的危险能量的有效识别和控制，是控制危险能量和物料的基本条件，是保证作业过程安全的前提。

1.3 何时进行能量隔离

存在能量且这种能量一旦意外释放可能造成人员伤害、设备损坏、环境破坏的作业，必须对能量进行有效的隔离。特别是在维修、维护或修理机械设备，工作在电气线路和系统，工作在带压管道和设备，以及工作靠近其他危险能量等的作业是最易发生危险能量意外释放，导致事故发生的情况。所以必须对以上几种作业存在的能量进行全面识别，并采取有效的隔离。

1.4 能量隔离的基本流程

为确保能量的有效隔离，确保作业过程安全，需按照以下流程（图 1）对能量进行有效隔离。

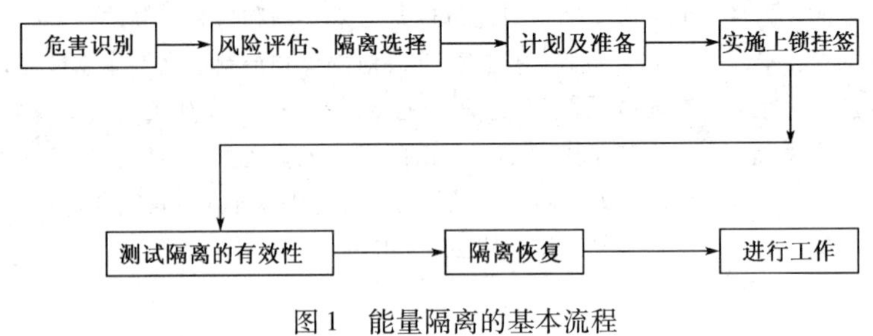

图 1　能量隔离的基本流程

1.5 隔离或控制能量的方式

在能量隔离过程中必须考虑能量隔离的方式，一般采用移除管线，加盲板；双切断阀门，打开双阀之间的导淋；切断电源或对电容器放电；退出物料，关闭阀门；辐射隔离，距离间隔等隔离方式。

在管线系统的隔离过程中应优先考虑双重隔离，即：截止阀加盲板、盲法兰或双阀一导淋（双截止阀关闭、双阀之间的导淋常开）。

2 上锁挂签测试在能量隔离中的应用

2.1 上锁挂签测试的含义

上锁挂签测试是在检维修作业过程中，在工艺确保能量隔离（切断物料、排空、清洗、置换）合格后，用安全锁具将阀件、电气开关、蓄能配件等设定在合适的位置使其不能运转，并挂上标牌，以保证能量隔离不要被意外破坏的一种方法。主要适用于检修作业、工艺长期切断、长期停用设备的物料能量隔离。

2.2 安全锁的分类

安全锁是用来锁住能量隔离设施的安全器具，在防爆区域的安全锁具必须符合防爆要求。安全锁主要分个人锁、集体锁和公共锁三类。

（1）个人锁：主要分发给操作人员，一把钥匙只能开一个锁头，是一对一的单一锁，由个人负责保管和使用。

（2）集体锁：一把钥匙可以开多把锁头的组锁，主要用于一个作业项目有多个隔离点的情况。目前宁夏石化公司使用的集体锁有 5 把/套和 10 把/套两个种类。

（3）公共锁：在个人锁具不够时，可以借用的公用锁具。由生产、检修班组统一保管。

2.3 上锁挂签测试的原则

开始任何工作之前，首先必须对工作中可能接触到的“能量”进行辨识，如果有“能量”必须进行正确的隔离。“上锁”及“危险禁止操作标签”是对作业人员人身安全的保证，如果使用上锁挂签，则被视为严肃不可违反的措施。

2.4 上锁的方式

上锁的方式包括个人上锁和集体上锁两种方式。

2.4.1 个人锁的使用方法

（1）实施个人上锁时，该项目的属地主管负责进行停车、冲洗、排空等能量隔离。

（2）在能量隔离完成后，属地主管（工艺操作人员）用个人锁对上锁点进行上锁。上锁点可以是阀门、开关、配电盘等，如上锁点过多，则采用集体锁上锁。

（3）上锁挂签后，上锁者应亲自或目睹进行测试，确认隔离效果，如再次确认泵不能启动、检查接地、检查压力、气体检测等。

（4）测试隔离达到预期效果后，签发作业许可。

（5）如果进行检修作业，则检修人员进行上锁挂签测试，测试合格后进行作业。

2.4.2 集体锁的使用方法

（1）在工艺检修前，由属地主管负责编制该作业项目的“能量隔离清单”。在工艺隔离交出后，属地主管按照“能量隔离清单”上的“上锁挂签点”用集体锁将所有隔离点上锁挂签。集体锁超过一套的，其所有钥匙均需放于集体锁箱内，且钥匙号码可以被工作人员辨别，并与现场安全锁相对应。

（2）上锁挂签后，上锁者亲自或目睹进行测试。

（3）测试合格，将集体锁的钥匙放在锁箱，属地主管或项目负责人用个人锁在集体锁箱上上锁。

（4）每个工作人员（生产、检修、电仪、承包商）用其个人锁将锁箱锁住。只要有一名工作人员不打开其个人锁，集体锁箱就打不开，集体锁就不能被解除，以此保证每一个工作人员的生命安全。

3 有效推广上锁挂签测试的方法

3.1 建立上锁挂签测试管理程序

为了有效推行能量隔离管理，保证作业过程安全，宁夏石化公司标准与制度分委员会组织成立上锁挂签测试程序讨论小组，制定公司上锁挂签测试管理程序。小组成员由各主要生产部门管理人员、技术人员、检修人员及岗位操作代表组成，结合生产实际情况完善程序内容，更好地指导现场程序的执行。在程序完善和修改过程中，强调与基层员工的沟通交流，增强了程序适用性和完整性，并且在程序执行过程中持续地开展专项审核，对程序进行完善，提高程序的执行力。

3.2 全面培训，有效沟通，保持程序理解的一致性

程序运行的好不好，培训是关键的一个部分。在程序试运行前，宁夏石化公司组织生产单位管理人员、技术人员、操作人员进行程序的培训，针对不同的岗位需要，将程序在管理方面、技术方面和使用方面与每一位参与上锁挂签的人员进行沟通，尤其对个人锁、集体锁

的使用和上锁挂签的步骤做详细讲解，使每一位参与生产、检修的人员对上锁挂签测试管理程序熟练掌握，减少员工对程序理解上的偏差，保持程序理解的一致性。

另外，宁夏石化公司及所属各单位每年持续对程序进行复习培训，使员工加深对程序的理解，统一程序的执行标准。同时，在管理上大胆创新，以主题月活动为契机，开展了“上锁挂签测试”安全主题月活动，并在现场建设了“上锁挂签测试培训”基地。

3.3 高标准、严要求，狠抓落实程序的执行

2008 年，程序颁布初期，正值一化肥装置大检修，宁夏石化公司领导审时度势，紧紧抓住此次机会，强力推行上锁挂签测试程序的执行，明确要求参加大检修的单位在检修工作前制定隔离上锁方案，对检修作业需要进行能量隔离点进行统计上报。在停车、排空、置换合格后，对现场能量隔离点按照上报统计的清单进行上锁挂签，避免大检修中未因能量意外释放造成任何人身伤害事故。

在近几年的历次小修、大修及日常检维修中，通过不断持续狠抓程序的执行标准，使上锁挂签测试在能量隔离中的作用突显，有效地确保了人员、设备和环境在检维修作业过程中的安全。

3.4 通过审核，发现程序执行中的不足，不断完善提高

上锁挂签测试程序的推广得到了宁夏石化公司领导的大力支持。公司管理层利用每次安全观察与沟通的机会，对现场检修作业中安全锁的使用及上锁挂签能量隔离情况进行审核，对表现好的单位给予表扬，对做得不完善的地方及时给予纠正，使能量隔离上锁挂签的执行标准得到了持续的改进和提升。

3.5 将程序执行情况纳入部门业绩考核

违反上锁挂签测试程序是严重触犯安全规范的行为，将受到严厉的处罚。违反上锁挂签测试程序的行为包括：

（1）没有将所有能量源隔离。

（2）没有测试或目睹动力设备的隔离效果测试。

（3）操作已经上锁的阀门和开关。

（4）未经授权擅自拆除标签和拆锁。

（5）持有多余的备份钥匙。

（6）持有多余的集体锁钥匙及任何违反本程序原则的行为。

公司将违反上锁挂签程序的行为纳入公司“十大禁令、九项考核”中，并明确生产部门的主管领导对上锁挂签程序的执行情况直接负责。在生产作业中，如有违反上锁挂签程序作业的，一旦发现对部门严厉处罚；导致发生事故的，给予责任人解除劳动合同的处罚。通过与业绩指标和行政处罚手段相结合，使程序能够更加有效地运行。

3.6 不断完善程序，提高程序执行力

经过程序试运行及运行，程序中存在的一些问题也暴露出来，如部分配电柜无法上锁、加盲板是否需要上锁、系统停车检修如何大范围上锁、程序主管部门的职责等。宁夏石化公司及时组织安全监督、安全员、值班长、操作人员等对程序执行情况进行讨论，针对试运行中存在的问题，提出解决方案，交流在推行过程中好的经验，并将讨论的结果上报标准与制度分委员会讨论通过，经 HSE 委员会审核后下发执行。

4 上锁挂签测试管理推行中的体会

4.1 程序的有效推行，领导重视和员工意识的提升是关键

在推行上锁挂签测试管理初期，员工对上锁挂签测试管理还不太认同，认为影响了检修的进度，耽误工时。公司主管副总经理及时了解到有关情况，组织相关人员再次讨论学习。通过讨论学习，使大家深刻地认识到，检修不能仅仅关注检修作业时的安全，更需要关注检修前的作业交出和能量隔离的效果，有效保证了能量的隔离才能更好地保证检修安全。

另外，通过对程序的持续培训和现场执行取得的良好效果，使员工充分认识到对隔离点加挂个人锁是为了保障个人的生命安全，所以目前出现了作业必须上锁、不上锁不作业的良好现象，员工意识得到明显提升，保护个人的安全观念已深入人心。

4.2 持续对程序进行补充、完善，提高程序的可操作性

在上锁挂签测试程序试运行过程中，员工对界区之间如何上锁还不是很了解，为了把上锁挂签程序执行好，宁夏石化公司组织制定了《上锁挂签测试管理补充规定》，规定中明确隔离两个界区的能量需要上锁的点，由两个单位的主管主任批准，主管技术员负责实施能量隔离，上锁、挂签、测试，此类上锁至少上 2 把锁（两个单位必须都要在此点进行上锁）；隔离点在一个界区内的或因工艺原因需要长期切断的管线至少挂 1 把锁，每月检查一次并记录。另外，针对电气上锁的实际情况，在程序中补充规定了电气上锁的具体隔离方法和隔离点，还明确了电气上锁时与生产单位、检修单位的责任和互相配合的要求。通过制定补充规定，对上锁挂签的推行起到了推动作用，提高了程序的可操作性。

4.3 程序的推行是一个循序渐进的过程，不能一蹴而就

在开展初期，要充分培训，让员工理解上锁挂签的意义，开始执行上锁，逐步过渡到按照上锁挂签测试程序的要求规范，使员工真正体会到上锁挂签测试的好处，自觉地、高标准地执行程序。

4.4 上锁挂签测试执行的核心在于测试，要重视测试的结果

测试是上锁挂签效果的保证，但不能认为上锁挂签就安全了。上锁挂签只是确保隔离不被破坏的方法，能量隔离是否有效、能量是否完全被隔离，必须通过测试来进行最终验证。如电源开关测试、阀门状态测试等。

4.5 推行上锁挂签测试管理不仅是一个程序，更是一种安全管理理念

我们要从高危作业靠监护过渡到自己的安全自己负责，上锁是保护自己作业安全最有效的方式之一。推行上锁挂签测试程序过程贵在坚持，只要认真规范执行就可以避免人为操作失误带来的事故。要改变员工传统的观念，认识到执行能量隔离上锁挂签测试和办理作业许可证一样，是检维修作业的一个重要部分，而不是工作前的准备，摒弃认为上锁是作业前的负担的落后观念。

4.6 形成属地单位、检修单位互相监督的职责，不断提高执行标准

上锁挂签测试执行过程中主要落实的是属地单位和检修单位的职责，在执行过程中如果属地单位对程序的执行不到位，检修人员为了保障个人的安全就会督促属地单位提高执行标准；如果检修单位对程序的执行不到位，属地单位此时是属地管理者，为了确保属地区域安

全，属地单位同样会监督检修单位严格按照标准执行，形成了相互监督的机制，提高了程序的执行标准。

5 结语

上锁挂签测试是一种确保能量隔离有效性的手段，也是提升现场作业安全管理的一种方法。只有牢固树立作业前“心中有锁”的安全管理意识，才能真正形成作业中“物理上锁”的安全作业习惯。通过程序的不断完善、有效的培训、强化执行、现场审核、有感领导、绩效考核，使员工对推行上锁挂签测试管理程序的态度和意识得到了明显的转变和提升，也使程序的执行标准得到了统一和提升，突显了上锁挂签测试在能量隔离中的重要作用，强化了能量隔离管理，提高了检修安全管理水平，保障了员工生命和财产安全。

推行清洁生产　促进工业污染减排

倪超伟　谢鸿适　韩永良

（中国石油宁夏石化公司　宁夏银川市　750026）

摘　要　全面推行清洁生产是我国“十二五”期间深化推进节能减排、减少及消除污染工作的必要手段。根据化肥工业清洁生产审核要素的具体要求，通过对尿素装置技术改造、引进先进的工艺技术、优化工艺操作、改善管理等清洁生产有效途径，实现了装置的节能、清洁、环保生产。

关键词　清洁生产　粉尘　工艺优化　解吸废水

0　引言

“十二五”是我国全面建设小康社会的关键时期，也是加快转变经济发展方式的攻坚时期，清洁生产是各行业推行节能减排、减少及消除污染工作深入开展的“必走之路”。清洁生产是一种先进文明的发展和管理理念，是新型的资源合理利用和污染预防战略，是实现社会和经济可持续发展的重要途径。通过在生产全过程中控制和削减污染物，使排污量明显减少、产品产量增加，最大限度地提高资源利用率，促进资源的循环利用，实现节能、降耗、减污、增效、环保、清洁的宗旨。

中国石油宁夏石化公司（以下简称“宁夏石化公司”）化肥装置是我国在 1978 年引进的三套渣油制氨生产尿素的大型化肥装置之一，尿素装置采用荷兰斯太米卡邦公司二氧化碳汽提工艺，设计能力年产小颗粒尿素 52 万吨。在生产过程中，随着装置的满负荷或超负荷运行，使解吸废水中 NH_3、Ur、NH_3-N、pH 值指标难于控制，工艺尾气和尿素粉尘外排量增大，地面外排水就地排放量增多，装置无法实现零排放。宁夏石化公司在长期的生产实践中通过技术改造、引进粉尘回收的工艺技术、优化工艺操作等手段，大力推行清洁生产管理，使解吸废水中的 NH_3、Ur、NH_3-N、pH 值指标得到有效控制，工艺尾气、尿素粉尘、地面外排水得到合理回收，实现了装置的节能、清洁、环保生产。

1　优化工艺操作，控制解吸废水外排指标

解吸水解系统是尿素装置配套的工艺冷凝液处理环保工序，主要将对尿素生产过程中产生的工艺冷凝液中的氨、二氧化碳、尿素（NH_3、CO_2、NH_2COONH_4）进行处理回收。因此解吸水解系统优化运行状况的好坏，直接影响到解吸废水中 NH_3 含量、Ur 含量、NH_3-N 含量、pH 值指标是否合格（公司控制指标是 $NH_3-N \leqslant 40mg/L$；$NH_3 \leqslant 67mg/L$；$Ur \leqslant 200mg/L$；pH 值：6～9）。其流程简述：工艺冷凝液进入解吸塔换热器 706－C，与第二解吸塔 702－E 底部出来的排放废液相互换热，进入第一解吸塔 701－E，工艺液体在塔内自上而下流动，与第二解吸塔 702－E 和水解塔 703－E 来的含有 NH_3、CO_2 的二次蒸汽逆流接触，使液体中的大部分 NH_3 和 CO_2 被加热汽提出来返回系统继续反应，汽提后的废液从第一解

吸塔 701 - E 底部排放，排放的废液即为解吸废水。解吸水解系统流程图见图 1。

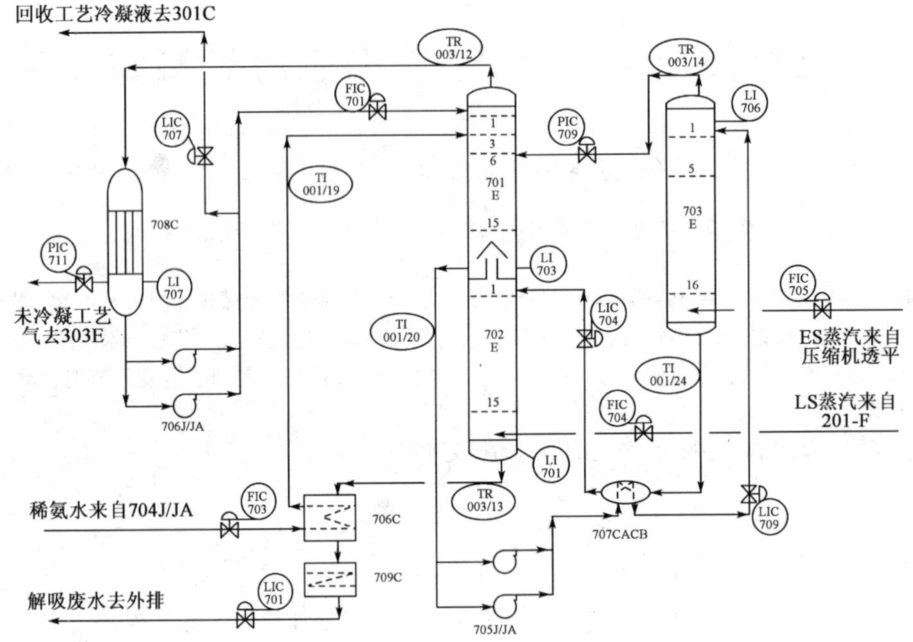

图 1 解吸水解系统流程图

根据多年的操作经验与数据可分析出，要确保装置解吸废水中含有的 NH_3 - N、NH_3、Ur、pH 值在控制指标内，符合外排要求，主要从以下几方面进行优化操作与控制。

1.1 降低氨水槽中工艺冷凝液浓度

本装置要求氨水槽工艺冷凝液中 NH_3 含量在 6% 以下、Ur 含量在 1.67% 以下。当氨水槽中工艺冷凝液浓度增加后，解吸水解系统的用汽量将增大，操作中将会出现解吸压力超高、塔底温度偏低的现象，有时甚至无法维持，造成解吸水解工况大幅波动，导致解吸废水在外排时的 NH_3 - N、NH_3、Ur 和 pH 超标。表 1 为 2010 年度中氨水槽中 NH_3、Ur 含量（质量分数）和外排水中 NH_3 - N、NH_3、Ur 含量、pH 值对比表。

表 1 2010 年度氨水槽中 NH_3、Ur 含量和外排水中 NH_3 - N、NH_3、Ur 含量、pH 值对比表

	氨水槽中 NH_3、Ur 含量			解吸废水（即：外排水）中 NH_3 - N 含量、NH_3、Ur 含量和 pH 值			
组分	NH_3 %	Ur %	CO_2 %	NH_3 - N mg/L	NH_3 mg/L	Ur mg/L	pH 值
设计值	6	1.67	2.68	40	67	200	6 ~ 9
2 月 3 日	6.93	3.11	7.07	55.50	89.64	293.10	9.5
2 月 27 日	6.82	2.86	5.74	48.30	74.52	243.80	9.3
3 月 19 日	7.15	3.91	8.32	57.10	91.97	317.20	9.7
5 月 6 日	6.87	3.02	6.92	51.40	83.09	271.50	9.4
7 月 23 日	6.33	1.98	3.46	40.10	69.31	211.40	9.1
8 月 15 日	5.58	1.63	2.51	21.20	40.57	103.60	7.2
8 月 29 日	4.73	1.17	2.01	13.50	17.45	79.20	6.0

从表1数据可以看出，稳定优化解吸水解系统，进一步确保装置外排水合格，首先要降低氨水槽中的NH_3、Ur含量，应从以下几个方面优化。

1.1.1 提高汽提效率

汽提效率升高，使进入低压系统的游离NH_3和CO_2减少，在低压系统分解和吸收效果不变的情况下，进入吸收塔303－E的游离NH_3和CO_2相应减少，最终将使氨水槽中工艺冷凝液浓度降低。

1.1.2 提高精馏效果

从高压系统进入精馏塔301－E的汽提液中含有大量未反应的NH_3、CO_2和未转化成甲胺，经过精馏塔301－E通过精馏作用把汽提液中大量的游离NH_3和CO_2分离出来。提高精馏塔301－E的精馏效果，使进入蒸发系统的尿素液中含有的游离NH_3和CO_2减少，减少蒸发负荷，使氨水槽中的NH_3、CO_2的含量减少，进而降低了氨水槽中工艺冷凝液的浓度。

1.1.3 严格控制低压甲胺冷凝器301－C的冷凝温度

低压甲胺冷凝器301－C主要是把低压系统的游离NH_3和CO_2冷凝成甲胺。从NH_3和CO_2冷凝成甲胺的反应上分析：$2NH_3 + CO_2 \rightleftharpoons NH_2COONH_4 + Q$。可知：降低低压甲胺冷凝器301－C的冷凝温度，有利于反应向右平移，即有利于提高低压系统NH_3、CO_2的吸收率。同时，为防止冷凝过度引起甲胺结晶，301－C的冷凝温度应控制在55℃，既提高了低压系统NH_3、CO_2的吸收率，又减少了低压惰气中NH_3和CO_2的含量，对降低氨水槽中工艺冷凝液浓度十分有利。

1.1.4 排查是否有高浓度的介质进入氨水槽

当氨水槽中工艺冷凝液的组分$NH_3 > 6\%$、$Ur > 1.67\%$时，就要分析是否有高浓度的稀氨水、甲胺液、尿液和液氨进入氨水槽，使氨水槽工艺冷凝液中NH_3、Ur的浓度升高。在本装置中，高压氨泵排放阀漏、高压甲胺泵柱塞填料漏、低压排放阀漏、低压甲胺冷凝器下液阀漏、高压氨泵进出口管线上的安全阀起跳或泄漏，接收二化肥高浓度的稀氨水等因素，都会引起氨水槽工艺冷凝液中NH_3、Ur的浓度升高。若氨水槽中工艺冷凝液浓度较高，要对以上因素进行逐个排查，确保无高浓度的介质进入氨水槽，是十分必要的。

1.2 优化水解工况操作

解吸后的工艺冷凝液中尚含有1.6%～2.5%（质量分数）的尿素，进入水解塔703－E，在水解塔703－E内使含有的尿素进一步水解，进行优化水解工况，提高尿素的水解率，确保外排解吸废水中Ur含量控制在300mg/L以内，达到废水外排指标。

1.2.1 提高水解塔塔底温度

尿素的水解是尿素合成的逆反应，从其反应上分析：$CO(NH_2)_2 + H_2O \rightleftharpoons 2NH_3 + CO_2 - Q$，该反应是一个可逆、增体的吸热反应，由于水解塔内含有较少量的NH_3和CO_2，提高操作温度，使反应平衡向右平移，对提高尿素的水解率是十分有利的。在保证水解压力的情况下，通过改变进入水解塔703－E的2.5MPa蒸汽量，使塔底的温度尽量控制在200～205℃。

1.2.2 保持水解塔有较高的液位

在一定温度的条件下，工艺冷凝液在水解塔内的停留时间越长，出液中尿素的含量越低。保持一定高度的水解塔液位，使工艺冷凝液在水解塔内有充分的停留时间。本套解吸水解装置，水解塔设计的停留时间为30～45min。若水解塔的液位控制过低，工艺冷凝液在塔内的停留时间短，会导致尿素在水解塔内的水解率降低，外排解吸废水中Ur含量将明显升高。

若在开停车或正常生产过程中，氨水槽中工艺冷凝液浓度升高，引起解吸水解系统工况大幅度波动，使外排解吸废水中的NH_3-N含量、NH_3含量、Ur含量和pH值超标，可以通过放空筒的喷淋装置向氨水槽内加蒸汽冷凝液，降低氨水槽中工艺冷凝液浓度，进一步优化解吸水解系统工况，使外排解吸废水合格。

2 系统工艺尾气的洗涤吸收处理

原料气CO_2中含有CH_3OH、H_2、H_2S、CO、N_2、CH_4等惰气，在生产过程中为了设备的防腐又在原料气中加入了一定量的空气。经过系统反应后，在尿素合成塔201－D中有大量的工艺尾气生产，从尿素合成塔201－D顶部出来的气体由于受$NH_3-CO_2-Ur\cdot H_2O$体系气液平衡的影响，在合成液上有一定的NH_3、CO_2分压，使合成气中含有相当多的NH_3和CO_2，其合成气（即工艺尾气）中组分为NH_3：67.1%、CO_2：21.2%、O_2：0.97%、H_2O：3.62%、惰气：7.1%。由于工艺尾气中含有大量的NH_3和CO_2，有效地对NH_3和CO_2进行回收、减少工艺尾气对大气的污染有着重要意义。为了回收工艺尾气中的NH_3和CO_2，在本斯太米卡邦二氧化碳汽提工艺装置中采用高压洗涤器冷凝吸收。

从循环系统来的甲胺液，其组分为CO_2：34%、NH_3：30%，温度为70℃，进入高压洗涤器203－C进行洗涤吸收从合成塔来的工艺尾气中的NH_3和CO_2。由于甲胺液温度较低，溶液面上的NH_3和CO_2蒸气压也较低，使工艺尾气中的NH_3和CO_2极易被冷凝吸收而生成高浓度的甲胺液。在此洗涤吸收过程中，工艺尾气中NH_3和CO_2几乎被甲胺液全部冷凝吸收，使尾气中含有较少量的NH_3和CO_2、O_2、H_2O、惰气，再通过高压惰气放空阀HV－202进入惰气放空筒201－E，经过201－E底部的水封后，达到尾气排放标准，最后直接排放到大气中。被洗涤吸收前后尾气中含有的各组分量比较见表2。

表2 被洗涤吸收前后尾气中含有的各组分量比较表

工艺尾气组分	冷凝吸收前,%	冷凝吸收后,%
NH_3	67.1	3.10
CO_2	21.2	1.04
O_2	0.97	13.7
H_2O	3.62	9.30
惰气	7.11	72.86
合计	100	100

3 尿素粉尘治理

尿素造粒塔采用自然式通风，每小时通风量为555000m^3。在生产过程中，造粒塔是尿素粉尘的主要产生源，它在自然通风的形式下使融熔尿素在下落过程中凝固和冷却成尿素颗粒，在尿素造粒塔外排废气中就会夹带有较多的尿素粉尘。经实测，造粒塔外排气中的尿素粉尘浓度为550～680mg/m^3，即每天约有7t的尿素粉尘伴随着造粒塔外排废气直接排入大气，是公司级重大环境污染项。外排的大部分尿素粉尘降落在附近的地面上，不但造成了大气环境污染，还会使附近树木、花草枯萎，严重威胁着生产岗位人员和周围居民的身体健康，破坏了公司的清洁文明生产。2010 年底，公司采用了喷淋洗涤法对造粒塔外排气中的尿素粉尘进行了回收治理技术改造，尿素粉尘回收装置洗涤部分置于造粒塔上方，采用原塔自然通风。采用循环液，利用先进水幕器和顺触吸收器，与含有尿素粉尘的通风气体接触，将尿素粉尘吸收在循环液中，待浓度达到 10% 以上时，打入生产系统进行回收。尿素粉尘回收采用三段吸收、三段分离工艺，有效保证除尘效果和水气分离，使外排气中尿素粉尘的含量降至 150mg/m^3 以下。回收治理前后（在系统负荷、蒸发流量、同一造粒喷头且转速相同的情况下）造粒塔外排气中含尿素粉尘对比见表 3。

表 3　回收治理前后尿素粉尘对比

系统负荷 m^3/h	蒸发量 m^3/h	喷头转速 r/min	技改前粉尘含量 mg/m^3	技改后粉尘含量 mg/m^3
30300	91	246	663	132
30000	90	246	640	121
29600	89	245	629	117
29400	89	244	606	110
29000	87	244	598	120
28500	85	242	576	105
28000	84	242	584	122

从上表数据可以看出，通过造粒塔外排气中尿素粉尘的回收治理，使外排气中的尿素粉尘含量大大减少，有效地对尿素粉尘进行了回收，减少了空气污染。回收的含有大量尿素粉尘的溶液，最后排放至尿液槽 302－F，送入蒸发造粒系统，增加了尿素的成品产量，降低了生产成本，促进企业的节能降耗，增加经济效益，减少环境污染，提高社会效益。

4　全面回收地面外排水，实现装置地面水零排放

自建厂以来，本装置所有机泵轴承冷却水和尿素汽提塔 201－C 铯源冷却水一直是就地排放，经实测每天排放量为 120m^3，不但造成了大量循环冷却水的浪费，而且对地面形成了污渍污染，冷却水外排现象如图 2 所示。

随着减少外排、清洁生产工作的深入推行，通过对装置区域内的所有机泵轴承冷却水和汽提塔 201－C 铯源冷却水实施技术改造，对就地外排水进行全部回收。其回收方案：将装置界区所有机泵轴承箱冷却水和 201－C 铯源冷却水回水管线汇集到一条回收总管上，送入储槽 710－F，再用泵 710－J 将储槽 710－F 内回收的冷却水输送入进界区冷却水回水总管 8 号线内，以便循环使用。同时为了控制回收储槽 710－F 液位，710－J出口设置了一条回流管线。冷却水回收流程示意简图如图 3 所示。

图 2　冷却水外排现象

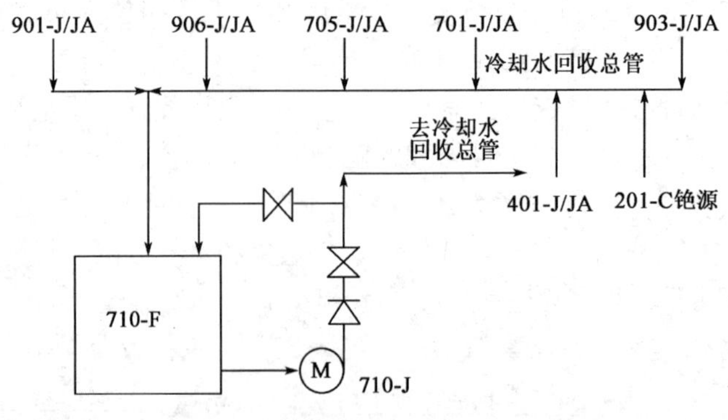

图3　冷却水回收流程示意简图

通过对机泵轴承箱冷却水和铯源冷却水系统进行回收，使整个装置界区内的地面外排水得到全部回收。经计算每年可回收43800m^{3}的冷却水，将其循环使用，节约了水资源，减少外排。同时，保证了机泵和铯源周围环境的清洁卫生，促进了清洁生产的推行，实现了地面水的零排放目标。

5　结语

大力实施清洁生产全过程管理，通过不断提高工艺技术水平、优化工艺操作、装置技术改造等有效手段，推行企业清洁生产，最大限度地减少装置物料消耗，降低污染物排放，提高企业清洁、环保、减排管理水平，增加企业的经济效益，提高企业的社会效益，实现企业又好又快发展。

参 考 文 献

[1] 陈观平，赵元凯．尿素生产工艺与操作［M］．北京：中国石化出版社，1993.

[2] 刘海芳．我国“十二五”期间推进清洁生产工作的思考［J］．北方环境，2011，(3)：17－18.

健康安全环境培训模式与信息技术集成的实践

刘　鹏

（中国石油锦州石化公司安全环保处　辽宁省锦州市　121001）

摘　要　本文通过对中国石油 HSE 培训的发展趋势及面临的管理瓶颈进行阐述，结合中国石油锦州石化公司 HSE 管理系统，介绍了“将以培训矩阵为基础的 HSE 培训管理模式，在信息技术环境下加以集成”的解决方案，为改进企业 HSE 培训管理提供一套全新的方法和工具。

关键词　培训管理　信息技术　管理系统

0　引言

2011 年，在中国石油天然气集团公司（以下简称“集团公司”）发布的《HSE 管理体系建设提升计划》中，将“建立以培训矩阵为基础的基层 HSE 培训管理模式”作为集团公司在十二五期间体系提升的三大工作目标之一，要求各企业围绕基层生产作业风险特点和控制要求，细化培训需求分析，编制实施基层 HSE 培训矩阵，并开发相关配套教材，改进培训方式，形成满足企业安全管理需要的 HSE 培训管理系统。

中国石油锦州石化公司（以下简称“锦州石化公司”）根据集团公司要求，结合自身管理需求，开发、使用安全管理系统，对如何将先进的培训管理模式与信息技术进行有机融合做了有益的尝试，它的建立为改进企业 HSE 培训管理提供了一套全新的方法和工具。

1　企业 HSE 培训的现状及存在的问题

集团公司自 1997 年起开始引入 HSE 管理体系以来，通过各企业多年来的管理实践，培训管理系统逐步建立。近几年，大港石化公司、宁夏石化公司等集团公司体系推进试点企业在培训管理模式上进行了大量有益的工作，改变了传统的以培训计划为起点的培训管理模式，更加注重培训需求的管理，将培训需求作为培训工作的出发点，围绕企业生产作业的风险特点和控制要求，将员工岗位、培训项目的培训形式、培训频率和掌握程度进行有机结合。经过长期摸索，编制、形成了基层单位的 HSE 培训需求矩阵。培训需求矩阵是一个先进的管理工具，它实现了培训管理有效、清晰、可追溯的目的，使培训工作做到“有的放矢”，提高了 HSE 培训工作的效率和质量。

但是，随着先进培训管理模式的推广和应用，企业在实际运行过程中遇到了一些突出的问题，阻碍和制约了培训管理的深入和发展。这些问题主要表现在以下几个方面。

1.1　培训矩阵与培训计划的脱节

培训需求矩阵虽然将培训岗位和培训要求进行了逐一对应，使一定周期内（通常为一年）的培训管理内容更加直观和明确，但由于培训矩阵中并未包含培训时间、地点等与培训实施关系较为密切的基本信息，因而培训矩阵本身不具备具体执行过程的操作性。这就要求企业，将培训矩阵的要求和内容，转化成操作性较强的培训计划来加以实施。而目前，多数企业在将培训矩阵与培训计划的转换、衔接方面，缺乏有效的管理工具，完全通过人工方式进行对应和执行。由于培训矩阵形式复杂、信息量较大，致使转换过程中容易出现疏漏、脱节，培训矩阵要求最终不能得到全面落实，甚至出现将经过系统识别、编制的培训需求矩阵，在培训过程中仅作为一种“指导”性文件束之高阁，培训执行过程中另外编制一套培训计划的现象。

1.2　缺少与矩阵要求相匹配的培训资源库

由于企业长期以来对培训需求识别工作的不足，培训需求识别不细、不全，部分培训内容没有有效实施，培训资源的“盲区”在经过系统识别培训需求后逐渐显露出来，企业现有的培训资源也集中在一些相对重点的培训课程上，致使目前一些企业即使编制了系统、科学的培训矩阵，但在实施过程中，部分课程培训资源匮乏，无法满足培训工作需要。

1.3　高质量的培训资源分散，知识利用率较低

经过多年的HSE培训管理历程，企业各单位均积累了较为丰富的培训课件资源，但是由于缺乏交流沟通的平台，高质量的培训课件分散在不同的基层单位中，一个质量较高的培训课件往往仅在较小范围内得到使用，致使HSE知识的利用率维持在较低的水平。虽然企业有时会通过HSE课件制作比赛、集中授课评比等多种形式收集和推广优秀的培训资源，但课件共享利用的即时性、内容改进的可持续性仍然较差。

1.4　基层单位培训管理不规范

管理工作因管理人员能力和水平的差异导致差别较大。甚至某些基础性工作因岗位人员的更替和调整而无法延续和发展，甚至个别方面出现管理退化。

2　HSE培训管理改进的探索与实施

为有效解决上述问题，锦州石化公司利用炼化企业HSE管理平台建设的有利时机，充分借助信息化手段，将先进的培训管理模式加以改进和固化，进行具有锦州石化公司特色和满足管理需求的本地化和客户化开发。

2.1　系统开发的动因

利用信息化工具的优势，将培训需求矩阵与培训计划信息的逻辑管理进行有机结合，使培训矩阵融入到培训管理流程中。

实现“精细管理”，使HSE培训管理体系所要求的内容成为计算机系统的自动提示与生成，使工作逐步由制度化走向程序化、可视化和自动化。

利用软件系统的基本功能，将工作流程的每个节点和工作步骤都“受控”，大幅减少重复记录、手写记录、人工计算的工作量，进一步提高工作效率和质量。

借助公司已经建立延伸至工作岗位的局域网络，将优秀的培训资源在公司基层进行广泛推广和应用，使HSE知识的利用率最大化。

2.2　系统的主要功能

锦州石化公司培训管理系统解决方案，是以HSE培训课程体系为核心，以实现“先进培训管理流程的固化”和“丰富培训信息资源的共享”为目的，培训管理系统由“基础数据”、“过程管理”和“统计分析”三项主要功能模块构成，见图1。

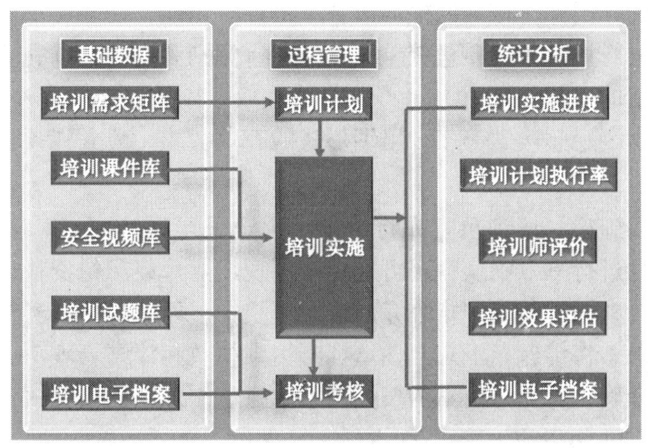

图 1　培训管理系统功能模块

2.2.1　培训需求矩阵

培训需求矩阵中包含了培训周期、培训形式、培训学时、掌握程度等大量信息，难以迅速辨别不同培训岗位的培训重点。而在管理系统中，通过软件编程，将不同岗位培训课程的重要程度定义不同颜色进行自动区分，使岗位培训重点更加清晰直观。同时通过矩阵附带的培训进度查看功能，通过“红”“黄”“绿”三种颜色，分别显示出培训矩阵要求的课程实施处于“计划中”、“执行过程中”或“已执行完”三个状态，即时掌握培训矩阵中各项培训课程的实施完成情况。

2.2.2　培训计划

培训需求矩阵的内容是经企业每年系统识别后确定下来，指导全年 HSE 培训工作的“纲领”，因此培训年计划必须满足培训矩阵的全部培训要求。目前各企业现有的纸质培训矩阵，可操作性较差。而借助信息化手段，将两者之间的逻辑关系通过后台运算可以实现完美的无缝链接，当基层单位制定年度培训计划时，需在自动弹出的本单位培训矩阵中选择适当的课程并分配至不同的月份中，已设置培训计划并满足培训频次要求的课程项目会自动通过改变颜色的方式加以区分。当全部培训矩阵中培训项目的颜色变成绿色时，表示培训矩阵的每个培训要求已经全部落实到年计划中的某个月份中，年度培训计划制定完成。这样一来，通过软件编程的方式，培训矩阵已不再是一张固定不变的纸质表格，而是与培训年计划实现了有机、动态的结合。

月培训计划内容由年计划自动分配生成。在制定月计划时，除将培训实施落实到具体某周外，还应进一步明确授课人和责任人，使其提前做好相关准备。在制定周计划时，培训内容由月计划分配得到，需将与培训项目所有相关信息加以明确，提出具体的培训时间、地点，明确参加培训人员，同时提交培训课件或教案。这样，通过年计划、月计划和周计划的层层分解、逐步落实，培训矩阵中的全部培训要求均在培训实施前得到满足，同时，又避免了计划制定明确过早、在执行中容易出现变更的现象，确保了培训的有效、有序实施。

2.2.3　培训课件库和视频库

培训资源的建设，是以培训矩阵中全部培训课程目录为依据，将全部培训课程划归至不同的培训课程下，同时实现课件筛选和模糊查询功能。为适应各种培训形式的实施，课件制作者在上传培训课件的同时，将培训教案相应试题或其他相关资料同时上传。由于课件上传功能是完全开放性的，因此对培训课件均设置星级评价功能，使基层单位在开展培训时，对所采用的课件内容进行评价，对质量较差的课件进行甄别和剔除，以利于课件库在不断扩充的同时保证课件质量的持续优化。

同时为网络教学、视频教学等多种培训形式的有效实施，建立视频教材库。

2.2.4 培训记录

培训得到有效实施后，培训负责人将培训情况记录至系统中，对培训课时数、参加人员、培训总结等信息进行有效确认，还可上传培训现场照片或影像资料；经培训记录确认的培训实施情况，将自动回写至培训矩阵完成情况模块中，以反映培训实施进度；对培训师培训效果进行评价结果，将传递、汇总至该培训师培训绩效和津贴管理功能模块中；当培训记录中参加人员被选择确认后，该员工的培训档案中自动添加一条培训信息。

2.2.5 统计分析

在培训管理系统的使用和培训管理工作同步进行过程中，各项培训绩效及统计分析功能也随着即时生成。例如企业 HSE 人均培训学时指标、培训实施进度、培训计划的完成率、培训师培训质量统计、员工培训档案等。

2.2.6 自动生成各类培训文件

在经系统输入制订培训计划、上报培训记录过程中，与培训工作相关的纸质文件档案也一并打印生成，例如培训班培训计划、签到表、培训效果评价表、培训师津贴申请表、培训试卷等，避免线下的重复工作。

3 取得的成果

锦州石化公司 HSE 管理系统项目自 2011 年 3 月份上线模拟运行以来，HSE 培训管理模块得到有效利用，每周都有近千条数据的录入和下载，公司 42 家基层单位的 HSE 培训管理实现规范化、信息化。同时，培训管理资源得到迅速扩充，目前，公司培训需求矩阵中 91 项通用课程中已建立 186 个培训课件，基本覆盖全部培训课程。视频教材库收录 156 个培训视频，为网络教学和视频教学提供了丰富的培训资源。另外，经基层员工上传的 285 条安全经验分享、73 篇 HSE 论文等培训资源为基层全体员工所共享，公开透明的星级评价功能和奖励政策，有效地调动了全员参与 HSE 培训工作的积极性；同时培训资源的共享也减少重复劳动，降低了基层管理人员的培训组织压力，为提高公司整体 HSE 培训质量奠定了坚实的基础。

4 结语

培训管理系统与信息系统的结合与实施是一项复杂的系统工程，涉及企业培训管理模式、信息技术、安全管理理念、管理与控制技术等诸多因素，本文仅通过对锦州石化公司 HSE 管理系统培训模块的应用分析，简要介绍了若干问题的基本解决方案，细节之中仍有较大的提升空间。总而言之，通过积极探索和实践，我们深刻体会到 HSE 培训管理工具的改进和提高，必将能够带来员工 HSE 能力和素质的提升，同时带动公司其他业务管理水平的普遍提升，为提高企业内部管理水平、提升 HSE 管理绩效创造良好的先决条件。

提升基层车间健康安全环境绩效管理实践

韩相东

（中国石油锦州石化公司　辽宁省锦州市　121000）

摘　要　本文主要通过对车间健康、安全与环境绩效管理的实践，提出基层车间绩效管理的主要方面，做好健康、安全与环境绩效管理是不断提升车间 HSE 管理水平的重要环节，为进一步推动基层组织 HSE 体系建设、建立基层车间安全环保长效机制具有重要意义。

关键词　基层车间　HSE　绩效管理

0　引言

自 2007 年以来，随着中国石油锦州石化公司（以下简称“锦州石化公司”）健康、安全与环境（HSE）工作的持续推进，HSE 管理体系已经成为企业管理的重要组成部分，作为基层车间必须切实落实属地管理责任，以 HSE 体系推动基层基础管理工作，提升车间生产受控管理水平。2010 年车间借鉴锦州石化公司安全环保管理绩效报告做法，以车间年度 HSE 工作目标、指标为导向，以《炼化专业 HSE 体系运行质量评估标准》为依据，结合车间日常工作实际，将管理的 13 个关键环节进行绩效考核、总结，向员工进行通报，不断规范、细化车间管理，以实现 HSE 体系运行的持续改进，建立车间的健康、安全与环境长效机制，保证装置的“安全运行、环保运行、效益运行”。

1　HSE 绩效管理的主要依据

车间 HSE 绩效管理主要依据 HSE 体系运行质量评估内容及车间年度工作目标指标，结合车间管理实际，针对主要方面进行 HSE 绩效管理。

1.1　公司体系评估要求

公司针对基层车间 HSE 体系运行质量进行评估，主要包括危害因素辨识、风险评价和风险控制，目标和指标，管理方案，能力、培训和意识，协商和沟通，文件控制，设施完整性，作业许可，运行控制，变更管理，应急准备和响应，绩效监视和测量，不符合、纠正和预防措施，事故调查和处理，记录控制等 15 个二级要素内容进行评估、考核。

1.2　2011 年车间 HSE 工作目标、指标

根据锦州石化公司分安字〔2011〕1 号文件《2011 年健康、安全与环境工作计划》和《2011 年安全环保责任书》，结合车间风险因素和环境因素评价结果及车间实际情况，制定车间 2011 年健康、安全与环境目标和指标。

1.2.1　工作目标

2011 年车间健康、安全与环境的工作目标是实现零事故、零伤害、零污染（见表 1）。

表1　健康、安全与环境工作目标

项　　目		目标/指标
安全	上报公司事故	0
	违反六大禁令事件	0
	轻伤人数	0
环保	“三废”达标排放率	100%
职业健康	毒点合格率	≥95%
	新增职业病人数	0

1.2.2　工作指标

（1）结果指标。

2011年车间健康、安全与环境的结果指标为：杜绝违反六大禁令的违纪事件；杜绝一般C级及以上安全生产事故；杜绝分公司级及以上环境污染和生态破坏事故。

（2）过程指标。

2011年车间健康、安全与环境的过程指标为：安全审核达到30次/（人·年）；应急演练达到24次/（人·年）；安全培训50课时/（人·年）；毒点合格率达到95%以上；员工职业健康体检率达到100%；污水排放综合合格率达到100%。

2　车间HSE业绩考核的主要方面

根据车间年度HSE工作目标和指标，结合车间管理需求，按照HSE体系运行要求，车间对以下13个方面的HSE绩效情况进行统计、分析，总结好的经验、发现存在的问题，以指导车间HSE管理，规范员工日常行为，削减、控制、消除物的不安全状态，实现风险控制和生产受控，不断提升车间HSE绩效管理水平。

2.1　年度目标指标完成情况

通过年度目标指标的完成情况，总结、分析过程指标执行效果、取得成绩、存在不足，为全年工作制定阶段计划，落实措施，严格执行，保证全年工作目标实现。截至某月份目标指标完成情况见表2。

表2　截至某月份目标指标完成情况

项目 岗位	上报公司事故事件	轻伤人数	安全审核次/（人·年）	应急演练次/（人·年）	安全培训课时/（人·年）	毒点合格率%	“三废”达标排放率%	员工职业健康体检率%
指标	0	0	30	24	50	95	100	100
完成情况	0	0	18	11	34	100	100	0

2.2　交接班日记考核

（1）交接班日记考核主要从记录内容、记录准确性、字迹工整、有无涂改方面进行评定，分为优、良、可、劣四个等级，提高员工规范记录的水平和能力。

（2）通过对月份日记考核数据分析（见图1），对各班组日记书写总体情况进行评定，指出各班组之间的差距。

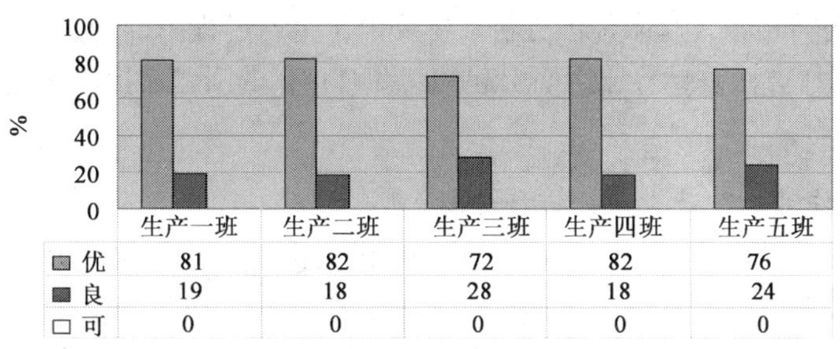

图 1　某月份日记考核

（3）针对存在问题，有针对性地对部分操作员日记书写进行培训、引导，及时将评比结果通知到班组，加大考核力度，提高日记书写水平。

（4）通过对全年日记考核数据累计分析，指出各岗位存在的优缺点，并对原因进行分析，针对存在的问题，提出改进措施。

2.3　操作平稳率考核

2.3.1　某月份平稳率

（1）通过对某月份累计超限次数统计分析，同其他月份对比，总结班组平稳率执行情况。从图中可以看出，通过对该月份平稳率考核数据分析（见图 2），生产三班、生产四班没有超限，生产一班超限达到 3 次。

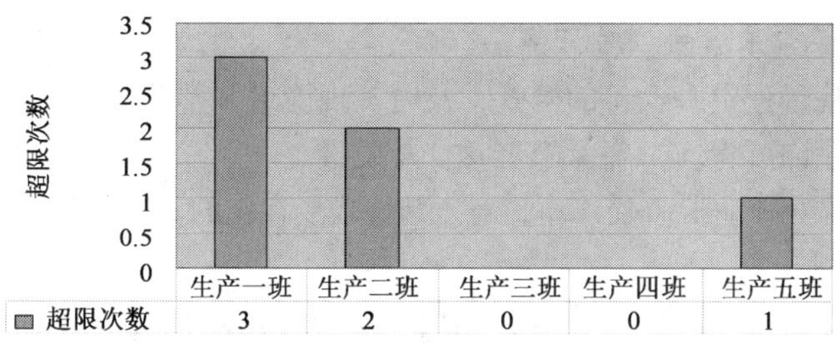

图 2　某月份平稳率考核

（2）针对上述问题，车间将继续做好个别操作员的培训指导工作，认真分析超限工艺条件、总结超限原因、落实纠正及预防措施，提高员工操作技能及工作责任心。

（3）分析各月份平稳率考核情况，针对超标现象进行原因分析，提出改进措施和建议。

2.3.2　超限点统计

（1）通过各超限点原因分析，提出改进措施，如进一步提高岗位人员责任心和操作技能，加强岗位操作员操作方法指导，及时做好生产调节，减少控制指标波动。某月份超限点考核见图 3。

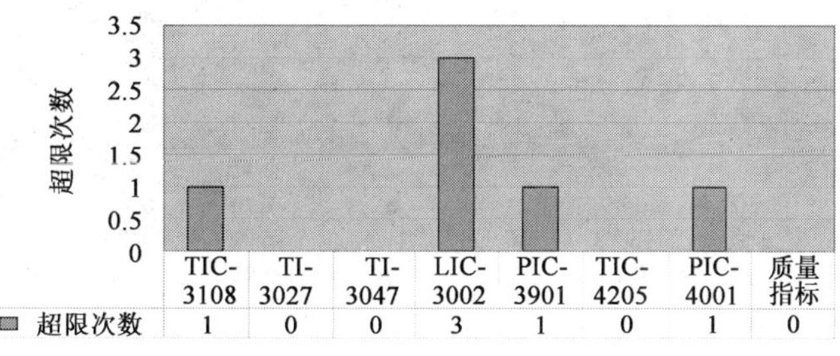

图 3　某月份超限点考核

（2）通过对各月份累计超限原因分析，主要由于生产过程中部分参数波动，调节不及时，仪表出现故障，操作方法差异等原因而引起的。针对存在的问题，提出相应的改进措施。

2.4 作业许可管理

2.4.1 针对作业许可对其产生原因进行分析

（1）某月主要按计划对P－203A、P－209B机泵进行更换，仪、电、钳、工程、各开具作业票4张，机泵密封冲洗冷却器现场固定安装，P－214A出口法兰渗漏，冷冻机厂房西侧5万立方米制氢管廊动土施工时间长，作业票较多，仪表、设备检修作业票较少。

（2）公司将进入大修期，大修装置较多，因此车间将一些施工集中安排在此月完成，所以工程作业票数较多。某月份作业许可统计分布见图4。

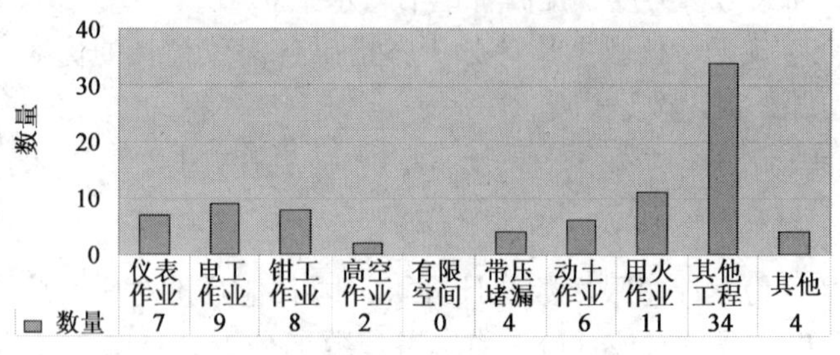

图4 某月份作业许可统计分布

2.4.2 减少作业施工采取的应对措施

（1）加强巡检过程中对设备的检查，及时发现隐患并整改。

（2）加强作业许可管理，确保施工安全及质量。

（3）提高《停止作业卡》使用率，对于装置现场存在的“三违”行为及时制止并上报。

2.4.3 其他需改进问题

（1）现场作业监护人能够起到监督作用，离开现场时能够及时通知班长，安排人员配合。对于进入装置区作业人员，发现没有现场监护人或者作业许可的，要及时制止并上报。

（2）作业完成后，施工单位和车间验收人员应及时在验收栏签字确认。

对各月份累计签发作业票情况进行分析，提出各月份作业许可存在差异原因，有针对性地进行施工作业安排。

2.5 机泵维护考核

（1）通过对各班组设备维护情况，考查班组各岗位对机泵卫生、日常检查、设备完好等内容，实现设备完好运行和备用。某月份机泵维护检查结果统计分析见图5。

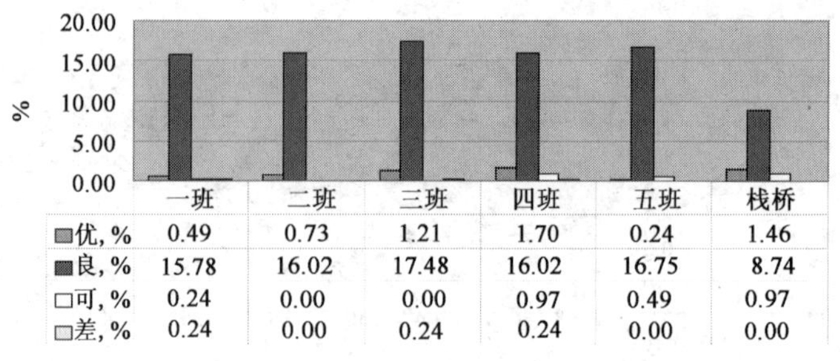

	一班	二班	三班	四班	五班	栈桥
优，%	0.49	0.73	1.21	1.70	0.24	1.46
良，%	15.78	16.02	17.48	16.02	16.75	8.74
可，%	0.24	0.00	0.00	0.97	0.49	0.97
差，%	0.24	0.00	0.24	0.24	0.00	0.00

图5 某月份机泵维护检查结果统计分析

（2）通过各月份设备维护情况对比，发现季节性差异，采取针对性防范措施，确保设备完好。

2.6 安全审核

（1）对该月份各类审核项数进行统计分析。从图6可以看出，物的不安全状态远远超过人的不安全行为（约为5.8倍），其中工具和设备的不安全状态居首占46.1%，其他依次为程序占18%，人体工效学占14.6%，整洁占9%，四者合计达到87.7%。由于车间加大隐患排查力度，全体员工认真落实属地管理责任，一些机泵、仪表、安技装备的问题得到了及时发现和解决，保证了设备设施的完好运行，同时消除了事故隐患，保证了装置安全平稳运行。

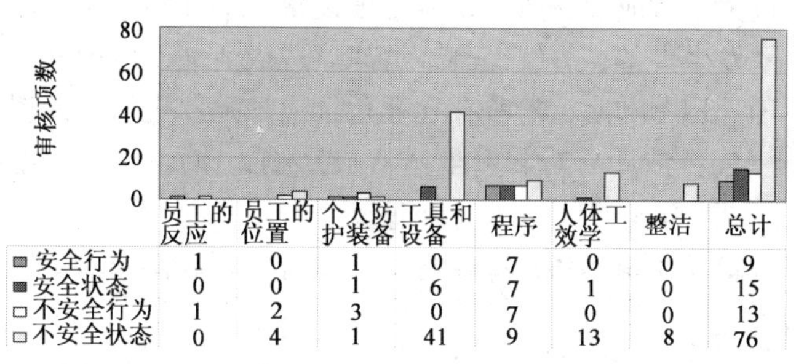

	员工的反应	员工的位置	个人防护装备	工具和设备	程序	人体工效学	整洁	总计
安全行为	1	0	1	0	7	0	0	9
安全状态	0	0	1	6	7	1	0	15
不安全行为	1	2	3	0	7	0	0	13
不安全状态	0	4	1	41	9	13	8	76

图6　某月份行为安全审核统计

（2）对全年各月安全审核累计情况进行统计分析。从现场审核累计统计分析看，物的不安全状态是日常安全审核的重点，但隐患的消除仍需要全体员工落实岗位安全责任，对事故隐患进行消除和有效控制，避免事故事件发生。在今后的工作中应加强工具和设备可靠性管理，做好预防性维检修和设备技改，做好程序管理和控制，加强检维修现场“三违”行为及安全措施的监督检查，实现作业和操作受控。通过改善员工作业环境，保持现场整洁有序，提高员工危害辨识和自我防范能力，规范个人安全行为，落实岗位安全责任，做好岗位隐患排查和治理，掌握事故预防和应急处理方法，保证员工生命安全和企业财产免受损失。车间将继续抓好岗位巡检、班前预检、管理人员不间断巡检、周检、抽检、操作和作业专项监督检查等工作，确保设备可靠、工艺完善、人员行为受控、环境整洁，保证装置平稳运行，杜绝各类事故事件的发生。

2.7 事故事件管理

事故事件管理包括车间内部的分享事件，主要有设备故障、生产波动、员工在企业内外发生的险情等。某月份事故事件统计分析见图7。

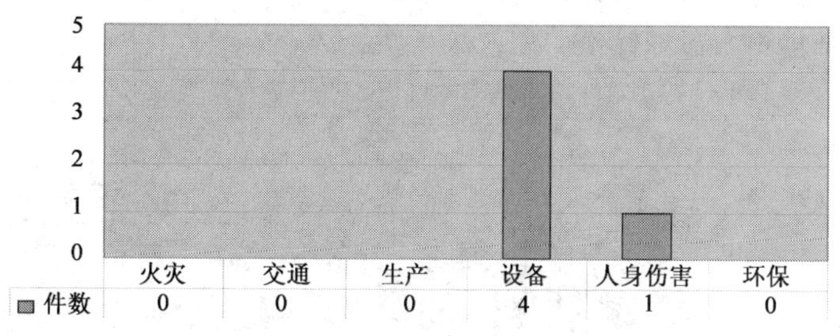

	火灾	交通	生产	设备	人身伤害	环保
件数	0	0	0	4	1	0

图7　某月份事故事件统计分析

（1）对该月份事故事件情况进行总结、通报。

①×月×日，某员工发现水洗塔底泵（P－001A）偷停。

②×月×日，某员工发现循环乙苯泵（P－413S）偷停。

③×月×日，某员工发现P－508A泵体有砂眼。

④×月×日，某员工在下班途中，由于自行车故障发生一起手指擦伤事件。

⑤×月×日，某员工在巡检过程中发现苯塔（T－203）塔壁有油流下，经确认发现塔顶一次压力表内引压管断裂、玻璃碎裂。

（2）对各月份各类事故事件进行统计分析，查找原因，提出纠正和预防措施。

①设备长周期运行，易损部件损坏，造成设备故障，车间应加强岗位巡检和DCS监盘，设备故障及时维检修。

②设备质量不过关，造成设备故障，应严把设备、部件准入关，保证质量可靠。

③冬季生产，易发生设备、管线冻凝，解冻后造成泄漏，应做好冬季防冻防化冻工作。

④停用设备现场处理不彻底，检查存在死角，应加强停用设备处理、检查。

⑤外来原料（干气）波动易对装置生产造成影响，应加强外来物料的控制，发生波动立即联系调度。

⑥个别员工岗位责任意识不强，操作变动不执行规程、操作卡、作业计划书，应加强岗位操作监督和确认。

⑦个别员工安全意识不强，安全防护不到位，应做好员工培训和安全意识教育。

⑧个别员工设备操作、生产调节不规范，造成设备损坏、泄漏，应做好员工岗位技能培训，提升员工操作技能。

⑨生产工艺不完善，变更管理不到位，应不断完善工艺，加强变更管理。

⑩车间管理存在漏项，程序执行不明确，现场确认及监督不到位，应提高车间整体管理水平，严格程序执行，加强确认及现场监督。

2.8 安全奖励及处罚

（1）通报该月份受奖情况。

从图8可以看出，某月份班组累计受奖79人次，其中培训笔记记录12人次受奖；消防气防设施（器材）维护11人次受奖；车间安全考试8人次受奖；生产二班迎检，表现良好，给予生产二班14名员工集体奖励；生产一班对C－301润滑油系统认真确认后，没有进行在线补润滑油，4人次受奖；发现干气进料异常，3人次受奖；发现吸收塔底泵（P－203B）冲洗密封管焊口泄漏，2人次受奖；发现FIQ－2219入口活接泄漏，2人次受奖；发现P－501A/B/C泵体砂眼，2人次受奖；“4.18”DCS死机事件2人次受奖；“4.22”引风机（X－202）偷停事件5人次受奖；“4.29”P－501/A密封泄漏事件2人次受奖；发现鼓风机（K－201）轴承箱大盖螺栓松动2人次受奖。

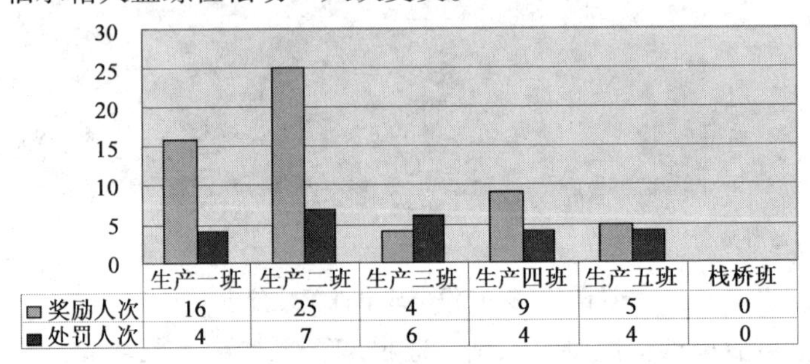

图8　某月份各班组安全奖励与处罚

（2）通报该月份处罚情况。

某月份班组累计处罚 25 人次，其中培训笔记记录不及时处罚 2 人次，消防气防设施（器材）维护不合格处罚 3 人次，四个岗位对讲机标识丢失且交接不清处罚 20 人次。

（3）对各班组全年累计安全奖励和安全处罚情况进行总结分析、提出要求。

各班组都能够认真落实安全生产工作，及时发现事故隐患，按照车间要求，认真完成应急演练、安全培训、安全审核、安技装备的维护和保养等各项安全考核工作，其中生产一班累计奖励人次达到 60 人次、生产二班累计奖励人次达到 59 人次，分列一位、二位，而生产三班处罚人次达到 14 人次，为各班最多。在今后的工作中，各班组应认真落实车间各项管理要求，总结工作经验，发现不足，做好生产和作业受控管理，不断提高班组员工反“三违”意识和安全技能，提升班组 HSE 绩效管理水平。

2.9 安全培训

由表 3 可知，安全培训工作的执行情况有如下内容：

（1）安全培训指标完成情况。车间累计人均安全培训学时达到 34.18 学时，完成全年人均安全培训 50 学时的目标打下坚实基础。

表 3 某月份安全培训执行情况

月份	内 容	培训对象	培训形式	授课教师	课时数
某月	应急预案培训［热载体泵（P－214）密封泄漏着火应急处置预案、应急疏散预案、封道警戒方法］	车间操作员、部分管理人员	付班及班中	主任、生产主任、安全监督、工艺员、运转工程师	1.64
	事故事件原因分析及讨论（公司21 起事故事件、集团公司 4 起事故、车间 4 起避免事故奖励事件）	全体人员	付班、班组活动、班中	主任、安全监督、班长	5.16
	生产受控管理相关知识（作业和操作要受控、四有一卡、空气呼吸器使用、安全管理六要素、六大禁令、HSE 九项管理原则等）	全体人员	班中	主任、安全监督、班长	0.95

（2）安全培训形式。主要采取班组活动、集中学习讨论、观看视频、班中学习等多种形式进行。

（3）安全培训内容。涉及应急预案培训、事故案例分析与讨论、生产受控管理知识等。

（4）安全培训总结。针对安全培训内容，车间组织了月培训考试，对于提高全员安全责任意识和安全技能起到了积极作用。

2.10 应急演练

对应急演练情况（见表 4）进行总结：

（1）演练指标完成情况。截至本月累计完成演练 11 次/人，按照进度可以实现全年人均应急演练 20 次的目标。

（2）演练人员情况。本月演练由各班班长组织，车间领导、管理人员参加讨论及评价，车间全体在岗人员共 87 人参加了演练，其中 3 名员工公司借调，2 名员工休产假。

（3）演练评价。本月应急演练得到车间主任的高度重视，车间领导及管理人员都参加了全部班组的应急演练，演练取得了非常好的效果，员工参与积极，针对预案及演练工作提出了好的建议，有利于提高车间整体应急水平。通过本月应急演练，基本达到了预期演练目的，检验了岗位人员对应急预案的掌握程度，针对应急处置方案提出了很好的处置建议，岗位空气呼吸器、灭火器等应急物资做到了完好备用、员工的正确使用情况得到了检验，提高了班组的应急反应能力和车间应急管理的总体水平。

（4）本月应急演练跟进事项落实计划及整改情况。

表4　某月份应急演练情况

序号	月份	演练内容	演练形式	演练级别	演练次数	参演人数
1	某月	空气呼吸器使用方法	功能演练	各班组	6	72
2		DCS故障事故处理预案	桌面演练	生产班组	5	84
3		消防器材的使用	功能演练	栈桥班组	1	4

2.11　安技装备管理

做好重点安技装备的检查、维护，针对故障情况进行统计分析。由图9可知，本月安技装备处于完好使用状态，但存在便携式报警仪、对讲机充电不及时现象，岗位人员应做好责任落实，车间需加强日常管理，发生故障及时检修或更换，保证安技装备完好。

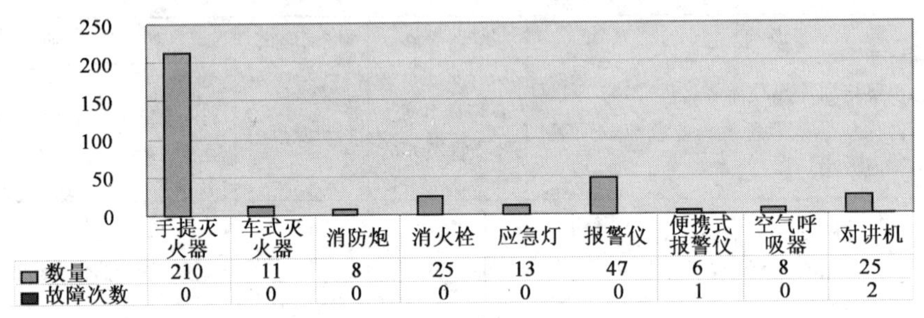

图9　某月份安技装备完好率

2.12　污水监测合格率考核

根据年度污水监测指标执行情况（见图10），分析污水主要产生部位及原因，对产生不合格原因进行分析，提出并落实整改措施。公司按计划各月份进行污水监测，各项指标要满足锦州石化公司环保管理标准要求，1～5月份污水累计监测合格率100%。

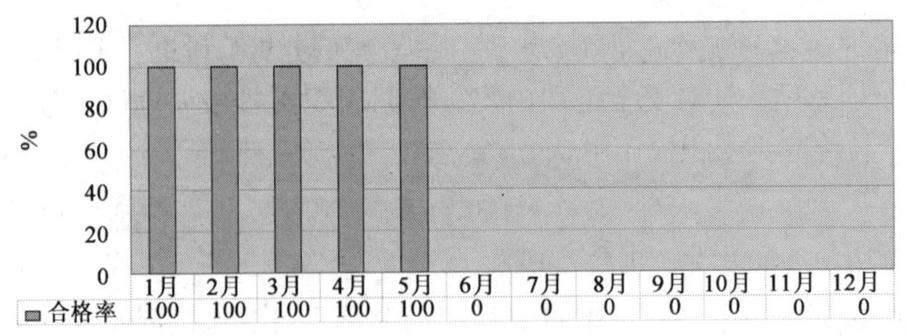

图10　某年污水监测合格率统计分析

2.13　员工职业健康

按照公司统一安排，全体员工参加职业健康体检，统计分析员工健康情况（见图11），如发现职业病人及疑似职业病人，分析产生原因，提出整改措施。公司在岗员工87人，没有发生职业病人及疑似职业病人诊断案例，1～5 月份员工职业健康率保持 100%。

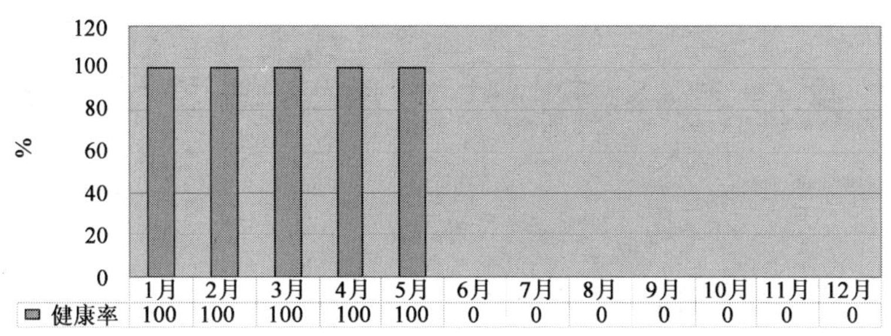

图 11　某年在岗员工职业健康率统计分析

3　结语

基层单位通过实行 HSE 绩效管理统计分析，基本达到了以下工作目标：

（1）清楚本单位在某一时间 HSE 管理工作目标和指标完成情况，促进基层单位各项管理工作的认真落实。

（2）查找各项管理工作中存在的不足，分析原因，落实整改措施，削减和控制组织内存在的风险，实现持续改进。

（3）针对车间日常管理工作中的 13 个重要方面的管理，落实有感领导、直线管理、属地责任，提升员工的 HSE 意识和能力，推进基层基础管理和 HSE 体系建设。

（4）随着锦州石化公司 HSE 体系管理工作的深入推进，十六项管理制度的实行，为日常管理提供了更好的工作标准和方法，基层单位 HSE 绩效管理工作必须更加深入、细化，实现基层单位“作业和操作受控”、“安全运行、清洁生产、健康至上”的工作目标。

工艺危害分析方法在重整装置的应用

赵　旭　王永炜　邵　辉

（中国石油大港石化公司　天津市　300280）

摘　要　石油化工属于危险性较高的行业。实用性强的工艺危害分析（PHA）能够通过科学的方法在工艺设计、装置运行、定期安全评估等过程中，寻找工艺设备运行方面的缺陷，通过对缺陷的评估确定风险等级，从本质安全角度进行改进，提高装置的安全运行水平。本文着重讨论工艺危害分析在重整装置中的实际应用。

关键词　工艺危害分析　PHA　HSE　重整

0　引言

工艺危害分析（Process Hazards Analysis，简称 PHA）是通过系统的、有条理的方法来辨识、评估和控制工艺操作中的危害，达到预防工艺危害事故的目的。

催化重整装置原料为石脑油，产品包括汽油、氢气、液化气、干气等物质，助剂涉及有机氯化物、乙醇、二甲基二硫醚等物质，生产过程涉及高温、高压等物理现象，生产中还涉及氯化氢、硫化氢、氨等有毒有害介质。对催化重整装置进行生产安全的客观评估是非常具有实际价值的工作。

1　工艺危害分析的简要介绍

欧盟为保证生产安全，早在 20 世纪 80 年代就建立了相关的法案（欧盟 Seveso I 1982、Seveso II 1996；美国 PSM 1992）。很多世界先进企业将健康安全环境管理体系分为多个要素，工艺危害分析都会直接或间接地融于总的管理框架之中。美国职业安全健康协会（OSHA）推行的过程安全管理程序（PSM）分为 14 个部分：员工参与、过程安全信息、工艺危害分析、操作规程管理、培训、承包商管理、启动前安全检查、设备完整性管理、动火许可、变更管理、事故调查、应急与响应、实施审查和商业机密管理。

我国医药和化工等行业较早地引入了工艺危害分析的方法，现在国家也正在鼓励推广，并且在立法上由鼓励实施开始转向要求实施［2006 年国家完善发布《安全现状评价导则》（XTAP－QMS205－2006），2007 年完善发布《安全评价通则》（AQ 8001—2007）］，其他各项安全法规也在不断推行或完善。这些法规推行的目的之一，即鼓励或要求企业通过科学的方法评估自身状况，解决可能或者已经现存的问题，达到消除危害的发生。工艺危害分析则能够在一定角度发现和解决现在或潜在的危害。

工艺危害分析（PHA）通过系统的、有条理的辨识、评估以及控制危害，来防止危害的发生。其形式为：（1）从已知事件或其他参数的变动，推测引发的后果，寻找原因；（2）对确定的危害逐级、逐项展开，并分析事故原因；（3）从基本故障类型或失误分析中，分析出可能发生的危害。经工艺危害分析，找出问题，提出建议，进行整改，达到保证工艺安全、实现生产安全的目的。

2 工艺危害分析的实施

2.1 工艺危害分析的实施时间

对装置进行 PHA 的阶段可分为：研究和技术开发阶段，新改扩建项目阶段，装置在役阶段，装置停用、封存及拆除阶段。

在役装置的 PHA 通常在装置初运试车期结束后进行，并作为基础。如果装置有改造或者多处改动，则定期进行 PHA 修订。如果装置没有改动，则在规定时间内重新修订。本次分析为在役装置首次 PHA。

2.2 工艺危害分析的实施过程

本次重整装置的 PHA，由主管单位策划总项目，其后基层单位指定项目组长，由项目组长确定 PHA 工作组组长和成员。PHA 具体分为以下过程：计划及准备、危害辨识、后果分析、风险评估、危害分析、建议提出回复和关闭、形成 PHA 报告、建议的追踪 8 个步骤。

3 对重整装置进行工艺危害分析

本套重整装置于 2003 年投产，本次对此装置进行工艺危害分析于 2009 年进行，属于评估在役装置的阶段，本次产生的 PHA 报告属于基准报告。

3.1 计划及准备

3.1.1 确定工作组成员并进行培训

项目组长根据重整装置的具体情况，确定工作组组员，组成如下：项目组长 1 人，工作组组长 1 人，记录员 2 人，安全专家、设备技术员、仪表人员、电器人员各 1 人，技师（高级技师）3 人，高级工 2 人；另外在启动期安排 1 名培训师。其中设备技术员、仪表人员、电器人员根据工作进程提供技术支持和分析支持，技师及高级工 1 至 2 人参与分析，记录员 1 人记录、另外 1 人参与分析。正常时，工作组人数为 5 人，高峰达到 9 人。培训师负责启动前和启动初期对部分人员进行培训。

3.1.2 工作任务书的下达及工作计划

此次 PHA 由基层单位下达工作任务书，其中包括目标、PHA 的分析范围、相关人员的职责以及完成时间。

目标：识别重整装置运行中的潜在危害，进行控制并降低风险。PHA 工作组使用专业的方法进行分析，提出相关建议，永久存档其结果，并作为基准 PHA。

PHA 的分析范围：重整装置主要流程及辅助流程。

相关人员的职责：定置计划，进行相关分析，完成最终 PHA 报告。

完成时间：计划在 3 个月内完成相关分析，15 天时间完成书面报告。

PHA 工作组组长与成员共同研讨工作任务，包括分析工作的完成时间、范围、特殊要求、已有和所需要的资源等，制定相关工作计划，包括成员职责分工、时间总表、节点划分及具体的 PHA 分析方法。

3.1.3 准备相关技术资料

PHA 组长寻找并提供最新最准确的工艺包，工艺包至少包括：（1）危化品安全技术说明书（MSDS）；（2）操作规程；（3）工艺设计依据；（4）设备设计依据；（5）基准操作条件以及安全操作的极限；（6）上一次 PHA 之后的各种变更说明；（7）上一次 PHA 之后的事故、事件报告；（8）历史各个时期的 PHA 报告（此次工艺危害分析不涉及）。

3.2 进行危害辨识及后果分析

3.2.1 危害辨识

对能够导致火灾爆炸、有毒有害物质泄漏及人员不可康复的健康影响等危害进行辨识，列出清单，并在今后的工作中分析讨论，另外作为对相关人员进行培训、沟通的依据。本次危害辨识采用的方法有：化学品相互反应矩阵、通用危害辨识检查表、顾问专家经验判断法。

通过对重整装置进行现场确认后，首先确定工艺图纸（本次 PHA 使用的是 PI&D 工艺流程图及其他相关图纸）是否准确，掌握工艺和区域布置情况，进行危害识别，最后列出最终的危害辨识清单。清单包括危害事件、影响、风险控制措施和相关的管理措施，找出危害及各种措施的现状。火灾爆炸清单列表见表1。

表1 清单列表（火灾爆炸）

危害	危 险 源	影响和后果	风险控制措施	管理控制措施
火灾、爆炸	汽油、戊烷油、液化气、氢气、燃料气	泄漏可能引起火灾、爆炸事故，引起人员伤亡、设备损坏、污染环境	可燃气体报警器、火灾报警器、消防设施、视频监控、便携式可燃气体检测仪、气防用具、防爆工具、防静电劳动保护、压力容器设有安全阀、联锁系统、装置内设有围堰	操作规程、应急预案、巡检制度、人员培训、压力容器定期检测、定期对设备测厚、焊口探伤
	二氯乙烷、四氯化碳、无水乙醇、二甲基二硫醚	泄漏着火、人员受伤、污染环境	消防设施、视频监控、气防用具、防爆工具、防静电劳动保护、装置内设有围堰、现场目视化提示	操作规程、应急预案、巡检制度、人员培训、废剂瓶定点摆放专业回收

3.2.2 后果分析

后果分析目的是了解潜在危害类型、严重性及相关定量数据、可能发生的各种损失及环境影响。本次采用的是定性方法对危害辨识清单进行分析，基础内容如下：（1）造成的事故、事件的类型（如暴露于毒性物质、火灾、爆炸等）；（2）所释放出的量；（3）产生的后果（如热量、超压、有毒物质量、较大的环境影响等）；（4）受到危害影响的人员（包括周边涉及的人员）。有毒有害物质清单列表见表2。

表2 清单列表（有毒有害物质）

危 害 物 质	危 害 事 件	释 放 数 量	受影响的人数	
			在 工 厂 内	在 工 厂 外
二氯乙烷、四氯化碳、二甲基二硫醚	可能导致着火、人员中毒、污染环境	25kg	造成1~5人中毒	无

3.3 危害分析

进行重整装置 PHA 分析时，遵循以下原则：针对分析对象进行综合、系统的研究分析，辨识并描述出所涉及的所有潜在的危害问题和现在存在的各种防护措施，内容包括：（1）辨识出每一个危害问题出现的方式以及途径、原因；（2）对这些问题的现有防护措施进行辨识；（3）评估每一个防护措施的完整性及其可靠性。

3.3.1 PHA 的具体方法

PHA 方法可分为四类：第一类为火灾爆炸危险指数（F&EI）、化学品暴露指数（CEI）、RC－PHA 调查问卷、保护层（LOPA）目标值等方法；第二类为因果成对鉴别、危害与可操作性分析（HAZOP）、故障假设/检查（What If/Check list）、LOPA、建筑物超压分析等方法；第三类为定量风险评估（QRA）的筛选；第四类为少数高风险活动的 QRA。各种方法的适用性总结见表 3。

表 3 各种方法的适用性总结

分析方法	用于简单对象	用于复杂对象	定性成本低针对性差
HAZOP What If/Check list	好	差	↕
FMEA；F&EI；CEI	好	差	
LOPA	好	一般	
事件树	过好	一般	
故障树 事件树	过好	好	
			定量 成本高 针对性好

重整装置生产过程具有流程性，同时参与本次分析的人员水平差异较大，使用 HAZOP 和 What If/Check List 方法比较适合。

HAZOP 分析方法的要点：（1）节点选择适宜，描述清晰完整；（2）按设计说明进行描述设计意图、设计参数描述准确无误；（3）工艺参数的偏差按照选定的内容进行，超出选定内容的部分单独增加，分析要全面，同时要符合实际情况；（4）在节点内考虑原因，在系统内考虑后果（包括对其他节点的影响）；（5）全面识别保护措施。使用 HAZOP 法，定性地对 36 个节点（主生产流程）进行了分析。对于水平非常高的专家组，有软件支持的条件下，可使用定量的方法进行评估。具体分析见表 4。

表 4 具体分析表

参数/引导词	详细偏差	后果	原因	保护措施	风险等级	建议措施
烯烃含量过高	烯烃含量偏高	反应器床层超温，损坏催化剂，烧坏管线及设备，密封点泄漏着火	掺炼二次加工的石脑油中烯烃含量过高	1. DCS 设有温度指示 TI8121、TI8122、TI8123 2. 反应器入口温度指示 TIC8101、TI8137，出口温度指示 TI8116 3. 原料及产品组成分析	Ⅳ	无
氯含量过高	氯含量偏高	1. 换热器、空冷结盐堵塞，系统压降过高，造成压缩机压缩比过大，损坏压缩机，严重时装置停工 2. 盐类在压缩机聚结，造成压缩机压缩比过大，损坏压缩机，严重时装置停工	1. 原料氯含量过高 2. 预加氢补压氢气氯含量过高	1. 混氢点压力指示 PI8111，流量指示 FI8112AB 2. D－102 压力指示 PIC8102 3. 注水冲洗管束 4. 停工检修期间清洗管束 5. 备用压缩机	Ⅱ	增加预加氢脱氯反应器

对于工艺流程相对简单的公用工程系统和辅助工程系统，采用 What If/Check List 法进行分析，共 22 个节点。具体分析见表 5。使用这两种方法共提出了 32 条建议，其中风险等级Ⅱ级 3 条；Ⅲ级 13 条；Ⅳ级 11 条。

表 5　具体分析表

工艺步骤或设备位置	问题（假如/会）	后　果	现 有 保 护	风险等级	建议
D－202	1. D－202 满罐溢流	形成着火隐患，污染环境	1. 现场液面计 2. 现场操作 3. 巡检制度	Ⅳ	
	2. D－202 液位过低或空罐	机泵抽空，损坏设备，影响催化剂活性及产品质量	1. 现场液面计 2. 现场操作 3. 巡检制度 4. 化验分析	Ⅳ	
	3. 加料时，人员接触二氯乙烷	人员中毒	护目镜	Ⅳ	建议增设二氯乙烷、无水乙醇加注用高位槽滴定系统

在分析表 5 中“3. 加料时，人员接触二氯乙烷”此问题时，虽然评估认为对操作人员个体的危害很低，只有Ⅳ级，但只有使用密闭药液加注系统才能根本消除二氯乙烷对人体的危害。通过实地观察后，采用以下方案解决分析出的危害：图 1 为原始设计，图 2 为设计的高位密闭加注设计简图。

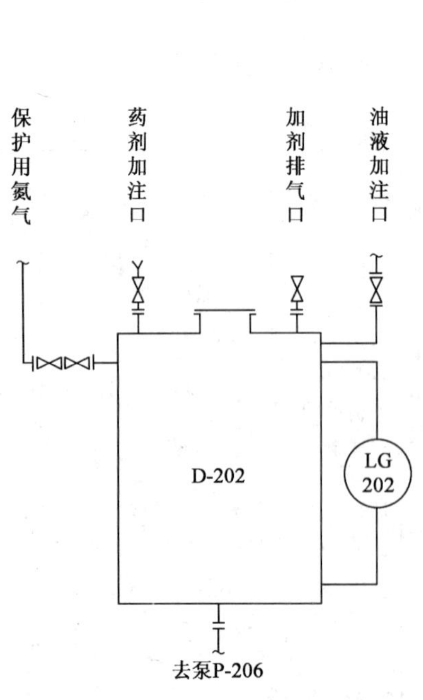

图 1　密闭药液加注系统原始设计图

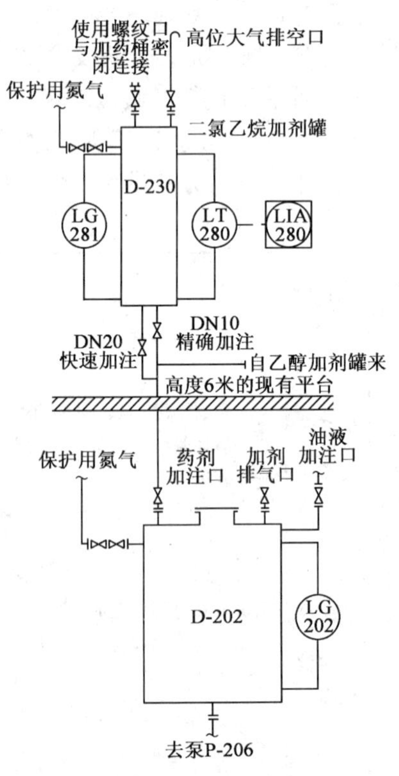

图 2　高位密闭加注系统设计简图

3.3.2 防护措施的辨识

防护措施辨识的评估原则是：（1）独立性，防护措施发挥作用不依靠其他系统的操作；（2）可信性，防护措施要有高度可靠性；（3）可审核性，防护措施设计要易于定期检验、测试；（4）完整性，防护措施必须以正确的方式安装、维护。

3.3.3 人为因素分析

人为因素分析是对人员及工作环境相互作用的所有方面进行分析，包括日常及应急情况。人为因素分析包括：人体工效学，注意力分散，人机界面，操作、维修程序，培训、技能和表现等方面。为了最大限度降低事故的发生，在整个分析过程以及现场观察重整装置在应用 PHA 方法辨识危害和考虑防护措施等这些活动时，尽可能详尽地考虑人为因素。人为因素分析中，使用的是 What If/Check List 法辨识评估人为因素。具体分析表见表 6。

表 6 具体分析表

项　目	分析内容	现有情况	建议
人体工程学	发生紧急情况时，关键性的设备（如开关、阀门）是否能顺利触到（如紧急状态时，员工是否需要侧身或者探出身体才能够到紧急切断按钮）	没问题	无
	是否有操作员的身体状况不好或者能力不够，无法操作或者佩带应急装备	没问题	无

3.3.4 装置定点评估

此次 PHA 分析，在装置定点评估中，考虑了气候条件、平面布置、建筑物结构以及功能设计等是否符合相关法规要求。目的是评估重整装置涉及的区域内及周边人员的影响，采用 What If/Check list 方法进行分析。具体分析表见表 7。

表 7 具体分析表

工艺步骤或设备位置	问　题	后　果	现有保护	风险等级	建议
生产区域	与苯抽提装置中间苯罐距离较近，如果苯罐发生泄漏，将影响重整装置的生产，甚至被迫停工	可能造成人员失明、中毒，严重时造成 1 至 2 名人员伤亡	1. 苯抽提装置的相关生产制度 2. 巡检时携带便携式检测仪 3. 空气呼吸器等气防设备	IV	无
DCS 操作室	DCS 操作室位于重整和催化装置之间，一旦重整或催化装置出现问题，可能会威胁到相关人员的安全	可能造成人员受伤、窒息、高温伤害，严重时造成 1 名员伤亡	1. 视频监控 2. 与催化装置在同一操作室，出现问题，可及时相互通报	Ⅳ	无

3.4 风险评估

通过风险评估将危害事故、事件的风险等级分为四级，对评估为Ⅰ、Ⅱ、Ⅲ级的危害提出改进建议，对 IV 级风险可视情况而定。Ⅰ级风险等级是级别最高的不可容忍存在的风险，Ⅱ级风险等级是指不希望发生的危害，Ⅲ级风险为可以有条件进行容忍的，Ⅳ级是可以容忍的风险等级。我们采用评估矩阵的方法评估风险，确定风险是否能够接受。

3.5 提出、回复和关闭建议

3.5.1 提出建议

本次 PHA 分析列出的建议遵循以下过程：（1）建议内容与危害的控制直接关联；（2）必须列出风险等级；（3）所列建议必须可行；（4）解决方案通过集成领导指定具体人员完成落实；（5）管理建议以管理文件的形式进行。

本次 PHA 分析，共提出了 37 项建议，其中风险等级Ⅱ级 3 项，Ⅲ级 13 项，Ⅳ级 16 项，人为因素 5 项。其中拟采纳 28 项，否决 9 项。

3.5.2 回复建议

单位和部门领导审核 PHA 建议，以书面形式回复，采用完全接受、修改后接受、拒绝接受等方式。修改和关闭建议必须形成文件，经批准后档案。

3.5.3 关闭

上级部门领导回复建议后，即关闭。

3.6 本次 PHA 的经验认识

对于分析过程的认识：（1）管理层的支持是基础；（2）资料的完整度、提取速度对分析过程有一定影响；（3）参与者的能力和经验决定分析质量；（4）参与者的责任心决定分析质量；（5）时间安排是否合理对分析过程有一定影响。

4 结语

从本次对重整装置的工艺危害分析看，这种方法非常适合炼化行业流程性质装置的安全，通过对内部参数的分析、对设计可行性的分析判断，能够很好地区分、控制危害。在发生变更时，做好工艺危害分析具有实际指导意义，能够提前预判危害的存在和采取控制方法。提出并改进 PHA 提出的工艺安全建议是企业（装置）安全运行的基础之一。

参 考 文 献

[1] 张广文，白永忠，李奇，等．工艺安全管理系统的核心要素——工艺危害分析［J］．安全、健康和环境，2009，09.

[2] 白永忠，于安峰，党文义，等．工艺安全管理系统的发展现状及建议［J］．安全、健康和环境，2009，（01）．

[3] 张威．化工过程安全中的工艺危害分析方法综述［J］．化学工程与装备，2011，3.

[4] 付建民，赵东风，陈国明，等．石油化工装置 HAZOP 分析技术概率定量化研究［J］．安全与环境学报，2008，8（6）．

危险与可操作性分析方法在加氢裂化装置中的应用

王铃铃　刘黎明

（中国石油长庆石化公司　陕西省咸阳市　712000）

摘　要　本文主要介绍了危险与可操作性分析方法在中国石油长庆石化公司加氢裂化装置中的应用过程，提出分析结果及改进建议。

关键词　HAZOP 分析　加氢裂化　分析结果　改进建议

0　引言

危险与可操作性（HAZOP）分析方法，是一种定性地辨识工艺设计缺陷、工艺过程危害及操作性问题的结构化分析方法。其本质是通过 HAZOP 分析会议对工艺图纸和操作规程进行分析，由工艺、自控仪表、设备等专业人员组成的分析组按规定的方式系统地研究每一个单元（即分析节点），识别出那些具有潜在危害的偏差。这些偏差通过引导词引出，使用引导词的一个目的就是为了保证对所有工艺参数的偏差都进行分析，并分析它们的可能原因、后果和已有安全措施等，同时提出应该采取的安全保护措施。

中国石油长庆石化公司（以下简称“长庆石化公司”）120×10^4t/a 加氢裂化装置具有易燃易爆、高温高压、临氢、有毒有害以及腐蚀等特点，属高风险装置，在运行过程中暴露出一些潜在的安全隐患。从提高装置本质安全水平的角度出发，长庆石化公司与山东海普劳动安全技术咨询有限公司进行合作，于 2010 年 3 月 1 日对在役 120×10^4t/a 加氢裂化装置进行 HAZOP 分析，针对分析范围内各参数偏差产生的原因、可能导致的后果、设计及生产中已采取的安全措施进行了详细的分析，对偏差的风险进行了分级，辨识和评价了该装置可能存在的安全隐患，并基于 HAZOP 分析的成果，完善了装置的安全措施。

1　加氢裂化装置简介

长庆石化公司 120×10^4t/a 加氢裂化装置于 2007 年 3 月建成投产，年开工时数 8400h。主要由反应部分（包括压缩机）、分馏部分、富氢气体脱硫部分及低分气回收、公用工程等五部分组成，以常减压装置的重柴油和减压蜡油为原料，经加氢脱硫、脱氮、加氢裂化等工艺过程，采用全循环流程操作时，最大限度地生产航煤及柴油，同时副产液化气、轻石脑油、重石脑油；采用一次通过流程操作，在生产中间馏分油的同时生产尾油。生产过程工艺条件复杂，加氢裂化装置操作压力 10.6MPa，反应温度 400℃，具有高温高压、易燃易爆等特点。

2 加氢裂化 HAZOP 分析

2.1 HAZOP 引导词

HAZOP 研究的侧重点是工艺部分或操作步骤的各种具体值，其具体过程就是以引导词为引导，对过程中工艺状态（参数）可能出现的变化（偏差）加以分析，找出其可能导致的危害。其主要引导词有：空白、减量、过量、部分、伴随、相逆、异常等，具体含义如表 1所示。

表 1 HAZOP 常用引导词

引导词	含义	说明
No（空白）	对设计意图的否定	设计或操作要求的指标或事件完全不发生，如无流量
Less（减量）	数量减少	同标准值比较，数量偏小，如温度、压力偏低
More（过量）	数量增加	同标准值比较，数量偏大
Part of（部分）	质的减少	只完成既定功能的一部分，如组分的比例发生变化或无某些组分
As Well As（伴随）	质的增加	在完成既定功能的同时，伴随多余事件的发生
Reverse（相逆）	设计意图的逻辑反面	出现和设计要求完全相反的事或物，如流体反向流动
Other Than（异常）	完全替代	出现和设计要求不相同的事或物

2.2 加氢裂化 HAZOP 分析范围

长庆石化公司 120×10^4t/a 加氢裂化装置 HAZOP 分析范围包括装置生产界区内的进料系统、反应系统、分离和分馏系统、燃料油及燃料气系统、氮气系统、净化风和非净化风系统、产汽系统、污油系统、放空系统等。

2.3 加氢裂化 HAZOP 分析准备

HAZOP 分析小组成员包括 5 名经验丰富的各专业专家（包括工艺专家 2 名、自控仪表专家 2 名、设备专家 1 名），本装置 5 名技术人员（包括现场工艺技术工程师 1 名、仪表工程师 2 名、设备工程师 2 名），以及专业分析师（包括 HAZOP 组长、项目负责人、工艺工程师、仪表工程师及秘书）。

HAZOP 分析研究主要依据的是装置工艺流程图（PFD）共 5 张、工艺管道及仪表流程图（P&ID）共 31 张、相关设计资料、操作规程及现场勘查记录，并对图纸、资料进行分析，从中确定满足 HAZOP 分析的图纸及资料，将其汇编成册。

2.4 加氢裂化分析过程

分析小组根据 HAZOP 分析流程图，如图 1 所示，划分了分析单元，对每个单元的流程逐个选取分析节点（见表 2），并设定了偏差及引导词。全面分析了加氢裂化装置工艺系统可能产生的所有偏差及其原因、可能导致的严重后果和现有的安全措施，对其进行风险等级划分，对分析过程中发现的安全隐患提出有参考价值的建议措施。

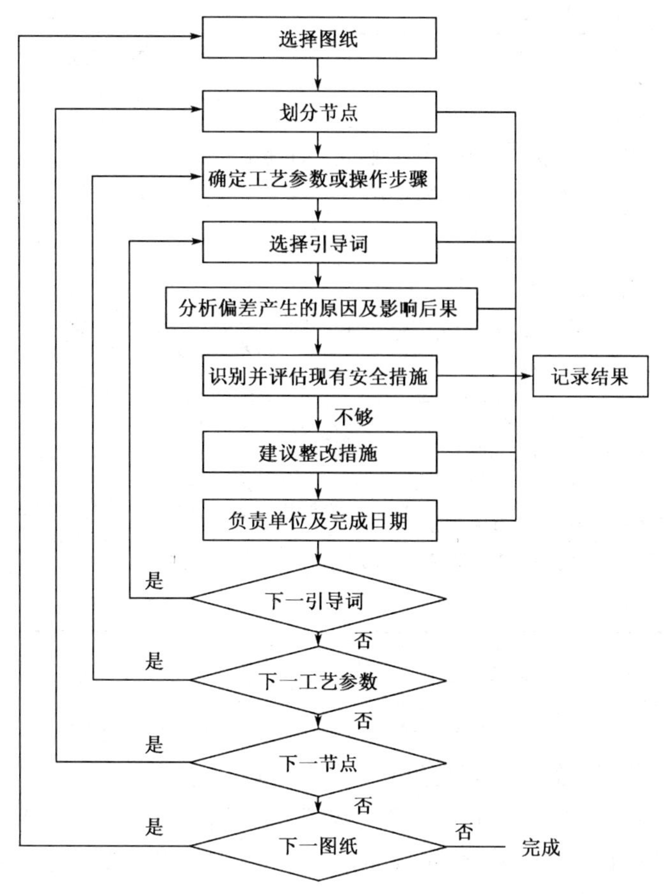

图 1　HAZOP 分析流程图

表 2　HAZOP 节点划分及描述

序号	节 点 描 述	设计意图说明	图　　号
1	节点名称：反应进料泵 节点组成：原料油脱水罐 V3401、原料油/航煤换热器 E3409、原料油/柴油换热器 E3410A/B、原料油过滤器 FI3401A/B、原料油缓冲罐 V3402、反应进料泵 P3401A/B 及相应的管路系统	通过脱水罐除去原料油中的水；为节能，原料油经换热器换热升温回收热量；经过滤器除去杂质；为达到反应器所需反应压力设 P3401A/B 对反应原料进行加压	00/08、09、26、27
2	节点名称：反应进料加热炉 节点组成：反应流出物/混合进料换热器 E3401A/B/C、反应进料加热炉 F3401 及相应的管路系统	在换热器 E3401A/B/C 前将氢气与原料油混合；设换热器和加热炉将物料加热至反应所需温度	00/10、12
3	节点名称：加氢精制反应器 节点组成：加氢精制反应器 R3401 及相应管路系统	用催化剂加氢的方法使原料油在反应器内发生脱硫、脱氮、脱氧、脱重金属等化学反应	00/11
4	节点名称：加氢裂化反应器 节点组成：加氢裂化反应器 R3402 及相应管路系统	用催化剂加氢的方法使原料油在反应器内发生加氢裂化、异构化等化学反应	00/11

续表

序号	节点描述	设计意图说明	图号
5	节点名称：热高压分离器 节点组成：反应流出物/混合进料换热器E3401A/B/C、热高压分离器V3403及相应管路系统	先采用热高分的方式将反应产物进行气液分离；使用换热器回收反应产物的能量	00/12
6	节点名称：热低压分离器 节点组成：热低压分离器V3405及相应管路系统	采用热低分的方法把轻烃从油品中分离出去；使用换热器回收反应产物的能量	00/12
……	……	……	……
32	节点名称：产汽系统 节点组成：低压汽水分离器V3601、分馏中段蒸汽发生器E3414、加药装置V3603及相应的管路系统	将脱氧水引入V3601，靠位差使脱氧水流入E3414，构成自然循环，产生的蒸汽从V3601顶部引出，送往各户	02/36

2.5 分析步骤

按照加氢裂化装置的生产特点，HAZOP分析小组将装置划分成32个分析节点。按照HAZOP分析流程，分析小组对加氢裂化装置展开了以下分析步骤：

（1）由专家组确定所要分析的工艺和管线仪表流程图，确定HAZOP分析节点。

（2）由本装置的工艺工程师对所确定的工艺单元或节点的设计意图和操作条件进行详细说明。

（3）HAZOP组长征求小组成员的意见，了解成员是否全面理解其工艺和操作说明，是否存有需要由工艺工程师进一步说明的疑问。

（4）由HAZOP组长选择某个引导词，如无流量、过多流量、过低流量，引导小组成员进行讨论。

（5）辨识在该引导词下可能产生的工艺偏差及其原因。

（6）预计潜在的后果及影响，如操作困难、工艺异常、生产关断、火灾爆炸事故等。

（7）识别装置已有的安全措施，并确认这些措施是否足以预防工艺偏差的发生或者能够减轻事故后果及影响。

（8）如小组成员认为安全防护措施不完善时，则进一步提出建议措施。

小组成员反复重复以上分析步骤，直到所有的引导词都被应用和讨论，且所有小组成员对分析内容均达成一致意见为止。然后继续分析下一个引导词和下一个节点，以此类推，直至所有节点全部分析完成。

3 加氢裂化HAZOP分析结果及改进建议

3.1 分析结果

经过现场分析研究，HAZOP分析小组从生产运行可能与工艺设计发生的偏差入手，共发现问题、提出建议措施18条。这些建议或措施主要遍布于装置的工艺与设备安全、设备防腐、仪表及自动控制、生产运行与操作、联锁与紧急放空系统等方面。为了确定建议措施的优先次序，分析小组在 HAZOP 分析基础上，利用定性风险评估准则评价潜在危害事件的风险。通过后果评价矩阵来确定危害事件的后果严重度级别分数，通过可能性评价矩阵来确定危害事件的频率级别分数，最后综合后果级别分数和频率级别分数，评价得出最终的风险分数。

3.2 改进建议

经过对加氢裂化装置生产过程进行危险与可操性研究分析后，针对目前存在的问题，主要提出以下几点改进建议：

（1）装置区大部分蜡油流量测量采用的是孔板流量计，由于孔板流量计导压管在环境温度低时容易凝堵，建议采用楔式流量计。包括进装置的冷料、热料流量、原料缓冲罐进料流量、加氢进料泵出口流量、反应加热炉进料总管流量、分馏塔底循环油流量。

（2）加氢进料泵原设计泵出口流量低、止推轴承温度高高二取二、泵径向轴承温度高高二取二停泵联锁现阶段处于摘除状态，不利于加热炉的安全运行，建议恢复以上联锁。

（3）反应进料加热炉现为手动遥控炉出口温度，这要求操作人员要有足够的责任心和丰富的工作经验，才能保证加热炉出口温度控制正常，但是由于干扰在所难免，建议尽可能恢复炉出口温度与燃料气压力串级自动控制，以便及时调节，控制好炉出口温度。

（4）加氢裂化对原料性质要求较严格，尤其当原料含水量偏高时，会直接损坏催化剂。目前原料罐区对原料油的含水量定期分析，人工定时检查油水界面，仍存在漏检的情况，建议采取多重防范措施，给原料罐区适时增加界位开关报警。

（5）目前汽轮机转速为手动控制，当中压蒸汽或背压蒸汽压力变化时，影响压缩机出口压力稳定，建议恢复汽轮机转速自动控制。

（6）目前分馏塔顶空冷器 A3403 撤热能力不足，塔难以操作，存在轻石脑油损失的问题，建议适时地在空冷器后增设一台水冷器。

（7）含硫污水泵 P3421 目前操作过程中常出现泵出口控制阀全关、泵短时间无流量的现象，影响分馏塔顶回流罐 V3412 分离效果，同时对机泵本身也有伤害，建议在泵出口增加一条返回泵入口的管线，以防止泵流量过低损坏泵。

（8）冬季常发生燃料气带液现象，影响各炉炉温，建议增设燃料气分液罐液位高报警。

目前长庆石化公司加氢裂化装置主要存在问题是仪表控制率太低，不足 50%，一些设备的联锁被旁路，不利于设备的安全运行，不利于装置的平稳操作，建议相关技术人员解决有关技术和设备问题，提高控制率，恢复联锁。

4 结语

通过对长庆石化公司 $120 \times 10^4 t/a$ 加氢裂化装置进行 HAZOP 分析，可以看出应用 HAZOP 分析技术对在役炼油化工装置进行危险辨识和风险评估，具有重大实际意义。本文采用 HAZOP 分析方法客观、详细地分析了加氢裂化装置存在的安全隐患以及现有的安全防范措施，并针对目前存在的问题提出改进意见。

将 HAZOP 分析方法应用于炼油化工生产装置的安全评价中，不仅能够使分析人员对单元中的工艺过程及设备有了深入的了解，对单元中的危险及应采取的措施有了透彻的认识，增强了职工安全防范意识，而且 HAZOP 分析研究成果对于装置的日常生产与维护，以及装置的安全管理提供了良好的指导作用。

参考文献

[1] 王若青，胡晨. HAZOP 安全分析方法的介绍 [J]. 石油化工安全技术，2003，(19)：19－22.

[2] 文科武. HAZOP 技术及其在化工行业中的应用 [J]. 炼油设计，2002，(8).

煤粉锅炉降低氮氧化物排放试验研究

龚亚军　王　燕　王桂荣

（中国石油克拉玛依石化公司　新疆克拉玛依市　834003）

摘　要　氮氧化物是燃煤锅炉排放的大气污染物之一。本文通过在中国石油克拉玛依石化公司热电厂 3 号锅炉上 NO_x 排放特性试验，得出锅炉过量空气系数、配风方式、制粉系统投运方式、煤质对 NO_x 排放浓度和锅炉效率的影响，优化后烟气中 NO_x 排放浓度下降 20.5%，锅炉热效率提高 0.6% 以上。从长远及环保方面考虑，降低和控制氮氧化物排放的最有效方式是采用烟气脱硝技术。

关键词　煤粉锅炉　降低 NO_x　试验研究

0　引言

燃煤燃烧过程中排放的 NO_x 是大气污染物之一，危害较大，且处理较难，它不仅刺激人的呼吸系统，破坏臭氧层，也是引起温室效应、酸雨的主要物质之一。煤燃烧生成的氮氧化物主要包括 NO、NO_2、N_2O_3、N_2O_4、N_2O_5 等几种，统称为 NO_x。在通常的燃烧温度下，煤粉燃烧生成的 NO_x 中，NO 占 90% 以上，NO_2 占 5% ~10%，其中污染大气的主要是 NO 和 NO_2。根据燃烧过程中 NO_x 的生成机理，可以将 NO_x 分成 3 种：燃烧用空气中的 N_2 在高温下氧化而生成的热力型 NO_x（Thermal NO_x）、燃料中的有机氮化合物在燃烧过程中氧化生成的燃料型 NO_x（Fuel NO_x）、碳化氢系燃料在燃烧时分解的中间产物和 N_2 反应生成的快速型 NO_x（Prompt NO_x）。其中燃料型 NO_x 是 NO_x 的主要组成部分。氮氧化物严重地危害了生态环境，已成为电站锅炉烟气污染物的主要控制指标之一。近年来，氮氧化物的危害已越来越受到人们的关注，开展对降低 NO_x 排放的治理具有十分重要的意义。

1　设备概况及 NO_x 排放超标情况

中国石油克拉玛依石化公司热电厂 3 号锅炉为中温中压、单汽包自然循环、集中下降管、Π型布置、中间储仓式制粉系统、全悬吊固态渣煤粉炉，型号为 CG－130/3.82－M16 型，炉膛深 7.26m、宽 7.26m，设计热效率 90.82%。锅炉燃烧器为水平浓淡煤粉燃烧器，正四角切圆布置，假想切圆直径为 ϕ350mm，喷嘴自上往下为二一二二一二，上二次风喷嘴倾角可以调节，调节范围为上下 15°，其他喷嘴均水平布置，与水冷壁固接每台燃烧器喷管侧面均带可调浓缩比的二次风管，由于 3 号锅炉投产期间曾发生煤粉漏入二次风箱内烧坏风箱的事故，为保证锅炉安全运行，将其割除。燃烧器具体布置如图 1 所示。

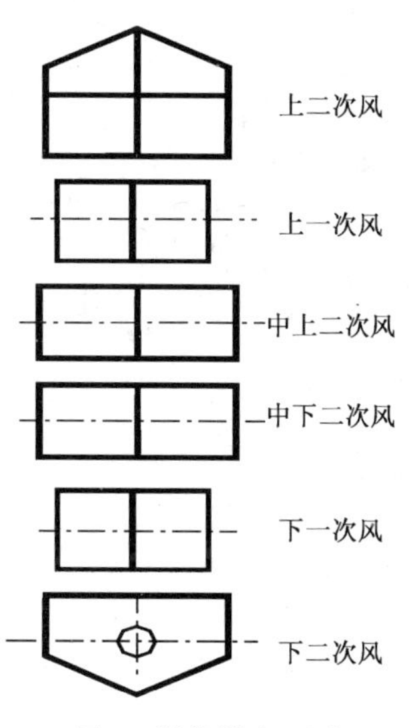

图 1　燃烧器布置图

3号锅炉于2002年投产，自2006年开展烟气NO_x含量检测以来，共计检测35次，其中有16次不合格，氮氧化物排放实际波动范围在500～1000mg/m^3，超过了《火电厂大气污染物排放标准》（GB 13223—2003）第三阶段规定的650mg/m^{3}指标要求。表1为热电厂1号、2号、3号锅炉2006—2009年历次NO_x监测年平均排放浓度。为达到环保要求，2009年，3号锅炉采用布袋除尘＋电除尘工艺对原电除尘进行了改造，同时安装了尾部烟气脱硫装置。随着环保要求的不断提高，除了要求对SO_2排放浓度进行控制，对氮氧化物（NO_x）排放的要求也越来越严格。因此，如何在不进行技术改造和不增加设备投资的情况下，通过积极开展试验技术研究，降低炉NO_x排放浓度，已成为当务之急。

表1　克石化公司热电厂1号、2号、3号锅炉2006—2009年历次NO_x监测年平均排放浓度

时　间		2006年	2007年	2008年	2009年
NO_x浓度 mg/m^3	1号锅炉	621	640	632	611
	2号锅炉	633	619	641	637
	3号锅炉	711	783	691	701

2　低NO_x燃烧试验研究

试验按GB 13223—2003《火电厂大气污染物排放标准》和GB 10184—88《电站锅炉性能试验规程》进行，锅炉效率采用反平衡法计算，烟气测点选择在垂直烟道低温空气预热器后，氧量选用DCS在线监测值，测量仪器为Ecom-PLC烟气分析仪。试验用煤种为和丰、恒源、神华矿混煤，入炉煤质分析见表2。

表2　设计和试验煤质特性对比

煤种	元素分析								工业分析
	C_{ar},%	H_{ar},%	O_{ar},%	N_{ar},%	S_{ar},%	M_t,%	A_{ar},%	V_{daf},%	$Q_{net,v,ar}$ MJ/kg
设计	62.01	4.66	9.50	4.34	0.31	11.6	7.58	46.78	24.53
试验	58.25	3.66	12.42	0.75	0.46	17.6	15.36	39.92	19.34

2.1　氧量对NO_x排放的影响

改变锅炉运行的过量空气系数，就是改变进入炉膛的总空气量。为确保试验期间锅炉安全运行和兼顾试验数据代表性，选取90t/h、105t/h两个负荷工况进行试验。不同工况下，氧含量对烟气的NO_x排放浓度的影响如图2所示。

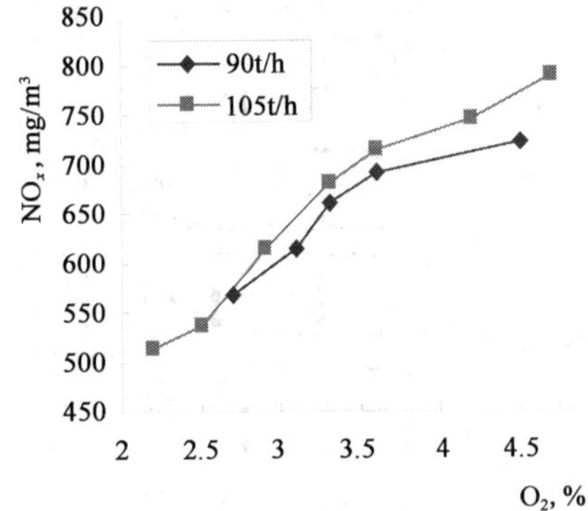

图2　不同工况下氧含量对烟气的NO_x排放浓度的影响

从图2可以看出，随着氧量的减少，NO_x排放浓度明显降低，各个负荷工况均呈现此趋势。这是因为降低入炉总风量而减少了炉内的氧浓度，氮与氧发生的化学反应被减弱，使热力型NO_x和燃料型NO_x都随之减少。

2.2 配风方式对 NO_x 排放的影响

试验的配风方式有三种：均等、缩腰、倒宝塔配风方式。由图3可见，煤粉与空气的早期混合情况对 NO_x 排放有较大影响。氧量维持在较高水平时，通过配风方式的调整来降低 NO_x 排放效果不明显；在氧量较低时，倒宝塔配风降低 NO_x 排放的效果好于均等配风和缩腰配风，此时 NO_x 排放浓度较低。这是因为在倒宝塔配风方式下，下一次风携带的煤粉是在缺氧富燃料条件下燃烧的，燃烧速度和燃烧温度降低，热力型 NO_x 减少，同时，燃料中释放的含氮中间产物 HCN、NH_3 等会将 NO 还原分解成 N_2，因而抑制燃料型 NO_x 的生成。而对于上一次风携带的煤粉，燃料在富氧条件下燃尽，不可避免地有一部分残留的氮被氧化成 NO_x，但由于火焰温度较低，热力型 NO_x 生成量有限，总的 NO_x 生成量是降低的，而此处稍富氧的环境也使得下部未燃尽的煤粉和可燃气体得以燃尽。

从图3、表3可见，试验期间虽然倒宝塔配风方式比其他配风方式有效地降低了 NO_x 排放浓度，但是由于下二次风托不住煤粉，炉渣可燃物含量明显上升，增加了机械未完全燃烧热损失，降低了锅炉热效率，且倒宝塔配风试验期间炉膛火焰亮度减弱、火焰紊乱，当锅炉负荷增加到110t/h以上时渣口开始大量掉渣，同时由于火焰中心下移，锅炉主蒸汽温度略有下降，锅炉运行存有一定的安全隐患。三种配风方式，以均等配风方式炉内燃烧工况最好，火焰明亮，炉膛挂焦较少，缩腰配风次之，倒宝塔方式最差。

表3　三种配风方式下炉渣可燃物含量

	氧量，%	均 等 配 风	缩 腰 配 风	倒宝塔配风
炉渣可燃物含量	2.2	3.45	3.52	5.91
	2.7	2.27	2.60	4.64
	3.3	1.53	1.55	3.78
	4.2	1.47	1.42	3.66

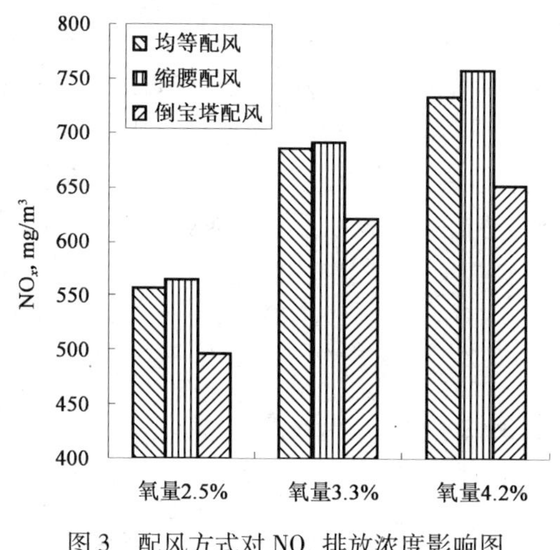

图3　配风方式对 NO_x 排放浓度影响图

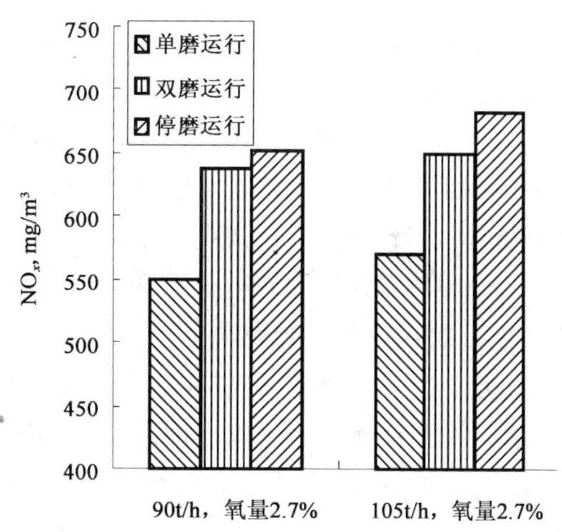

图4　制粉系统投运方式对 NO_x 排放浓度影响

2.3 制粉系统投运方式对 NO_x 排放的影响

制粉系统运行方式分为双磨运行、单磨运行、停磨运行3种。双磨运行即乏气风全投，单磨运行即单侧乏气风投运，停磨运行即乏气风全停，切换至热风送粉。

由图4可以看出，90t/h负荷工况、单磨运行时，降低 NO_x 浓度有效，当负荷增加到

105t/h 时，进入炉膛主燃区的煤粉较多，使得主燃区延长而与二次风汇合在一起，增长了主燃区，此时空气分级和燃料分级的效果均变差，NO_x 排放浓度升高；而且单磨运行时，NO_x 排放浓度较低，降低 NO_x 效果好于停磨和双磨运行工况。

2.4 复合工况对 NO_x 排放的影响

综合上述各个工况试验的结果又进行了 2 个低氧量、球磨机单侧运行加均等配风方式下的复合试验。均等配风方式下一、二次风门开度见表 4，试验结果见表 5。

表 4 复合工况下一、二次风门开度

一次风门	1 号	2 号	3 号	4 号	5 号	6 号	7 号	8 号
	80%	100%	100%	100%	60%（50%）	90%	100%	100%
二次风门	上二	中上二	上层气	中下二	下二	下层气	—	—
1 号角	50%	100%	0	100%	100%	0	—	—
2 号角	100%	100%	0	100%	100%	0	—	—
3 号角	100%	100%	0	100%	100%	0	—	—
4 号角	100%	100%	0	100%	100%	0	—	—

表 5 复合工况试验结果

复 合 工 况	1	2
锅炉负荷，t/h	105	105
二次风配风方式	均等配风	均等配风
炉膛出口烟气中 O_2 浓度，%	2.2	2.7
NO_x 排放质量浓度，mg/m^3	573	601
飞灰可燃物含量，%	2.03	1.45
炉渣可燃物含量，%	3.45	2.27
锅炉热效率，%	91.33	91.05

由表 5 可见，采用复合工况 1、2，NO_x 质量浓度大幅降至 $573mg/m^3$、$601mg/m^3$，分别比试验前 2006—2009 年四年的平均含量降低 20.3%、15.8%。试验中，美中不足的是飞灰和炉渣可燃物含量比试验前有所升高，但锅炉热效率仍然分别比锅炉设计值（90.82%）大 0.51%、0.23%，说明低氧量、球磨机单侧运行加均等配风方式在不影响锅炉热效率的前提下对降低 NO_x 排放量有较好的效果。

2.5 氧量对锅炉效率的影响

过量空气系数的调整与控制是降低 NO_x 排放浓度的有效措施。低氧燃烧能降低炉内燃烧温度，抑制并还原 NO_x 降低 NO_x 排放浓度。从燃烧角度讲，增加氧量有利于飞灰燃尽降低固体不完全燃烧热损失。为摸清氧量与锅炉热效率的关系，进行了氧量与锅炉效率的验证试验。试验表明，当氧量增加到一定程度后，再增加氧量对降低未完全燃烧热损失没有效果。但氧量增加会使排烟热损失明显增加，造成锅炉效率降低，如图 5 所

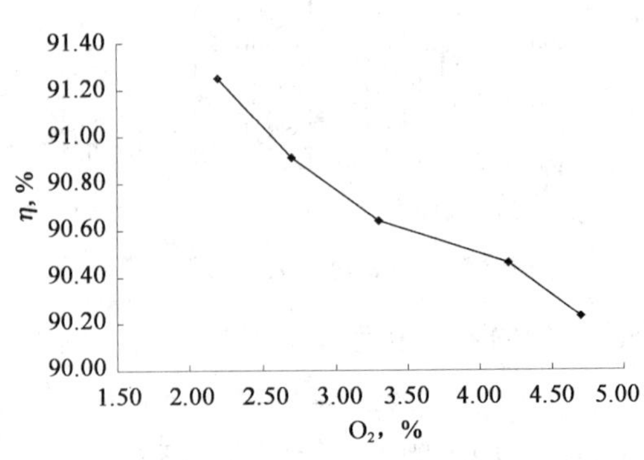

图 5 氧量对锅炉热效率的影响

示。考虑该锅炉燃用和丰、恒源、神华混煤的实际情况，兼顾 NO_x 排放浓度和锅炉效率，将氧量控制在2% ~3%范围内较合理，此时 NO_x 排放浓度较低，锅炉效率也比较高。

3 结论

（1）试验研究表明，通过燃烧调整措施的综合应用，可使3号锅炉 NO_x 排放浓度控制在国家允许排放标准之内；同时也为热电厂其他锅炉优化运行、降低 NO_x 污染物排放提供了参考依据。

（2）低氧燃烧方式是较易实现的低 NO_x 燃烧技术，且各个负荷工况均呈现此趋势。试验表明，把氧量控制在2% ~3%较合理，此时 NO_x 排放浓度较低，锅炉热效率较高。

（3）三种配风方式中倒塔配风方式最有利于 NO_x 排放浓度的降低，且降低幅度较大，但对锅炉运行稳定性和经济性影响较大；均等配风和缩腰配风方式对降低 NO_x 排放效果稍差，但对锅炉运行稳定性和经济性影响较小。

（4）制粉系统的运行方式对 NO_x 排放浓度有影响。试验研究表明，3号锅炉球磨机单磨运行降低 NO_x 排放浓度效果最好，双磨停运效果最差。

（5）复合工况试验表明，在充分考虑锅炉运行经济性和安全性的前提下，低氧量、球磨机单侧运行加均等配风方式，能较好地实现了降低 NO_x 排放浓度的效果；复合工况下一、二次风门开度、氧量控制范围、配风方式及制粉系统运行方式可作为3号炉日常运行调整的主要参考依据。

从短期来看，通过试验燃烧调整可暂时降低3号炉 NO_x 的排放浓度和排放量并满足当前国家排放标准，但仅靠试验调整手段毕竟不能大幅度降低3号锅炉及热电厂其他燃煤锅炉 NO_x 排放量，随着哥本哈根世界气候大会后环保要求的不断提高，从长远考虑，建议采用烟气脱硝技术，才能更有效地降低 NO_x 的排放。

参考文献

[1] 还博文．锅炉燃烧理论及应用［M］．上海：上海交通大学出版社，1999.

[2] 何育东，雷兆团．一项降低电厂 NO_x 排放量的技术［J］．电力环境保护，2002，18（3）：16 ~18.

[3] 李宝义，赵振宁．低 NO_x 燃烧技术在电厂中的应用［J］．华北电力技术，2006，（11）．

[4] 王学栋，栾涛，程林，等．锅炉燃烧调整对 NO_x 排放和锅炉效率影响的试验研究［J］．动力工程，2008，28（1）：19 -23.

法律、法规及合规性评价要素理解与实施

丁　虹

（中国石油东北销售公司　黑龙江省哈尔滨市　150050）

摘　要　笔者结合中国石油天然气集团公司HSE新标准“合规性评价”要素条款的提出背景及其与法律法规条款和其他条款在体系运行实践中的联系进行探讨，尝试对法律、法规及合规性评价要素在HSE体系实施中存在的问题进行分析，提出如何实施和推进HSE体系法律、法规及合规性评价要素的工作思路、方法和过程。

关键词　HSE体系　法律法规　合规性评价　联系　实践推进

0　引言

“合规性评价”的提出源自于GB/T 24001—2004环境标准“4.5.1监测和测量”要素，将其中的“定期评审法律法规遵循情况的要求”的内容进行分离，增加了一个独立的要素“4.5.2合规性评价”，旨在强化并提高组织的环境管理体系（EMS）对法律法规和其他要求符合性的水平。

为顺应中国石油天然气集团公司（以下简称“集团公司”）实现健康、安全与环境管理与国际接轨和跨越式发展的新形势，推进HSE持续发展和不断深化的要求。集团公司新标准Q/SY 1002.1—2007在Q/CNPC 104.1—2004的基础上，充分吸纳了上述体系优点，进行了标准要素的融合。新版HSE标准中增加了“5.6.2合规性评价”要素，对“5.3.2法律、法规及其他要求”要素条款进行了较大的修改，更加关注法律法规要求条款的“应用”，上述条款的修订，是与国际接轨、落实企业“履行遵守法律法规和其他要求的承诺”的具体体现，也突显了集团公司HSE体系对企业“履行遵守法律法规和其他要求的承诺”的关注。笔者结合法律法规、合规性评价的工作实际，对上述要素的理解和实施做如下探讨。

1　集团公司新HSE标准Q/SY 1002.1—2007对“法律、法规和其他要求”、“合规性评价”要素的修改和关注释义

1.1　新HSE标准Q/SY 1002.1—2007对“法律、法规和其他要求”条款进行了较大的修改

增加了以下内容：“b）确定这些要求如何应用于组织的危害因素”和“组织应确保在建立、实施、保持和改进健康、安全与环境管理体系时，应考虑现行适用的法律法规和其他要求”两部分内容。

（1）“b）条款”强调的是“法规要求”在危害因素上的应用确定，应提出应用策划的结果；而后者是从整个HSE管理体系角度强调对“法规要求”的应用，强调的是确保。

（2）修改后的条款更加关注组织对法律法规识别、获取的“应用”，强调其法律法规最

终在基层各个层面的员工和管理（作业）活动中的落实，强调与组织的危害因素之间建立对应关系，使法规和危害因素辨识条款成为体系策划、运行的“两条腿”，深刻理解，扎实落实上述条款内涵是体系深入基层、基础，确保体系有效运行的重要保障。

（3）修改后的条款更加关注将法律法规和其他要求保持和应用于体系的运行中，确保HSE 体系具有实现遵守法律法规要求的承诺功能。该条款的位置处于 HSE 体系 PDCA 环的“P——策划”环节，贯穿于体系运行主线要素的始终，HSE 体系多个标准条款直接涉及法律法规和其他要求，如：组织的 HSE 方针重要体现对遵守法律、法规及其他要求的承诺；风险评价的一个重要依据是法律、法规的要求；有相应畅通的法律法规识别、获取渠道和应用机制，为组织的 HSE 管理提供依据；HSE 目标和指标的建立，要考虑法律、法规和其他要求；组织的 HSE 培训、协商和沟通、文件与文件管理要包含法律法规信息并满足其有关要求；实施和运行控制、应急准备与响应是实现法律、法规对控制 HSE 风险要求的重要途径；检查与纠正措施和预防措施中要求定期评价对法律、法规的遵循情况，对存在不符合法律法规要求的问题，采取纠正、纠正措施和预防措施；在管理评审中，要考察法律、法规的发展，从而调整、改善 HSE 管理体系，使其达到充分、适用和有效。有效的 HSE 管理体系运行，是以法律、法规为最低要求，并持续改进其绩效。

1.2 新 HSE 标准 Q/SY 1002.1—2007 增加了“合规性评价”条款

（1）“5.6.2 合规性评价”是从“监测与测量”条款中分离出来的，单独形成一个要素。它的提出突显了对企业“履行遵守法律法规和其他要求的承诺”的关注。与“5.6.1 绩效测量和监视”一样，“5.6.2 合规性评价”要素其实也是一种检查，只是检查依据的准则不同而已：前者的检查常依据的是组织自己的要求（如手册、程序和作业指导书等），后者的检查依据为适用于组织的职业健康安全法律法规和其他要求（如安全生产法、职业病防治法和工业企业设计卫生标准等）。

（2）“合规性评价”要素在标准框架中位于“C——检查”模块，即针对“法律、法规和其他要求”条款“如何应用于危害”和“保持于体系运行中”进行检查。切合企业实际编制高质量的合规评价检查表，准确细化、量化“判定准则”是要素实施的关键。

（3）该要素在体系位于体系“5.6 检查和纠正措施”模块，位于企业三级监控措施的底部，其与“5.6.1 绩效测量与监视”、“5.6.3 不符合、纠正和预防措施”、“5.6.4 事故、事件报告、调查和处理”要素共同构成 HSE 体系第一级监控措施，具有独立发现问题、解决问题的功能。相对于“5.6.6 内部审核”（第二级监控措施）以及“5.7 管理评审”（第三级监控措施）对于“第一级监控措施”发现的问题，解决的方法是随时产生、随时解决，其根本的落脚点也是基层主体，对于实现组织的“自我决策、自我控制、自我管理、自我改进”的自主 HSE 行为提供了有效的手段。企业充分利用好上述管理工具，将企业 HSE 体系的内部监督管理融于企业的全面管理工作之中，形成严密的 HSE 管理体系监控系统对体系运行实践起到保障作用，具有极为重要的实践意义。

2 法律、法规界定和准确形成“判别准则”是两个要素推进合规性评价的基础和关键

2.1 法律、法规的界定

2.1.1 构建 HSE 标准化法律、法规体系是企业开展合规性评价的基础

HSE 管理体系是通过建立一整套 HSE 保障机制，旨在控制和降低 HSE 风险的一套企业管理的做法和程序。HSE 管理体系并未提出具体的安全绩效准则，也未作出设计管理体系

的具体规定，在体系的运行管理中，组织在过程活动中仍然需要具体的法律、法规和规范要求的支撑和落实。

与 HSE 有关的法律、法规体系庞大、复杂，并且包含的法律、法规繁多，在实践中可以依据过程控制原理，从资源、过程、服务或产品流通“过程”所涉及的法律入手，结合单位实际和所涉及的危害因素，建立适合企业实际的法律、法规体系基础数据库，构建 HSE 标准化法规体系框架是推进体系的“基石”，务必做细做实。

例如，在法规基础管理工作中，笔者结合《企业安全生产标准化基本规范》和《危险化学品从业单位安全标准化通用规范》的要求，构建了包含生产设施、工艺安全、培训教育、职业危害、事故应急、监督检查等 20 余个类目的法规、标准数据库，并在数据库基础上实现法规的更新、检索和适用条款的识别等基础数据的管理。

鉴于法律法规的动态更新管理，在法规体系数据库的建立和维护中，一是建立了专业部门分工负责，全员过程辨识，关键岗位过程确认，体系部门监督管理整合发布的机制，充分利用各种专业网站、HSE 信息系统、公司网站实现信息共享和检索；二是结合各类监督、检查、考核和安全标准化等活动的推进和丰富数据库框架和基础数据建设；三是注意推动法规体系评价、监控考核法规模块的建立，关注落实评价考核标准。

2.1.2 法律、法规的识别、获取、界定存在常见的问题

法规要素实践工作中存在对标准要素学习理解不够、基础管理薄弱、在法律法规的清单内容和法规识别中缺项、识别不充分、清单形式化、不切企业实际等现象，从而不能够为合规性评价提供充分有效的输入依据，存在的常见问题有：

（1）识别的法规与组织活动无“相关性”，不适用于组织活动、产品、服务；

（2）未能结合自身实际和危害因素之间建立对应关系，从而使得识别的法律法规不能有的放矢地“应用”于组织的危害管理；

（3）未识别到法律法规和其他要求的具体条款（数量）值；

（4）未关注“其他要求”相关的内容，如政府（客户）的要求、社区居民和行业协会的要求，以及相关方的合同或协议等的符合性评价；

（5）获取渠道不畅通。

2.2 针对危害因素性质、类别准确界定法规条款，形成“判别准则”

依据准则判定危害和影响，逐步建立完善的 HSE 法规监督考核机制是合规性评价的关键环节。评价过程需关注的问题：

（1）评价应覆盖所有适用的法律法规和其他要求，并在日常监控环节中，对识别出的所有适用法律法规条款一一验证与核实，实践中需要注意的是：并不是对 2.1 中法规数据库的所有法规进行大而全的评价，而是与危害因素对应的法规要识别到具体条款，并一一验证核实。

（2）评价中应有效把握“五优先适用”规则，准确运用法规条款。“五优先适用”规则指：一是高位法优先；二是特别法优先；三是新法优先；四是地方法规优先；五是部门规定优先。

（3）结合企业实际，周密策划合规性评价的方法，达到切实发现问题、改善绩效的目的，借鉴和采纳其他完善和健全的检查监督考核体系考核表、检查表和方法，如将安全标准化工作纳入体系监督检查模块，建立健全的 HSE 监督考核机制，是合规性评价要素高效实施的有效手段。

（4）注意推动法规体系评价、监控考核模块的建立。这一点，可以从挪威的 HSE 法律体系构成中得到启发，其 HSE 法规标准中包括了“说明性”和“功能性”两种条文，说明性条文等同标准要求条文，功能性条文则是指条例列出 HSE 应该达到什么样的水平，以及法律执行机构要取得的水平。法规的最终落实在基层，只有基层工作落实有标准、考核量化才能深入细化，基层工作的落实和考核才有了目标和依据，各种检查和执行才能高效，员工的工作才会有的放矢，行动才能“整齐划一”，并逐步形成自觉的以职责、制度作为行动指南的标准习惯，使得合规性评价这一管理工具高效切实发挥作用，而非因没有达标的标准而流于形式。

3　合规性评价实施过程中应注意的问题

通过上述过程界定法规条款，并与危害因素建立对应关系，展开评价，输出评价结果。

3.1　实施中应关注的环节

3.1.1　评价的时间/时机、频次

组织适用的法律法规和其他要求的遵守情况，组织应当根据其规模、类型和复杂程度，规定适当的合规性评价方法和评价的频次，并定期评价。开展定期的独立评审是值得推荐的做法。

定期评价应考虑组织不同活动、产品和服务的类型和周期，不仅应考虑常规的活动，还应考虑非常规活动、产品和服务的合规性评价的时间/时机。

当出现下列情况时，可以适当增加合规性评价的频次或及时组织专项评价：

（1）有关法律、法规和其他要求发生重大变更时；

（2）相关方对公司健康、安全与环境表现提出强烈抱怨或投诉时；

（3）发生重大事故时；

（4）组织有对健康、安全与环境有重大影响的新、改、扩项目或活动时；

（5）相关法律、法规及其他要求生效、废止时。

3.1.2　合规性评价的范围与要求

合规性评价的范围应与组织实施的 Q/SY 1002.1—2007 标准的范围相一致，覆盖到组织的整个活动、产品和服务，覆盖到组织整个地理位置。评价的内容依据组织所获取的适用的法律法规来确定。

（1）对重要危害因素所对应的法律、法规和其他要求的遵循情况。应将这些因素与适用条款一一对照，保证评价内容无遗漏。评价应突出重点部位、环节的评价，扎实推进，不搞形式主义。

（2）实际运行与各级技术标准规定的要求的符合情况。

（3）各类 HSE 监测结果。对需要有资质机构进行运行情况检测的（如特种设备和环境监测等），必须委托有资质的机构进行评价，各单位应予以积极协助配合。

（4）HSE 管理体系审核的结果。所属单位对地方法规和公司 HSE 规章制度的执行和落实情况均需做出认真地评价。

（5）对地方政府和相关方提出的要求的满足情况。

（6）已发生的 HSE 事故、事件、不符合等。对已发生的 HSE 事故、事件、不符合，必须进行相应的合规性评价，查找在执行法律、法规和其他要求方面存在的问题，在事故、事件、不符合调查处理报告等文件中做出说明。

3.1.3 *评价方式、方法*

组织进行合规性评价时应反映出评价的方法。组织应根据自身的运作模式和法律法规要求的性质决定对每项（类）法律法规要求评审的方法，合规性评价可以采取集中综合评价、分散滚动评价或二者结合的方式进行。可考虑的方式如下：（1）单独进行健康、安全、环境法律法规符合性的评价；或与其他评价过程结合起来，如与职业健康和安全的评价、质量保证检查、内审等结合。如与内部审核结合在一起，需明确划分两者的目的和范围，必须达到合规性评价的要求和目的。（2）单独进行“其他要求”遵守情况的评价，或与环境法律法规符合性的评价、管理评审等结合起来一起进行。

通过以下方法一次针对多项或单项法律、法规及其他要求进行评价：

（1）HSE 各种检查；

（2）专项检查；

（3）体系审核；

（4）监视和测量结果的分析；

（5）相关文件和（或）记录评审；

（6）对建设项目或重点工作（管理活动）的评审；

（7）安全、环境评价和清洁生产审核；

（8）设施巡视检查、直接观察；

（9）与各层面人员交谈。

集团公司和所属单位可以根据具体情况和不同的评价内容，采用上述一种方式或几种方式的组合，对本单位适用的法律、法规及其他要求的遵守情况进行评价。

3.2 关注合规性评价结果实现持续改进

评价方法可以结合企业实际多样、多时的专项和日常管理活动实施。由于评价方法、项目的不同，评价结果可能表现为不同主题、形式，也可能是合并项目或滚动的评价，但不论采用哪种评价方法，合规性评价的结果（符合/不符合）应有相应的证据加以证实。上述方法对于合规性评价的人员来说是比较容易掌握的，关键是要熟悉“适用要求”的内容。

评价的结果如发现不符合法律法规要求的问题，组织应根据问题的性质和环境影响的严重性采取相应的纠正或纠正措施。当不符合超过了轻微、暂时的偏差时，组织应建立由适宜指标和管理方案支持的、能够达到符合性的目标。

4 结论

HSE 体系“法律、法规和其他要求”、“合规性评价”要素贯穿于体系运行主线要素的始终，其落脚点最终在基层各项管理活动和各层人员、组织的相关人员，充分利用好上述管理工具，切实做到落实体系，不走样，建立严密的监督检查机制，对于 HSE 体系实现“重心下移，关口前移”、改进 HSE 绩效都具有重要的实践意义。

参 考 文 献

［1］GB/T 24001—2004 环境管理体系 要求及使用指南．

［2］Q/SY 1002.2—2007 健康、安全与环境管理体系 第 2 部分：实施指南．

［3］陈其扬，杨化．ISO 14000 标准理解与认证实务．广州：广东经济出版社，2003.

销售企业承包商安全管理分析

罗　杰　余　力

（中国石油四川销售仓储公司　四川省成都市　610083）

摘　要　销售企业近年来高速发展，离不开工程建设、设施设备检维修承包商的大力协作。但同时，承包商的进入，也给销售企业的现场安全生产带来了压力。近年来销售企业承包商安全事故频发，引发了笔者对于销售企业承包商安全管理现状的担忧和思考。本文指出了销售企业承包商安全管理存在的问题，并尝试运用SWOT分析法，分析承包商安全管理的优势、劣势、机会、威胁，从而探索销售企业承包商安全管理的改进措施。

关键词　销售企业　SWOT分析法　承包商　安全管理

0　引言

2011年4月13日，中国石油内蒙古销售分公司海拉尔油库在进行油罐拆除作业过程中，悬吊的罐体失稳侧倾，一名施工人员躲避不及，身体被倾斜罐体和切割下来的油罐壁板压住，经医疗人员抢救无效后死亡。据调查，事故主要原因是企业疏于承包商安全管理，没有就承包商施工方案存在的隐患提出整改要求，现场监督不力、违章作业。石油企业生产具有易燃、易爆、有毒、腐蚀性强等特点，加上设备装置复杂、检修内容多、工期紧，施工人员安全意识淡薄、对作业现场不熟悉、素质参差不齐，各级单位“以包代管、包而不管、以监代管”的倾向比较严重等因素，使承包商成为安全事故频发的群体。近年来中国石油天然气集团公司（以下简称“集团公司”）大力发展油品销售业务，随着销售企业的网络扩张和基础建设步伐加快，涉及的新建、改建、扩建、技改、安装、拆除、装修等工程建设以及设施设备检修、隐患整改、油罐清洗等施工作业日益增多，如何加强和规范承包商安全管理，已成为销售企业各级管理者必须直面的重大课题。

1　销售企业承包商安全管理现状分析

海拉尔油库“4.13”亡人事故不是个例，它从一定程度上反映了销售企业在承包商安全管理上的缺陷，只有充分了解销售企业承包商安全管理现状，找到并分析现存的问题，针对性地完善HSE管理体系，加强承包商安全管理，才能保障石油销售企业的安全生产，促进销售企业的进一步蓬勃发展。

1.1　销售企业承包商安全管理概况

近年来，销售企业高度重视对承包商的安全管理，将承包商安全管理纳入了企业的HSE管理体系，将对承包商事故的统计加入了企业安全事故的统计，尤其加大了动火、动土、高处作业、进入有限空间、临时用电等非常规作业的作业许可管理。同时根据直线责任和属地管理，建立并健全了HSE管理机构，明确了承包商的安全管理责任和各部门的管理职责，企业整体安全生产形势趋于平稳，但同时也存在承包商进入把关不力、现场监督不力等弊端。

1.2 销售企业承包商安全管理的主要问题

1.2.1 对承包商进入把关不严

个别销售企业没有对承包商进行严格审查，不少承包商组织机构不健全，没有建立HSE管理体系，就被批准参与招投标或进行施工。这样的承包商一般都缺乏适任的安全健康管理人员，在从事施工作业时，安全健康管理人员督导不力，相关安全措施难以保证。部分承包商的队伍是需要施工时才临时搭建，招来的人员缺乏足够的专业技能，文化素质普遍不高、安全意识不强，队伍之间也缺乏默契，更谈不上对员工进行必要的安全培训。尤其是承包商层层转包、分包的现象屡有发生，企业管理人员疏于管理。

1.2.2 没有明确主体责任

按照销售企业规定，企业在与承包商签订工程合同时，同时要签订安全合同，落实安全主体，明确安全管理主体责任。但部分基层单位没有严格执行这一规定，认为签订安全合同没有实际意义，只签订工程合同，而没有签订相应的安全合同，或者安全合同应付了事，造成现场安全管理责任不明确，加大了承包商安全管理难度。

1.2.3 缺乏沟通与现场安全交底

承包商进入销售企业的区域进行施工，销售企业应该对承包商人员进行现场安全交底，但许多销售企业由于制度的不健全，或是态度问题，忽略了这一点。制度不健全的因素是没有明确由哪个部门和承包商进行沟通，更没有落实沟通部门的具体责任，导致部门间互相推诿，造成责任真空。态度因素是很多销售企业管理者认为承包商只要按照要求完成相关的任务即可，安全生产的责任在于承包商，承包商的安全健康管理与自己无关，只是承包商的事情。因此，不与承包商充分地交底，不将其HSE管理要求，如相关的规章、操作规程等告知承包商，并进行导入培训，没有告知承包商作业场所潜在的危险，导致承包商施工人员对作业场所的危险认知不足；对承包商的安全措施不进行评估以确认其实用性，导致风险控制不力。鉴于销售企业的态度，承包商施工时遇到安全问题，也不反映给销售企业，双方缺乏沟通，导致现场安全隐患不能及时解决。

1.2.4 施工现场混乱，缺乏有效的安全监督

施工现场未按照规定设置醒目的警示标志；特种作业未办理完善的审批手续；一些特种作业承包商让无证人员上岗操作，销售企业安全监督人员也睁一只眼，闭一只眼；施工人员带着烟火、未关闭的手机进入易燃区域，进入特殊危险区域不带安全帽，不消除人体静电，穿化纤制品的衣服，高处作业不系安全带、不设安全网，脚手架不规范，作业人员缺乏必要的劳护用品，气瓶使用不规范等，这一切，都与作业现场安全监管不到位直接相关。

1.2.5 安全投入不足，不能满足安全生产需要

承包商普遍存在重效益、重进度、轻安全的现象。不少承包商存在侥幸心理，认为反正不会出事，增加了安全投入，就增加了工程成本，减少了收入和利润，所以安全投入是一种负效益，能省则省。安全投入不足，还体现在承包商方面往往聘用尽可能廉价的劳动力，培训不到位、应急技能差，以及设备设施简陋、劳护用品配备数量不足，且质量低劣等。这些，都给施工作业带来了隐患。

1.3 销售企业承包商安全管理的SWOT分析

SWOT中S代表Strength（优势），W代表Weakness（劣势），O代表Opportunity（机

会），T 代表 Threat（威胁），SWOT 分析方法是一种企业内部分析方法，即根据企业自身既定的内在条件进行分析，找出企业的优势、劣势及核心竞争力之所在，同时可借此找到企业的下一步改进措施，如图 1 所示。

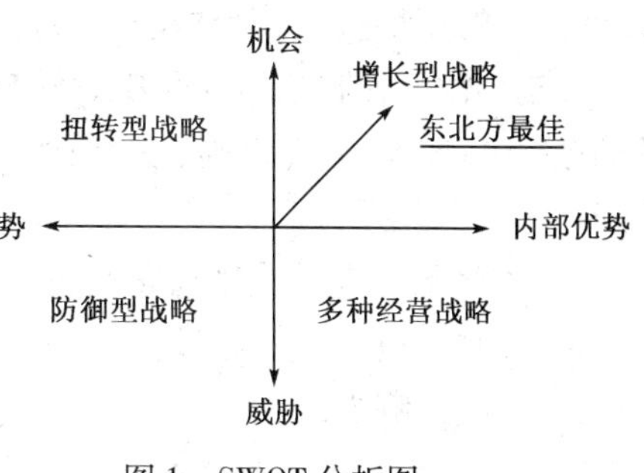

图 1　SWOT 分析图

1.3.1　销售企业承包商安全管理的优势

（1）承包商分为临时承包商、长期承包商、重点项目承包商，长期承包商员工整体素质普遍较高，工作经验丰富。销售企业有着丰富的长期承包商资源，员工工程师和技术员岗位人力资源充足，大多是来自知名企业的技术骨干和基层管理骨干，业务能力强。员工都希望能充分发挥自己的能力，工作质量高。

（2）承包商员工仰慕集团公司的盛名，对销售企业的发展前景表示乐观，愿意为销售企业服务，承包商员工士气高昂。

（3）集团公司长期承包商的很多员工大都有 10 年以上的工作经验，熟悉销售企业工程建设，设备检维修的特点。

（4）销售企业长期承包商大都已经通过了职业健康安全（OHSAS 18001）、质量（ISO 9001）、环境（ISO 14001）三大国际标准管理体系三合一认证的企业，信誉值得信赖。

（5）销售企业的长期承包商和企业合作多次，熟悉和赞同销售企业安全理念，愿意遵守销售企业各种安全规章制度。

（6）承包商公司普遍拥有良好的品牌知名度和美誉度，承包商公司和员工会尽力地维护和提高公司的知名度和美誉度。

（7）长期承包商的员工普遍拥有较高的道德修养和爱国情操，深知销售企业对于国家能源供应和经济发展的重要性，愿意以优质的服务，敬上自己的力量。

1.3.2　销售企业承包商安全管理的劣势

（1）承包商公司的薪酬福利外部竞争性下降，导致承包商部分有能力、有经验的员工辞职。

（2）随着销售企业的发展，新增的大型设施设备增多，科技含量也越来越高，导致部分承包商有经验的员工不知所从，像是一个新人，需要从头学起，使这部分员工的挫折感较重。

（3）销售企业作业危险性大，要求多，而且非常严格，同时很多工期持续时间长，部分承包商施工人员感到不适应。如许多作业要求不能抽烟，对于烟瘾大的员工是一个考验；长期待在工地施工，也会影响一些家中有牵挂的员工的工作士气。

（4）销售企业有着一系列的安全管理制度，对于很多新到企业施工的人员来说，短时间内了解并遵守这些管理制度存在困难。

（5）承包商员工安全意识普遍不高，承包商公司安全投入不足，各种工作机具不合格的情况时有发生，而这些是引发不安全工作的条件。

1.3.3　销售企业承包商安全管理的机会

（1）承包商的管理人员大多拥有良好的教育背景和丰富的工作经验，乐于参加培训和学习以接受新知识，并勇于承担更大责任。

（2）承包商大部分员工在销售企业的工作时间较长，比较认可和赞同企业的 HSE 管理理念，能够严格遵守，为新的承包商员工树立一个良好的榜样。

（3）销售企业有完善的HSE管理体系和严格而周密的安全规定，例如集团公司反违章六条禁令、HSE九项原则、三项管理（有感领导、直线责任、属地管理）、HSE七项工具等。

（4）销售企业在当地有很高的知名度和信誉，承包商都很愿意为销售企业服务，尤其是一些临时承包商希望通过自己的良好的HSE业绩表现，变成销售企业的长期承包商，并扩大自己的影响力。

1.3.4 销售企业承包商安全管理的威胁

（1）承包商员工的归属感比较差，员工离职率比较高，工作不稳定。承包商的薪酬福利较低，员工升迁比较困难，致使部分承包商员工士气低落。

（2）销售企业承包商制定了苛刻的安全目标，为了这个目标的实现，承包商不得不加大安全投入，例如雇佣更多和素质更高的员工和购买更好的机具，这将大大的增加承包商的人力成本和设备支出。

（3）销售企业将安全视为天字号工程，不会为了项目的进度而赶工，这将严重的影响承包商的利润和承包商工作的积极性。

（4）销售企业严格遵守国家和集团公司的各项安全规定，一旦发生任何事故，将立即保护事故现场，并展开事故调查，而这将使部分甚至全部承包商工人不能工作，极大地影响了项目的进度和承包商的效益和利润，增加了承包商管理的难度。

（5）承包商企业经营者与员工之间的利益存在矛盾，在安全管理方面表现为生产与安全、效益与安全、眼前利益与长远利益的矛盾。承包商企业往往容易片面地追求质量、利润、产量等，忽视了职工的安全与健康。

2 销售企业承包商安全管理的建议

2.1 严把准入关

2.1.1 严把承包商准入关

根据国家《安全生产法》等相关要求，从资质、HSE业绩、人员素质、现场监督、施工管理等五方面对施工方和监理方进行准入审查，资质不合格、无安全业绩的不得准入。在评审过程中，要重点审查证件的真实性，准入范围与营业执照、资质证等证件是否相符，办理市场准入不能超出经营与资质范围。已获得质量体系认证、产品认证、安全认证的企业或产品可优先考虑市场准入。将审核的意见汇总，审核通过的签发市场准入证、建立《合格承包商名录》，未通过的不予签发市场准入证。入围的企业每年必须缴纳一定数额的安全生产风险抵押金，拒绝缴纳的企业不予准入。对初次选择的承包商，要对承包商进行实地调研、考察或其他形式的验证工作，根据实际效果或结果确定其合格承包商资格，列入《合格承包商名录》。

2.1.2 严把安全教育关

（1）安全教育严格化。

施工人员普遍文化素质不高、安全意识淡薄，必须对其进行岗前培训和考核，通过培训和考核提高施工人员的安全意识，增长安全生产知识，加强对自我行为的约束，减少人为失误。安全教育内容应该包括：销售企业HSE管理基本理念和知识；从事施工必要的安全知识；机具设备及安全防护设施的性能和作用教育；本工种安全操作规程；施工基本要求和劳动纪律；风险识别及分析、劳动防护用品的使用方法。承包商特种作业人员，除接受一般性安全教育外，还必须按照《关于特种作业人员安全技术考核管理规定》的有关规定，按国家、行业、地方和企业规定进行特种作业培训、考核，取得特种作业上岗操作证后方可上岗操作。

（2）安全教育服务化。

一般来说，销售企业对承包商进行两级 HSE 教育，分别是厂级和装置级。第三级 HSE 教育由承包商内部组织，进行内部教育，但承包商往往因为工期、人员、资金投入等原因，不进行或少有进行第三级 HSE 教育，内容也流于形式化。很多承包商不是不愿意组织有针对性的教育，而是没有能力、没有素材进行细致的、有针对性的教育。针对这一情况，销售企业应该主动对承包商施工人员提供安全教育服务：由承包商提出培训需求，确定培训的时间、地点，培训内容由双方共同商讨决定。同时为承包商员工培训准备专门的培训教材，针对大多施工人员文化素质不高的特点，培训教材尽量以简洁、通俗的语言，生动的故事案例和精彩的漫画为主，使施工人员能够在短期内掌握这些内容。在此基础上，帮助承包商培训兼职的培训老师，最终协助承包商建立自己的 HSE 教育体系，使承包商从对员工的安全教育中得到了实惠，员工的违章率和伤亡率明显下降，承包商亦实现了由“给我教育”到“我来教育”的根本转变。

2.1.3 严把施工设备入场关

施工人员现场作业所使用的安全防护用具、机械设备、施工机具及配件，必须具有生产（制造）许可证、产品合格证，在进入施工现场前经工程安全监督员查验合格，符合安全要求方可进场。特种设备必须有国家规定的检测报告或安全检验合格证，并经安全监督员检查安全附件合格，否则不予进场。

2.1.4 严把施工方案审核关

在施工方案审查中要坚持“预防为主、安全第一”的宗旨，严把安全技术措施方案关。要求施工方根据项目概况、作业现场及周边环境、人员能力与设备状况、风险识别和危害控制、应急预案及处置、作业程序、控制措施及培训交底七个部分为主要内容编制作业计划书，没有编制作业计划书的一律不准作业。

2.2 落实安全管理职责

2.2.1 落实销售企业与承包商的安全管理职责

在签订技术服务合同的同时，认真签订安全合同，将安全合同放在与技术服务合同一样的重视高度。安全合同的内容一定要明确销售企业与承包商各自的安全管理职责，杜绝责任重复、杜绝责任真空，并落实责任执行力的奖惩措施。

2.2.2 落实销售企业各部门的承包商安全管理职责

完善 HSE 管理机构，根据各部门职责，明确各部门承包商安全管理的相关职责，如图2所示。只有发动各部门都参与到承包商安全管理工作中来，才能让销售企业的承包商安全管理工作发挥应有的效用，避免出现各部门职责不清，互相推诿，安全工作无法落实的情况。

2.3 分类重点管理

除了严格按照已有规章制度对承包商进行管理外，还应根据短期承包商、长期承包商、重点项目承包商的不同特性，有针对性地进行管理。

2.3.1 短期承包商管理

短期承包商主要涉及非常规作业，缺乏程序规定，更易发生事故。必须对其加强作业许可管理，有效地控制非常规作业的风险。作业许可管理流程如图3所示。

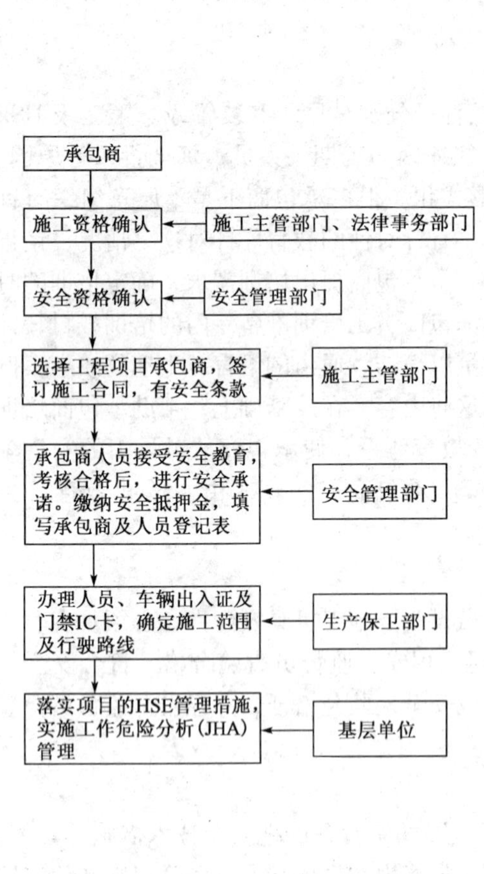

图2 各部门承包商管理职责分工

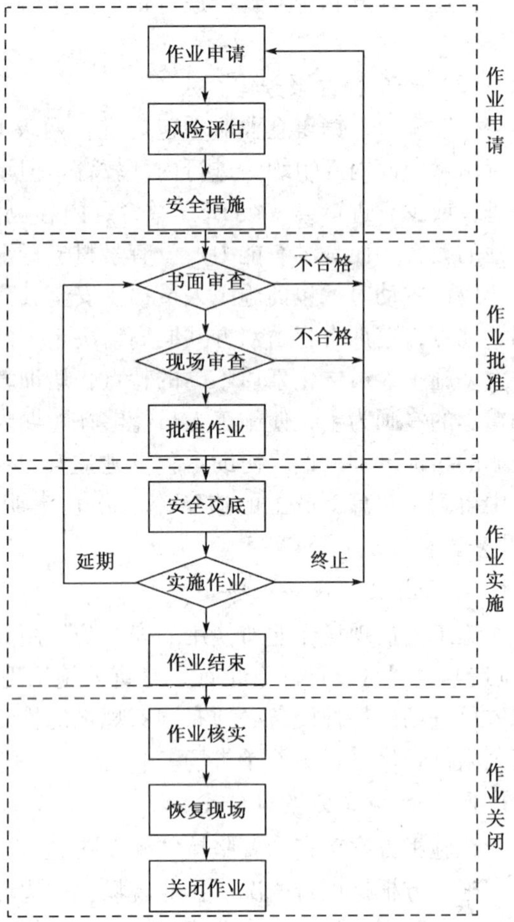

作业申请
风险评估
安全措施
作业申请
书面审查
不合格
现场审查
不合格
批准作业
作业批准
安全交底
延期
实施作业
终止
作业结束
作业实施
作业核实
恢复现场
关闭作业
作业关闭

图3 作业许可管理流程

2.3.2 长期承包商管理

（1）长期承包商和销售企业合作紧密，安全检查、内部审核、管理评审时应覆盖承包商的活动。对于长期承包商作业人员，要像对单位内部员工一样严格要求，并和单位内部员工一样进行全面的现场安全教育培训，制定教育培训计划。

（2）长期承包商作业人员应包括在日常的健康管理之中，所有的承包商都应按要求佩戴适当的个人防护用品，定期参加相关的职业病健康检查。

（3）长期承包商较为熟悉销售企业的具体情况，能够提出有意义的HSE管理意见。企业HSE委员会应邀请承包商代表，在安排安全管理工作、制定相关的安全管理制度时听取他们的意见，维修和改造涉及承包商作业的设施设备时，也需请他们参与。

（4）长期承包商必须完全熟悉企业的应急预案并参加应急演练。

2.3.3 重点项目承包商管理

（1）将安全健康管理作为合同的一部分，招标时必须要求投标者提供覆盖其员工及涉及的所有分包商的安全健康管理计划和过去几年的安全健康绩效记录，书面合同必须包括对相关活动的具体安全要求。

（2）选择承包商，不仅看其技术能力，还应尽可能地考虑其他重要因素，如良好的安全健康绩效记录，对分包商进行有效管理的方案，安全健康管理计划，承包商高层管理对安全健康管理的承诺等。对于重要的承包商，应到承包商的实地进行参观以考察其运行情况和了解高层管理的安全职责与其对安全的态度。

（3）由销售企业与承包商代表组成现场安全健康委员会，销售企业指定人员协调安全管理相关活动；由相关人员组成的检查组定期进行现场安全检查，项目协调员之间定期联系以评审安全健康问题。

2.4 加强施工现场监管

作业前，双方应首先组织有关人员进行风险分析，辨识作业活动中的风险，制定相应的控制和预防措施；施工时涉及的高处作业、动火、动土等特种作业，一定要认真组织办理特种作业票后方能开始施工。现场施工时，公司安全部门监护人员、属地部门监护人员必须到位监督，公司领导、安全部门负责人、安全巡检人员也应经常到现场查看施工情况，监督承包商履行安全责任，保证承包商临时设施达到标准，设备材料堆放整齐，并有预制场地，消防通道畅通，垃圾外运管理到位，确保施工全过程安全可控。根据事故冰山理论，施工过程对违章违规行为保持高警惕、零容忍，发现违章违规行为必须立即制止，对违章行为较多的施工单位责令停工整顿。

2.5 引导承包商自主管理

加强现场监管的同时，还应引导承包商自主管理，这样才能从根本上杜绝隐患的产生。一是从完善制度入手，要求承包商结合国家和地方法律法规及销售企业 HES 管理要求，编制《工程项目 HSE 管理手册》，系统地制定各项 HSE 管理规定，为自主管理打下基础。二是承包商必须明确现场施工第一责任人，施工时必须安排专门的施工监护人员，承包商负责人也应随时到场监督检查。三是必须保证安全生产的资金投入，承包商的安全技术措施费用必须单列，并严格检查安全技术措施费用的使用情况。四是在公司设置违章曝光栏，对违章违规行为进行通报，让所有施工人员引以为鉴，增强安全施工的自觉性。五是对公司承包商进行公平、公正、公开的实时 HSE 业绩考核，考核优秀的承包商在下次施工招投标时优先考虑，从而增加承包商的竞争意识，促使其大力加强安全管理。

3 结语

销售企业承包商安全管理是销售企业管理的重要组成部分，关系着销售企业的信誉和发展。销售企业承包商安全管理应该充分发挥优势，弥补劣势，把握机会，抵抗威胁，在市场经济蓬勃发展的形势下，保持高度的注意力，与时俱进，注重管理缺陷的反省与改进，促进 HSE 体系的不断完善和承包商安全管理的进一步规范。

参考文献

［1］张爱娟．化工企业承包商安全管理浅析［J］．南通职业大学学报，2010，24（2）：33－35.

［2］袁博涛．石化装置施工检修中承包商安全管理的新模式［J］．石油化工安全环保技术，2010，26（4）：12－13.

［3］王志刚．浅谈外来承包商的安全管理模式［J］．内蒙古石油化工，2009，（5）：55－56.

区外销售企业经营安全风险分析与管控思考

李丙义　王炳明　李成云

（中国石油广西销售公司　广西壮族自治区南宁市　530028）

摘　要　根据销售企业经营安全管理对象点多面广、经营场所开放员工流动性大等特点，面临的安全风险呈现出技术特性和社会特性双重特性。将销售企业所面临的安全风险按油库、油站、交通、施工四个环节来分析，并对所列风险提出控制思路。强调不能忽视非标准形态油站、非常规作业、库站最佳工作实践等“角落”标准化，做到安全责任横向到边、纵向到底、不留死角，坚持安全第一方针，矢志不渝地抓好安全生产；坚持以人为本，大力加强安全环保稳定。

关键词　区外　安全风险　分析　管控

0　引言

区外销售企业是指两大集团为拓展成品油销售网络、争夺市场份额，而在对方传统优势市场区域成立的地方销售企业。经过近十年的发展，这类销售企业在网络开发及市场份额的争夺上突飞猛进，攻势凌厉，取得了长足进展。然而在高速发展的同时，这类企业在基础管理方面暴露出来的问题也逐渐凸显出来，而基础安全管理薄弱的问题就是其中之一。这些问题若不能得到妥善处理，将对企业的健康快速发展构成长远影响。本文的目的，旨在“抛砖引玉”，对区外销售企业的经营安全特点做简要分析，并就夯实区外销售企业库站经营安全管理水平提一些陋见，以引起同行们的共同思考。

1　销售企业经营安全特点

（1）管理的对象点多、面广、线长。

特别是对区外销售企业更是如此，部分库站分布非常偏远，管理难度大。

（2）经营场所为开放性经营场所。

所经营油站面向社会、面向大众，顾客素质千差万别，相当部分位置敏感，涉及公共安全，一旦出现问题，容易传播，影响大，不易控制。

（3）员工流动性大。

区外销售企业的员工流动性大，造成队伍不稳定，安全培训等各类培训成本高，队伍安全素质难以持续提升。

（4）面临的安全风险呈现出技术特性和社会特性双重特点。

除了有与所经营产品和设施相关的风险，如跑冒油、火灾爆炸等风险外，还由于油站的开放性特点，受外界影响、因外界因素产生的风险也不少，如盗抢案件、报复袭击、恐怖袭击引发的纠纷等。

（5）安全与其他经营目标之间的冲突比较突出。

区外销售企业的网络开发、市场拓展均为头等大事，安全如何服务好经营，同时又坚守住底线，如何把握好三者之间的互动平衡，从而确保安全发展，难度很大。

（6）面临的政商经营环境比较复杂。

由于所经营的产品为危险化学品，加之点多面广的原因，从项目建设一直到投用以及正常运营，需要与县级、地市、省政府的安监、消防、环保、防雷、交管、质检等多个政府部门打交道，营造良好的安全经营环境成本高，处理起来复杂。

2 销售企业经营安全风险分析

根据销售企业的业务特点，将销售企业面临的安全风险按油库、油站、交通（含小额配送）、施工四个环节来分析。各环节常见的事故风险分布见表1。

表1 事故风险分布表

序号	事故类型	油库	油站	交通配送	施工
1	混油	√	√		
2	跑冒油	√	√	√	√
3	环境污染	√	√	√	√
4	火灾爆炸	√	√	√	√
5	中毒窒息	√	√		√
6	触电	√	√		√
7	车辆伤害	√	√	√	
8	高处坠落	√	√		√
9	物体打击				√
10	起重伤害				√
11	坍塌滑坡				√
12	盗抢暴力		√		
13	报复袭击	√	√	√	
14	恐怖袭击	√	√	√	
15	洪涝灾害	√	√		
16	台风灾害	√	√		
17	冰冻雪灾	√	√		
合计		13	14	6	9

从表1可以看出，油库经营过程面临的风险大概有13类；油站经营过程中面临的有14类，多了一个抢劫暴力风险，实际上是指跟油站资金安全和油品供应相关的风险；交通配送（主要指小额配送）过程面临6类常见风险，施工过程面临9类常见风险。

下面对表中所列事故风险进行分析，并提出简要控制思路：

2.1 混油事故

混油风险主要发生在库站的接卸油环节，包括油库收油时发生混油、油站卸油时卸混油等。

油库卸油环节混油事故的防范，就目前工艺而言，关键在卸油流程的设计与控制、收油过程的复核确认，其中收油作业看板的设计和执行很关键，设计好可以大幅降低混油事故的发生；油库发油时发错油的情况比较少见，原因主要出在开票环节。完善发油流程设计、采用自动发油系统、实行发油作业看板复核制度是防范此类问题的主要措施。

油站卸油环节混油事故的防范，以前主要通过卸油口设置油品标识来防范，效果较差，时有混油事故发生。近几年，通过在卸油口分别设置凸凹头、管线涂以不同颜色区分，增加识别因素后，混油事故大幅度降低。部分企业在此基础上，还采取了卸油操作步步确认卡复核确认，效果更好。

2.2 油气跑冒及环境污染

2.2.1 收发油时跑冒油

主要表现在对来油量或对拟盛装容器的空容量核对有误所致，也包括收发油过程中，因管线连接不紧密、阀门未关严而发生跑冒滴漏。此类风险的防范与上述混油事故风险防范措施类同，主要还是需完善流程设计、实行作业看板复核制度等。

2.2.2 油罐切水（脱水）时发生跑冒

这类事故发生的主要原因是对罐内存水未测量清楚、切水时间未控制好或操作人员离岗脱岗。这类操作应纳入库站非常规作业范畴，实行作业许可，同时，对操作实行双人操作复核。

2.2.3 清洗油罐、抽取残油时处理不当发生跑冒

表现在含油污水不经处理直排、抽残油过程中跑冒滴漏。这类情形在库站运营过程及施工过程时有发生。这类事故的防范，关键在前期编制作业方案（计划书）时，对风险的分析和控制措施要考虑周全，作业前工器具等的准备要充分，以及现场监督要到位。

2.2.4 加油现场加油机被撞引起跑冒油

控制此类事故风险的主要措施包括：油站进出道口安装减速带、设置限速标志，加油岛设置防撞桩，潜泵加油机安装紧急切断阀，培训员工掌握引车技巧，加强现场车辆引导等。

2.2.5 洪涝灾害引起油罐浮罐，发生跑冒油

这类事故主要发生在南方地区（因为南方地区水源丰富，地下水位较高），相关的案例很多。原因是油罐未设置安装抗浮措施和沉水井，或抗浮措施设计安装不合格。防止油罐浮罐的措施包括：设计安装合格的抗浮措施；设置沉水井，为油站配置好水泵，一旦水位上涨，及时抽水控制水位；当水位不能控制时，应考虑向油罐上压沙袋（具体压多少要进行估算）；当压沙袋也不能解决问题时，考虑将与油罐所有相连的管线断开，并打双向盲板。这样，即便油罐上浮，也不会发生跑冒油。

2.3 火灾爆炸

火灾爆炸是销售企业最重要的一类风险。因为经营的产品是易燃易爆品，到目前为止，从油库到油站再到配送环节，从日常经营到检维修，均发生过火灾爆炸事故，并且后果很严重。库站发生火灾爆炸主要有两类情形：一类是油品跑冒滴漏后，处理不当，遇到火源，发生火灾爆炸。油站卸油时发声跑冒，被油站附近火源引燃引爆的事故也有几起。另一类是油气在工艺系统内，对工艺系统的操作处理不当，操作产生火源引起系统内油气发生火灾爆炸。

对于第一类火灾爆炸事故，实际上是油气跑冒引起的次生事故，只要做好上述防止油气跑冒滴漏工作即可。对于第二类，是油气在工艺系统中被火源引燃引爆的。因此，防范的关键是防止操作过程中火源的产生。这类火源常见的有：工艺静电、人体静电、工器具静电、

工器具摩擦撞击、电气火花（包括移动照明）、焊割火花、雷击等。这里要特别提到的是，工器具静电火花从工艺静电里边单列出来，并特别列明了工器具摩擦撞击火花。之所以这样做，是因为这两种火源导致第二类火灾爆炸事故的可能性很高，但同时又往往为人们所忽视。实际上，很多原因不详、最后归咎于工艺静电的火灾爆炸事故，其原因很可能就是工器具使用操作不当所产生的静电火花或摩擦撞击火花所致。

2.4 中毒窒息

销售企业发生油气中毒窒息事故风险的可能性较小，未见报道过。如果发生，最可能的环节就是进入油罐受限空间作业。防范的措施是严格执行受限空间作业许可，作业方案的制订要可行可靠、扎实有效，作业准备要充分、措施要落实到位、监督要到位。另外还要注意的中毒风险是食物中毒，体现在两个方面：常驻库站员工在库站生活过程存在食物中毒可能；另外一种情况是目前非油业务中向客户销售的便利食品，因管理不当，也存在食物中毒的可能。这两类食品安全风险目前引起的重视还不够。

2.5 用电安全风险（触电等）

用电风险是值得每个销售企业重点关注的风险。触电风险主要体现在两个方面：一类是库站日常经营过程中的触电风险；另一类是检维修施工过程中，临时用电过程发生触电风险。

库站日常经营过程中，在用电安全管理方面存在的问题主要有：收购以及代征代建库站，电气设施大多非常简陋，布线不规范，潜存隐患很多，整改不彻底；库站员工私自拉线、增加用电负荷，导致漏电、短路以及负荷不均等；库站员工未经许可，自行维修甚至改造电气设施，维修改造不规范，留下隐患；一些老的库站，所用配电柜属于技术淘汰型，操作时，需要开启配电箱门，裸露端子多，使用裸闸开关，也容易发生触电。

对库站日常经营过程中用电安全风险的防范，要主要做好以下几方面：收购的库站，必须要对其电气设施进行彻底整改；新建库站，必须要把好验收关和投用前的检查关，使用专用检查表，甚至考虑聘请专业检测机构验收；规范油站配电柜的设计、制造和采购，尽可能采用面板操作式配电柜；把用电安全列为员工上岗前的必培内容，让每一位员工清楚知道，电气线路敷设、电气设备的增加、电气设施的维修改造均需严格执行作业许可，由专业电工负责；电气设施及用电设备及部位的安全警告标识要规范张贴悬挂，绝缘工具（绝缘鞋、手套、垫、令克棒等）必须配置到位。

2.6 高处坠落风险

高处坠落属于关注度比较高的风险，也是在销售企业中发生的比较多、后果比较严重的事故风险。

库站罩棚维修是一个易导致高处坠落的高风险环节，此类作业需要重点关注；维修施工过程很容易发生高处坠落事故，施工安全管理的一个重点风险就是高处坠落。

除上述两个环节外，在库站日常经营过程中还有以下环节也容易导致高处坠落风险：油库火车槽车收油环节，员工上下油槽车作业时容易发生坠落；油库发油和油站卸油环节，员工上汽车罐车作业时容易发生坠落；油站员工到站房顶检查、油库员工上油罐计量取样作业等环节也易发生坠落。

2.6.1 发生高处坠落事故的原因

总结发生高处坠落事故的原因，有如下几点：不搭脚手架或脚手架搭设不规范，如使用竹竿搭设，跨距、步距、排距等偏大，搭设面积小于作业面等；不使用专用作业平台，或作业平台本身不符合技术规范，有缺陷；脚手架或作业平台没有护栏，或护栏搭设不符合安全技术规范，有缺陷，如高度不够、锈蚀严重等；不系安全带，或安全带系的不规范，如系在不牢固处、低挂高用等。

2.6.2 高处坠落事故风险的防范

（1）汽车罐车上作业坠落风险防范。

现在的汽车罐车基本都设有护栏，因此最关键一点是要提醒并督促员工上罐车后及时将护栏拉起。如果没有护栏或护栏损坏，要及时通知运输公司设置或维修。没有护栏又无法改造设置的，应视为非常规作业，实行作业许可。目前部分油站卸油现场按照《细节管理手册》设置了高处作业支架，但据了解，实用效果差。原因是：高处作业支架固定好后，罐车停放位置不一定完全与支架对位（特别是横向距离），这种情况下，安全带不好系，并且如果距离过远，反而会增加危险；相当部分安装质量不好，员工感觉摇晃厉害，不敢系。另外，通过培训和日常提醒，促使作业人员养成上下罐车双手扶梯的习惯，同时要穿防滑工作鞋。上下罐车时，计量箱要背在背上，不能一手提、一手扶梯上下。

（2）火车槽车上作业坠落风险防范。

目前火车上的护栏一般五六十厘米高，不能确保安全，应在栈桥上设置可收可放且符合铁路技术规范的作业支架，用于员工槽车上作业时系安全带。同时，收油栈桥要设置护栏和专用悬梯，确保员工安全上下。

（3）罩棚临时作业坠落风险防范。

为油站配制专用作业平台，最好是可移动的，可几个站共用。目前部分油站有自制简易脚手架，很多不符合技术规范，安全可靠性差，要及时淘汰。另外，也可以考虑雇用市政工程公司的专用高空作业车处理比较急迫和危险的罩棚作业。罩棚临时维修作业时，还需注意一定要在作业平台周围设置警示桩、警示带或围栏，并安排专人监护，防止进出车辆撞倒作业平台。

（4）施工过程坠落风险的防范。

最重要的防范措施就是要规范搭设脚手架，规范佩戴和系固安全带、安全帽。目前存在的最大问题是很多施工作业人员、管理人员、监督人员对脚手架的搭设技术规范不掌握，加之承包商想节约费用、缩短工期，导致脚手架搭设很不规范。因此：

①有必要搞一些库站典型施工脚手架搭设样板工程，用于现场观摩讨论学习，也可以制作一些视频资料，组织专业性培训，提高相关人员的技术水平和安全责任意识。

②严格执行作业许可，脚手架搭设不规范的不准许作业。

③安排专人现场监督，发现违章及时制止，严惩不贷。

2.7 起重吊装作业风险

起重伤害事故在销售系统尚未见过通报，但实际上在区外销售企业中，由于网络开发速度快、新建改造项目多，拆卸罩棚、安装罩棚作业频繁，每个这类作业都要用到起重吊装，特别是有些油站的网架特别大，需要几台吊车同时起吊，因此，这些作业过程中发生起重伤害的风险很大，切不可忽视。对于起重吊装作业风险的防范，中国石油天然气集团公司（以下简称“集团公司”）2009年出台的《（移动式）起重吊装作业管理规范》，对这类作业进行了较为全面的规范。

但具体到销售企业，由于承建项目的承包商规模较小，几乎都没有自己的起重车辆，需要用的时候，从项目所在地租用，对起重车辆的相关情况，承包商、施工管理人员、监督人员都不清楚。因此，把好外请起重车辆的入场关是防范起重吊装作业风险的第一关。具体要把控的内容至少包括：起重车辆相关手续齐全有效性、车况的符合性（各种参数和状况是否满足作业要求，如额定起重量等）、随车人员资质证件是否齐全有效、身体状况是否符合要求。这些把控内容应编制成检查表，逐项检查核实。

2.8　坍塌滑坡风险

坍塌滑坡风险主要发生在两种情况下：一种是施工现场，主要发生在基坑开挖、挡土墙或围墙施工、护坡施工等过程；另一种是台风、洪涝、冰冻雪灾情况下建构筑物的坍塌滑坡。后一种其实是衍生事故，在下面的自然灾害风险防范中有论述。这里主要介绍施工现场坍塌滑坡风险的防范。

从技术规范角度看，关于基坑开挖、挡土墙及护坡修建过程的安全保护措施，相应的施工技术规范中都有明确规定，如：要求进行放坡，设置支撑支护，设置围栏、护栏等施工作业保护区，夜间设置红灯警示等。

此类风险的防范关键在施工管理方面，即如何确保安全措施的落实问题。这里主要有三个环节需注意：一是施工方案设计要对此类风险的防范有充分考虑，有具体可行、可靠的技术措施；二是现场施工时要严格按照施工方案落实到位；三是监督到位。很多事故的发生，问题就出在这三个环节，施工方案未考虑或考虑不周全；现场施工时凭经验，不执行施工方案要求；监督人员水平有限发现不了问题，或发现了未及时制止纠正。

关于基坑开挖工程，油罐池开挖施工是油站施工项目最典型的工程。目前，相当多油站的油罐池就靠在站房旁边，在开挖油罐池过程中，如何落实各项保护措施，防止站房和油罐池相互之间的威胁和影响，需要引起大家高度重视。

2.9　台风、洪涝、冰冻雪灾等风险

由于环境的持续恶化，近年来生态系统波动幅度越来越大，台风、洪涝、冰冻雪灾、地震等灾害轮流发生，旱灾、水灾接踵而来。针对这些频发灾害，上至政府下至企业，都应建立长效应对机制，做好长远应对准备。

台风、洪涝及冰冻雪灾等灾害对库站的威胁类似，主要有以下几种危害：造成库站建构筑物（罩棚、站房、挡土墙、护坡及围墙）等坍塌、滑坡；因内涝、洪水，致库站被水淹，导致油罐浮罐、管线被拉裂（冻裂）、油品跑冒或油罐进水、电气设施受损等。

自然灾害具有突发性，不能提前预防，但可主动防备，积极应对。台风、洪涝及冰冻雪灾的应急防范要做好以下几方面工作：

（1）做好气象灾害预测预警工作，根据预警信息成立应急领导小组，适时启动应急值班机制，确保应急信息畅通。

（2）充分做好应急准备工作：①确定重点库站监控清单。②结合实际，进一步完善应急预案。③及时补充完善与灾害相关的应急物资和设施。④及时排查治理与灾害相关的各类隐患，不能彻底整改或来不及整改的，要采取有效的监控防范措施，甚至关停。⑤结合灾害特点，制定并组织落实各项应急防范措施。⑥加强现场巡查、监控。⑦组织开展针对性应急演练。⑧开展应急知识和技能普及培训教育。

（3）灾害来临时，及时启动应急预案，积极应对。

2.10 盗抢暴力、报复袭击（报复社会、自虐等）以及恐怖袭击风险

这三类风险同样具有突发性特点，背后的原因也很复杂，民族矛盾、分配关系、个人利益等，这些原因不是本文要讨论的。但这类事件不可避免，企业可主动防备，积极应对，把潜在的损失降到最低。

2.10.1 防备要做的工作

硬件系统配置要到位并处于正常状态。如防盗防破坏系统（保险柜、防盗门窗）、安全监测系统、报警系统和消防系统等；注意收集相关信息，包括上级公司信息、官方信息、媒体信息，并根据信息成立应急领导小组，适时启动应急值班机制，进入预警状态，确保信息畅通；确定重点库站、要害部位、关键环节、敏感时段、特定客户监控清单；对潜存隐患进行排查治理；库站严格执行人员准入准出制度；关键环节作业专人监护、协调和指挥；要害部位上锁、加固，设置围栏、警示带隔离等；敏感时段增加人手，或者关停；重点关注特定客户（桶装油、异常大量加油等客户）行为，核实身份，实行实名登记，限制加油量等；全天候加强巡检监控；完善应急预案，补充配齐应急物资；修复完善应急设施，包括各类监测系统、报警系统、消防系统等；组织开展应急演练，开展相应安全意识和技能培训教育。

2.10.2 突发事件发生时的应对

当突发事件发生时，如何应对取决于各个库站具体内外部环境，很难有统一的模式，应由各单位通过组织所属库站制定具体的应急预案并通过演练来实现。但有一些基本原则是相通的，如：首要确保客户及员工生命安全，其次防止火灾爆炸等破坏性或毁灭性事件发生；必须在保安全的前提下报警；不要激怒客户，防止其发生过激行为；尽可能记住歹徒及其作案工具特征等，尽量避免财产损失等。

3 以标准化为手段，持续提升库站运营现场安全受控度

以标准化来促进库站现场安全管理，是目前销售企业最有效的管理手段。因为销售企业管理的核心对象就是油库和油站，全系统的库站在基础设施、工艺流程以及业务流程上都大同小异，具有推行标准化的基础条件。近几年，销售系统也做了很多这方面的工作，如油站方面制定了《加油站管理规范》、《加油站细节管理手册》、“五统一”，油库方面制定了《油库操作规程》（模版）、《油库管理手册》、《油库细节管理手册》等，库站建设方面制定了如库站建设标准、建设标准设计、模块化建设等，都成效卓著。但是各单位在推行落实这些规范标准的过程中，决不能忽视以下“角落”的标准化。

3.1 不能忽视非标准形态油站的规范化

非标准形态的油站指现存的加油加气站、水上加油站（船），以及近两年出现的橇装加油站和将来可能还会出现加油充电站等新形态油站。这些形态不标准的“加油站”与标准加油站相比，工艺流程、设备设施、操作步骤以及面临的风险都不一样，目前的《加油站管理规范》并没有完全覆盖，其中部分操作规程也并不适合。因此，对这些形态特别的加油站，必须结合实际，制定并推行专门的操作规程和应急预案，以确保各项操作风险受控。

3.2 不能忽视库站非常规作业的规范化

目前，库站除了常见的标准化收发油、接卸油以及加油操作外，还有很多非常规作业，如：在加油操作方面，除了给车辆油箱加油外，还给单个油桶打油、给车厢里多个油桶打油、甚至给小额配送车油罐打油等，这些操作在《加油站管理规范》中没有规定。因此，

在实际经营过程中，必须对这些非常规操作制定操作规程以规范操作。其他的如配送油品多站、多罐分卸，油站油罐脱水、倒库，油库的公路卸油，小额配送车直销等，这些操作稍不注意，就可能发生跑冒油甚至火灾爆炸，因此有必要对这些操作进行收集，并规范其操作。

3.3 不能忽视岗位操作工具的规范化

目前，每个单位对各库站的设备完好标准、运行维护以及定置化管理等，都有明确要求，但对库站各岗位工器具的使用，要求就不一定细致。实际上，每个岗位都会或多或少用到一些工具，这些工具如果不安全使用，会直接导致事故发生，如使用非防爆照明、使用化纤手套、塑料扫把等。岗位工器具标准化的目的就是对各岗位应配的工具类型、规格型号、安全技术要求、数量、使用维护要求、更换周期等进行规定，并配置到位。

3.4 不能忽视岗位工作内容的标准化

所谓岗位工作内容的标准化，就是将每个岗位的职责、资格、工作任务（做什么）、操作频率（什么时候做、多长时间做一次）、操作所依据标准及规程（怎样做）、操作目标、风险及其控制、应急程序等进行明确，并形成台账，以便员工一上岗就知道该做什么及怎么做，实际上就是岗位作业指导书的编制与推行。区外销售企业员工流动性大，大力推行岗位作业指导书对其具有特别重要的意义，可以成为“铁打的营盘”的核心部分，减少“流水的兵”带来的影响。

3.5 不能忽视岗位安全培训课件的标准化

岗前安全培训要求及内容等，可能每个省、每个地市都不一样，使用的教材可能有书面的、PPT 的，培训方式有外委的、自培的，等等。由于各地情况不同，培训方式很难统一，也没有必要。但培训教材却完全可以统一，这样可以确保培训效果，并且最好编制成多媒体课件。由于编制多媒体课件，人力、财力投入大，在这一点上，可以从销售公司层面，通过自荐和集思广益的方式，做统一要求，组织编制一个统一的多媒体教材，并全面推广，持续改进。

3.6 不能忽视库站最佳工作实践的标杆化

同一件安全工作，基层单位在日常安全管理过程中各有各的做法，但其中肯定有一种是相对最好的做法（横向比较而言），那么就可以建立一个平台，把最好的做法提炼出来，形成标杆，供其他单位学习借鉴。当有更好的做法出来的时候，又把它立为标杆，如此循环，不断促进。当很多安全管理环节的最佳工作实践或标杆都树立起来的时候，这些最佳工作实践或标杆就成为安全管理系统的宝贵“智慧财产”，形成了软实力。不仅对安全管理如此，对其他各方面的管理也都应该如此。

4 结语

中国石油广西销售公司自成立以来，牢固树立科学发展观，时刻不忘安全发展，始终把安全经营当成公司的生命线和天字号工程来抓。公司历时十年发展，始终致力于如何提高风险管理水平，自从引入集团公司作业许可、作业安全分析后，公司作业风险受控，且全部得到安全实施，改变了以往作业管理制度不完善、风险不到位、人员误操作的局面。旧的作业管理不够系统，对作业过程中风险识别不全，且作业步骤是凭经验编制，作业过程风险不受控。引入作业安全分析后，可系统、科学地提前识别控制作业过程中存在的风险。经过不断地摸索总结经验，可以得出作业安全分析必须引入风险管理理念，制定操作规程、编制作业计划书前必须先进行风险辨识。员工参与风险辨识的过程中，安全意识在潜移默化中得到提高，而且将作业管理以风险管理的形式细化到每个步骤，强化了过程管理，确保每一步的作业风险受控，从而确保整个作业过程安全。

居民户内燃气事故风险分析及对策

李　军　王　冰

（中国石油昆仑燃气有限公司　北京市　100101）

摘　要　本文针对城镇燃气居民用户端事故多发的实际，利用 HSE 体系管理的方法，对用户端的危害因素进行详细分析，提出了针对性管理、技术控制措施。

关键词　城镇燃气　居民用户端　危害因素

0　引言

伴随着西气东输二线工程的全面投产，城镇燃气作为清洁、高效、绿色能源，进入千万居民用户家中，对保护及改善环境、节能减排、低碳生活发挥着重要的作用。正确安全使用天然气带给我们的是清洁和便利，违规使用天然气将带给我们人身伤害、财产损失等。本文以“预防为主”为宗旨，利用风险管理的技术方法，分析国内同行业居民户内燃气事故的种类和起因，识别酿成事故的危害因素，利用事故统计，研究风险控制方法和对策，帮助燃气企业采取措施、推广新技术、弥补管理漏洞、降低事故发生的频率，保障居民用气安全。

1　居民户内燃气事故风险分析

居民使用的燃气目前主要是天然气（含煤层气）、人工煤气、液化石油气和化工尾气几种。居民用户户内燃气事故主要有火灾、爆炸和中毒三种类型，并可能造成人员伤亡及财产损失，造成事故的原因是风险失控。

从能量失控和有毒有害物质两方面对构成燃气事故风险的危害因素进行分析，十分明显，燃气泄漏是主要的危害因素，在三类事故中均存在该因素；点火源是另一个危害因素，在两类事故中都存在该因素。当上述两个危害因素同时发生作用时就可能酿成爆炸、火灾事故；当只有燃气泄漏发生，而燃气类型是人工煤气或化工尾气（含有 CO 等有毒气体成分）时，就可能酿成中毒事故。

1.1　燃气泄漏原因分析

户内燃气泄漏的几种情况包括：（1）燃气设施的渗漏。主要包括管道、燃气表、阀门和燃具发生的自然泄漏。泄漏量很小，通常小于 0.02m^3/h，初期难以察觉，绝大多数发生在燃气设施运行时间较长、环境条件较差的老住宅区。（2）台式灶使用不当造成的泄漏。泄漏量取决于台式灶的负荷和旋钮开启的程度，多见于单眼泄漏，一般灶具旋钮全开时的泄漏量约 0.5m^3/h，多发生在视力差、嗅觉迟钝的老年用户。（3）胶管脱落形成的泄漏。泄漏量相当于灶前阀门开启状态下的流量，约 3.1m^3/h。（4）其他情况的泄漏。

1.2　户内燃气泄漏的危险性分析

1.2.1　户内燃气泄漏的危害性

影响户内空气质量和引发中毒、火灾、爆炸。

1.2.2 户内几种泄漏情况的危险性分析和比较

在厨房门、窗关闭，自然通风条件下，当燃气设施自然渗漏时，在50h后室内燃气体积分数趋近于0.96%，远低于爆炸极限下限值。在相同条件下，台式灶使用不当发生泄漏时，在76min后室内燃气（天然气）体积分数达到爆炸极限下限值（5%）。胶管脱落造成泄漏时，在10min后即可达到燃气（天然气）爆炸极限下限值（5%）。

（1）燃气设施自然渗漏的危险性：该情况下一般无法达到爆炸极限下限，通常不会造成火灾事故，因此其危险性较低。

（2）台式燃气灶使用不当发生泄漏的危险性：该情况有可能达到爆炸极限下限。由于该情况通常发生在做饭、烧水等主动行为中，易于发现，一般不会造成爆炸事故。由于在泄漏过程中存在局部着火爆炸区，如遇明火可能引起局部爆燃而造成人员灼伤和财产损失。据统计，目前燃气用户中约有60%～70%的家庭仍在使用无熄火保护功能的台式燃气灶，因此对于台式燃气灶使用不当造成泄漏的危险性应给予足够的重视。

（3）胶管脱落造成泄漏的危险性：胶管脱落后，室内天然气体积分数很快达到爆炸极限下限，此时如遇火种会立即发生爆炸。因此胶管脱落造成泄漏的危险性最大，会造成用户生命财产损失，甚至危及公共安全。胶管脱落形成的泄漏的危险性最大，是造成户内火灾事故的主要原因，这一点也被大量实际案例所证明。

1.3 分析结论

因此，在户内点火源无法彻底消除和难以控制的情况下，控制燃气泄漏是控制户内燃气事故风险的主要手段和对策。而在各种泄漏防范中，胶管脱落造成泄漏是应该关注的重中之重。

2 户内燃气事故风险技术控制措施

2.1 户内燃气设施安装工程建设控制措施

2.1.1 户内燃气设施安装工程设计控制

设计应遵循GB 50028—2006《城镇燃气设计规范》第10章规定，特别注意室内燃气管道的燃气表前和燃气用具前应设置阀门。天然气用户特别建议采用高挂表设计，增加安全性。

2.1.2 材料采购验收控制

行标CJJ 94—2003《城镇燃气室内工程施工与质量验收规范》第2.1.2条规定：室内燃气管道采用的管道、管件、管道附件、阀门及其他材料应符合设计文件的规定，并应按国家现行标准在安装前进行检验，不合格者不得使用。特别需要指出的是计量表和阀门等关键部件必须按规定实行安装前强检。

2.1.3 施工安装建设过程控制

严格按照CJJ 94—2003的第2、第3、第4、第5章施工工艺要求进行安装施工，并加强施工过程的监理。

2.1.4 施工安装建设验收控制

严格按照CJJ 94—2003的第6章要求逐项验收，注意必须按此规范第6.2、第6.3节的要求进行强度和严密性试验。

应坚决禁止为节省成本在户内燃气设施安装工程中不挂表、不装阀、只用丝堵封口等行为，以保证后期运行安全。

2.2 燃气入户通气点火前控制措施

2.2.1 作业责任控制

按照 CJJ 94—2003 的第 1.0.6 条规定：室内燃气工程验收合格后，接通燃气应由燃气供应单位负责。目前在一些企业，把置换通气工作全部委托施工队实施的现象大量存在。

2.2.2 作业规程控制

按照 CJJ 51—2006《城镇燃气设施运行、维护和抢修安全技术规程》的第 5.6.4 条规定：燃气设施置换合格恢复通气前，应进行全面检查，符合运行要求后，方可恢复通气。在"宝应 12.14 事件"发生后，中国石油昆仑燃气公司（以下简称"昆仑燃气公司"）把居民用户立管置换通气作业纳入危险作业范畴，作业必须办理作业票，置换前必须进行严密性试验。

2.2.3 用户燃烧器具合规控制

通气前用户燃气用具的合规检查很重要，在 GB 50028—2006《城镇燃气设计规范》第 10.4 节有明确规定。其中，第 10.4.7 条规定：居民生活用燃具的安装应符合国家现行标准《家用燃气燃烧器具安装及验收规程》（CJJ 12—1999）的规定。第 10.4.8 条规定：居民生活用燃具在选用时，应符合现行国家标准《燃气燃烧器具安全技术条件》(GB 16914—2003）的规定。用户燃气用具安装应符合《城镇燃气室内工程施工及验收规范》（CJJ 94—2003）第 4.1、第 4.2 节规定要求。

2.3 运营期控制措施

2.3.1 定期入户安全检查控制

CJJ 51—2006《城镇燃气设施运行、维护和抢修安全技术规程》的第 3.5.1 条规定对居民用户每 2 年检查不得少于 1 次。昆仑燃气公司把入户安检周期缩短为 1 年。在第 3.5 节，对入户检查项目、检查人资质、使用工具、检查规范和入户宣传的内容进行了详细规定。在执行过程中应特别注意对管道穿楼板、穿墙等隐蔽、易潮湿腐蚀等易遗漏部位的检查。

2.3.2 用户报修检查维护控制

用户报修后应按照 CJJ 51—2006《城镇燃气设施运行、维护和抢修安全技术规程》的第 4 章规定要求实施抢维修。在实施过程中应特别注意"漏气修理时应避免由于检修造成其他部位泄漏，应采取防爆措施，严禁使用能产生火花的工具进行作业"和"当事故隐患未查清或隐患未消除时不得撤离现场，应采取安全措施，直至消除隐患为止"两条的执行。故障修复后，必须对户内各部位（不仅仅是厨房）进行全面的燃气浓度检查，确保无燃气聚集遗存。

2.3.3 加臭技术控制

燃气加臭是城镇燃气的一项最重要的安全措施，而闻到臭味发现泄漏又是居民用户最直接、最有效、甚至在某些情况下是唯一的手段和方法，必须引起足够重视。

2.4 推广利用新技术产品，采取本质消除泄漏风险

2.4.1 向用户推广使用可燃气体浓度检测报警器

在关于城镇燃气的标准 GB 50028—2006《城镇燃气设计规范》的第 10.4.3 条和 CJJ 51—2006《城镇燃气设施运行、维护和抢修安全技术规范》的第 3.5.7 条均规定宣传用户使用燃气浓度检测报警器事宜。可燃气体浓度检测报警器可以及时发现燃气泄漏，在达到爆

炸浓度前发出报警。本项技术应对户内所有原因造成的燃气泄漏，但需要发出警报后人工干预切断气源。应注意及时提醒使用可燃气体浓度检测报警器（含抽油烟机内置）的用户及时清洗和检查浓度检测探头，保证其有效性。

2.4.2 推广使用熄火断气保护功能的燃气灶

居民在使用燃气灶过程中可能会遇到灶火被风吹灭、被溢水浇灭等情况，这时熄火保护装置就会发挥作用，燃气灶在60s之内自动切断燃气，避免安全事故。从已发生的大量事故案例可以看出：推广使用熄火断气保护功能的燃气灶十分重要，特别是对于那些孤寡老人、残疾人的用户群体。本项技术应对户内燃气灶使用不当原因造成的燃气泄漏，从本质上消除泄漏引起的风险。

2.4.3 推广使用燃气泄漏自动切断阀

燃气泄漏自动切断阀是一种新型的燃气管道工程的安全配套装置，当燃气探头检测到可燃气体泄漏时，电磁阀联动自动快速关闭供气阀门，切断燃气的供给，及时制止恶性事故的发生。本项技术应对户内自动切断阀后所有原因造成的燃气泄漏，无须人工干预切断气源，从本质上消除泄漏引起的风险。应注意有部分地区把户内自动切断阀安装在表后（替代表后阀），实际在日常用户关闭阀门习惯统计（关闭表前阀的较少）和保护面考虑，笔者更倾向于把户内自动切断阀安装在表前（替代表前阀）。

2.4.4 推广使用采纳燃气异常流量安全切断技术的燃气表

这项技术采用流量检测技术对燃气表运行中的异常流量进行报警与切断，实现不同情况下燃气异常流量的有效监控，最大限度地预防居民用户燃气事故的发生。本项技术应对户内燃气所有原因造成的燃气泄漏进行有效预防控制，从本质上消除泄漏引起的风险。

2.4.5 推广使用燃气用不锈钢波纹软管代替胶管

燃气用不锈钢波纹软管采用丝扣连接技术，用这种螺纹连接方式的燃气不锈钢波纹软管来取代传统的卡扣方式橡胶软管，可以解决橡胶管易脱落、老化、鼠咬、使用寿命短的缺陷，从国内已发生的大量户内燃气事故案例可以看出：推广使用燃气用不锈钢波纹管，特别是对于低挂表用户预防鼠咬将十分有效。本项技术应对户内胶管原因造成的燃气泄漏进行有效预防控制，从本质上消除胶管泄漏引起的风险。

3 户内燃气事故风险管理控制措施

3.1 法律责任界定

（1）应签订供气合同，明确企业和用户对户内燃气设施的管理界限，明确相应的责任主体。燃气企业应保证供气质量和户内设施完好并承担相应的责任，用户应购买使用合格的器具和软管并按规定到期更换。

（2）应签订供气合同，明确企业和用户双方的安全管理责任和应尽的义务。如燃气企业要履行安全检查、宣传和服务的职责；用户应履行配合企业安全检查、设施维修以及整改隐患、安全用气的义务和责任。

（3）通气前应签订安全用气协议，协议显著位置应注明：用户方在签订协议前已经完全掌握供气方提供的《安全用气须知》内容。

3.2 警示和告知

（1）户内燃气设施安装后：应在管道表前阀附近张贴警示标志，告知燃气设施禁动和管线变更的申报电话。

（2）户内燃气设施通气置换前：应在用户家显著位置（单元门口和入户门口）张贴警示标志并尽最大可能口头告知，告知燃气设施已进行置换通气，管线内已充满燃气，告知维修的报警电话。

（2）入户安检、临时断气维修等工作前：必须提前进行用户书面告知。管道放空后，重新置换燃气前必须对所影响用户进行逐户告知和检查。

（4）重要日期（如节日前、北方入冬前）建议利用电视、手机短信等形式进行安全用气善意提醒告知。

（5）客服电话、维修的报警电话等重要信息发生变化或变更时，必须对用户进行告知，并尽可能逐户更换更新版的《安全用气须知》，注意做好新版发放后的签收归档和旧版作废回收工作。

3.3 首次置换通气前安全教育

根据国家《城镇燃气安全管理规定》的要求，在给新用户点火供气前必须进行面对面的安全教育，向用户宣传安全使用规定、讲解注意事项、普及使用常识、教授应急方法、推广安全新技术，使用户能正确使用燃气。由于用户首次接受用气安全教育，本环节千万不可忽视，更不可马虎了事。

向用户发放燃气《安全用气须知》，并要求用户在签领单上签字并存入用户档案中。《安全用气须知》必须在显著易得位置注明维修的报警电话。

客服中心应配置户内燃气设施示范台，保证首次购气用户能完全掌握使用方法。

用气种类发生变更，除按照首次置换通气等同管理外，还应向用户告知更换气源后使用的特点差异。

3.4 常规用户宣传教育

3.4.1 常规用户宣传教育内容

发放国家、政府有关燃气安全使用的法律、法规，燃气安全使用常识，燃气事故案例，提高用户安全用气意识，加强用户责任观念等。

3.4.2 用户宣传教育的方法

（1）在客服中心布置长期的宣传教育展板。

（2）在特定时间（安全月、安全咨询日）发放安全使用燃气宣传资料。

（3）制作燃气安全使用常识、燃气事故案例流动展板积极开展安全宣传进社区、进学校等活动。

（4）配合新闻媒体利用电视、报纸、广播等媒体进行宣传。

（5）利用网络、手机短信息等传媒善意提醒警示。

（6）对特殊用户的一对一定期重点宣传教育。

3.4.3 安检入户宣传教育

利用好每年一次的入户安检机会，向用户发放宣传教育材料，进行面对面沟通。注意做好材料发放后的签收归档工作。

4 结语

做好城镇燃气居民用户端安全供气意义重大，应多举措并用，加强危害因素控制，建立居民社区联防、政府职能部门联动、户内燃气设施联控机制，本质上确保居民用户端用气安全。

参考文献

[1] 国家建设部. GB 50028—2006 城镇燃气设计规范. 北京：中国建筑工业出版社，2006.

[2] 国家建设部. CJJ 51—2006 城镇燃气设施运行、维护和抢修安全技术规程. 北京：中国建筑工业出版社，2006.

天然气管道泄漏危害及控制措施

薛志宇　胡宝兴

（中国石油昆仑燃气有限公司芜湖分公司　安徽省芜湖市　241006）

摘　要　实施管道天然气泄漏事故现场应急处置的首要问题是预判泄漏原因、查找泄漏点，而关键问题则是如何采取有效方法控制泄漏。本文阐明当前存在的主要问题，分析了天然气扩散的危害，通过借鉴吸收国内外在天然气管道泄漏维抢修方面的实践经验，论述了天然气管道泄漏扩散的控制方法和技术措施，为燃气企业根据本单位重大危险源制订专项应急预案提供科学的技术支持。

关键词　天然气管道泄漏　危害　控制技术的实践

0　引言

20 世纪 90 年代以来，随着全球能源消费的增长，我国天然气行业得到快速发展，天然气作为清洁、环保的绿色能源给我国经济社会发展做出了重要贡献。目前，约有 300 多个城市铺设了天然气管道。在各大、中型城市燃气用气量逐年增长的同时，事故也屡屡发生，其等级与数量也不断上升。然而，管道泄漏产生的直接后果就是爆炸、火灾，甚至导致人员伤亡和巨大的财产损失等重大事故，直接威胁到人们的生命安全和社会安定。因此，在管道突发险情时通过应急抢修来保障居民、商服和工业用户能平稳运行已成为各地城市安全监督部门和燃气企业面临的紧迫问题。

面对严峻的安全生产形势，企业对安全管理越来越严，标准要求也越来越高。安全管理的核心就是风险管理。所以，如何降低、消减风险，从源头上做好预防和控制燃气管网、库站的各类安全事故，成为现场安全管理工作的重点。

1　各燃气企业目前普遍存在的问题

天然气的输送主要依靠管道系统，而管道系统往往会通过一些城市的人口密集区域，一般采取埋地敷设，具有易燃易爆、输送压力高、站多线长、连续运行的特点。在企业应急预案编制前期，通过风险辨识与评估，识别出普遍存在的主要问题。经研究分析，大致有以下几个方面。

1.1　管道腐蚀

地下钢质燃气管道的寿命多则 20 ~ 30 年，少则只有 3 ~ 5 年，腐蚀穿孔事故时有发生，造成了巨大的经济损失和严重的社会影响。通过对燃气泄漏事故的分析，可知导致燃气管线腐蚀的原因主要有以下两种。

1.1.1　电化学腐蚀

管道外防腐层不合要求或穿跨越不同的土壤环境，沿线土壤透气性等物理化学参数有较大变化，导致管段两端存在明显的电位差，造成电化学腐蚀。

1.1.2 杂散电流腐蚀

由于受高架电力线路、地下电力、电信管道影响，导致燃气管道周围土壤中产生的杂散电流以管线作为回流通路，作用在防腐层破损处，导致流出点的局部坑蚀。

1.2 施工质量问题

尽管现在非常重视质量管理，但施工时仍存在不少的质量问题。如：管线下沟时底部防腐层损坏、无证焊工施焊、焊缝未焊透、焊缝严重错边、焊缝的延迟裂纹等遗留问题，给日后的管道运行埋下安全隐患。

1.3 人为因素

由于安全知识缺乏，一线操作员工、用气企业相关管理人员或用户的安全意识淡薄，监护不到位、操作失误、导错流程以及协调失误等原因导致天然气泄漏，甚至酿成严重后果，凡是存在侥幸心理、专业知识欠缺而“走捷径”的人行为因素往往是各燃气公司安全监管的难点。

1.4 物的因素

1.4.1 泄压设备失灵

管道超压泄压时，泄放设备、工艺管道的截断装置、联锁装置等失灵，导致管线超压，造成管道破裂。

1.4.2 水合物造成管路“冰堵”

天然气中含有的水蒸气在一定的压力和温度下，在管壁中形成一层水膜，遇酸性气体（如 H_2S，CO_2 等）会形成腐蚀环境。天然气中的水蒸气在一定条件下与天然气中的组分生成“冰雪状”化合物（如 $CH_4 \cdot 6H_2O$ 等），造成管路冰堵，形成局部憋压，使管线或设备损坏。

1.4.3 应力集中、管线接口处的防腐等

管线较短的地方（如站内管线焊接处）对接时产生应力，管线弯头处、接口处的防腐被破坏，是容易发生泄漏的薄弱环节，易造成泄漏。

1.5 燃气管道周围环境的变化

在工业用户第二、三期扩建工程中，厂房及关键装置，虽符合安全距离，但建筑物的增加、工作人员和厂车的频繁过往，势必增加了燃气公司重点要害部位一定的风险系数。另外，城镇道路规划新道路建成或老道路拓宽后，许多原来敷设在路侧、绿化带旁的燃气管道，变相地移动到城市主路、辅路上。例如，北京东三环高压线就敷设在三环路的辅路上。这些燃气管道敷设在道路上，运行管理极为不便。白天，大量的机动车在道路上高速行驶，管线运行人员很难对燃气管线进行维护。在设警戒区，对道路上的燃气管道和燃气设施进行检查、维护时，经常造成交通堵塞。这样，既增加了运行维护人员的安全风险，又扰乱了正常的交通秩序，也给安全运行埋下隐患。

1.6 违章占压、野蛮施工对燃气管道的破坏

随着城市建设施工项目越来越多，野蛮施工行为屡禁不止，对地下燃气设施的安全构成了巨大的威胁。燃气管道遭到损坏，会导致火灾、爆炸、中毒及燃气供应中断等恶性事故，影响极其恶劣。违章占压燃气管道的现象主要是历史遗留的违章建筑，这些违章建筑影响了燃气管道的安全运行、正常维护检修和紧急抢修。

1.7 恶劣天气

管道使用年限过长，含沙、铁锈等颗粒，机械杂质随气流流动，磨损内壁。所以在管道服役期即将达到使用年限时，即使再好的安全运行管理模式，都不能避免管材的正常老化。

在实际工作中，工艺管线上调压阀后端的变径管路产生的节流效应，使自身温度降低，而连接变径管路的调压阀的安装采用露天设计于撬装之上，暴露在夏季烈日下，长波紫外线透过大气辐射到管道表面，使表面漆凸起很多“水泡”，高温气流渗透在冷凝出水珠的管道上时，管道表面漆经热胀冷缩后破裂，遇水蒸气产生局部锈蚀。

1.8 地质、自然条件

自然环境的主要危害因素有：地震、滑坡、洪水、地层移动等造成管道的位移、变形、弯曲、裸漏、断裂等，同时也会对管道安全装置及仪器仪表等管道元件产生影响，甚至导致事故发生。

2 天然气扩散危害分析

2.1 天然气扩散的危害

2.1.1 易燃、易爆性

天然气的主要成分为甲烷，其巨大危害性正是它的燃烧性特征，其火灾危险性分类属于甲类。在封闭空间内，天然气与空气混合后易燃、易爆，当空气中的天然气浓度达到5%～15%时，遇到明火就会爆炸。因此，当天然气与空气形成易燃性混合气体扩散到某区域并达到限值范围内，遇火源和高热能，极易发生闪爆事故。

2.1.2 窒息性

甲烷属单纯窒息性气体，虽然本身无毒，但浓度过高时，会使空气中氧含量明显降低，当空气中甲烷含量达到25%～30%时，可引起头痛、头晕、乏力、呼吸和心跳加速、注意力不集中，甚至引发窒息、昏迷。

2.1.3 易扩散性

天然气的密度比空气小，有较好的扩散性。当泄漏较大时，若遇适合的天气，与空气形成的混合气云将向下风口区域运移扩散，在事故现场形成燃烧或爆炸危险区。而高压下发生泄漏量、扩散范围比常压、低压下还要大，这是因为天然气在管道中带压运行时，管道中聚集了大量的气体压缩能，一旦破裂，管道裂纹处的扩散速度极快，撕裂长度大，不易止裂，从而造成大量的泄漏，波及周边环境的范围广。

2.2 控制过程中的风险

2.2.1 火灾风险

由于天然气具有易燃、易爆的特点，如果不采取必要的安全措施，或安全措施不到位、不细致，极有可能引发火灾事故。

2.2.2 爆炸风险

在阀室、民房、地道内的现场抢修，由于这些地方空间较小，通风效果不好，气体聚集较多，安全措施稍不周密极易发生爆炸事故。当可燃气体泄漏难于控制，并受天气影响扩散到周围环境时，在下风口和警戒区域外形成气体聚集条件下，机动车排气口产生的火星、非防爆设备的火花、移动手机等极易引发闪爆事故。

2.2.3 管道受损风险

在使用机械开挖作业过程中，如果疏忽大意，就有可能损坏管道外防腐层，甚至使管道受到破坏。例如，利用挖掘机在挖土方的过程中不留意管道的走向及埋地的深浅，就可能挖破管道；在跨越处抢修时，如果管道不固定、不支撑牢固就盲目地砸掉固定墩，就可能造成管道的受损或变形。

2.3 天然气扩散机理

天然气扩散规律与管道运行压力、泄漏点面积、风速和地形条件等因素有关，仅依靠经验给出的可能扩散与警戒范围显然缺乏科学依据，必须从扩散模式、扩散规律和模拟分析方法等诸多方面进行定量分析研究，为天然气管道抢修前警戒区划定范围的确定提供依据。

首先计算出泄漏流量，然后根据天然气的燃烧下限浓度用高斯扩散模型再计算出其扩散范围，从而确定发生危害的可燃气云的体积。而泄漏量的计算，是一个较复杂的问题，目前比较常用的计算模型是将泄漏口看成是一个足够小的孔，将管道看成是一个有足够大容积的容器，因而泄漏口的压力不受管路流动的影响而保持恒定，这就是所谓的“小孔模型”。

通过气体经小孔泄漏的模型计算出泄漏流量，其公式如下：

$$Q = C_d A p \{[Mk(2/k+1)^{k+1/k-1}]/RT\}^{-1/2} \tag{1}$$

式中 Q——泄漏流量，kg/s；

C_d——气体的泄漏系数，取1.0；

p——管道内压力，Pa；

k——天然气的绝热指数，取1.29；

M——天然气的相对分子质量，kg/mol；

R——气体常数，$R=8.31$J/（mol·K）；

T——气体温度，取298.15K；

A——泄漏面积，m^2。

以上 C_d（气体泄漏系数）与泄漏口的形状有关，泄漏口为圆形时取1.00，三角形时取0.95，长方形时取0.90，由内腐蚀形成的渐缩小孔取0.90~1.00，由外腐蚀或外力冲击形成的渐扩孔取0.60~0.90。

天然气从管道中泄漏时，可以当作零高度连续地面点源气体扩散。根据高斯扩散模型设泄漏点为坐标原点，取平均的顺风方向为 x 轴正方向，y 轴为侧风方向，垂直向上方向为 z 轴正方向。则有浓度分布公式：

$$C(x,y,z) = Q_0 e^{-1/2}[-y^2/2\delta_y^2 - z^2/2\delta_z^2]/\pi\delta_y\delta_z u \tag{2}$$

式中 $C(x, y, z)$——燃烧下限；

u——风速，m/s；

Q_0——质量浓度，kg/m^3；

δ_y——y 方向的扩散参数；

δ_z——z 方向的扩散参数；

x——下风向的扩散距离；

y——侧风向的扩散距离；

z——垂直向上方向的扩散距离。

若管线发生破裂大量泄漏，对于此种泄漏情景则需采用高斯烟团模型来描述瞬时泄漏气体的扩散，浓度分布式为：

$$C(x,y,z,t) = 2Q_1 e^{-1/2}[(x-ut)^2/\delta_x^2 + y^2/\delta_y^2 + z^2/\delta_z^2]/(2\pi)^{3/2}\delta_x\delta_y\delta_z \quad (3)$$

式中 Q_1——总泄漏量，kg；

t——泄漏发生后的时间，s。

已知甲烷的燃烧下限浓度为5%，可由式（1）、式（2）、式（3）计算出天然气的泄漏流量和其在大气中3个方向上的扩散距离，再通过积分便可求出该混合云的体积。气体扩散参数与大气稳定度、风速、太阳辐射等级等有关。大气稳定度越低，越有利于扩散；反之则越不利于扩散，不利于扩散意味着气团浓度降低得慢，危险越大。

3 天然气管道泄漏的控制技术

燃气泄漏是燃气供应系统中最典型的事故。在燃气的储存、输配及使用过程中，由于人为或自然原因导致泄漏，燃气泄漏后在空气等介质中扩散并积聚，当达到一定浓度时遇到火源会产生爆炸并引起火灾。燃气泄漏后果的严重程度主要取决于泄漏量和扩散范围，而泄漏量又与泄漏源强度及泄漏时间有关。燃气的泄漏强度和扩散范围是分析泄漏与扩散以及预测评价事故后果的基础和参考依据。如果救援不及时就会引起火灾蔓延、连环式爆炸。因此，通过客观、准确地分析泄漏的原因后，就可以在事故发生时，根据现场取证的信息，对泄漏原因进行预判断，为事故应急响应赢得时间，从而组织抢修力量进行针对性的现场处理。

3.1 实施抢修准备

查明泄漏点位置，预判泄漏扩散情况，以备依据抢修方案有效展开抢修工作。根据事故现场状况划定警戒区域，设立警示牌，及时将现场无关人员撤出警戒区。通知当地应急办和派出所，监控事故现场并协助在事故现场维持现场秩序。

3.2 控制技术

根据泄漏情况，采取有针对性的控制措施，实施抢修。主要控制方法有四种。

3.2.1 注剂式密封法

夹具是注剂式带压堵漏技术的重要组成部分，保证密封和强度。它主要是通过在损毁点安装好卡具后，在卡具和管道间注入液态胶，从而达到在管道不停产的情况下，确保管道供气安全平稳运行。如图1所示。

3.2.2 粘补法

粘补技术又称冷焊技术，是利用胶粘剂的特性来完成堵漏（如图2所示）。使用粘补堵

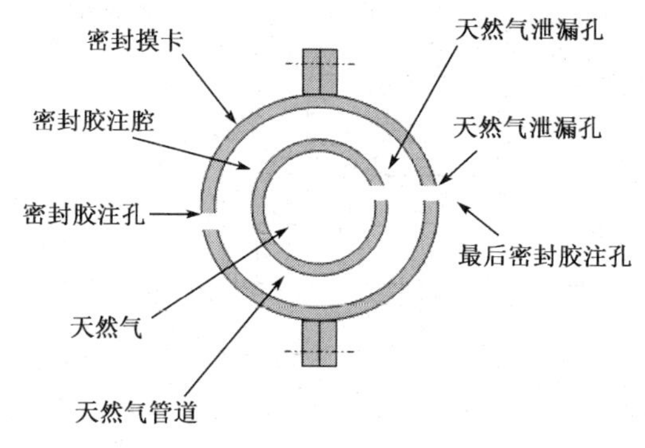

图1 注剂式密封法示意图

图2 粘补法示意图

漏技术不仅可在不停产、不动火的情况下进行，而且不受泄漏体积大小、外形结构的影响，只要具备操作空间即可快速止漏。用锥度销钉铅、铝、橡胶、木塞或熔断丝对准腐蚀孔或较小裂纹，以适当力度打入，使泄漏明显减少或暂时性封堵，再利用胶粘剂固化速度快的特点，及时将销钉周围涂满胶粘剂，形成一个新的固体密封结构，达到止漏的目的。

以上两种方法均适用于内径较小管道，属于临时性紧急修复。

3.2.3　补块修复法

该法适用于内径较大腐蚀管道的修复。若泄漏部分为裂缝，用熔断丝封堵，并涂抹一层钙基脂密封材料；若泄漏部分为腐蚀穿孔，先对补块进行点焊，再进行环向和纵向焊接，将补块与管道形成的90°角焊平（严禁焊穿），并对补块周围的管道进行必要的冷却。若进行分层补焊，应在第一层焊完冷却后再焊第二层。管道焊后进行自然冷却，以防止因冷脆而影响焊接质量。如图3所示。

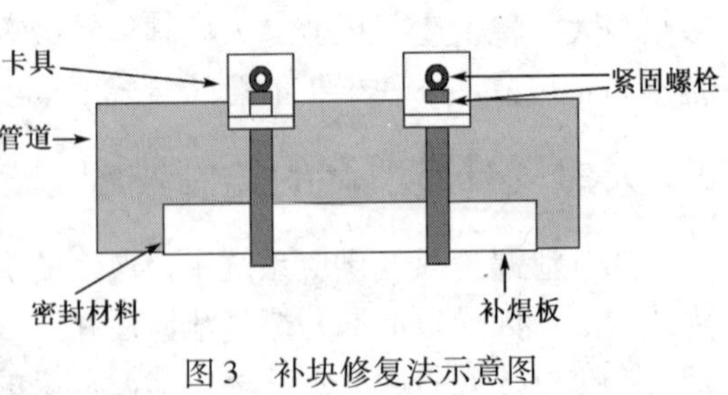

图3　补块修复法示意图

3.2.4　换管法

若管道损坏较严重，大面积腐蚀及人为造成的断裂等修复可采用此法。

（1）高压堵漏。

当允许停输时间为2~3h时，采取不停输带压封堵，按照封堵→建立临时旁通→更换损坏管段→恢复地貌的过程进行抢修。通过高压堵孔器将天然气泄漏裂纹点封堵。高压堵孔器由卡具、密封剂及高压枪组成。卡具可根据裂纹的大小制作，将卡具紧固在裂纹处的管体上，然后用高压枪将密封剂注入卡具密封腔中使其固化，这样在一定程度上可延缓裂纹的延伸，在较短时间内保证天然气输送。

（2）停气后置静压封堵。

若允许停输较长时间，可采用停输静压封堵换管。作业过程为：挖抢修坑、放置设备、修筑通道等前期准备、开孔封堵、建立临时旁通、更换损坏管段、恢复地貌。如图4所示。

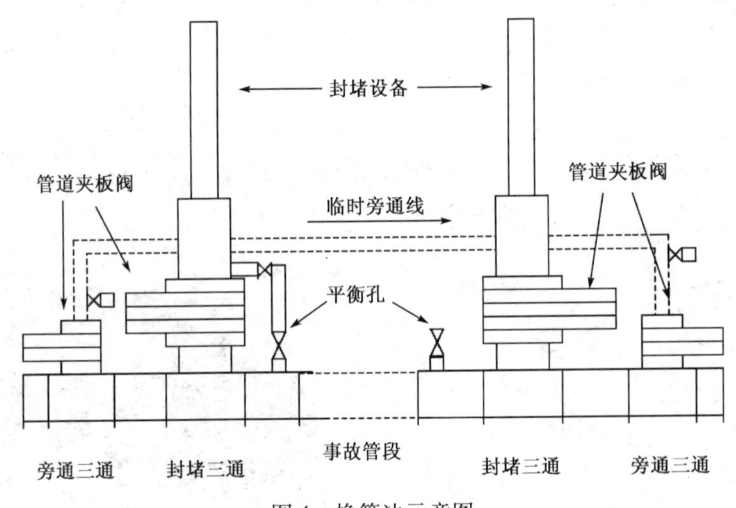

图4　换管法示意图

案例：罗沙公路改造管道改迁。

2008年4月21日，罗沙公路位于广东省深圳市，东西走向，连接西面的罗湖区和东面的盐田区，大部分路段位于莲塘街道，莲塘片区由罗沙公路一条 DN200 的钢管单向供气，工程如采用传统方式进行施工，需关闭 3 处阀门，将会造成整个莲塘片区 15713 户和数十户公用户停气，部分大型酒楼要求凌晨 5 点必须供气，而施工必须在夜间 10 点以后进行。通过定量分析测算，需放散天然气 $100m^3$，氮气 15 瓶。在阀门不发生内漏的情况下，需要两个抢修队连续夜间工作 8h 才能完成迁移接驳。

4 月 22 日，为不影响用户正常用气，决定采用管道双封双堵、铺设临时旁通管供气、带气开孔相结合的综合性不停输作业工艺施工。在厂家技术人员的现场指导下，“罗沙公路改造燃气管道改迁碰口工程”运用不停输作业工艺顺利完工，不停输设备正式投入使用。施工在白天进行，铺设临时管道用时 8h，进行双封双堵和碰口作业用时 12h，工程耗时 20h。避免了大型工商用户停气损失，节省了恢复供气、放散、氮气置换成本，保证了正常供气，赢得了用户的高度赞扬。

4 结语

天然气管道泄漏所带来的危害非常巨大，产生的损失常常无法估计。我们只有引进和使用一套科学处理管道泄漏可行措施，积极探索和推广新技术、新方法，才能使安全操作规程和工作程序都得到持续改进。同时，不断地完善应急预案，定期开展桌面推演和实战演练相结合的方式，加强实际操作能力，提高应急管理整体水平，力求磨炼出一支“呼之即来、来之能战、战之能胜”的维抢修队伍，总结出一套适合本单位的专项维抢修应急方案，就可以最大限度地减少事故的损失和影响。

参 考 文 献

[1] 严铭卿，廉乐明．天然气输配工程［M］．北京：中国建筑工业出版社，2005.

[2] 王志昌．输气管道工程［M］．北京：石油工业出版社，1997.

[3] 黄小美，彭世尼，徐海东，等．燃气管道泄漏量的计算［J］．煤气与热力，2008，28（3）：B11 -B16.

[4] 彭世尼，黄小美．燃气安全技术［M］．重庆：重庆大学出版社，2005.

[5] 张月钦，张维勤，韩玉廷．城市燃气应用基础与实践［J］．山东：中国石油大学出版社，2010.

[6] 国家经济贸易委员会．SY/T 6150.1—2003 钢制管道封堵技术规程　第 1 部分：塞式、筒式封堵［S］，2003.

[7] 国家经济贸易委员会．SY/T 6150.2—2003 钢制管道封堵技术规程　第 2 部分：挡板—囊式封堵［S］，2003.

[8] 中华人民共和国建设部．CJJ 51—2006 城镇燃气设施运行、维护和抢修安全技术规程［S］，2006.

国际油气合作项目的安全风险管理

付万春

（中油阿克纠宾油气股份公司　哈萨克斯坦阿克纠宾市）

摘　要　如何有效控制各种海外安全风险，是“走出去”的中国石油人面临的重大课题。在全球金融危机的严重冲击下，国际油气合作老项目面临着更加复杂严峻的安全风险考验。本文结合中油阿克纠宾油气股份公司的实际，对生产安全风险、社会安全风险、自然灾害风险、生活安全风险、信息安全风险和资产安全风险等进行了分析评价，针对性地建立了HSE管理体系、应急管理体系、内控管理体系和联防监控体系，有效地控制了各种重大安全风险。

关键词　国际　油气合作　项目　安全风险

0　引言

中油阿克纠宾油气股份公司（以下简称“公司”）是中国石油天然气集团公司（以下简称“集团公司”）在中亚地区第一个海外油气合作的老项目。经过十四年中哈石油人的精诚合作和艰苦努力，到2010年公司年产油气当量达到1041万吨，发展成为集团公司海外份额油和社会贡献最大的油气合作项目之一，多次被中哈两国领导人称赞为“中哈合作的典范”。

2008年全球金融危机以来，国际油气合作老项目面临着更加复杂严峻的安全风险考验和冲击。为了有效控制各种安全风险，公司通过重大安全风险分析评价，建立4大安全风险管理体系，抓好5个安全风险管理关键环节，初步取得了5项主要管控成效。

1　重大安全风险的分析评价

1.1　生产安全风险

一是油气“三高”，安全风险大。主力油田的油气具有高含硫化氢、高汽油比、高压力等“三高”特点。让那若尔油田和希望油田的天然气中硫化氢平均含量高达1.5%以上，平均气油比高达600m^3/m^3以上；肯基亚克盐下油田原始地层压力高达80MPa以上，压力梯度高达1.82，都存在发生重大井喷失控、硫化氢中毒和火灾爆炸事故等主要安全风险。

二是油田“四老”，安全隐患大。除新发现的希望油田外，三个老油田的生产运行的老井、老装置、老设备和老管道安全隐患多。肯基亚克盐上油田开发接近50年，让那若尔油田开发近30年，肯基亚克盐下油田也开发了近10年。1984年前苏联建设投产的第一油气处理厂主要容器和管道腐蚀严重，经常修修补补、补疤摞补疤，到处伤痕累累、破烂不堪，存在火灾爆炸、油气泄漏、环境污染等重大安全风险。

三是队伍“五多”，安全管理难度大。油田的钻井、修井、油建、运输和维保施工作业队伍较多，HSE管理难度大。高峰期动用中哈钻井队伍40多个5000余人，油建队伍3000余人，运输队伍3000余人，修井压裂队伍20多个1000余人，设备维修保运队伍500多人。

承包商和分承包商队伍的施工作业安全风险，也是公司的重大安全风险源。

1.2 社会安全风险

一是大通道、大风险。油田连通欧亚油气管道、中哈石油管道和在建中亚天然气二期管道等油气资源战略大通道，四个油气处理厂是哈萨克斯坦国家级战略保卫单位，存在被恐怖袭击的重大安全风险。

二是多民族、多文化。哈萨克斯坦是多民族、多文化、多宗教国家。公司7700多名员工中，主要有三个民族，用三种语言文化。6700多名员工为哈萨克族，主要用哈语和俄语；900多名员工为俄罗斯族，主要用俄语；中方员工116名，主要用汉语和俄语。他们的语言文化、风俗习俗、价值观念、人情世故、行为方式、宗教信仰等都不同，特殊敏感时期存在民族冲突等较大社会安全风险。

1.3 自然灾害风险

一是高寒高温风险。油田冬季最低气温零下45度，常出现暴风雪天气，存在油气管道冻堵、设备冻坏、人员冻伤被困和油田交通事故等较大安全风险。油田夏季最高气温零上45度，野外作业人员存在中暑风险。

二是草原水源风险。油田地处大草原和国家级水源保护区，存在草原着火、低洼井站水淹和油田的废气、废水和废渣造成环境污染的重大安全风险。

1.4 生活安全风险

一是住宿安全风险。公司的大部分中哈员工上班期间住宿在公司倒班宿舍和公寓。而有近30%的倒班宿舍和全部公寓都是25年以前苏联时期建设的老木板房，存在较大的消防安全隐患。

二是饮食安全风险。当地常有禽流感、口蹄疫等流行病。油田现场员工在食堂集体就餐，存在流行病传染和食物中毒等饮食安全风险。

三是健康安全风险。当地高血压、高血脂比较普遍，心脏病发病率高。由于公司是有30年历史的老企业，45岁以上的老员工占80%以上，老员工的健康安全风险较大。

1.5 信息安全风险

公司机关分散在阿克纠宾市的六个地点办公，油田各二级单位相距近400km。由于公司无统一的内部局域网络系统，租用哈国多家电信公司电话和计算机等主要信息通讯网络线路，存在病毒侵袭、网络受攻击和信息失密等较大安全风险。

1.6 经营安全风险

经过风险分析评价，公司存在的主要经营安全风险有环保罚款、事故赔偿、法律纠纷、汇兑损失、违约赔付和银行倒闭等。特别是全球金融危机以来，经营安全风险日益增大。

2 安全风险管理的重点措施

完善HSE管理体系、建立应急管理体系、改善内控管理体系、建立联防监控体系是安全风险管理的四项重点措施。

2.1 完善HSE管理体系

公司按照国际标准、哈国法律法规，集团公司规范建立了健康、安全与环境（HSE）管理体系标准。2010年，修订了《HSE管理手册》等体系文件，借鉴杜邦经验，推行了经验分享、观察与沟通和STOP卡。公司HSE委员会、17个机关部门和11个二级单位（如图1所示，公司HSE组织机构及管理网络图）全体员工齐抓共管，进一步规范和加强了油气勘探、开发生产、钻井、采油、基建、设施完整性等重点过程控制和消防管理、生产要害部位管理、环境保护管理、职工健康管理、劳动保护管理、通行证管理、交通安全管理和治安综合治理。

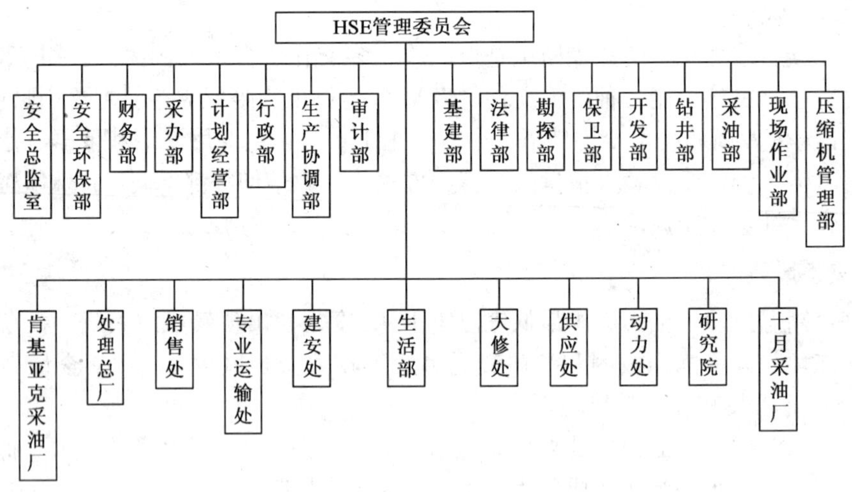

图1　公司HSE组织机构及管理网络图

2.2　建立应急管理体系

2009年以来，公司根据风险评价结果，按照集团公司应急管理规范，建立了完整的应急管理体系，修订了中俄文的《公司总体应急预案》，12个《专项应急预案》和157项《现场应急处置方案》（图2为公司突发事件应急预案系统图）。

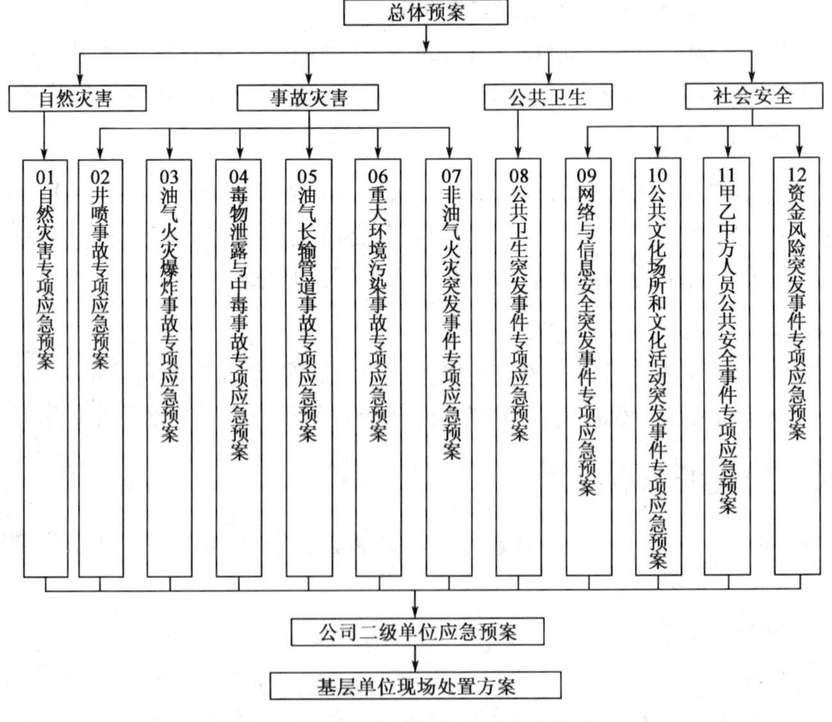

图2　公司突发事件应急预案系统图

2.3 改善内控管理体系

早在2006年，公司在集团公司海外项目中第一个率先建立了内控管理体系，编制了《公司内部控制手册》中俄文版本各4分册，并于同年顺利通过外部审计和中油股份管理层测试，创建了海外项目内控体系的第一个样板。

2008年全球金融危机以来，公司进行了管理业务流程优化，修订了管理制度，编制了中俄文的《公司组织结构及部门职责汇编》和《公司管理制度与管理流程汇编》，实现了财务软件系统联网上线运行。统一规范了业务流程，实现内控管理的标准化、系统化和程序化。

2010年，公司将全部优化的管理流程编入OA协同办公系统上网运行，进一步完善了业务流程信息管理系统（如图3所示，阿克纠宾公司流程总图），提高了内控管理水平和办公效率。

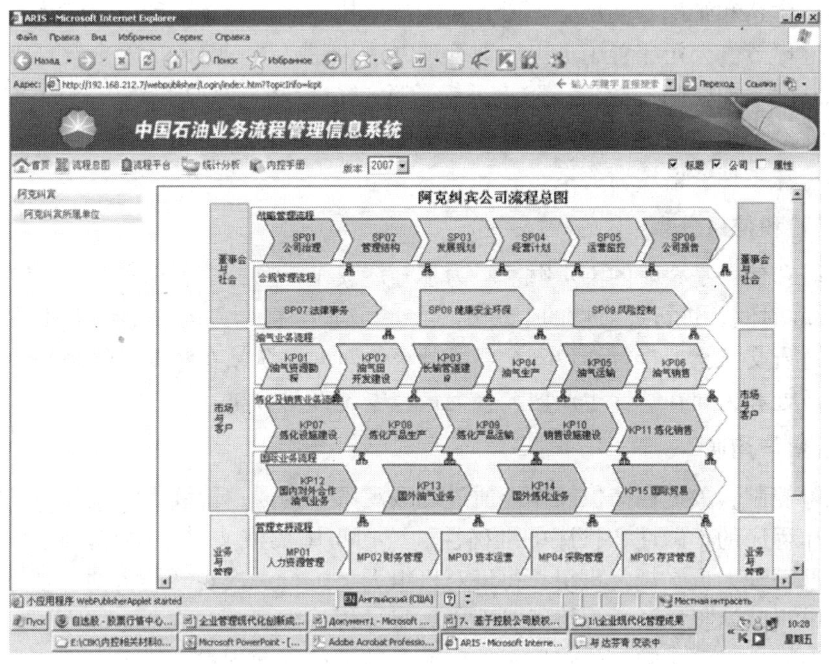

图3 阿克纠宾公司流程总图

2.4 建立联防监控体系

一是三级医疗救护体系。一级是设在生产车间和队站的医疗救护点，负责每天两次在员工上岗前的测体温、测酒精、量血压等身体检查，发现异常不准上岗，立即送油田医疗站检查治疗；二级是设在每个油田倒班镇的医疗站，配备有救护车、先进的医疗器械和专职医生，负责常见小病小伤的检查治疗；三级是设在阿克纠宾市的大医院，负责每年一次全员全面体检和重病重伤检查治疗。现场突发重伤和急重病人，在现场医生陪护下直接用直升机送到大医院抢救治疗。

二是三级保安监控体系。在油田重点区域、关键装置和要害部位安装三级远程视频监控网和一卡通，设置了油田检查站、门岗和巡逻岗等三重油田保安岗位200余个800余名专职保安人员。一级战略保安配备自动步枪，二级要害保安配备手枪，三级一般保安配备警棍及爆炸危险品检测仪器，24小时不间断地监控和保卫着油田内部人员和财产安全。

三是防火防喷防毒监控体系。在油田易燃、易爆、有毒区域安装先进的远程自动控制系统、数据采集系统、消防报警系统、毒气检测报警系统。在三个油田和四个油气处理厂的专业消防队、毒气救护队和阿克别林井控队，配备先进的消防车、防火服、防毒面具和防喷工具，负责日常巡回检查、设备维护和入场安全培训教育。

四是第三方的工程监督体系。聘用第三方国际监督队伍对油田钻井、修井、录井、测井、地震、基建等工程严格进行健康、安全、环保、质量和进度的监督检查和控制。

3 安全风险管理的关键环节

全员培训与应急演练、安全经验分享、观察与沟通、检查与审核和考核与奖罚等是安全风险管理的五个关键环节。

3.1 全员培训与应急演练

任何管控体系和管理制度都必须要有人去严格执行。全员培训和应急演练是落实安全风险管理的关键环节。公司完善了员工培训管理办法，建立了三级入厂安全教育培训体系和定期应急演练制度。如防喷、防毒、防火关键危险岗位，坚持每日一练、每周一讲、每月一考，每季一评。公司与哈国政府监督机关，哈国、中国和俄罗斯相关院校建立了长期的安全技术培训和特殊工种资格培训关系。

3.2 安全经验和信息分享

安全经验和信息是企业的宝贵财富。为了开展安全经验分享和信息共享，利用各种会议前的5～10min时间，进行针对性的全员安全经验分享，将个人的安全经验和教训传授给大家。班组在每班交接会上进行岗位安全经验分享，车间、队站在每天工作碰头会上进行安全经验分享，厂处和公司在每周生产协调会上进行安全经验分享。

3.3 安全观察与沟通

安全风险控制，关键在岗位操作。通过逐级观察与沟通，持续不断地改进和提高，确保全部岗位操作程序的正确性和秩序的准确性。公司将中英俄文《观察与沟通手册》发到班组长以上全部管理人员，规定班组长每班对班组人员进行一次观察与沟通，填写STOP卡或隐患登记单上报队站长。队站长每天对下属班组进行一次观察与沟通，填写STOP卡或隐患登记单上报车间主任。车间主任每周到下属的队站进行一次观察与沟通，填写STOP卡或隐患登记单上报厂处长。厂处长及以上领导每月到下主管单位关键危险现场进行一次观察与沟通，填写STOP卡或隐患登记单上报公司总经理。STOP卡或隐患登记单作为各级人员培训计划和隐患治理计划的依据。

3.4 检查与审计

公司的两级HSE监督管理部门和内控审计部门，严格按照批准的年度、月度和每周检查与审计计划进行检查审计。对检查和审计发现的一般问题，下发整改通知，明确整改责任人和完成时间，没有按期完成整改的管理责任人，按照HSES管理责任书规定进行处罚。对检查和审计发现的较大问题，一方面采取专项临时安全措施，削减安全风险；另一方面，进行专项整改设计，进行安全隐患项目立项，落实专项整改资金，指定负责人和施工队伍，加快隐患整改。仅2009～2010年两年，公司共完成脱硫装置再生塔穿孔、五万方罐浮顶塌陷等重大安全隐患立项整改项目19项，较大安全隐患立项整改项目35项，投入专项安全隐患整改资金5300多万美元。

3.5 考核与奖罚

一是完善全员业绩考核办法。正确评估员工的工作绩效，为确定其职业生涯设计、工资报酬、奖金、职务变动、劳动合同延期等提供依据。公司在员工集体合同中明确了健康、安全、环保、质量责任和岗位职责要求，根据岗位职责和公司总体目标，全员分解个人年度关键业绩考核指标，其中安全、环保和保安占30%的关键业绩权重，层层签订岗位业绩考核责任书。

二是完善管理人员HSE考核办法。公司用年度奖金总额的25%奖金作为HSE专项奖，分HSE管理责任奖、HSE隐患排除奖和HSE标准建设奖。

（1）HSE管理责任奖。

班组长以上管理人员分三级分别与车间主任、单位部门第一负责人或公司总经理签订HSE管理责任书，明确HSE责任和义务、目标与奖励基数、责任追究与奖罚细则。落实HSE教育、培训、检查等直接领导责任，未及时发现、报告、纠正和治理违章与隐患的直线主管责任，发生事件事故的属地全体管理者责任。

（2）HSE隐患排除奖。

分三等级半年评定奖励一次。一等HSE重大隐患治理优秀项目奖100万金戈，二等HSE较大隐患治理优秀项目奖30万金戈，三等HSE一般隐患治理优秀项目奖10万金戈。

（3）HSE标准建设奖。

分优秀典型队站建设和优秀制度建设两种奖项，公司每半年评定奖励一次。“HSE优秀典型队站”，每人奖励3万~6万金戈；优秀制度建设奖分为三个等级：一等奖30万金戈，二等奖10万金戈，三等奖5万金戈。

三是完善承包商HSE考核管理办法。公司建立了完善的承包商准入制度和HSE业绩考核管理办法。在招投标时，明确了承包商应具备的HSE条件与资质，HSE作为技术标评审的主要内容。在合同中，明确HSE要求、违章扣款条款、HSE业绩考核与奖惩。在施工中，每天监督承包商HSE执行情况，发现隐患和违章，及时监督整改，并按照合同扣款条款开扣款单，每季度进行考核评比，作为下轮招投标HSE业绩的评定依据。连续四个季度保持HSE业绩优秀的承包商，授予“年度优秀HSE业绩承包商”称号。

4 安全风险管理的主要成效

通过重大安全风险分析评价，建立4大安全风险管理体系，抓好5个安全风险管理关键环节，初步取得了以下主要管控成效。

4.1 改善了员工健康状况

宣贯落实公司《医疗应急救援管理规范》、《医务室管理规范》、《营地卫生管理规范》、《食堂卫生管理规范》、《传染病预防与管理规范》，组织全员进行体检，注射流感疫苗。新建了员工倒班宿舍、员工食堂、医疗站和健身房，为现场员工免费提供就餐和牛奶，改善了生产、生活、医疗等健康条件，提高了全员安全健康意识和风险意识。2010年和2009年相比，员工发生16BH型发病数量降低10.3%，发病天数下降11.8%。

4.2 保障了油田安全生产

在油气“三高”、油田“四老”、队伍“五多”和当地社会治安形势日益复杂严峻的情况下，通过有效的安全风险管理和控制，保证了油区的安全与稳定，杜绝了A级以上一般工业生产安全事故、井喷失控事故、交通事故、火灾事故、油气泄漏、环境污染、生态破坏、恐怖袭击和被绑架事件。

4.3 实现了减排增效目标

2008年以来，公司加快建设了探区联合站、油气混输管线、第三和第四油气处理厂、污水处理厂、湿气回注站等环保重点工程，全面推广无土坑钻井，油田废渣进行无害化处理，污水处理后全部回注地下，天然气净化处理综合利用，实现了减排增效的环保目标。公司年排污费从2008年的184亿金戈，大幅降低到2009年的91亿金戈，再降到2010年的59亿金戈，成为全哈萨克斯坦环保减排和增效的样板油气田。

4.4 提高了公司经济效益

公司通过严格的风险管理，成功应对了全球金融危机的严重冲击，有效控制了投资，降低了成本，增加了收入，提高了效益。2010年与2009年相比，公司销售收入增加了48.7%，操作成本降低了37.5%，经济效益增长了7倍，成为集团公司效益最好的海外油气合作项目之一。

4.5 提升了公司国际形象

公司坚持国际合作、互利双赢的理念，有力地促进了当地社会经济发展，连续赢得哈国政府奖励，提升了公司国际形象。2009年，公司向哈国缴纳税费达9亿多美元，获得哈国“企业最佳社会贡献奖”；2010年，生产油气当量突破1000万吨，公司向哈国缴纳税费达14亿多美元，占阿克纠宾州财政收入的70%以上，比2009年提高了52.6%，公司荣获哈国唯一最高奖励“企业最佳社会责任总统奖”。

5 认识与结论

中油阿克纠宾油气股份公司的合作项目经过多年安全风险管理探索性实践，总结了一些经验，取得了一定成效，经受了全球金融危机的严峻考验。但安全风险随着内外部环境改变在不断发展和变化。风险管理是一项长期、复杂、艰巨的系统工程，需要时时处处提高警惕，与时俱进，持续改进，全员参与，全面管理，全程受控，筑牢多重安全防线，形成长效风险管理机制，确保人、财、物和信息等核心资源的安全。

参考文献

[1] 王京．油气田生产HSE管理体系中环境风险评价与管理［J］．钻采工艺，2008，31（4）：135-138.

[2] 史有刚．涉海石油开发的风险分析与安全对策［J］．科技传播，2010，（12）.

[3] Risk Assessment Tool and Guidance，AS/NZS Risk Management Standard 4360：2004.

[4] Risk Analysis using the Dicpont model，2006 Scillani Information AB.

企业重组下的健康安全环境管理

翟智勇　乔永富　王广宇　杨　鹏

（中国石油长城钻探工程有限公司　北京市　100101）

摘　要　企业重组是任何组织都不可回避的问题，任何构建的再完美的组织，在运行了一段时间以后也都必须进行改革，这样才能更好地适应组织内外条件变化的要求。在企业重组过程中，通常会对健康、安全和环境产生不利影响，但同时也是改进 HSE 管理的良机。对于中国石油长城钻探工程有限公司这种高风险的国际化石油企业，企业重组往往会导致一系列的问题。为了消除这种不利影响，提升企业 HSE 绩效，本文提出了组织变革下的 HSE 管理模型。最后，通过三种手段，努力消除企业重组对员工带来的压力和不确定性，保障企业重组的顺利进行。

关键词　组织　变革　HSE　风险　压力

0　引言

当今企业正处在高速变化的内外部环境之中。当组织由于自身的发展或外部环境的改变，使得原有的组织管理系统不再适用，而企业为了消除这种不匹配和不适用，必须要进行企业重组。企业只有不断发展和变革，才能保持可持续的生存能力和健康的发展。但是，在重大企业重组过程中或之后，往往会发生一些事故。1992 年，发生在英国约克郡希克森和韦尔奇化工厂的火灾事故，造成了 5 人死亡。而这起事故，正是由于企业重组导致的。

对于行政机构简化、并购、重组、外包等企业重组和业务变革对企业带来的健康、安全和环境影响，企业通常会给予较多关注，但却很少有这方面的专门研究。传统的 HSE 管理模式通常是基于企业有一个运转良好的组织结构，而当企业发生了变革，这种管理模式便不再有效。因此，必须确保在企业重组时 HSE 管理与当前企业的组织结构和运作方式相一致。一个有针对性的 HSE 管理模式，可以减少企业重组对 HSE 的影响，同时改善企业的长期绩效。因此，一些企业将企业重组视为改善 HSE 管理有效性的机会。

中国石油长城钻探工程有限公司（以下简称“长城钻探工程公司”）是一家高风险的石油工程技术服务企业，业务范围涉及地质勘探、钻井、测井、录井、井下作业等各个环节，国内业务分布在 23 个省市自治区，国际业务遍及 27 个国家。从 2008 年开始，长城钻探工程公司经历了三次企业重组，主营业务也由钻修井、测录试等逐渐延伸到压裂、稠油、页岩气、煤层气、油田化学等新业务上。企业重组和主营业务的变化带来了一系列 HSE 问题，因此，亟须建立一个 HSE 管理模式，对变革带来的 HSE 影响进行评估和控制。

1　企业重组对 HSE 管理的影响

企业重组可能导致工作任务和相应资源的变化，主要分为以下三种情况：一是组织结构的变化。如设置了新的目标、业绩标准和新的岗位能力标准；不同类型岗位的合并或削减，但工作任务却没有减少；职责范围的变化；报告程序和方式的变化等。二是作业活动的变化。新业务、新流程、新工艺、倒班制度和工作时间的变化等。三是重要供应商和承包商的变化。

类似于关键岗位人员变更和工艺设备变更管理，企业重组也是变更管理的一部分。解决企业重组带来的商业管理问题时，并不直接导致 HSE 问题。但是，如果处理不好，将会对企业的 HSE 管理带来一定影响。一是可能导致 HSE 相关活动产生偏差，如缺少资源或员工缺乏 HSE 意识。二是可能影响 HSE 相关活动的完成质量。这主要是由于缺乏经验的员工进行作业或者由于工作任务繁重而走捷径造成的。三是由不胜任工作的人员进行新的作业，可能导致 HSE 风险。这三种结果都可能导致 HSE 业绩的降低和企业声誉的损失。

虽然企业重组会带来风险，但是企业应该将其作为改善 HSE 管理的一个重要机会。通过评估和审核企业重组的计划和实施过程，确保各项 HSE 管理活动的有序正常运行，满足所有的 HSE 标准和规定。同时，良好的 HSE 管理绩效又保障了企业重组的顺利进行。

2 企业重组下的 HSE 管理模型

为了保障企业重组的顺利进行，控制变革带来的 HSE 风险和影响，形成了 HSE 管理模型，分为七个部分（如图 1 所示）：明确企业重组的需求和范围、组成企业重组管理小组、明确管理层在 HSE 目标上的承诺、评估企业重组下的 HSE 关键要素、将 HSE 管理纳入企业重组计划之中、实施 HSE 管理、审核和评估 HSE 管理带来的影响。

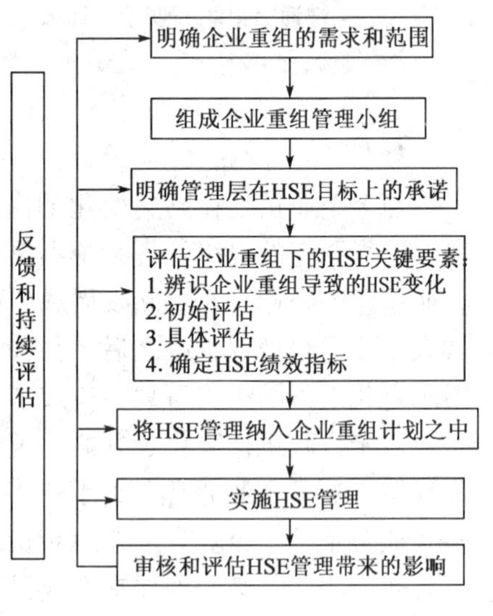

图 1　企业重组下的 HSE 管理流程

2.1　明确企业重组的需求和范围

企业最高管理层要明确企业重组的需求和范围，并在企业重组的早期对变革带来的潜在影响进行识别和分析。企业重组的主题和内容可以是组织的战略、产品和业务、组织结构、组织流程、组织制度、人力资源管理方法、员工的工作设计、岗位职责、组织文化和价值观、组织中的资源和利益分配机制等。组织在一次变革时，可以只是完成上述一项变革，也可以几项变革同时进行。管理者在变革前要根据企业内外环境的变化特征，以及组织最终要达到的目标，来正确地确定变革的范围。

2.2　组成企业重组管理小组

企业重组管理小组通常会对企业重组的项目进行风险评估，小组成员应根据变革的具体情况而有所不同，但至少应包括 HSE 专业人员、工会代表和员工代表等，分析企业重组对 HSE 关键活动和程序产生的影响。

2.3　明确管理层在 HSE 目标上的承诺

对于企业来说，重要的是要针对企业重组制定一个清晰、明确的 HSE 目标。那些从一开始就将 HSE 管理纳入企业重组考虑之中的企业，很少受到 HSE 问题的影响，并且，通过企业重组还提升了 HSE 管理的有效性。

在组织发生变革时，高层管理者对 HSE 管理做出坚定的承诺且身体力行是至关重要的。

因为 HSE 管理实施的好坏取决于实施企业重组和对 HSE 产生影响的最终责任人，特别是高层管理者和直线负责人。因此，高层管理者要带头履行 HSE 管理的业务。在高层管理者的承诺中要明确企业重组的 HSE 目标，直线负责人、HSE 管理人员和普通员工的任务，以及完成任务所需要的关键要素。

2.4 评估企业重组下的 HSE 关键要素

影响企业重组的 HSE 关键要素主要包括：高级管理层要做出承诺，并形成明确的政策，对企业重组带来的潜在 HSE 影响进行辨识、评估和管理；直线管理人员的充分参与；在企业重组早期对其潜在影响进行辨识和评估；员工、管理者和承包商的能力；责任和义务的明确；HSE 资源获取的层次和难易程度；关键 HSE 标准和程序的实施状态；应急能力；企业重组对员工压力和士气的影响；对企业重组产生的影响的衡量、监督和审核等。

HSE 关键要素的评估主要包括危险源辨识、风险评估和绩效指标的确定。

2.4.1 *危险源辨识*

企业通常使用危险源辨识工具（HAZID）来对企业重组带来的潜在风险因素进行辨识，其中用到结构化的故障假设分析（What If）检查表（见表 1）。这个检查表较为灵活，是不同工艺流程评估的基础，可以用于工程、系统的任何阶段。企业在进行关键要素评估时，要将这个检查表发到每个小组成员手中，激发他们的创造性。同时，也可以根据企业的实际情况对其内容进行增加或删减。

表 1 企业重组故障假设分析检查表

“软件”因素	
资源	数量、知识、承包商、设备、投入
能力	培训、经验、工作描述、需求、充足
计划	目标、手段、时间节点、描述、里程碑、参与度
实施	偏差、能力、质量、测量、评估、激励
决策	权力、管理、合适时间、决策支持
管理	强、弱、定义的、信任的、激励
职责	权力、前提、明确的、信任的
交流	许多、一般、准备、口头、书面
氛围	支持的、积极的、消极的、灵活的、忠诚的、关键的
理念	多方面的、熟知的、一致的、理解的
人员	错误、能力、感觉、不平衡的、心理问题、文化、语言、接受
“硬件”因素	
时间	拖延、太晚、太早、充足、矛盾、优先
项目	存在、计划好、拖延、优先、风险
文档	程序、手册、标准
汇报	系统、软件、硬件、跟踪
预算	金钱、可获得、准备、跟踪
设备	年代、更换、满足需要、多余的、质量保证
技术	年代、变化、改进、需求、历史、知识

续表

“硬件”因素	
软件	新、旧、复制、选择、培训、支持
地点	移动、扩充、延伸
合同	已存在、变化、漏洞、矛盾、局限、充分
外部因素	
合作方	批准、稳定性、联合、经济、支持
第三方	评估的、跟踪、许可、利益争端、质量
供应方	持续时间、独立、新的、能力
竞争对手	辨识的、威胁、招聘员工
顾客	中心、需求、期望、交流
协会	罢工、资源、支持、帮助
社会安全	绑架、勒索、偷盗、商业欺诈
HSE 因素	
严重事故	泄漏、火灾、爆炸、井喷、死亡
介质	有毒、可燃、MSDS、信息、验证
工作环境	噪声、温度、气体、污染、化学、放射性、排放
HSE 业绩	目标、适合、交流、理解、激励
应急反应	计划、告知、营救、逃生、演练
应急组织	支持、能力、培训、经验、知识

2.4.2 风险评估

为了充分辨识企业重组导致的 HSE 负面影响，需要进行风险评估。根据产生的后果，将风险分为三类：

（1）高风险：必须要实施风险削减措施。

（2）中风险：基于成本效益（Cost-Effective）的考虑，如果确实需要，实施风险削减措施。

（3）低风险：不用实施风险削减措施。

长城钻探工程公司通常采用风险矩阵的方法进行评估，如表 2 所示。企业可以根据实际，采用 Bow-Tie（蝴蝶结模型）、JSA（工作安全分析）等方法进行评估。

需要注意的是，由于风险矩阵是定性分析，不同人员判断事故严重度和可能性时结果不同，因此，得到的风险也不一样。因此，在进行风险评估时，评估人员要包含不同背景和不同经验的工人和专家，特别是基层操作人员。

表 2 风险评估矩阵（例子）

严重度	人员伤亡	环境破坏（油污排放），m^3	财产损失，万元	生产损失，万元	发生的可能性				
					超过 5 年发生一次	1 ~ 5 年发生一次	6 个月 ~ 1 年发生一次	14 天 ~ 6 个月发生一次	1 ~ 14 天发生一次
A	死亡	> 2500	> 1000	> 1000				高风险	
B	重伤	> 500	> 500	> 500					
C	轻伤	> 100	> 100	> 100				中风险	
D	医疗处理事件	> 1	> 10	> 10					
E	急救箱事件	< 1	> 0.1	> 0.1			低风险		

2.4.3 HSE 绩效指标确定

企业应明确企业重组前、变革中和变革后的 HSE 绩效指标。绩效指标应对变革导致的 HSE 影响表现敏感，反映结果性和过程性，并可以和其他类似单位进行对标比较。

绩效指标一般包括：损失工时事件率（LTIR）、总可记录事件率（TRIR）、未遂事件（Near Miss）、HSE 审核分数、交通事故率、缺勤/生病天数、油污排放量等。长城钻探工程公司一般采用损失工时事件率、总可记录事件率和交通事故率等指标作为结果性指标，将未遂事件、HSE 目标执行情况等作为过程性指标。

2.5 将 HSE 管理纳入企业重组计划之中

企业要将企业重组的目标和 HSE 管理的目标有机地结合起来，将 HSE 管理融入企业重组计划和实施的全过程，并指定专人对计划进行实施和验证。

2.6 实施 HSE 管理

对于任何企业重组，HSE 管理措施都要经过精心的策划，并提供足够的资源。企业重组管理小组要吸收 HSE 管理专家，对企业重组导致的 HSE 影响进行辨识、评估和控制。实施 HSE 管理时，主要做到以下几点：

（1）最高管理者要确保有足够的时间和资源去完成所有必需的评估、计划和实施工作。特别是企业重组导致的大量重新培训、标准化操作流程（SOP）的修改、员工岗位的变更和承包商的变化等。

（2）企业重组的进度要考虑到变化带来的影响的不确定性，以及相关方的关切。与相关方主动地沟通是企业重组成功的关键。

（3）要特别关注过渡时期的管理，因为企业重组常常会导致大量员工冗余和内部的员工流动；要确保员工和管理层明白他们在过渡时期的职责，以及在企业重组过程中的任务和决策；要确保交接过程及时有效，使新员工在开展新工作前，及时获得充足的经验、信息和技巧；要对新员工进行培训，使其满足工作标准和要求。

（4）要使用合适的方法评估 HSE 需求。可以采取任务分析方法（Task Analysis）确定培训需求、任务和职责，也可采用风险评估方法确定新的 HSE 需求。

（5）要让工会、承包商、合作方、顾客等所有的相关方都参与到 HSE 管理的实施中来，以最大限度地满足他们的需求。

（6）要充分考虑和调整企业重组的每一个环节。如消除冗余岗位时，要充分考虑对新的岗位和程序进行重新培训。

（7）为企业重组的每一个阶段设置里程碑，并明确从一个阶段到另一个阶段的达到标准。达到里程碑后，要通过鼓励信、物质奖励、公开表扬等方法对员工进行鼓励。

（8）定期将实施情况和员工、第三方进行沟通。

（9）如果关键 HSE 活动和任务在原来的资源和安排下不能满足要求，应调整企业重组实施流程。

2.7 审核和评估 HSE 管理带来的影响

企业重组的审核结果主要依赖于审核小组的经验和判断，企业要确保判断的独立性和质量。审核小组应独立于企业重组实施小组之外，可以随时对变革产生的 HSE 影响进行审核和发表意见。审核小组的职责是对 HSE 事项和计划的充分性进行检查、提供独立的结论和建议。审核人员应熟悉企业的内部情况和作业状况，有 HSE 从业经验和能力，必要时可邀请外部独立机构人员参加审核小组。

审核可采取抽样方法，没有必要对每一个计划、决定和流程进行审核。要明确审核小组的报告流程，确保审核流程作为企业重组决策的输入。在每次企业重组例会上，将审核发现列入讨论日程。必要时，审核小组有权力将审核发现报告最高管理层。要明确审核跟踪程序，对每一个审核发现明确任务、责任人、时间要求和跟踪频次。审核小组每周应向企业重组管理小组通报审核发现，每月向 HSE 委员会或最高管理层通报。当然，HSE 管理实施的最终责任由企业重组管理小组承担，而非审核小组负责。

3 员工压力管理

企业重组常常会对员工的未来产生不确定性影响。对自己未来不确定的员工会产生焦虑、失望、愤怒和灰心的感觉，这就导致了压力的产生。不管最终的结果如何，也不论企业重组会对员工的未来产生何种影响，对员工来说，这种压力始终存在。当员工缺少准确的企业重组信息时，他们认为无法控制自己的命运，由此产生了焦虑感；或由于员工缺乏自信，认为其无法胜任新的工作，导致了压力的产生。此外，当员工对新的任务缺乏清晰的理解时，也会引发焦虑。应通过以下三种方式，对员工的压力进行管理。

3.1 减轻员工的压力和不确定性

企业应向员工提供清晰、准确和及时的企业重组信息；建立一个交流互动程序（如协商交流会议等），以便员工能提出请求并迅速得到解决；在企业重组实施过程中和实施后，及时明确员工的任务和职责；向员工提供压力管理培训，以最大化地发挥员工管理压力的能力。

3.2 增强员工把握自己前途的信心

应向员工提供准确及时的信息，以使其及时评估变化带来的影响以及决定如何应对；在适当条件下，让员工参与关键决策的制定；向员工提供新的组织机构和人员构成信息，明确对员工的期望，以便员工及时调整行为和能力（如参加培训班等）；向员工提供咨询机会，使员工知晓新的岗位和职责所需的能力和行为，以及如何最大限度地利用他们的经验和资格。

3.3 减少员工不能胜任新任务的焦虑

应选择有经验、能力强的员工从事新的工作，并为其提供足够的培训；在员工执行新任务时，在流程、资源等方面消除不必要的障碍；对员工的工作业绩给予及时、充分、高层次、多种形式的反馈，打消其业绩顾虑；向员工提供清晰的任务和职责描述；提供充足的培训和支持等。

4 结语

一个完善的组织和业务变革并不会自动消除风险和保证 HSE 管理的有效性，因此，最高管理层要运用企业重组下的 HSE 管理模型，从企业重组的初期考虑变化导致的风险和应采取的 HSE 管理措施，做出 HSE 承诺，并运用风险的手段，将 HSE 管理纳入企业重组的计划之中，按计划严格落实。通过审核，对 HSE 管理的有效性进行确认。最后，充分考虑企业重组对员工心理的影响，通过三种手段消除员工的压力和不确定性。长城钻探工程公司在持续的企业重组中，运用上述模型，将 HSE 管理融入了企业重组的全过程，有效控制了各类 HSE 风险，取得了良好的 HSE 业绩，保障了变革的顺利进行。

参考文献

[1] 涂方根．企业组织变革的系统思考及其定点突破［J］．化工管理．2010，3.

[2] 雷毅．企业战略与组织结构研究［D］．昆明理工大学硕士论文．2002.

[3] W·沃纳·伯克．组织变革（理论和实践)[M]．燕清联合，译．北京：中国劳动社会保障出版社，2005.

[4] Heyerdahl R. Managing risks during organizational changes. SPE73846. 2002.

[5] Reason，J ames T. Managing the risks of organizational accidents［M］．USA：Ashgate Pub Co，1997.

[6] Jop Groeneweg. Controlling the controllable：the management of safety. 4 ed. 1999.

[7] Tom Cox. Stress at work：a guide for employers. Health & Safety Executive. 1993.

“三分之一工作法”与安全管理“零”工程的有机融合

蔡长宇

（中国石油长城钻探工程有限公司国际钻修公司　北京市　100101）

摘　要　本文从国际钻修公司安全管理和企业发展所面临的现状出发，就“三分之一工作法”的贯彻落实与实现“零”工程安全生产监督管理体制做了一些分析和探讨。通过分析进一步明晰了“三分之一工作法”和安全管理“零”工程的内涵及关系：“三分之一工作法”突出了“预防为主、领导承诺、全员参与、持续改进”的科学管理思想，是不断提升企业综合管理水平、逐步建立安全长效机制的重要途径；而安全管理“零”工程则是深化企业 HSE 工作的抓手，是企业的安全工作目标。本文还探讨了“三分之一工作法”和安全管理“零”工程有机融合的原因，找到了二者有机融合的有效途径，对提升企业 HSE 管理水平、实现安全生产具有重要指导意义。

关键词　“三分之一工作法”“零”工程　HSE 管理　安全生产

0　引言

安全是企业永恒的主题。近年来，国内企业各类事故频发，安全生产成为社会关注的焦点。一些企业盲目地追求效益，而忽视安全工作，导致事故的发生。据调查分析，造成各类事故的主要原因：一是人的不安全行为，二是物的不安全因素。两者相比，人的不安全行为是造成事故的主要原因。而要提高企业员工的安全素质，就要使员工明白安全生产对企业和员工自身的重要性，转变安全理念。石油企业作为国民经济的重要基础产业，肩负着保障国家石油资源安全的重大责任，安全更是重中之重。为切实加强 HSE 管理工作，落实 HSE 责任，提升 HSE 绩效水平，中国石油长城钻探工程有限公司（以下简称“长城钻探工程公司”）提出了“三分之一工作法”。国际钻修公司作为试点单位之一，认真解读“三分之一工作法”，提出了实施安全管理“零”工程的目标，并把二者有机地融合在一起。本文从“三分之一工作法”和安全管理“零”工程的关系、为何要实现二者有机融合、融合的有效途径及取得的成果等方面进行论述。

1　“三分之一工作法”与“零”工程的关系

“三分之一工作法”内涵：是指每一名管理者每天要抽出三分之一的时间来思考、量化安全生产工作；用三分之一的精力抓 HSE 制度与责任的落实；拿出三分之一的薪酬与 HSE 业绩挂钩。该方法从指导性、推动性和激励性三个方面将组织的行为理论贯穿到 HSE 的具体管理实践中。

“零”工程内涵：是指把握石油工程技术安全管理“一切从零开始”的精华，以 HSE 体系运行为主线，本着“从零开始、向零进军、为零奋斗”的目标愿景，全面落实安全管理“零”工程，即推行“1+1”护零，实行“点对点”清零，践行“实打实”创零，履行“四同时”保零，最终实现安全“零”事故的奋斗目标。

“三分之一工作法”与“零”工程的关系：二者既有联系，又有区别。首先，二者都是为了确保安全生产“零”事故目标的实现而提出的。安全管理“零”工程目标的实现离不开“三分之一工作法”的指导，而“零”工程的成效也将从一个侧面充分反映“三分之一工作法”推行的实效。其次，“三分之一工作法”是 HSE 工作的指导方法，从理论上提出了怎样做，在行为规范中又说明了如何做，是实现“零”工程的前提和基础；而安全管理“零”工程则是实现安全管理的具体行动目标。

2 “三分之一工作法”与“零”工程有机融合的原因分析

长城钻探工程公司提出“三分之一工作法”实施方案后，国际钻修公司结合本单位实际，有针对性地提出了本单位“三分之一工作法”实施细则，下发了《关于印发国际钻修公司“三分之一工作法”实施细则的通知》，进一步细化了工作目标和安全生产管理的工作方法。为确保“三分之一工作法”的有效贯彻落实，国际钻修公司有针对性地提出了安全管理“零”工程的工作目标。在深刻认识二者关系的基础上，全公司上下达成了共识：认为只有把二者有机融合在一起，才能保证 HSE 管理工作取得良好的效果。

2.1 二者有机融合是由当前复杂多变的海外形势决定的

当前，海外业务发展面临的安全形势十分严峻复杂，不但面临资源国的政治动荡，而且许多在建项目工期紧、作业环境复杂，安全生产形势不容乐观。对于国际钻修公司来说，海外 HSE 管理也面临新挑战，抓好 HSE 工作责任重大、任务艰巨。

2.2 二者有机融合是由集团公司安全环保工作形势决定的

集团公司“环保优先、安全第一、质量至上、以人为本”的 HSE 理念和“安全是天字号工程，是战略发展基础，安全关乎企业生死存亡，关乎广大员工生命健康，关乎领导干部政治生命”的广泛共识需要企业开展安全战略思考和实践。

2.3 二者有机融合是企业向深层次发展需要决定的

对于一个企业来讲，安全环保是企业管理水平的综合体现，安全环保就是核心价值观，就是核心竞争力。企业要向深层次发展，必须建立一个符合企业实际的安全战略纲领和实践目标。国际钻修公司是以稠油开发和油井增产措施服务为主体、以钻修井技术服务和采油设施维护技术服务为两翼、国内外一体化发展的大型专业化公司，其专业性强、管理业务相对集中，只有规范和强化安全管理，才能使企业向深层次发展。

2.4 二者有机融合是员工个人需求决定的

HSE 管理体系不管是在制定、运行还是在执行中，都需要人的参与，所以人的行为在 HSE 管理中发挥了极其重要的作用。在石油企业 HSE 管理中，企业要真正关心人、爱护人和尊重人，了解和满足人的需求，使员工能充分参与 HSE 管理体系建设。作为企业管理层，必须时时刻刻把员工的安全、健康放在第一位，切实保证员工的生命财产安全。

3 “三分之一工作法”与“零”工程有机融合的有效途径

“三分之一工作法”与“零”工程有机融合的过程，是思想和行动相统一的过程，也是如何把“三分之一工作法”的理念与“零”工程的实际目标相融合的过程，更是把普遍理论转化为实际行动的过程。为了实现二者的有机融合，国际钻修公司开展了广泛深入的研究和讨论，先后通过领导班子会、公司生产办公例会等多种方式，研究讨论二者融合的有效途径，使“三分之一工作法”在“零”工程中扎根生效。

3.1 坚持“以人为本”，量化管理层安全工作思考时间，推行“1+1”护“零”

“三分之一工作法”要求“每一名管理者每天要抽出三分之一的时间来思考、量化安全生产工作”。针对这一要求，国际钻修公司管理层在安全工作上突出“以人为本”，提出了每一名管理者每天拿出三分之一的时间去思考、分析和琢磨安全生产不同阶段的特点、规律和存在的主要问题，琢磨有效的解决方式。在思考的基础上，为贯彻落实“三分之一工作法”，提出了把握“四个公式”，推行“1+1”护“零”的举措。

3.1.1 坚持“属地+岗位”管理

国际钻修公司进一步明确、落实安全责任，以岗位风险管理为核心，全面推行属地管理，确保责任覆盖全面，真正做到事事有人管、人人有专责，实现管理“零”缺陷。

3.1.2 坚持“班长+员工”管理

国际钻修公司充分发挥班长兵头将尾的关键作用，通过班组长身体力行，切实起到榜样作用，使员工养成良好的工作素质和行为习惯，充分体现统一、全员、全方位执行，实现思想“零”懈怠。

3.1.3 坚持“重实+技能”培养

国际钻修公司把岗位员工理论考试、每日一题等作为员工考评的次要因素，把现场演练、实际操作作为考评的主要依据，使员工掌握实实在在的操作技能，实现技能“零”差错。

3.1.4 坚持“SOP卡+执行”标准

国际钻修公司制定并完善了现场检查、验收、操作“SOP”，做好标准化工作，使员工固化于心。在一线队伍全面推行“准军事化”管理，增强责任心，实现执行“零”过失。

3.2 强化岗位管理，落实安全岗位责任，实行“点对点”清“零”

针对“三分之一工作法”提出的“用三分之一的精力抓HSE制度和责任的落实”的要求，国际钻修公司紧扣HSE责任落实这一主题，积极引导管理者进行深层次挖掘，进一步明确强化岗位管理的主要因素，着重抓好“六个环节”，实行“点对点”清“零”。

（1）属地划分“零”漏失。深化属地管理，现场划分各类岗位属地管理区域，实行“包产到户”、“分田到人”，保障每个岗位属地划分“零”漏失。

（2）岗位“SOP”“零”自选。收集、整理、完善作业、注气、酸化等业务SOP，汇编成标准手册并下发基层，督促员工掌握要领，确保岗位“SOP”“零”自选。

（3）设备维护“零”漏检。做到设备维护“定人、定机、定点”，强化“十字作业法”，及时发现和解决问题，实现设备维护“零”漏检。

（4）产品检验“零”缺陷。对所进材料、物资，严把检验关。特别是防喷器、硫化氢检测仪、正压呼吸器等必须有专业部门检验合格证书，劳保用品、零配件等抽样检查合格率要达到100%，有缺陷产品禁止进场使用。

（5）资料管理“零”差错。强化施工方案、设计、交接书编制，加强现场坐岗观察，保证第一手资料及时、准确录取，实现资料管理“零”差错。

（6）生产指挥“零”三违。刚性执行“反违章禁令”，认真辨识岗位违章行为。抽派海外经验丰富人员，成立安全监督站，对现场实施异体监督，杜绝违反禁令行为发生，确保生产指挥“零”三违。

3.3 强化生产运行，提高安全管理的执行力，做到“实打实”创“零”

“三分之一工作法”提出了“用三分之一的精力抓 HSE 制度和责任的落实”的要求。针对其中的 HSE 制度的落实，国际钻修公司提出了强化生产运行，力求 10 个主要技术指标达到 100%，做到“实打实”创“零”的举措。

（1）开工验收率 100%。细化开工验收标准，明确口井开工前，必须经安全监督站检查验收，合格后开具开工令，不达标准决不允许开工。

（2）风险识别率 100%。口井开工前，小队领导必须亲自组织一次工作前安全分析，使岗位员工理清《工作计划书》中关键风险控制措施；班组长组织召开班前会，对当班施工工序危险点源进行重点讲解，强化员工对操作风险的认知和理解。

（3）事故预案率 100%。加强事故应急预案管理，按类别、性质进行细致梳理、补充完善。尤其是对井喷失控、气体泄漏中毒等重要预案，必须按规定进行现场演练。

（4）驻井监督到岗率 100%。公司合理抽调人员，按照 1∶1 的比例在每个基层队设置现场监督，实现口井驻井监督。

（5）纠错修正率 100%。按照隐患消项闭环管理原则，对发现的隐患实行“定整改责任人、定整改措施、定整改时间、定复查单位及时间”的“四定”管理，确保问题整改及时有效。

（6）考核覆盖率 100%。公司“三分之一工作法”实施方案涵盖了岗位员工、基层队、项目部、科室、领导，并将考核结果与兑现直接挂钩。

（7）防喷演习率 100%。作业小队推行“一井二练”工作法，即口井作业前，关键工序作业前二练；项目组领导定期组织员工进行防喷演习，并进行总结讲评，提升员工操作技能。

（8）班组安全分享率 100%。班组以班前、班后会为载体，采用安全提示、故事分享、工作前安全分析相结合，做到“我的安全我负责，你的安全我提示，全面提高个人安全防范意识”。

（9）技术交底率 100%。口井开工前，技术人员向岗位员工进行施工设计、方案技术交底，将口井的地质状况、井身结构、射孔井段等数据交代清楚，避免质量、技术事故发生。

（10）“SOP”卡执行率 100%。公司各级管理层从保证岗位员工安全角度出发，全面推行使用，达到 100% 执行。

3.4 践行“四同时”，推行 HSE 业绩考核，依靠观念转变保“零”

“三分之一工作法”提出了“拿出三分之一的薪酬与 HSE 业绩挂钩”的要求。按照这一要求，为了切实提升 HSE 绩效水平，国际钻修公司提出了拿出三分之一的薪酬与 HSE 业绩挂钩的工作法，并积极践行“四同时”，加强机关管理人员对基层单位的指导考核力度，依靠观念转变保“零”。

（1）进一步完善 HSE 绩效考核管理办法。把干部员工薪酬增量的三分之一与 HSE 绩效考核挂钩，坚持“三挂钩、三兑现”，由 HSE 业绩决定员工收入的高低、干部的任用，真正做到 HSE 业绩与每一名员工的薪酬息息相关，调动员工做好 HSE 工作的积极性。

（2）班子“四同时”计划落实率 100%。班子成员从领导行为、组织行为和个人行为三个方面，制订个人安全行动计划，提升 HSE 绩效水平，保证“四同时”计划落实率 100%。

（3）科室“四同时”覆盖率 100%。将科室 HSE 职责进行重新梳理，与部门和岗位职责全面结合，覆盖所有专业和工种、班次及岗位，加强与基层员工的沟通和交流，指导基层做好 HSE 绩效考核，做到横向到边、纵向到底、消除盲点。

（4）班组满意率 100%。领导、科室按照“四同时”要求，深入基层，帮助基层减负，推动基层工作创优，使班组每名员工通过活动得到启示，使员工自觉提升 HSE 绩效水平，使员工对安全更放心、对工作更安心、对公司更满意。

4 结语

本文通过实践、观察研究并经过理论分析，得出如下结论：

（1）“三分之一工作法”是精准化工厂管理的重要组成部分，是指导我们抓好生产安全的有效方法，是“认识论”在实践中的升华和创新；

（2）“三分之一工作法”与安全管理“零”工程的有机融合，是石油企业安全管理的发展方向，是基层单位积极推动建立和实践 HSE 管理活动的有效载体，对进一步提升 HSE 管理能力和水平、全面增强企业核心竞争力、确保安全生产、保障企业业务规模有效可持续发展以及实现企业“十二五”发展目标具有十分重大的意义。

参考文献

[1] 林柏泉．安全学原理［M］．北京：煤炭工业出版社，2002.

[2] 罗云，黄毅．中国安全生产发展战略——论安全生产保障五要素［M］．北京：化学工业出版社，2005.

[3] 郭宗善，丁春香．关注石油企业的安全文化建设［J］．化工管理，2008，11：71-73.

井喷失控的原因分析及风险应急管理方案

夏增德[1] 杨海涛[2] 倪光辉[1]

(1. 中国石油渤海钻探工程有限公司　河北省任丘市　062552)

(2. 中国石油渤海钻探工程有限公司　天津市　304550)

摘　要　井喷失控是钻井工程中性质最严重、危害最大的灾难性事故，被列为作业中的顶级事故隐患。2003年重庆12. 23特大井喷事故及2006年的清溪1井，给井控管理工作敲响了警钟。因而分析和评价井喷失控原因、制定相应风险削减措施、编制应急反应计划、实施井喷失控风险管理是有序控制和处理井喷事故、杜绝井喷失控事故最直接、最有效的途径。

关键词　井喷失控　应急计划　风险管理　事故隐患　井喷事故

0　引言

井喷失控是钻井工程中性质最严重、危害最大的灾难性事故，被列为作业中的顶级事故隐患。因而分析和评价井喷失控原因、制定相应风险削减措施、编制应急反应计划和应急预案、实施井喷失控风险管理是有序控制和处理井喷事故、杜绝井喷失控事故最直接、最有效的途径。

1　井喷失控的直接原因

1.1　起钻抽汲造成透喷

由于抽汲压力的存在，使井内钻井液不能及时充满上提钻柱时空出来的井眼空间，在钻头下方就会对地层中的液体产生抽汲作用，使地层压力大于井底压力，从而使地层液体进入井内造成油气水侵，直至发生井喷。

1.2　起钻不灌修井液或没有灌满

在起钻时，灌入钻井液体积小于起出钻柱体积，会使钻井液柱高度下降，从而引起井底压力下降，严重时则导致溢流与井喷。

1.3　不能及时准确的发现溢流

在钻井各种作业中，当发生气侵或油水侵后，侵入井内的油气水便推动井内钻井液从井口向外溢出，可通过在地面以上发现从井内溢出的钻井液液流的各种显示即溢流显示。通过这些溢流显示，可以正确判断井侵情况。在不同作业工况下溢流的显示也是不同的，如钻进时机械钻速增加、dc指数值减小，下钻时返出的钻井液体积大于下入钻具的体积、井口不返钻井液井口液面下降等现象。如果不能及时发现和正确处理，就会使溢流增大，直至发生井喷。

1.4　发现溢流后处理措施不当

有的井发现溢流后不是及时正确的关井，而是继续循环观察，致使气侵段钻井液或气柱迅速上移，再想关井，为时已晚。

1.5 井控设备的安装及试压不符合《石油与天然气钻井井控规定》要求

在安装井控设备时，没有按照井身结构及设计要求配备压力相当的井控设备，导致无法正常进行压井，从而发生井喷。

1.6 井身结构设计不合理

表层套管下的深度不够，技术套管下的深度又靠上，当钻到下地层遇有异常压力而关井时，在表层套管鞋处憋漏，钻井液窜至井场地表，无法实施关井。

1.7 对浅气层的危害性缺乏足够的认识

许多人认为浅气层很浅，最多几百米深，地层压力低，不会造成麻烦。而实际上，井越浅，平衡地层压力的钻井液柱压力也越小，一旦失去平衡，浅层的油气上窜速度很快，短时间到达井口，让人措手不及；而且浅气层发生井涌井喷，关上井很容易在上部浅层或表层套管鞋处憋漏。所以，浅气层的危害必须引起人们的重视，要从井身结构和一次控制上下工夫。

1.8 地质设计不准

地质设计未能提供准确的地层压力资料，造成使用的钻井液密度低于地层孔隙压力。

1.9 空井时间过长又无人观察井口

空井时间过长一般都是由于起完钻后检修设备或是等技术措施没有及时实施。由于长时间空井不能循环修井液，造成井底侵入的气体有足够的时间向上滑脱运移，当运移到井口时已来不及下钻，往往造成井喷失控。

1.10 钻遇漏失层段发生井漏未能及时处理或处理措施不当

发生井漏以后，井内修井液柱压力降低，当液柱压力低于地层压力时就会发生井侵、井涌乃至井喷。

1.11 相邻注水井不停注或不减压

由于油田经过多年的开发注水，地层压力已不是原始的地层压力，尤其是遇到高压封闭区块，它的压力往往远远高于原始地层压力。如果邻近的注水井不停注，或是停注但不泄压，往往造成钻井或修井的复杂情况发生。

1.12 思想麻痹，违章操作

由于思想麻痹、违章操作而导致的井喷失控在这类事故中占有相当大的比例，解决这个问题主要从严格管理和技术培训两方面入手，做好基础工作。

2 井喷失控的危害和影响

大量的事实告诉我们，井喷失控是钻井工程中性质严重、损失巨大的灾难性事故。如重庆开县“12.23”特大井喷事故造成243人死亡，事发地方圆5km内的4.1万多名群众被疏散，近1000名民警、武警和消防官兵投入事发现场进行战斗，经济损失巨大。事故过后，造成当地大面积饮用水污染。

井喷失控的危害性概括为以下7个方面：

（1）打乱正常的工作秩序，影响全局生产。

（2）使钻井事故复杂化，处理难度增大。

（3）井喷失控极易引起火灾和地层塌陷，影响井场周围居民的生命安全。

（4）喷出的油、气、水及有害物质（如 H_2S）会造成严重的环境污染，危及人员的健康和安全。

（5）伤害油气层、破坏地下油气资源。

（6）井喷一旦着火，造成机毁人亡和油气井报废，带来巨大的经济损失。

（7）涉及面广，在国际、国内造成不良的社会影响。

综上所述，及早的对钻井过程中的井控风险进行识别、评估，并对井喷失控的各种原因进行分析，及时采取相应的措施，建立健全井喷应急抢险预案是杜绝井喷失控的主要方法。

3 井喷失控事故识别树状图（图1）

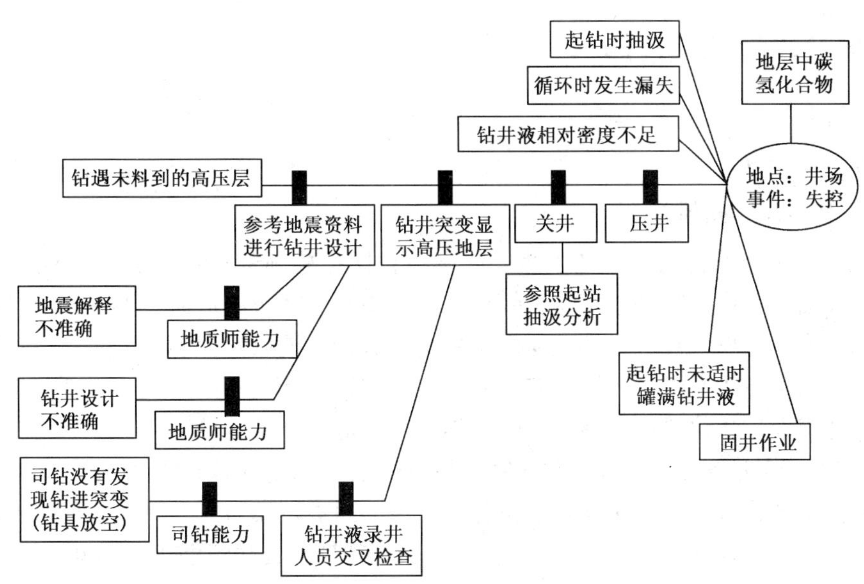

图1 井喷失控事故识别树状图

4 井喷失控屏障设置树状图（图2）

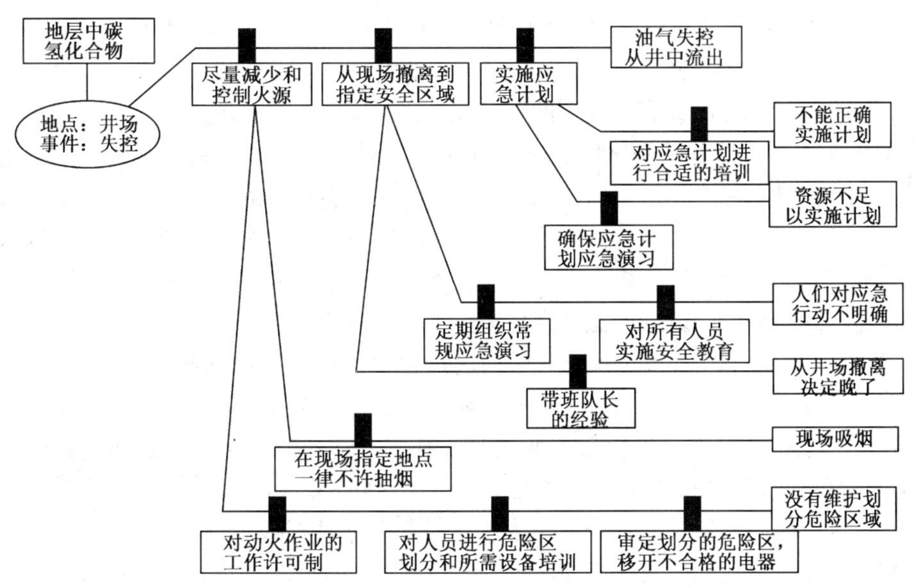

图2 井喷失控屏障设置树状图

5　井喷失控事故评估表（表1）

表1　井喷失控事故评估表

程　度	后　果			
	P	A	E	R
	人员	财产损失	环境影响	声誉影响
5	多人死亡	巨大	巨大	国际
	不可接受	不可接受	不可接受	不可接受

6　井喷失控风险削减措施

6.1　控制目标

杜绝井喷失控事故。

6.2　井喷失控管理预防措施

（1）要有效地杜绝井喷失控的发生，必须从预防措施抓起，扎实开展本油田不同地区的井控风险评估和井控风险分级工作，针对本油气田不同区域的地质、油藏和环境特点以及以往溢流、井涌、井喷及有毒有害气体溢出情况，进行井控风险识别、风险评估和分级。各油田要按照分级管理的原则，进一步完善井控实施细则，针对不同的风险级别制定相应的技术措施和管理级别，强化井控实施细则的科学性、针对性和实用性。

（2）根据《集团公司石油与天然气钻井井控规定》制定相应的井控规定，包括建立公司专门的井控领导管理小组，明确各岗位井控管理的职责与权力，各钻井队要明确各岗位的井控职责，全面掌握各种工况下的“四七”动作，定期开展井喷演习，真正实现杜绝井喷失控的目标。

（3）井控工作坚持“发现溢流立即关井，疑是溢流关井检查，预测溢流关井循环”的原则，要“立足一次井控，做好二次井控，杜绝三次井控”。依照中国石油天然气集团公司（以下简称“集团公司”）相关井控文件、井控规定及行业标准，一级风险井中属于重点探井（指新区探井和集团公司重点探井）、“三高井”、欠平衡特殊工艺井等范畴的井，根据实际施工的特殊需要，配备使用标准的或高一级别的井控装备，制定相应的专项井控技术措施。

（4）钻开油气层前录井队做好地层压力预测、监测工作，加强地层对比，及时提出地质预告。钻井队在探井钻进中要进行以监测地层压力为主的随钻监测，绘制全井地层压力预测曲线、地层压力监测曲线，设计钻井液密度曲线、实际钻井液密度曲线。开发井要绘制设计钻井液密度曲线和实际钻井液曲线。根据监测结果，若需调整钻井液密度，正常情况下，应按审批程序及时申报，经有关部门批准同意后方可进行。遇特殊情况时，施工单位可先行处理，然后再上报。钻开油气层前50～100m和在油层钻进过程中，每次下钻到底钻进前及每钻进300m都要以正常排量的1/3～1/2测一次低泵速循环压力，并作好泵冲数、排量、循环压力记录。当钻井液性能（或钻具组合）发生较大变化时应补测。钻开油气层后，起钻前要进行短程起下钻并循环观察后效，在油气层中和油气层顶部以上300m井段内起钻速度不大于0.5m/s，控制下钻速度。起钻时灌满钻井液并校核灌入量，每起3柱钻杆或1柱钻铤要灌满一次钻井液。起完钻后要及时下钻，检修设备时必须保持井内具有一定数量的钻具，并观察出口管钻井液返出情况。

6.3 井喷失控预防处理对策

根据井喷失控原因的不同，要制定相应的预防措施和处理措施（表2），这样才能真正做到杜绝井喷失控的发生。

表2 井喷失控预防处理措施表

序号	井喷失控原因	预防措施	责任人	处理措施	责任人
1	起钻抽汲，造成诱喷	每3～5柱灌一次泥浆，坐岗体积计量	泥浆工	停止起下钻，灌浆循环观察	司钻
2	起钻不灌泥浆或没有灌满	随起随灌，起完灌满	副司钻	根据情况调整泥浆性能	值班干部
3	不能及时准确发现溢流	工程、泥浆每15min坐岗监测	坐岗人员	立即关井求压，节流压井	值班干部
4	发现溢流后处理措施不当	加强井控学习培训考核工作	队长	停止目前作业，保障压井工作	井控监督
5	井控设备的安装及试压不符合《石油与天然气钻井井控规定》要求	严格按设计要求和《石油与天然气钻井井控规定》安装试压	工程师	停止目前施工，立即着手补救	井控监督
6	井身结构设计不合理	细心调研、严格相关规定，妥善设计	设计部门	暂停施工，补充或变更设计	上级主管
7	对浅气层的危害缺乏足够的认识	加强学习，提高意识	工程师	暂停施工，加强学习整顿工作	井控监督
8	地质设计未能提供准确的地层孔隙压力资料，使用了低密度泥浆，使泥浆液柱压力低于地层孔隙压力	严格前期调研工作，紧密联系现场实际，妥善合理设计	地质师	不允许钻开油气层	上级主管
9	空井时间过长，又无人观察井口	严格干部24小时值班制度	值班干部	立即下钻，并对相关人员处罚	队长
10	相邻注水井不停注或停注迟未减压	依据设计和规定及时监测周边注水井压力变化，并在开钻前联系停注	值班干部	及时联系停注或减压	井控监督 上级主管
11	钻遇漏失层未能及时处理或处理措施不当	加强井控知识学习培训，全面提高相关技术素质	泥浆管理人员、工程师	堵漏后，对相关人员进行处罚	井控监督 上级主管
12	泥浆中混油过量或混油不均匀，造成液柱压力低于地层孔隙压力			循环观察，根据情况更换泥浆	井控监督 上级主管
13	思想麻痹，违章操作	加强井控学习和培训教育	井控监督	批评处罚	上级主管

7 应急计划

7.1 应急反应组织和职责

各钻井公司及相关的后勤保障单位按照HSE管理体系的要求编制应急预案，及时按照计划要求进行应急预案的演练，而不只是一味地应付检查；设立相应的应急管理机构，机构由相关部门人员组成，当险情发生时，可会同当地政府及有关部门组成临时性的“重大险情指挥部”，主要负责传达上级指令、制定或审批应急行动方案、组织抢险救助，包括调动、组织协调有关部门如医疗救护队、公安、消防队参加抢险、组织调运抢险所需的物资，支援和指挥一线抢险，实施应急计划。

7.2 应急报告程序图（图3）

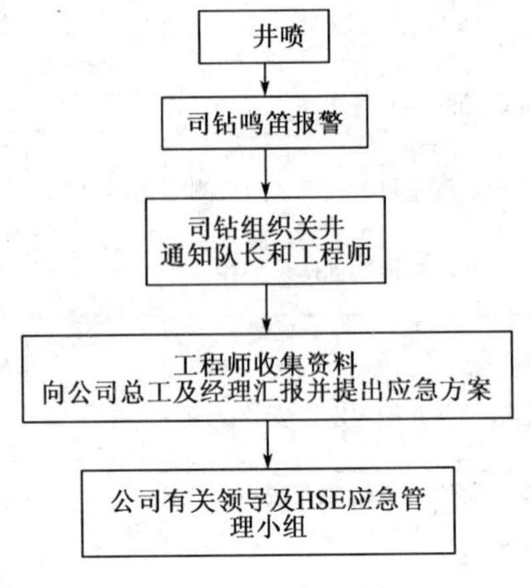

图3 应急报告程序图

7.3 应急反应组织体系图（图4）

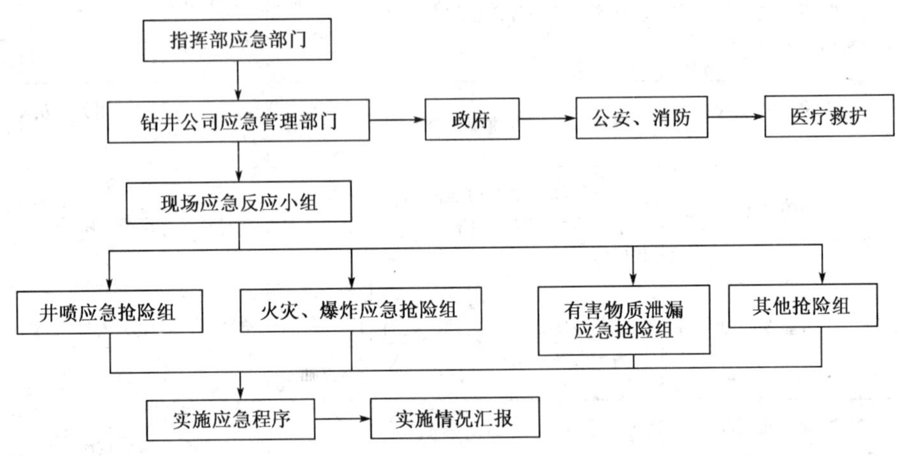

图4 应急反应组织体系图

7.4 井喷及井喷失控着火应急程序图

井涌、井喷应急程序图见图5。

井喷失控及着火应急程序图见图6。

7.5 井喷及井喷失控着火应急程序

7.5.1 严防着火

井喷失控后应立即停机、停车、停炉，关闭井架、钻台、机泵房等处全部照明灯和电器设

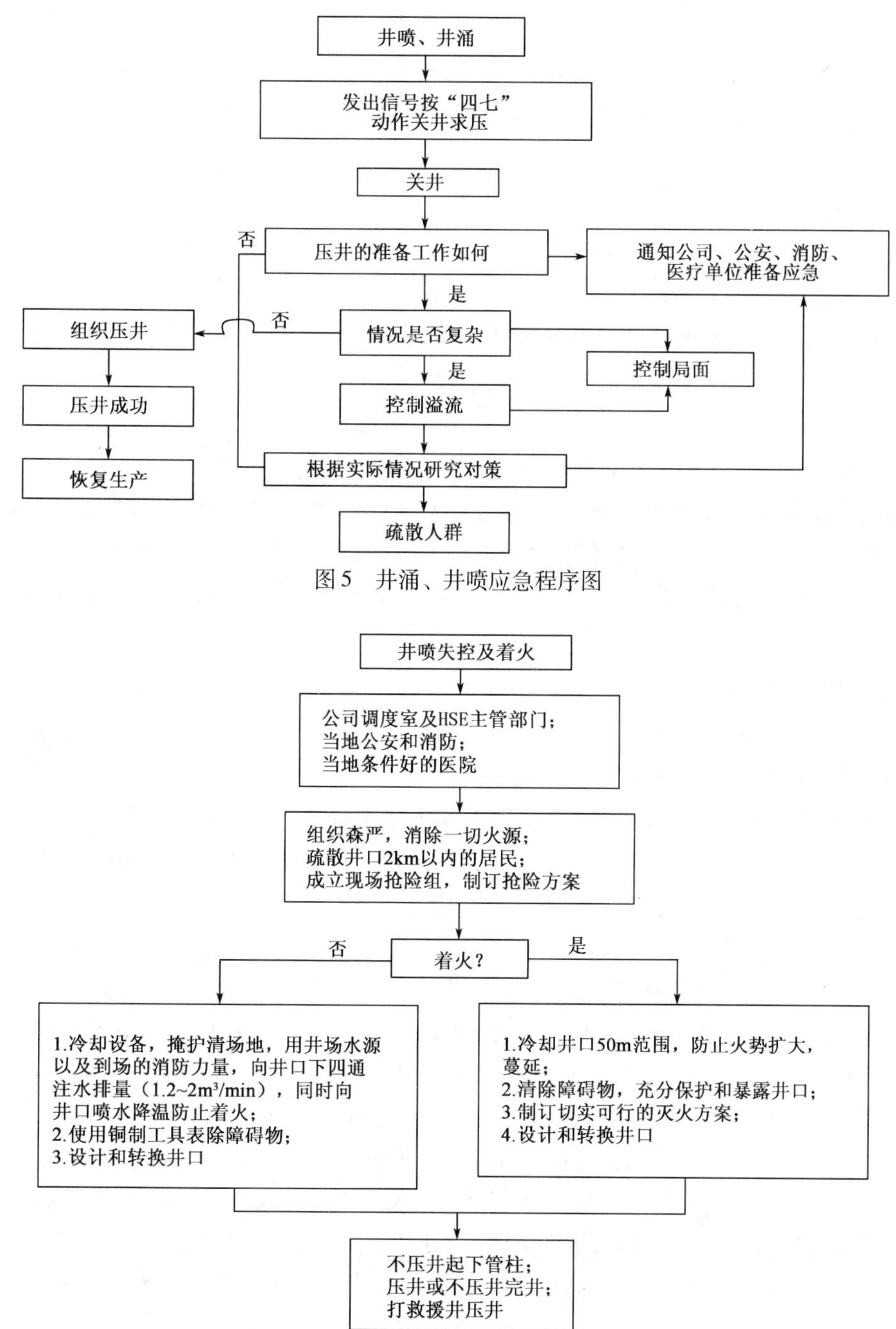

图5　井涌、井喷应急程序图

图6　井喷失控及着火应急程序图

备，必要时打开专用探照灯；熄灭火源，组织警戒；将氧气瓶、油罐等易燃易爆物品撤离危险区；迅速做好储水、供水工作，并尽快由注水管线向井口注水或用消防水枪向油气喷流和井口周围设备大量喷水降温，保护井口装置，防止着火或事故继续恶化。

7.5.2　及时观察监测

应设置观察点，定时取样，测定井场各处天然气、硫化氢和二氧化碳含量，划分安全区域。

7.5.3 认真检查

检查防喷器及井控管汇的密封和固定情况；检查方钻杆上、下旋塞的密封情况。按规定和指令动用机动设备、发电机及电焊、气焊；对油罐、氧气瓶、乙炔发生器等易燃易爆物采取安全保护措施。

7.5.4 准备充分

迅速组织力量配置压井液实施压井，压井密度根据邻近井地质、测试等资料和油、气、水喷出总量以及放喷压力来确定；其备用量应为井筒容积的2～3倍。

失控井应清除抢险通道及井口装置周围可能使其歪斜、倒塌、妨碍处理工作进行的障碍物，充分暴露和保护井口装置。

7.5.5 措施到位、方法得当

着火井应在灭火前按照先易后难、向外后内、向上后下、逐段切割的原则，采取氧炔焰切割和水力喷砂切割带火清碍；清理工作要根据地理条件、风向，在消防水枪喷射水幕的保护下进行；未着火井要严防着火，清障时要大量喷水和使用铜制工具。采用密集水流法、突然改变喷流方向法、空中爆炸法、液固快速灭火剂综合灭火法以及打救援井等方法扑灭不同程度的油气井大火。

7.6 井控技术培训、考核

（1）井控管理工作重点在现场、要害在岗位，强化员工井控技能培训，是从源头上防止井喷失控事故的一项重要工作。

（2）从事钻井生产、技术和安全管理的各级人员应持有“井控操作证”方能上岗。

（3）公司成立井控管理领导小组；分公司、各项目部成立井控工作领导小组；钻井队、井控车间成立井控管理实施小组。各级第一负责人为各级组长，坚持“谁主管、谁负责”的原则，职、责、权三结合。

（4）制定严格的《井控管理规定》，将井控工作纳入HSE管理体系并认真贯彻执行，采取“领导参加、内行组团、穿戴劳保、事先不约、多用时间、多查隐患、整改闭环”的方法，“查严、查实、查准、查细”，发现不合格，对于检查出的问题，基层单位能够整改的，开具整改通知单，限期整改；基层单位无力整改的，作为治理事故隐患项目，研究制定整改措施。

（5）井控培训应到位。从主管钻井工作的局领导、分公司领导、相关部门处级领导到各钻井公司的经理总工师，最后到各钻井队监督、队长、固井、录井、管具等相关的技术人员和操作人员都应进行井控工艺（地层压力的检测和预报、溢流、井喷发生原因、关井程序、压井施工、硫化氢防护）和井控装置（结构、工作原理、安装调试、维护保养、故障排除）方面的培训。

7.7 应急救援预案演练与评价

再好的应急救援（响应）预案不经过演练或实战的检验并不断完善是不符合科学态度的。应急管理工作构成了一个复杂、开放、巨大的系统，应急救援活动涉及不同领域、不同部门、不同行业、不同资源，需要不同门类专业技术的支撑等，这些都作为系统中的要素，与应急活动既相互联系又相互影响，这就存在正反馈与负反馈作用。因此，在建立统一指挥体系和标准化、程序化运行机制的基础上，通过“演练—总结提高—再演练”的方式，形成务实、快速、高效的应急预案，有效应对突发事故是非常必要的。因此应做好以下几个方面：

7.7.1 精心编制应急计划

编制应急计划的过程，也是理解、检验应急救援（响应）预案适应性的过程，编制过程中要充分动员应急演练人员参加，既是集思广益完善计划的过程，也是充分理解计划目的、所承担任务和相互衔接的过程。企业应急救援（响应）预案编制必须符合当地政府应急救援预案的要求，特别是在相互衔接上做到“无缝链接”。只有这样才能确保预案的迅速、有序、有效。

7.7.2 找准应急演练评价的关键点，尽量应用现代媒体和检测手段，取全取准演习评价基础资料

要切实树立演习不是“演戏”的思想，不要有应付、走过场的思想。石油天然气井筒作业施工企业在编制应急救援（响应）预案时，要突出其专业与施工作业危险的特殊性，包括事故诱因、施工场点环境、周边公共资源依托等，从专业角度提高应急抢险处置能力。

7.7.3 认真搞好总结

演习结束后，要集中所有参加应急人员以不同形式进行分析，分析过程中要发扬民主，重点查找存在的问题细节，提出改正问题的方法、步骤和要点，必要时可作为今后应急计划的支撑性附件。

7.7.4 高标准的组织好评审

应急演习只有更好，没有最好，所以，要站在能够应对重大、特别重大事故出现的高度去评价。评价过程中对事要敢于揭疤亮丑，指出危害和改进措施；对人要在肯定成绩的同时，指出缺陷和不足，帮助提高技能和思想认识，达到促进提高的目的。全员参与与专家评审相结合、不断完善企业应急救援（响应）预案，是提高企业安全生产管理水平的重要方面。

8 结语

井控的安全工作，不能放过任一个环节，应从源头上进行严格的控制，建立健全井控管理组织和规章制度，不断完善对安全事故应急救援（响应）预案的管理，不间断地监督检查钻井现场，坚持以预防为主，发现问题及时汇报，及时解决，从而才能将风险降低到最小。加强对安全事故应急救援（响应）预案的管理是减小事故危害和损失的重要组成部分，企业作为生产安全的主体，负有不可推卸的责任。制定及时、科学、有效的企业应急救援（响应）预案是法律所规定的职责。通过以上对井喷失控的评估、风险削减措施以及根据本地区及不同地层区块岩性、压力、施工类别等做出相应的应急计划，可以有效杜绝井喷失控的发生，提高钻井效率，最终实现安全环保生产的目标。

参 考 文 献

[1] SY/T 6426—2005 钻井井控技术规程［S］.

[2] SY/T 6203—20067 油气井井喷着火抢险作法［S］.

查找管理短板　实现六个转变

李红瑞　张和开

（中国石油川庆钻探工程有限公司　四川省成都市　610051）

摘　要　本文通过分析查找中国石油天然气集团公司 HSE 管理体系在优化升级、定量管理、刚性管理、规范管理、注重实践、相互融合六个方面存在的短板，提出由探索实践向体系升级、由定性管理向定量管理、由柔性管理向刚柔并济、由经验管理向规范管理、由理论研究向注重实践、由融合不够向全面融合六个转变，为完善和提高中国石油天然气集团公司 HSE 管理体系提供了一个综合性的解决方案。

关键词　管理　短板　实现　转变

0　引言

2008 年，中国石油天然气集团公司（以下简称“集团公司”）与杜邦公司签订了 HSE 咨询服务协议，HSE 管理体系推进取得了阶段性成果，同时也进入一个滚石上山、不进则退的关键时期，既要巩固前期推进成果，又要试点探索工艺安全管理等新方法、新工具，因此，查找管理短板，探索改进措施，为下步体系推进工作明确思路，尤为重要。

1　查找“探索实践多、优化升级少”短板，实现由探索实践向体系升级转变

1.1　“探求实践多、优化升级少”短板分析

当前，集团公司发布了 SY 1002.1—2007 健康安全与环境管理体系系列标准，各企业建立以管理手册、程序文件和作业文件为框架的 HSE 管理体系，基层单位全面推行 HSE“两书一表”。自 2008 年以来，各企业学习引进杜邦公司 HSE 管理理念、工具和方法，开发管理标准和操作程序，控制高危作业风险。由于各种管理要求并存运行，管理主线不清，执行标准不一，重复性要求、工作和资料多，基层负担重。通过三年体系推进，一些要素取得实质性突破，但整体推进不平衡，企业推进不平衡，层级推进不平衡，推进成果与现行体系标准、审核标准、“两书一表”未有机整合，存在脱节现象，导致推进效果不明显。

1.2　实现由探索实践向体系升级转变的措施

在集团公司层面，按照“简明、科学、规范、适用”的原则，对当前 HSE 管理体系进行整体策划，优化整合，进一步明确管理职责和管理流程，修订 HSE 管理体系标准，建立以风险控制为核心的 HSE 管理体系。各企业修订完善 HSE 管理手册，开发统一的 HSE 管理程序，完善 HSE 责任书、个人安全行动计划等责任落实和考核工具。在作业现场层面，整合风险管控工具（工作安全分析、作业许可、工艺危害分析、安全观察与沟通、安全经验分享等)、“两书一表”、岗位责任制、巡回检查制。全面升级 HSE 体系审核标准，对企业进行统一认证，对企业所属单位进行分别审核，企业发总证，企业所属单位发分证。

2 查找“定性管理多、定量管理少”短板，实现由定性管理向定量管理转变

2.1 “定性管理多、定量管理少”短板分析

（1）各企业HSE管理定位未量化。主要原因是没有制定HSE审核定级标准，只能评比先进，判别达标或不达标，不能实现定量审核，不能得出某个企业、某个基层单位具体评估得分是多少、各要素得分是多少、处于什么阶段，不能实现对标对比分析，不能确定真实管理水平，不能发现在哪些方面存在差距，无法明确各单位、基层队伍的奋斗方向和目标。

（2）HSE管理要求定量化不足。工作计划、会议安排临时性措施、宏观性要求相对较多，长效机制、具体要求相对较少，责任主体不明、缺乏工具方法、无工作载体等现象屡见不鲜，导致管理效果不佳。

（3）HSE预警系统没有定量化。集团公司部分公司建立了生产安全预警系统，但没有准确界定基层单位各阶段的事故、事件、隐患、违章预警值，无法及时预警，不能迅速找到管理重点，不能及时采取针对性措施。

2.2 实现由定性管理向定量管理转变的措施

（1）开展HSE审核排名定级。集团公司制定HSE管理体系审核总则和各专业HSE管理体系审核标准，实行1000分制打分，将HSE大检查融入到HSE管理体系中量化审核。集团公司依据各专业审核标准，运用要素对比分析和综合得分对比分析，对各企业进行排名，找准各企业的定位，查找HSE管理短板，制定和实施改进措施，并对排名倒数前三名的企业主要领导进行问责制；组织各企业对其下属的二级单位、各二级单位对基层队开展审核定级工作，对排名倒数前三名二级单位、基层队的主要领导实施问责制；实行审核定级与绩效挂钩政策。

（2）推行“5W1H”工作方法。重点推广应用甘特图等表格化工具，无论是通知安排，还是会议决议，对每一项工作，列表明确要做什么（WHAT）、为什么要做（WHY）、何时做（WHEN）、在什么地方做（WHERE）、谁来做（WHO）、如何做（HOW），做到工作任务清楚、目标明确、责任落实、方法得当，确保执行有力。

（3）建立定量化HSE预警系统。集团公司和各企业建立运行HSE预警系统，科学设定各企业、各单位年度、季度、月度的事故、事件、隐患、违章预警值，各级领导及安全监管人员及时录入数据，在集团公司和各企业相关会议、门户网站、HSE信息系统等及时发布预警信息，对出现预警企业和单位及时分析，采取针对性措施，抓住关键，做到有的放矢。

3 查找“柔性管理多，刚性管理少”短板，实现由柔性管理向刚柔并济转变

3.1 “柔性管理多，刚性管理少”短板分析

未严格履行HSE问责制。各企业在查患纠违方面下了大工夫，部分企业甚至一周就能查出成百上千起隐患和违章；特别是对违反集团公司六条禁令的严重违章行为，未按规定进行严厉处罚；对个别连续发生轻伤、重伤事故的单位，未组成事故调查组开展事故调查，从

系统上查找管理漏洞，从根本上制定管理措施，导致个别单位安全管理水平长期处在令人担忧的警戒线上。

3.2 实现由柔性管理向刚柔并济转变的措施

严格 HSE 绩效考核，加大事故事件管理力度，大力推行 HSE 问责制，对 HSE 管理问题较多、管理基础薄弱、重复发生事故的单位要及时召开专题会议，派驻工作组，帮助提高管理水平；对发生亡人事故、重伤事故、多次轻伤事故以及出现重大隐患违章的单位及个人要采取刚性手段加以解决，做到刚柔并济。

4 查找“经验管理多，规范管理少”短板，实现由经验管理向规范管理转变

4.1 “经验管理多，规范管理少”短板分析

在 HSE 管理体系运行过程中，经常是凭经验管理，泛泛提要求，缺少具体明确的规定。如在规范三种管理（有感领导、直线管理、属地管理）方面，相应的管理流程、管理职责、管理内容、管理标准等多数企业没有形成制度固化下来，推进的经验还仅仅停留在会议上、报告中；在规范三个系统（制度系统、培训系统、绩效系统）方面，制度框架还未完整搭建起来，且制度执行力较差，各个层级都存在工作安排和要求落实不下去的现象，培训以及绩效考核管理缺乏规范性、严肃性。

4.2 实现由经验管理向规范管理转变的措施

（1）进一步完善 HSE 制度标准系统。将三大管理融入到各级制度标准中，开展制度标准梳理和合规性评价，建立完善集团公司、企业、二级单位、基层单位 HSE 制度清单、HSE 记录清单。

（2）进一步完善 HSE 培训系统。建立岗位培训矩阵，明确培训内容、周期和要求；分层级编制培训课件，建立培训课件库、岗位培训课件包，做到学有教材；开展培训效果评价，使各级领导干部员工掌握自己的职责、工作的程序和方法，做到有的放矢。

（3）进一步完善 HSE 绩效系统。集团公司层面，建立 1 个 HSE 管理体系审核标准和各专业 HSE 管理体系审核标准，各企业建立“1 + N”审核标准体系，即制定 1 个 HSE 审核标准总则，N 个专业审核清单，建立以 HSE 审核定级排名、HSE 责任书考核兑现为核心的 HSE 绩效考核机制；对领导层和管理层，建立以 HSE 责任书、个人安全行动计划书考核为核心的 HSE 绩效考核机制；对操作层，建立以岗位职责、属地管理责任考核为核心的 HSE 绩效考核机制。

5 查找“理论研究多，注重实践少”短板，实现由理论研究向注重实践转变

5.1 “理论研究多，注重实践少”短板分析

理论研究多。一是文山会海现象普遍，部分企业领导干部经常忙于编制 HSE 管理工作文件、会议、总结、汇报、论文等，口头要求、文字要求多。二是 HSE 项目研究成果应用不够，重评奖、轻应用，缺乏系统的、强有力的推广，不能有效转换为 HSE 管理成果。三是 HSE 管理论文应用不够，集团公司和各企业每年都要开展 HSE 论文评比，很多论文都包含有丰富的 HSE 管理思想、方法和工具，但经常是一评了之，缺乏应用分析和推广应用。

注重实践少。部分企业领导干部难得深入现场开展工作，因为对基层情况不了解，所开的会议、所制定的制度措施，往往停留在纸面上，缺乏针对性；因为对基层培训指导欠缺，制度、措施落实缺乏必要的验证，导致 HSE 管理架空，最终流于形式。

5.2 实现由理论研究向注重实践转变的措施

（1）精减文件和会议。严格文件和会议管理，控制文件数量，尽量少开会、开小会，使领导干部和基层人员从文山会海中解脱出来，投入更多的精力抓落实。

（2）强化成果应用机制。HSE 研究项目成果和 HSE 论文在评奖后，都要进行应用分析，提出推广应用要求，按照“5W1H”工作方法，制定推广应用方案，确保研究成果真正起到促进管理提升的作用。

（3）改变机关工作作风。集团公司及各企业机关领导干部、安全监管人员，要力争用三分之一的时间深入到企业、基层开展工作。深入企业和基层，主要做三件工作：一是验证，验证会议、文件、制度执行情况，跟踪上级检查、上次检查发现问题整改情况，掌握动态，为完善制度、规范管理、强化执行奠定基础；二是指导，重点指导 HSE 管理体系推进和 HSE 管理制度执行；三是培训，重点培训 HSE 管理知识、技能和管理技巧，实现机关领导干部、安全监管人员从理念研究向注重实践转变。

6 查找“各负其责多，相互融合少”短板，实现由融合不够向全面融合转变

6.1 “各负其责多，相互融合少”短板分析

集团公司及各企业的所有职能部门、单位和基层单位，都有明确的 HSE 职责，基本上能够按照“谁管工作，谁管安全”的原则开展工作。但在实际工作中还存在各行其事、沟通不畅，工作存在重复、交叉现象。主要表现有：一岗双责，甚至一岗多责现象；对于同一管理事项、一些责任相对模糊的事项，各部门分别出台管理规定，导致出现一事二规，甚至一事多规；最终谁都负责，谁都不负责，互相推诿扯皮。

6.2 实现由融合不够向全面融合转变的措施

集团公司、各企业、二级单位和基层单位，要树立上下左右一盘棋的思想，按照“谁管工作，谁管安全”的直线管理要求、“谁的区域谁负责”、“谁的领域谁负责”的属地管理要求，严格落实各级责任。各部门之间、各企业之间、各单位之间要资源共享、信息共享，及时沟通协调，消除管理壁垒，使 HSE 融入生产经营活动，成为一体，同步运行，做到“三融入、三消除”：一是将 HSE 职责融入岗位职责，消除一岗双责；二是将 HSE 要求融入标准规程，消除一事二规；三是将 HSE 管理融入生产运行，消除一事两管。

7 结语

查找 HSE 管理短板、改进 HSE 体系，是一项长期而艰巨、重要且必要的任务。本文查找的“六个短板”，只是选择具有代表性的几个短板进行分析，可以作为各企业分析短板的参考。因为各企业情况不一，短板不尽相同，必须结合实际认真分析，区别对待，不能一概而论。

标准化作业程序的编制方法

赵　强

（中国石油川庆钻探工程有限公司　四川省成都市　610051）

摘　要　标准化作业程序属于一个公司的第三层次文件，它涉及整个流程工序和设备、设施。要编制合理的作业程序，首先应评估出工序流程中的关键任务，以关键任务为主线、以工作安全分析为基础编制作业程序。不应混淆作业程序与技术标准，一个完整的作业程序应具备作业条件、准备工作、作业步骤、应急处置、作业关闭5个要素。作业程序是否符合现场实际，还应通过工作循环的方法来验证。

关键词　标准化　程序　编制方法

0　引言

标准化作业程序（SOP），是操作层面的程序，在HSE和ISO 9001体系中被称为第三层次文件，即作业文件。所谓标准，是指最优化，通俗地讲就是尽可能地将相关操作步骤进行细化、量化和优化。

标准化作业程序是一个系统而非指单一的一项操作规程，一个公司的安全文件通常可分为三个层次：第一层次是方针、原则和策略；第二层次是管理程序；第三层次就是标准化作业程序（SOP），SOP应当涉及整个流程工序和设备、设施。

1　作业程序的编写流程

1.1　制定编写计划表

作业程序的编制要符合工序流程的要求，否则易造成重大漏项。较为有效的方法是组织生产、技术、装备方面的专业人员进行讨论，按工序流程罗列出一个编写计划。表1为某单位编写的《关键任务作业程序编写计划表》。

表1　关键任务作业程序编写计划表

序号	作业类型	作业名称	JSA	JSA档案库	作业程序	负责人	完成时间	评审时间
1	钻前施工26个	井架起放作业	是	JSA－ZQ－01	ZYCX－ZQ－01	A组	2009.9.30	2009.10.10
2		井架安装作业	是	JSA－ZQ－02	ZYCX－ZQ－02	A组	2009.9.30	2009.10.10
……		……						
26	钻井作业13个	钻鼠洞作业	是	JSA－ZJ－01	ZYCX－ZJ－01	B组	2009.9.30	2009.10.20
27		埋导管作业	是	JSA－ZJ－02	ZYCX－ZJ－02	B组	2009.9.30	2009.10.20
……		……						

续表

序号	作业类型	作业名称	JSA	JSA 档案库	作业程序	负责人	完成时间	评审时间
39	辅助作业 9 个	管材装卸车及摆放作业	是	JSA－FZ－01	ZYCX－FZ－01	C 组	2009. 9. 30	2009. 10. 20
40		清洗泥浆罐作业	是	JSA－FZ－02	ZYCX－FZ－02	C 组	2009. 9. 30	2009. 10. 20
……		……						
48	维修作业 10 个	更换防喷器闸板作业	是	JSA－WX－01	ZYCX－WX－01	D 组	2009. 9. 30	2009. 10. 30
49		更换泥浆泵缸套和活塞作业	是	JSA－WX－02	ZYCX－WX－02	D 组	2009. 9. 30	2009. 10. 30
……		……						

1.2 收集并梳理资料

编写前，要尽可能地收集与该程序相关的技术标准、事故（事件）案例和其他相关安全规定，如：在编写焊接、切割作业程序时，收集、整理了《气体焊接设备焊接、切割和类似作业用橡胶软管》、《石油工业电焊焊接作业安全规程》、《焊接与切割安全》、《焊接眼面防护具》等国家和行业标准，目的是为了确保作业程序的合规性。

1.3 以工作安全分析为基础编写程序

工作安全分析不仅是员工识别作业危害的一种手段，也是编制作业程序的基础，通过工作安全分析，将作业的步骤、危害、保护措施等都进行了识别和分析，其实这时作业程序已经初见雏形。在编写过程中应有具备相关经验的操作员工参加，并尽量发挥其作用。在组织编写作业程序时，组织编写小组通常 4 ~ 6 人，1 名技术（设备）人员、1 名安全人员、1 ~ 3 名操作员工、1 名记录人员（通常是组织者），由组织者进行引导式的提问，并将大家分析的作业步骤、危害、保护措施记录下来，在整个过程中操作员工是主角，技术人员、安全人员从专业的角度进行补充，而组织者主要任务是聆听和记录，并尽量使小组成员的意见达成一致。

1.4 评审

评审通常是由专家组来完成，应当在评审前一周将相关作业程序和意见收集表格发送给专家组，这样有利于专家充分准备，提高评审的效率。

2 作业程序的 5 个要素

在评估许多单位的作业程序时，发现有两种倾向：一是把作业程序编写成安全提示，一是过多的抄录不必要的技术标准，并过于繁杂。一个完整的作业程序应包含以下 5 个要素：（1）作业条件，描述具体的人员、环境、设备要求；（2）准备工作，包括个人防护用品要求和设备、工具检查两个方面；（3）作业步骤，按步骤描述具体的操作要求；（4）应急处置，即一旦发生意外情况，应当如何处置；（5）作业关闭，正常作业关闭的程序和注意事项。表 2 为标准作业程序举例。

表 2　乙炔气焊作业程序

××××公司	版本 B
×××厂	编号 ZN－F－02
乙炔气焊作业程序	第×页共×页

1　作业条件

（1）操作者应持焊工特种作业操作证。

（2）进行动火作业前应按公司《动火作业安全管理程序》要求办理动火作业许可证。

（3）焊接作业点离易燃物不得少于 10m，动火施工区域需设置警戒线、灭火器材。

（4）如焊接作业点与易燃物不能达到以上安全距离要求，应用防火气毯或其他防火材料设置屏障。

（5）受限空间内进行焊接、切割作业必须按公司《进入受限空间管理程序》要求，同时办理受限空间作业许可证。

2　准备工作

（1）个人防护用品要求。

①操作者应配戴安全帽与面罩连接式灭弧罩。

②操作者应使用防护鞋和焊工专用手套。

③监护人应配戴适合的护目镜。

（2）设备和工具检查。

①所有运行使用中的焊接、切割设备、工具必须外观完好，并处于正常工况。

②气瓶及附件上不得有油污，瓶帽、防震圈齐全、完好。

③瓶阀损坏或不能打开时，严禁在现场修理瓶阀，应将气瓶退至供货商。

④焊接设备、切割机具、气瓶、电缆及其他器具必须放置稳妥并保持良好的秩序，使之不会对附近的作业人员构成妨碍。

⑤准备好适用型号的灭火器。

⑥准备梯子、扳手等工具。

3　气焊与气割作业步骤

（1）流程。

气瓶搬运至作业现场→气瓶放置→安装减压器和连接软管、焊枪及附件→开启气瓶阀门和调节减压器→焊枪点火→切割作业→切割作业完毕

（2）要点。

①氧气和乙炔气瓶搬运至作业现场：

a. 氧气和乙炔气瓶应分别使用专用手推车搬运；

b. 严禁在地上抛、滚、拉、踢。

②氧气和乙炔气瓶放置于作业现场：

a. 在作业现场，氧气和乙炔气瓶应直立放置，并用链条、手推车等稳定装置防止其倾倒；

b. 氧气和乙炔气瓶相距 7m 以上，距易燃易爆物、焊接与切割点 10m 以上；

c. 在受限空间内作业时，气瓶不得带入空间。

③安装减压器和连接软管、焊枪及附件：

a. 氧气和乙炔气瓶应分别安装专用减压器；

b. 使用标准的软管及软管接头，蓝色软管接氧气，红色软管接乙炔气；

c. 氧气和乙炔气瓶减压器的出口处分别安全装阻火器，焊枪入口分别安装单向阀，以防止回火；

d. 软管连接必须使用卡箍，不应使用铁丝；

e. 检查软管，老化和有裂纹的软管应及时更换；

f. 操作时严禁使用粘有油脂的工具和手套。

④开启气瓶阀门和调节减压器：

a. 操作者应站在瓶阀气体排出方向的侧面，缓慢开启阀门，当压力表指针达到最高值后，阀门必须完全打开以防气体沿阀杆泄漏；

b. 严禁使用瓶阀上未配手轮的氧气瓶，开启乙炔气瓶阀门时，必须使用专用工具；

c. 当瓶阀冻结时严禁使用明火烘烤，必要时宜使用 40°C 以下的温水解冻；

d. 检查连接处的气密性，严禁使用明火试验；

e. 乙炔瓶的使用压力不应超过 0.15MPa，输气流速不应超过 1.5～2.0m^3/h；

f. 操作时严禁使用粘有油脂的工具和手套。

续表

××××公司	版本 B
×××厂	编号 ZN－F－02
乙炔气焊作业程序	第×页共×页

⑤焊枪点火：
a. 点火前，检查焊枪的吸气性能（只连接氧气软管，打开焊枪的氧气阀和乙炔阀，用手堵在焊枪乙炔气入口端，若感到的一定吸力，则表示吸气性良好）；
b. 点火时应使用专用打火机或其他适宜的火种；
c. 点火时应先开焊枪乙炔阀门再打开焊枪氧气预热阀门，调试火焰时焊割炬不得指向人员或可燃物体。
（3）切割作业：
a. 应事先将工件表面的锈、油污、水清除干净；
b. 点燃的焊割炬严禁放在地面上，喷嘴不得与金属物件正面接触；
c. 使用中氧气和乙炔气瓶均应留有不低于0.5MPa压力的余气，以保持正压。
（4）切割作业完毕：
a. 正常作业完毕后，应先关闭焊枪切割氧气阀门，再关氧气阀门，最后关乙炔阀门；
b. 关闭氧气和乙炔气瓶气源，先卸下氧气瓶减压器，再卸下乙炔气瓶减压器，拆卸减压器之前，必须将减压器内的余气释放干净；
c. 将氧气和乙炔气瓶分别用手推车送回库房，将胶管绕好与减压阀、焊枪放入专用工具箱内。
4　应急处置
（1）当软管发生泄漏时，应立即关闭气瓶阀门，中断气源供应，排除故障后，方可恢复作业。
（2）切割过程中发生回火应先关闭切割氧气阀门和预热氧气阀门，再关闭乙炔阀门，最后关闭氧气及乙炔瓶阀门，排除故障后，方可恢复作业。
（3）乙炔瓶着火时，应在安全情况下用水喷淋气瓶使其冷却，切勿移动气瓶，以免引起爆炸。
5　作业关闭
（1）检查焊接、切割物件是否冷却，周围是否有可能引起火灾的隐患。
（2）关闭作业许可证。
（3）撤离所有隔离物和焊接屏障。

编制人：	审核人：	批准人：
批准日期：	发布日期：	实施日期：

3　作业程序与技术标准的区别

在作业程序上通常有一个误区，即将作业程序等同与技术标准。其实两者既有区别又有联系。

（1）两者的侧重点不同。

技术标准侧重于工程质量保障和工艺风险控制，对作业人员操作过程中的安全考虑较少，如《钻井技术操作规程》第七章固井，对套管选择、井眼准备、水泥浆性能、下套管灌浆、套管试压等都作了明确而严格的要求，但对作业人员在操作过程中可能发生的起重伤害、高处坠落、物体打击等人身伤害却关注较少。作业程序侧重于操作层面，解决如何控制员工不安全操作的问题，如下套管作业程序应该对下套管的工作步骤、方法和如何使用工具、紧急情况下如何处置等作出具体要求。

（2）两者的使用对象不同。

技术标准用于解决工程质量如何保障、工艺风险如何控制的问题，使用对象主要是专业技术人员。作业程序用于指导员工如何操作，使用对象主要是操作工人。有些单位用技术标准代替作业程序，让操作员工直接看技术标准，这样对员工的指导性不强，同时也是资源和经济上的浪费。

（3）两者同属于 SOP 的大系统。

两者的目的都是为了实现标准化生产，而且两者在编制过程中需要相互借鉴。

4 工作循环检查

编写的作业程序是否正确、是否能在现场有效运行，多年来作业现场都缺少系统的、有效的方法。在与杜邦合作的过程中，引入了工作循环检查（JCC）这个基本工具，此工具是以操作主管和员工合作的方式对已制定的作业程序和员工实际操作行为进行分析和评价的一种方法。其目的有以下两个方面：

（1）确保重要任务的作业程序正确。通过评估标准作业程序，观察工作过程，辨识危害因素，制定改善措施，优化作业程序。

（2）检查员工对作业程序理解的充分性及遵循程度，并强化员工培训。

4.1 工作循环检查的步骤和要点

（1）确定参与 JCC 活动的人员。

以下几方面的人员应参与 JCC 活动：①JCC 协调员，一般由基层单位主管生产、技术、设备的负责人担任负责制订 JCC 计划并组织操作人员实施；②操作主管，一般是基层单位班组长担任，组织员工执行 JCC 计划；③操作者，完成与本岗位操作有关的 JCC 计划。

（2）确定关键任务，建立 JCC 计划。

JCC 协调员应首先清理关键任务是否都有标准作业程序，当缺少作业程序时，应进行补充编写，然后整理出一份关键任务年度 JCC 计划表，所有关键操作每年至少检查一次。此外当关键任务的作业程序发生变化时，要及时开展 JCC 活动。计划表应明确作业程序的检查人员和操作者。

（3）程序讨论。

操作主管和操作者共同讨论程序的完整性和适用性，重点讨论该程序中有关安全方面的内容，并做好相关记录。在进行讨论时，应充分考虑以下几方面内容：①需要的个人防护设备及完好状态；②需要的工具及完好状态；③操作程序中是否已包含安全要求；④执行该操作程序能否安全、有效地完成工作任务；⑤执行操作程序时涉及的一些关键安全要求。

（4）现场检查。

初始验证后，操作主管和操作者到现场，由操作者按作业程序实施工作，操作主管进行观察并做好记录，若不宜进行实际工作，可以进行模拟操作。作业过程观察时应注意以下几方面内容：①实际或模拟操作与规程是否一致；②操作过程的安全注意事项在规程中是否体现；③操作环境是否满足 HSE 要求。若工作的某部分无法按作业程序进行，但实际操作是安全的，应记录员工的实际操作方法。此外要充分记录操作过程中其他不安全事项，如打击危害、不安全地进入受限空间、有缺陷的设备、没有逃生路线、没有足够的空间实施工作等。

（5）改进措施。

检查完成后，操作主管和操作者一起讨论观察结果、最佳实践及改善措施。操作主管根据评估情况填写完成 JCC 评估表（可参考表 3），交给 JCC 协调员，JCC 协调员根据建议制定并实施改善措施，组织修订作业程序，对修订后的作业程序应进行培训，确保相关人员充分理解作业程序要求。在作业程序得到补充和修订以前，应用工作安全分析的方法制定临时的控制措施，避免执行不合理的作业程序而导致事故发生。

表 3　JCC 评估表

专业技术人员/班组长：　　　　　　　　　　操作人员：　　　　　　　　　　日期：

<table>
<tr><td colspan="3">初始评估</td><td>详细说明</td></tr>
<tr><td colspan="3">规程名称：</td><td rowspan="5"></td></tr>
<tr><td colspan="3">检查类型：　实际操作 □　　模拟操作 □</td></tr>
<tr><td colspan="3">防护设备：　足够 □　　不足 □
　　　　　　完好 □　　缺陷 □</td></tr>
<tr><td colspan="3">工具获得：　容易 □　　不易 □</td></tr>
<tr><td colspan="3">安全措施：　充分 □　　不充分 □</td></tr>
<tr><td colspan="4">建议：</td></tr>
<tr><td colspan="4">现场评估</td></tr>
<tr><td>序号</td><td>操作步骤</td><td>偏差关键点</td><td>潜在的风险</td></tr>
<tr><td></td><td></td><td></td><td></td></tr>
<tr><td colspan="4">最终评估</td></tr>
<tr><td>序号</td><td colspan="2">建议</td><td>提出人</td></tr>
<tr><td></td><td colspan="2"></td><td></td></tr>
</table>

4.2　应用工作循环检查的误区

（1）误用 JCC，扩大 JCC 的概念。

许多现场主管出于对 JCC 概念的误解，将此方法用于观察员工是否正确使用工具、个人防护用品等不安全行为，其实针对不安全行为的纠正应当采用安全观察与沟通（STOP）这个工具，而不是用 JCC。扩大概念的后果是使 JCC 没有针对性，失去了本来的目的。

（2）操作主管、操作者的选择不合理。

操作主管应接受过 JCC 的相关培训，对作业程序和 JCC 方法都应有深度的认知；而操作人员一定要经过该项作业程序的培训并具备相应的实际工作经验，否则应对操作者进行更换。

（3）评估时，忽略了员工的执行力。

JCC 过程中检查人员过多关注寻找作业程序本身的缺陷，而较少关注员工对作业程序的理解及掌握程度，从而未达到 JCC 既定的目的。

（4）将 JCC 同员工培训混在一起，弱化了 JCC 的作用。

JCC 的主要作用是验证作业程序的适宜性以及被遵守的程度，而不是培训员工如何掌握作业程序，如果把两者混在一起，通常会忽略作业程序本身的适宜性。

评估表填写说明：①填写此表的目的是记录 JCC 过程中的相关问题，收集操作人员对此项作业程序的建议；②此表分为初始评估、现场评估、最终评估三个部分，表格由操作主管（班组长）填写；③初始评估有：防护设备、工具、安全措施三项内容，如发现存在问题应详细说明；④现场评估时应记录好存在偏差的步骤和关键点，分析偏差导致的后果；⑤将评估小组的建议进行汇总。

5 结语

一般地，实际工作中强调工程质量和工艺风险的控制，对人员操作过程中人身伤害的风险如何控制还缺少相应的措施。编制合理的作业程序，应首先评估出工序流程中的关键任务，以关键任务为主线，以工作安全分析为基础编制作业程序，不应混淆作业程序与技术标准，一个完整的作业程序应具备作业条件、准备工作、作业步骤、应急处置、作业关闭 5 个要素。

编写的作业程序是否正确、是否能在现场有效运行，应使用工作循环检查（JCC）这个基本工具，以操作主管和操作者合作的方式对已制定的作业程序和操作者实际操作行为进行分析和评价。

工艺危害分析在液化天然气发动机推广项目的应用

范玉岳　殷宝林

（中国石油川庆钻探工程有限公司　四川省成都市　610051）

摘　要　本文通过工艺危害分析，客观地分析了LNG发动机在钻井现场推进使用中的具体做法，结合LNG发动机在钻井作业现场使用的实际，提出了LNG发动机在前期安装调试、后期日常管理工作的做法，希望能对加快LNG发动机推广项目的应用起到一定的借鉴作用，对LNG发动机在推广应用中的安全管理水平的提升有所帮助。

关键词　工艺危害分析　LNG发动机　推广项目的应用

0　引言

使用燃气发动机钻井，就是使用槽罐车将LNG拉运至井场，通过LNG气化撬使储存在槽罐车储罐中的LNG气化，用LNG燃气发动机（G12V190PZLT3）替代柴油发动机。把原来带动钻机和一号泵柴油机替换，利用液化天然气为燃料，达到发动机燃烧的条件后供应给发动机作为燃料，保证发动机正常工作，并为钻机提供动力。中国石油天然气集团公司（以下简称“集团公司”）为降低能源开采成本，发展低碳绿色经济，实现节能减排降耗、可持续发展的能源战略目标，利用燃气发动机实现“以气代油”的目的，按照集团公司部署，中国石油川庆钻探工程有限公司长庆钻井总公司（以下简称“长庆钻井总公司”），作为集团公司LNG发动机在钻井项目中推广应用的试点企业，率先利用LNG作为钻井动力燃气使用，燃气的使用替代了以柴油为燃料的能源。然而，LNG的使用，对长庆钻井总公司来说是一项全新的课题，在面对LNG的物理和化学性质可能带来的火灾及LNG产生的物理爆炸和化学爆炸，以及新设备新工艺的应用中认识到，气化撬属于承压设备、LNG槽车属于重大危险源，为此，为了加强安全管理，长庆钻井总公司通过体系推进要求，引入工艺危害分析，对现场设备的安装运行、人员操作、管理因素进行工艺危害分析，辨识危险因素和危险源，落实防范措施，加强安全管理，保证了LNG在钻井作业现场的安全运行。实践证明燃油改燃气项目的应用是成功的，在实际应用中起到了良好的效果。

1　计划和准备

1.1　成立领导小组，制定工作任务

LNG发动机在钻井作业中的应用，是摆在长庆钻井总公司的一道新课题，为此，为了确保LNG发动机安全运行，长庆钻井总公司成立了包括17个成员的工艺危害分析领导小组，并召开专题会议，对人员进行了任务分工，明确工作任务、目标，并对工艺设计依据、工艺设备操作规程、工艺技术资料准备提出了具体要求。

1.2　资料收集，资源准备

按照工艺危害分析领导小组的要求，开展对LNG发动机工艺危害分析，必须了解LNG燃

气发动机的工作原理、安装、操作、设备安全要求、对LNG及其拉运槽车的安全要求、对可能导致火灾、爆炸、有毒有害物质泄漏或影响人员健康不可康复的工艺危害进行辨识，为了解决这个问题，领导小组成员查阅收集了相关的标准、规范，进一步了解工艺过程的风险。

为保障LNG发动机在钻井作业中的安全运行，了解LNG的各类性质和国家相关的法律法规和标准，领导小组成员相继查阅了《石油天然气工程设计防火规范》（GB 50183—2004）、《石油天然气建设工程施工质量验收规范储罐工程》（SY 4203—2007）、《特种设备安全监察条例》、《危险化学品安全管理条例》和《危险化学品重大危险源辨识》（GB 18218—2009）等10余种规范和标准，进一步了解掌握相关要求。

2 开展危害辨识

2.1 现场安装，实地检查，寻找差异

通过工艺危害分析领导小组成员和厂家在井服务人员的交流，了解设备的原理，查看技术资料，查看操作规程和现场操作的差异，并对现场设备进行实地检查，查出气化撬储气罐无安全阀；无超压过载自动保护联锁或制动预警装置；现场储存和使用的LNG槽车属于重大危险源（16.5T），供货商未在当地安全生产监督管理局申报登记；燃气发动机高速旋转部位（硅油减震器部位）没有加装护罩等问题，进一步确定现场设备制造的合规性和现场使用存在的缺陷。与现场操作工人、配套厂家住井服务人员进行交流，召集专家及相关人员讨论分析，确定工艺危害范围，并进行分析，进一步了解设备配套安装、钻井队人员对设备的原理、性能、实际操作的掌握，解决设备安全操作过程的差异，为工艺危害分析奠定基础。

2.2 作鱼骨图，分析选取重要因素

在制作检查表前期，要根据风险矩阵确定的危害程度。首先，按照分析作业现场，并根据人、机、料、管、环的步骤制作鱼骨图，分析选取重要因素；其次，查找管理类问题从人、事、时、地、物等方面入手，分析各种问题产生的原因和由此原因可能导致的后果，并按照分析出的各类重要因素，从中找出四种主要原因，即超压、火灾爆炸、冻伤、窒息，经过现场实地勘查和模拟实验以及系统分析辨识。

2.3 确定危害清单

通过前期对人员实际操作、设备现场安装调试，经过领导小组成员及专家、钻井队干部及大班人员的反复讨论和论证，按照人为因素分析、设备设施分析、工艺本质安全分析，确定从火灾爆炸、超压、冻伤、缺氧窒息等方面，根据可能出现的危害和问题，列出LNG燃气发动机工艺危害清单，见表1。

表1 LNG燃气发动机工艺危害清单

序号	内容	备注
1	供气装置进液口阀门开启或关闭时，需戴棉手套，防止LNG的低温引起冻伤	
2	供气装置禁止敲击、碰撞金属部件，防止漏液和火灾	
3	供气装置低温部件如出现法兰连接不紧、管线破裂，流出的LNG对操作人员造成冻伤	
4	供气装置低温部件如出现法兰连接不紧、管线破裂，流失的LNG与空气混合形成爆炸气体，遇明火发生爆炸	

续表

序 号	内 容	备 注
5	供气装置安全阀出现失灵等现象，会造成供气装置局部压力过大，造成设备危害	
6	供气装置低温部件法兰跨接不规范出现局部形成静电释放，如出现法兰连接不紧、管线破裂，流失的 LNG 与空气混合形成爆炸气体，静电释放发生爆炸	
7	可燃气体报警仪传感器失灵，检测不出 LNG 与空气混合气体浓度（5% ~15%），遇明火发生爆炸	
8	机房供气管线连接不规范，影响安全通道，易造成人员伤害	
9	柴油机防爆装置失效，可能造成设备损坏和人员伤害	
10	没有设置隔离区，非工作人员进入危险区，因气体泄漏，可能造成人员伤害的扩大化	
11	槽车和气化撬周围没有设置围堰，气体泄漏后，可能会造成事件的扩大化	
12	槽车和气化撬接地不规范，接地电阻超标，可能因静电造成火灾和爆炸	
13	由于人员培训不到位，人员操作不当或操作失误，可能造成设备和人员伤害	
14	由于检查人员没有及时检查，没有发现气体泄漏点，可能造成火灾或爆炸	
15	工作人员没有穿防静电工作服，进入现场可能因静电引起火灾或爆炸	
16	制度不全，管理产生缺陷	
17	人员资质、设施资质符合国家法律法规要求	

2.4 危害分析

（1）槽车和气化撬接地不规范，法兰连接部分跨接不规范，局部形成静电，一旦 LNG 泄漏，可能发生着火、爆炸；天然气通过低压橡胶管线输送给燃气机的过程中，对各个环节的密封性要求很高，在连接管线时如果螺丝未上正上平会出现法兰连接不紧、管线破裂，泄漏的天然气与空气混合达到一定浓度后会形成爆炸气体，遇明火和静电释放发生爆炸；LNG 泄漏产生低温冻伤。

（2）燃气发动机高速旋转部位（硅油减震器部位）没有加装护罩，发生人员伤害；燃气发动机进气管线泄压口排出管线使用软管；气化撬缓冲罐未设置安全阀；无超压过载自动保护联锁或制动预警装置。设备存在本质安全问题。

（3）操作人员对新设备的操作规程不熟练，在使用过程中对设备运行中的各种状态无法及时正确地做出判断，甚至误操作引发人身伤害或设备事故，无针对可能出现的危害的应急处置预案。

（4）钻井队对新设备的管理责任不清，责任不落实，管理不到位引发设备事故风险。

（5）气化撬属承压设备，供货商未对气化撬在当地技术监督局进行注册登记；按照《危险化学品重大危险源辨识》（GB 18218—2009），现场储存和使用的 LNG 槽车属于重大危险源（16.5T），供货商未在当地安全生产监督管理局申报登记，不符合法律法规规定。

2.5 重点因素分析

（1）在制定工艺危害清单的基础上，按照人为因素、设备设施、工艺本质安全，进一步进行重点分析。

（2）按照管理体系、操作规程、培训、任务设计和组织、人机工程学、控制系统、合规性等7个方面，开展工艺危害人为因素分析，见表2。

表2 工艺危害人为因素检查表

序号	内容	问题
1	管理体系	对钻井队所有人员进行了操作规程的培训，基本掌握了设备的操作规程
		钻井队制定了管理措施，确保各岗位员工执行负有责任
		员工已经充分了解安全的重要性和违反程序的处罚机制
2	操作规程	厂家、钻井总公司共同对燃气发动机、气化撬、槽车制定了操作规程，钻井队制定了相应的应急处置程序
		装备部对操作规程进行了审查，并在现场进行适应性复核，收集建议保证定期进行更新
3	培训	对相关岗位人员都进行了培训，具备岗位技能要求
		钻井队制定应急处置程序，并组织学习
		对进入作业区域的人员进行风险提示，并告知应急程序
4	任务设计和组织	钻井队制定了相应的检查表，明确了各岗位职责，操作人员不存在职责交叉或空挡，不存在任务被遗漏的可能性
		钻井队干部定期检查，确保“连续工作”持续受控
5	人机工程学	紧急停车按钮、紧急切断阀、排放阀等，设置位置比较合理
		设备检查维修部位都预留了满足检查检修的空间
6	控制系统	没有不必要的分散员工注意力或使得更重要的报警被忽视的情况
		控制系统的标识用语统一并清晰易懂，标识清楚
		警报设置时，考虑了反应时间，并进行声光报警设置
		无超压过载自动保护联锁或制动装置
7	合规性	1. 厂家未对气化撬在当地技术监督局进行注册登记
		2. 按照《危险化学品重大危险源辨识》（GB 18218—2009），现场储存和使用的LNG槽车属于重大危险源（16.5T），供货商未在当地安全生产监督管理局申报登记

有利因素：通过对人机工程学、人机界面、注意力分散验证，对操作、维修等方面的培训，进行现场验证。现场操作失误几率不大，操作规程基本符合要求，设备布置基本合理，便于维修检查。

不利因素：钻井队管理制度、岗位职责要进一步完善；岗位员工对设备原理、操作规程不熟悉；气化撬、LNG槽车属压力容器，要在当地技术监督局、安全生产监督管理局注册登记备案；设备管线阀门进行目视化管理。

（3）按照施工现场设备安装、安全布局，开展设备设施定点分析

有利因素：施工现场所处的地理位置属固定和半固定沙丘，周边面积较大，方圆1km范围内无人员，设备平面布置符合要求，摆放设备时充分考虑了安全距离。

不利因素：LNG 槽车属重大危险源、气化撬属压力容器；槽车、汽化撬应配备气体检测及声光报警设备。

（4）对现场设备的安装、运行进行检查、验证，开展设备工艺本质安全分析

有利因素：主体设备 LNG 发动机、气化撬、LNG 槽车现场安装调试、运行基本符合安全使用要求。

不利因素：燃气发动机高速旋转部位（硅油减震器部位）没有加装护罩；燃气机进气管路泄压管线使用软管，应使用高度不能低于 2m 的硬向上排空；气化撬缓冲罐未设置安全阀；无超压过载自动保护联锁或制动预警装置，见表 3。

表 3　本质安全工艺检查表

序　号	内　容	问　题
1	替代/消除	气化撬缓冲罐未装安全阀，已经要求厂家按照压力容器设计规范安装
		燃气机进气管路泄压管线使用软管，已经要求厂家用铁管线向上排空，高度不低于 2m
		燃气发动机高速旋转部位（硅油减震器部位）应加装护罩
2	缓和	对控制系统的标识用语进行了统一，并清晰易懂
		选择可燃气体报警仪设置时，考虑了人的反应时间

3　开展风险评估

工艺危害分析领导小组人员，通过前期在现场实地设备安装、检查、考察，对 LNG 发动机在钻井作业现场的槽车及供气系统、气化撬、燃气机、设备操作规程、人员实际操作进行分析评估。经过与专家讨论评估，审查使用说明书、操作规程，利用检查表和风险矩阵，从危害的严重性和危害发生的可能性，确定风险危害程度。

通过分析评估，确定风险等级：火灾爆炸为高风险；超压、冻伤为中风险；缺氧窒息为低风险。LNG 燃气发动机工艺危害风险等级解释，见表 4。

表 4　LNG 燃气发动机工艺危害风险等级解释

风险等级	事件	描述	需要的行动	工艺危害分析改进建议
高	火灾爆炸	槽车、气化撬、送气管线气体泄漏，因敲击、现场出现明火等都可能引发火灾	槽车、气化撬禁止剧烈敲击	必须在槽车加装接地装置
			气化撬设置声光气体检测检测装置，按要求定期检查，使检测及报警装置始终处于正常待命状态	
			井场应有防火防爆设施	
			工作人员不允许穿有金属掌的工鞋	
			井场严禁动用明火、电气焊等	
		槽车和气化撬聚集静电，因未接地或接地电阻超标，可能因静电造成火灾和爆炸	槽车、气化撬设置有防静电接地装置	
			气化撬法兰进行跨接	
		气体泄漏，因工作人员没有穿防静电工作服，进入现场可能因静电引起火灾或爆炸	工作人员穿戴防静电工作服	必须穿戴防静电工作服

续表

风险等级	事件	描述	需要的行动	工艺危害分析改进建议
中	超压	槽车集束管耐压不够，液体瞬间释放引发爆炸	槽车集束管耐压定期到资质部门检测	需要督促注册登记，符合法规要求
			使用符合国家安全标准的集束管	
		槽车无控制移动或受外力冲击，液体瞬间释放引发爆炸	设置明显的标志或警示区	指定专人负责气化撬、槽车操作和安全监护
				槽车停稳后对四个轮子要加掩木
		槽车、气化撬安全阀失效，管线、缓冲罐憋爆，液体瞬间释放引发爆炸	使用符合国家安全标准的安全阀，并定期校验	需要定期探伤
		外界环境温度剧升，或集束管隔热失效，槽车内液体会气化，压力升高，超出集束管抗压强度，引发集束管爆炸	对槽车、气化撬四周进行隔离，禁止外来人员进入，槽车停放在上风口	在隔离区显要位置悬挂“禁火”和“禁止外来人员进入”标志
中	冻伤	拆装槽车出口管线时，管线内残液与身体直接接触，冻伤工作人员	工作人员劳保用具穿戴齐全，禁止裤腿通入鞋内	四周加装隔离网，禁止人员靠近
				给槽车出口管线加设泄流装置，每次拆管线前，先通过泄流装置放空管线残液
			现场配备棉手套	
		工作人员操作时身体直接接触气化撬吸热片，可能冻伤工作人员	工作人员劳保用具穿戴齐全，必须带棉手套	给槽车出口管线加设泄流装置，每次拆管线前，先通过泄流装置放空管线残液
			工作人员劳保用具穿戴齐全，禁止长时间接触金属开关	
低	缺氧窒息	可燃气体溢出，人员未及时发现，因工作环境周围缺氧，周围人员窒息	安排专人定期检测气体泄漏	制定应急响应程序，必要时实行双岗工作制
			槽车及气化撬放置在上风口空旷地带	
			禁止人员长时间在气化撬周围逗留	

4 建议

（1）钻井队搬迁安装频繁，作业环境复杂，应对气化撬、LNG 槽车及安全附件每年进行探伤和检测，进行气密性试验。

（2）生产厂家在生产 LNG 气化撬时，气化撬缓冲罐应设置安全阀及超压过载自动保护联锁或制动预警装置，对设备出厂时安全阀、压力表进行校验，并标定下次校验的时间。

（3）生产厂家在设备制造时，在燃气机发动机高速旋转的任何部位应加装护罩。

（4）生产厂家在生产燃气发动机时，进气管线泄压口排出管线应使用金属管线。

（5）开展培训，解决操作人员对新设备操作规程不熟练、引发人身伤害或设备事故的问题。

（6）完善管理制度，落实岗位职责，解决钻井队对新设备的管理责任不清、责任不落实、管理不到位引发设备事故风险的问题。

（7）预防误操作，对闸阀进行标识，对工艺流程开展目视化管理。

（8）项目部督促供货商在当地技术监督局进行注册登记、在安全生产监督管理局申报登记，符合法律法规规定。定期对钻井队开展检查，确保消除隐患，落实各项措施。

5 工艺危害分析报告的确定

在工艺危害报告形成初期，为了进一步确定报告的可靠性与完整性，工艺危害分析领导小组组长——长庆钻井总公司副总经理专门召集设备、安全、钻井队、济南柴油机厂等成员，召开专题会议，分析完善工艺危害报告，并提出具体的改进要求，指出项目部后期设备运行的监管要求及钻井队的管理要求。

6 建议跟踪

组织人员培训，熟悉操作规程和工作原理。由生产厂家人员、长庆钻井总公司装备部、质量安全环保部、项目部的相关技术人员多次到井队进行现场调研，通过设备安装、运行、调试，在收集并完善设备安装、操作等资料的基础上，由厂家人员按要求对正副司钻及机房人员进行 LNG 燃气机的培训，培训内容包括：LNG 安全注意事项、LNG 燃气机工作原理及操作规程。厂家人员在现场讲解，并带领员工现场实际操作。钻井队在学习结束后，进行测试，针对不同人的掌握情况有针对性地重点指导，熟练操作规程。

完善管理制度，落实岗位职责。钻井队在正式投入使用前召开干部会议，制定 LNG 岗位职责，明确各自的责任。队长全面负责组织 LNG 燃气机使用与维护工作，对生产中的安全和环境问题及时组织整改和汇报，负责与供气方进行槽车的交接与检查工作，并做好记录；司机长全面负责 LNG 燃气机的使用、维护、保养和日常检查工作，按巡回检查路线的要求对设备进行定期检查和维护，确保设备正常运转和用气安全，并督促岗位员工做好班内各项工作，做好故障排除与处理及易损件的组织与储备工作；司机负责当班 LNG 燃气机的整体运行情况，做好巡回检查和日保养工作，负责填写 LNG 气化撬日常检查表、LNG 作业检查表、LNG 燃气机使用情况统计表。

预防火灾、爆炸、低温冻伤。在气化撬和管线周围 1m 范围内拉上隔离线，标示“低温危险，非工作人员勿入”等字样，工作人员在附近工作时劳保护具要求穿戴齐全，避免触摸低温部位。清理低温部位积霜时用工具而不能直接用手。在日常检查过程中，严格按照规定的路线进行检查，做到低温部位检查完后迅速离开，不停留、少停留。

为防止供气装置低温部件法兰跨接不规范局部形成静电，泄露的 LNG 气体发生爆炸冻伤，在各法兰连接处采取接地措施，并在槽车、气化撬、燃气机和管线连接处安装可燃气体检测仪。在使用燃气机后，钻井队制定了 LNG 使用安全注意事项、液化石油气安全须知，杜绝一切可能的火种进入井场，确保施工安全进行。

预防误操作，对工艺流程开展目视化管理。在使用 LNG 这套设备中最显著的方面就是 LNG 槽车、气化撬闸门多，管线走向复杂，操作时容易出现误操作。钻井队对各闸门的开关状态、气体在管线内的走向都进行了标识，绘制了流程图，张贴在现场。启动设备时该开哪些闸门、停车时该关哪些闸门，都一目了然，特别是在出现气体泄漏时能迅速关闭关键闸门，控制住险情。

制定应急响应程序。LNG 燃气机新工艺的应用，会带来新的风险，因此，在制定作业计划书时，由工艺危害分析领导小组成员和项目部及井队干部共同讨论，根据风险后果，制定人员冻伤、气体泄漏等应急处置程序，并在槽车和气化撬处放置棉手套、冻伤膏，在现场危险部位增加消防器材和正压呼气器。

督促注册登记，符合法规要求。供货商对气化撬未在当地技术监督局进行注册登记的、供货商对 LNG 槽车未在当地安全生产监督管理局申报登记的要进行督促，使其符合法律法规规定。

7 结语

鉴于 LNG 发动机正处于起步阶段，对深层次 LNG 发动机及气化撬的技术问题研究不深，但对 LNG 气化撬、发动机制造中存在的本质安全问题和使用中风险识别，阐述了来自 LNG 发动机及其气化撬、槽车的潜在危险。尽管 LNG 被认为是一种非常危险的燃料，在钻井作业中如管理不善，可能导致重大安全事故。但是，通过工艺危害分析，客观分析 LNG 发动机在钻井作业现场安全使用现状，结合 LNG 发动机一年多的良好的安全运行记录，与项目部在工艺危害分析后采用的 3 条具体措施实施监管分不开的。在实际应用中 LNG 并非不危险，关键是否能监控好来自工艺危害分析中 LNG 的危险源，对制定的预防措施严格落实，按标准和规范施工、运行及管理，以达到安全运行目的。

参考文献

[1] GB 50183—2004 石油天然气工程设计防火规范［S］.

[2] GB 50156—2002 汽车加油加气站设计与施工规范［S］.

[3] GB 50028—2006 城镇燃气设计规范［S］.

[4] GB/T 19204—2003 液化天然气的一般特性［S］.

[5] GB/T 20368—2006 液化天然气（LNG）生产储存和装运［S］.

[6] SY 4203—2007 石油天然气建设工程施工质量验收规范站内工艺管道工程［S］.

[7] SY 4203—2007 石油天然气建设工程施工质量验收规范储罐工程［S］.

[8] GB 18218—2000 重大危险源辨识［S］.

工作安全分析与钻井健康安全环境“两书一表”的关系探讨

汪耀平

（中国石油川庆钻探工程有限公司　四川省成都市　610051）

摘　要　本文通过对目前推行的杜邦公司“工作安全分析”风险控制工具与钻井作业现场的 HSE“两书一表”进行详细研究与分析，从其区别与联系、钻井 HSE“两书一表”需要学习与借鉴的内容、对钻井 HSE“两书一表”的促进作用三方面进行了阐述，并重点对工作安全分析的特点及对钻井作业现场 HSE“两书一表”的促进作用方面进行了论述，以不断提高钻井企业现场 HSE 管理水平。

关键词　钻井　风险管理　工作安全分析　两书一表

0　引言

近年来，中国石油川庆钻探工程有限公司（以下简称“川庆钻探工程公司”）大力推进 HSE 管理体系建设，重点对杜邦公司的 HSE 风险管理工具进行了宣贯，此举有力地促进了现场的 HSE 管理，对于转变人员的思想观念、改进工作方式方法、预防事故等方面起到了积极的作用。通过对推行的 HSE 风险管理工具——工作安全分析经过宣贯、运行及分析思考，并与钻井作业现场的 HSE“两书一表”相比较，笔者认为该方法对钻井作业现场目前的 HSE 管理将带来一系列的促进作用，并形成几点认识以供探讨。

1　工作安全分析与钻井 HSE“两书一表”的区别与联系

1.1　定义

工作安全分析（简称 JSA）是指事先或定期对某项工作任务进行流程分解，对流程中的重点过程进行风险分析，确定可能造成的潜在危害，根据潜在的危害制定相应的控制措施，达到在作业中消除或最大限度控制危害的目的。

钻井 HSE“两书一表”包括：项目开始前通过编制项目 HSE 作业计划书。对项目主要风险进行识别、评价并制定控制措施，以预防事故的发生；平时通过组织职工学习 HSE 作业指导书；通过规范职工的操作行为以消除作业风险（日常的风险管理）；作业前通过运行 HSE 岗位检查表，以消除设备设施存在的各类安全隐患，从而消除作业风险。

1.2　工作安全分析与钻井 HSE“两书一表”的主要共同点

（1）工作安全分析与钻井 HSE“两书一表”均充分体现了 HSE 管理体系中的“风险管理”内容，都是在作业前识别、评价作业风险，并制定控制措施在具体作业中执行。

（2）两者的目的相同，都是为了预防事故而对各风险进行预防策划工作。

（3）两者都遵循了HSE管理体系中风险管理的基本方法。即首先组织相关人员识别风险，然后应用评价工具进行风险评价，最后对于不可接受的风险制定控制措施。

（4）两者都对于因“变更”等带来的风险给予了高度关注。钻井作业要求在风险管理中，对于因为人员、环境、设备设施、工艺等的临时变化带来的新增风险要重新进行识别、评价并采取管理措施；工作安全分析中，对于潜在危害要求“识别时应充分考虑正常、异常、紧急三个状态下的人员、设备、材料、环境、方法五个方面的危害，同时还应识别危害的影响”。

（5）两者在具体执行上都遵循了“PDCA”基本过程管理方法（图1）。对于风险的实施管理都采用了计划、实施、检查和总结的方法，符合管理学的基本要求。

1.3 工作安全分析与钻井HSE“两书一表”的主要区别

（1）钻井HSE“两书一表”与工作安全分析相比，更具有完善的理论基础。

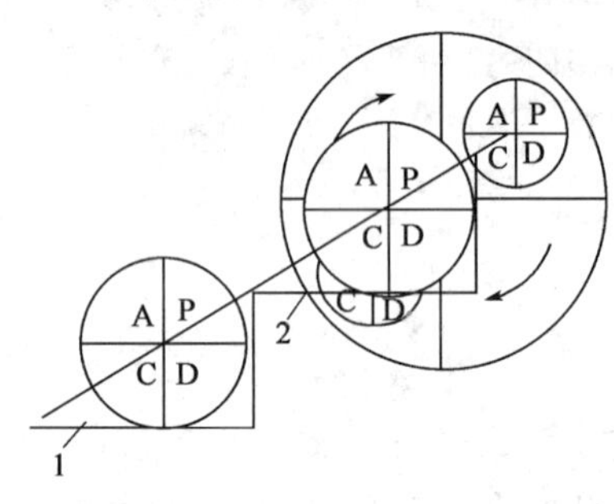

图1 “PDCA”基本过程管理方法
P—计划；D—实施、执行；
C—检查；A—处理、总结
1—原有水平；2—新的水平

根据事故致因理论：造成事故的原因是人的不安全行为和物的不安全状态。在HSE“两书一表”中，HSE作业指导书主要是消除人的不安全行为；HSE检查表主要是消除物的不安全状态；HSE作业计划书主要针对具体项目的重要和主要风险管理，具体内容既有消除人的不安全行为的内容，也有消除物的不安全状态的内容。并且，HSE“两书一表”是基层岗位人员HSE管理体系运行的具体体现。

杜邦公司的工作安全分析只体现了HSE管理体系的风险管理内容，并对进行工作安全分析的条件、每个步骤的具体要求等进行了较为深入的研究和细致的规定，但对于控制风险并无完善的理论基础。

（2）钻井HSE“两书一表”内容比杜邦公司的工作安全分析更全面。

钻井HSE“两书一表”内容主要包括项目开始前的风险管理、作业前的风险管理、日常的风险管理等，贯穿与整个钻井作业过程。而从工作安全分析来看，该工具仅是针对作业前的风险管理。

（3）应用范围不一样。

杜邦公司的工作安全分析适用范围为：无程序管理、控制的工作；新的工作（首次由操作人员或相关方人员实施的工作）；有程序控制，但工作环境变化或工作过程中可能存在程序未明确的危害；偏离程序作业及非常规作业（如钻井作业中途换钻井泵作业）；作业人员提出需要进行JSA的工作等。

钻井HSE“两书一表”内容则要求是在项目开始前、作业前（班前）、作业中途及作业完成后均要进行，并没有详细限定具体的使用范围，适用于钻井作业全过程。

2 钻井HSE“两书一表”需要学习与借鉴的内容

工作安全分析是杜邦公司的HSE管理工具和方法，在杜邦公司内部已经全面使用，它相对于目前钻井HSE“两书一表”有如下5个特点值得学习和借鉴。

2.1 流程分解

流程分解即将工作任务分解成若干个小过程，并按工作顺序排列这些过程。这种方法在安全风险评价中经常使用，在进行评价时把被评价的整体分解成几个小单元，然后逐个进行评价，最后进行汇总。这种工作方式也是“将复杂的事情简单化”，也应该是在工作中经常使用的工作方法。

2.2 偏离管理

偏离管理即因客观条件限制，无法遵照或满足某一 HSE 管理的部分或全部要求时，实际运作与 HSE 管理要求的差距。

目前的 HSE 管理，只是要求操作层职工何时干、谁来干、干什么、在哪干、为什么干和怎么干（即“5W1H”：What——做什么，Why——为什么要做，Who——谁做，When——何时做，Where——何地做，How——如何做），管理层尚没有考虑到“因客观条件限制，无法遵照或满足某一 HSE 管理的部分或全部要求时，实际运作与 HSE 管理要求的差距”发生时应该进行的工作。而在基层员工的实际操作中，这种“偏离”经常发生，并且基层人员均能巧妙地解决。这也是 HSE 管理与杜邦公司工作安全分析的差距之一，也是下一步 HSE 管理工作的努力方向之一。

2.3 工作安全分析的条件

杜邦公司提出“无程序管理、控制的工作”应该进行工作安全分析，从另一方面来理解，也就是如果有程序管理、控制的工作则可不必进行工作安全分析。

杜邦公司认为：对于有程序管理、控制的工作，其职工已经完全掌握相应的操作规程，并掌握了风险控制方法，因此不必进行工作安全分析。而对于川庆钻探工程公司来说，虽然对钻井作业的绝大部分操作已经有程序管理和控制，但由于职工素质参差不齐、责任心不强和培训效果不佳等原因，风险控制方法并没有真正被职工掌握和执行，因此对于这部分工作也要考虑进行工作安全分析，尤其是风险较大的一些作业，如修理泥浆泵、吊装作业、拆卸防喷器等。

2.4 杜邦公司对于识别出风险的沟通、确认过程相当重视

杜邦公司在召开作业前安全会时，由 JSA 小组组长进行有效地沟通：（1）让参与此项作业的每个人理解完成该作业任务所涉及的细节和危害及控制措施；（2）参与该作业的人员进一步识别可能遗漏的危害并补充到做好的 JSA 表中；（3）如作业人员意见不一致，应待异议解决后，方可作业。

从这些规定来看，杜邦公司对于工作安全分析识别出的风险的沟通、确认相当重视，一定确保参与工作的每个人都掌握相应工作的风险及其控制措施，并确认大家没有异议后才能开始作业。这些严谨、细致的工作方式方法也是现场 HSE 管理中应该学习和借鉴的。

2.5 对于工作后的“总结与反馈”应给予足够重视

杜邦公司要求：

（1）在作业任务完成后，作业人员应总结经验并进行讲评，对本次 JSA 工作的组织、内容的全面性、措施的落实情况方面的优缺点进行总结，以便于下一步不断改进。

（2）根据作业过程中发生的各种情况，可提出更新、完善 JSA 和作业程序的建议。

川庆钻探工程公司虽然在班后会上和钻井项目完成后要求钻井队进行总结，但钻井队在

具体执行上不尽如人意，主要是一些钻井队不知道总结的意义。实际上“总结与反馈”是PDCA循环中的“A”阶段（总结、提高阶段），主要是作业任务完成后，作业人员对本次JSA工作的组织、内容的全面性、措施的落实情况等方面的优缺点进行总结与分析，总结经验并提出改进措施，以便于下一步不断提高。这个阶段也是川庆钻探工程公司在以后的工作中应多加关注的环节。

3 工作安全分析对钻井HSE“两书一表”的促进作用

钻井HSE“两书一表”在风险管理方面有许多成功的做法与经验，在引入杜邦公司的工作安全分析后，将会进一步促进钻井作业现场的HSE管理工作。

3.1 可以有效补充钻井施工HSE作业计划书的不足

在钻井队编制的《钻井施工HSE作业计划书》中，将项目主要和重要风险进行了识别、评价，并制定了相应的控制措施，应该说在风险管理方面已经是比较齐全的。但在实际中，钻井队对于拆卸、安装等大型吊装作业的风险未引起足够的重视，因此在计划书中并无多少内容。而该作业从风险造成后果的严重性、可能性以及发生的频率等来说，均在各风险前列，理应引起高度关注。

如果钻井队将拆卸、安装等大型吊装作业进行工作安全分析，编制好相应的《工作安全分析表》，则可有效补充《钻井施工HSE作业计划书》的不足，真正实现钻井作业现场风险的全面受控。

3.2 可以督促职工进一步学习HSE作业指导书

钻井队职工在编制《工作安全分析表》时，大多要参考编制下发的《钻井施工HSE作业程序》，尤其是第二部分“HSE提示和削减措施”，参考的过程也是学习的过程。

3.3 可以指导开展安全评价工作

《工作安全分析表》中有一项内容为风险评价，要参照风险矩阵图等风险评价方法，将风险的严重性、可能性、暴露的频繁程度等列出，采用“作业条件危险分析法”（即LEC法）计算出风险等级。而在目前钻井各单位进行的安全评价中，大多是根据经验进行风险评价，基本未采用安全评价技术。

3.4 可以进一步强化钻井作业现场HSE“两书一表”工作

工作安全分析作为一种风险管理的工具，随着在钻井作业现场的全面推广，可以有效强化钻井作业的HSE风险管理，钻井作业除了项目开始前的项目HSE作业计划书、作业前安全会议、HSE作业指导书的培训等风险管理工具外，又增加了一种新风险管理工具。

3.5 “偏离管理”为钻井作业下一步HSE管理工作指出了工作方向

川庆钻探工程公司在偏离管理方面与杜邦公司有一定的差距，因此当HSE管理发展到一定程度时，应该开始“偏离管理”的研究与实施，以不断加强风险管理工作，进一步提高HSE管理体系的运行质量。

参考文献

[1] 中国石油天然气集团公司安全环保部．钻井HSE“两书一表”编制指南［M］．北京：石油工业出版社，2009.

测井工艺安全管理

董文辉　施宇峰　安小龙

（中国石油集团测井有限公司塔里木事业部　新疆库尔勒市　841001）

摘　要　收集工艺安全信息，开展工艺安全分析，全面识别测井过程风险，制定有效措施预防和控制，确保各类事故不再发生，实现安全管理价值。

关键词　案例分析　工艺安全管理　价值

1　案例概况

1.1 克深×××井仪器外壳压裂，部分仪器落井

事故经过：2011年1月4日，中国石油集团测井有限公司塔里木事业部（以下简称"塔里木事业部"）C1742小队在克深×××井执行SBT测井任务。仪器下至6750m处时，SBT仪器钢壳在128MPa的环境中被压裂变形，导致泥浆灌入、电流增大、通讯中断。上提仪器至喇叭口（不平滑，存在台阶）时，又由于仪器外壳压裂变形（图1），与喇叭口发生挂卡，最终挂落井下。落井的部分SBT仪器，自其本体钢壳中部断开，泥浆完全灌入，电子线路完全损毁。因落鱼上部为不规则断面，打捞筒很难入鱼，最终放弃打捞。

（1）原因分析。

本井所采用SBT测井仪为国内某公司生产，其主要技术指标如下：

①最高工作温度：175℃；

②最高承受压力：138MPa；

③仪器外径：85.8mm。

按泥浆相对密度1.92计算，井深6750m处液柱压力约为128MPa，未达到仪器承压指标，仪器压裂，初步认定为仪器承压指标不足。仪器最重要的安全参数——承压指标未进行检验。

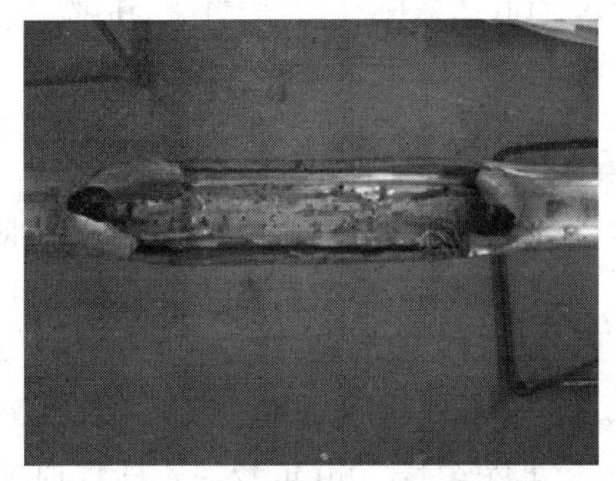

图1　被压坏的SBT仪器

（2）纠正及预防措施。

①与仪器生产厂家共同对仪器进行压力实验，确认承压数据，解剖仪器，查找仪器断裂原因，改进仪器承压性能，避免此类事件发生；

②加强测井工艺安全分析，强化仪器设备机械完整性管理。

1.2　塔中×××井传输测井时遇卡，仪器串从柔性短节处断裂，下部仪器落井，打捞失败

事故经过：2011年3月2日，塔里木事业部C1742队执行塔中×××井钻具传输完井测井任务。缓慢下测到5072m遇卡。解卡过程中钻具悬重调整至99～135t结果导致仪器拉断，仪器从放射性下部柔性短节处断开（图2），下部仪器落井，落鱼长度25.3m。解卡过

程耗时3天，打捞过程耗时8天，打捞三次捞获井斜方位、阵列声波电子仪、XMAC部分接收声系。第三次打捞下入卡瓦打捞筒捞鱼，由于XMAC接收探头拔断后，三个晶体落井（图3），反复试抓多次未能入鱼，经甲方领导指示，决定放弃打捞，填埋落鱼。井下落鱼：阵列声波接收声系（1678MA）、隔声体（1678PB）、发射声系（1678BA）、发射线路（1678FA）、适配仪（3516XA）、绝缘短节（3967XA）、双侧向（1239EA/1239MA），共计8支仪器。

图2　柔性短节，仪器断裂端

图3　声波换能器

（1）原因分析。

①泥浆性能较差（水眼堵），井眼狗腿度较大（28度）；

②仪器连接过长，柔性短节以上刚性长度达20m以上，大于狗腿度的刚性通过长度；

③井况了解不清，对通井遇阻、井眼狗腿度较大等情况未进行认真分析，缺乏针对性措施；

④风险意识不足，对可能的风险没有识别并缺乏控制措施。

（2）纠正及预防措施。

①编制《测井工艺安全信息现场收集确认卡》，用于补充《完井资料收集卡》上未收集的重要工艺安全信息参数；

②传输测井作业，要严格计算最大刚性长度，控制仪器串组合，确保通过性良好；

③对部分特殊复杂工况井、易喷易漏井，以及采用电缆测井技术存在较高风险的测井作业，建议采取随钻测井方式。

1.3　哈×××井电缆断，双侧向仪器落井

事故经过：2010年12月4日17时30分，塔里木事业部C1744队承测哈×××井双侧向测井任务。测完起仪器进套管后，张力突变，电缆断裂，近800m电缆及仪器落井，打捞成功。

（1）原因分析。

①电缆在500~3000m之间腐蚀严重，破断拉力只有24030N；

②起下电缆时无明确的起下速度规定；

③只规定鱼雷端电缆头每月检查一次，电缆中间无检查手段；

④没有识别出电缆中间腐蚀、电缆断裂的风险。

（2）纠正及预防措施。

①讨论新旧电缆的检验、检查方法及标准，形成检查记录，监督记录；

②修订完善电缆质量检测办法；

③执行电缆定期清洗制度，尤其经过含硫井作业后，强制清洗。

是什么导致以上三起井下事故的发生呢？先来看一下事故成因图，见图4。

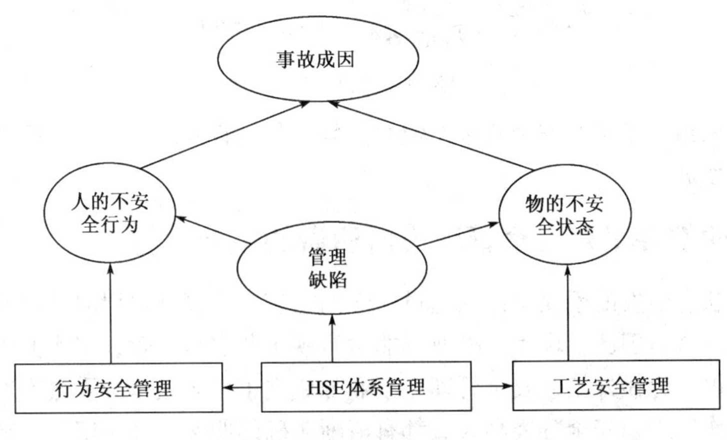

图4　事故成因图

案例1是因为所下井的SBT仪器未达到技术指标；案例2是因为井况复杂，仪器连接刚性长度过长无法顺利通过阻、卡段；案例3是因为电缆600m处受腐蚀严重。以上三起案例均由于物的不安全状态而导致事故的发生。

通过上述三个案例，给了我们重要的启示：

（1）规范标准的操作还没有建立落实，操作规范还缺失很多，已有的标准没有严格执行；

（2）工艺安全管理还很薄弱，测井作业过程中的各种风险没有全部识别，管理失控；

（3）工艺安全管理非常紧迫，工艺安全分析急需开展，安全审核定级滞后，安全培训未按矩阵开展，还需下大力气进行培训、考核、上岗。

这些重要的启示告诉我们，必须下大决心、下大力气重点抓好工艺安全管理，使安全管理水平达到质的飞跃。

2　工艺安全管理系统

什么是工艺安全管理呢？通过管理控制（计划、程序/标准、审核、评估等），识别、理解和控制工艺危害，消除与工艺有关的人员伤亡和事故。

工艺安全管理包含14个要素，分为3个大方面，分别是人员管理（图5）、工艺技术管理（图6）、工艺设备管理（图7）。

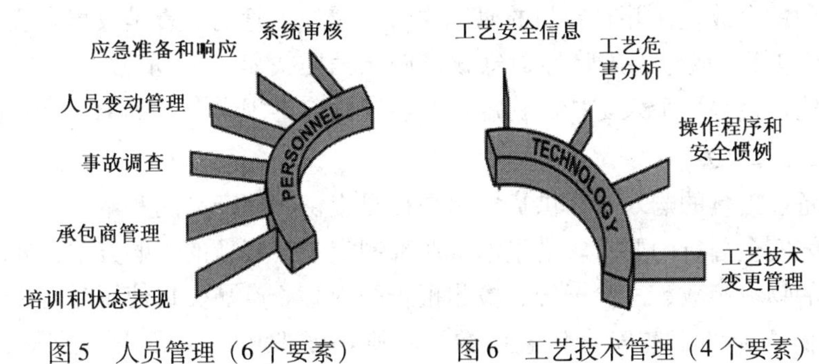

图5　人员管理（6个要素）　　图6　工艺技术管理（4个要素）

图7　工艺设备管理（4个要素）

这三个大方面组成了工艺安全管理系统，在领导的重视和承诺下，不断地使企业的安全文化得到巩固和发展。

3　塔里木事业部在工艺安全管理方面所做的主要工作

物的不安全状态引发的不安全因素通过科学的工艺安全管理可以对其进行有效地控制和预防，从源头抓安全。因此，塔里木事业部非常重视工艺安全管理，多次集中专业人员召开工艺安全专题会议。为做好工艺安全管理，事业部成立了工艺安全分委会，专门负责工艺安全管理的具体工作，工艺安全分委会人员都有清晰明确的职责，并制定了工艺安全管理工作的推进计划，严格按计划进行落实。

3.1　全面、准确、具体地收集工艺安全参数

工艺安全信息（PSI）是实施工艺安全管理的基础，其主要内容包括有：物料的危害性、工艺设计基础、设备设计基础。全面、准确、具体地收集工艺安全信息是目前企业进行工艺安全管理的首要任务，开展工艺危害分析、设备维护、装置提升改造等均离不开工艺安全信息。任何时候均应保持工艺安全信息的完整性和准确性。

3.1.1　收集现有仪器、设备、工具的工艺安全参数

针对关键设备建立工艺安全信息清单，并保持工艺安全信息的完整、齐备。

仪器、设备、工具的工艺安全参数主要收集以下信息：

（1）设计依据、设计书；

（2）设备技术规格、平面图、系统配装图；

（3）设备操作维护手册、说明书、出厂检验报告（探伤、强度、气密性等）；出厂合格证；

（4）结构图、安装图、施工图、设备电气图、管道图等；

（5）质量保证检验报告，温度、压力、壁厚、腐蚀余量等设计参数，极限参数。

3.1.2　收集危险化学品物料安全技术说明书（MSDS）

测井流程涉及许多危险化学品（汽油、酒精、高精密仪器清洗剂等），针对这些危险化学品，设有专门的存放柜，并有专门的属地主管。属地主管的职责是收集齐全的工艺安全参数。MSDS主要包括：成分、危险性、急救措施、消防措施、泄漏应急处置、操作及储存、废弃处置、运输、接触、个人防护、稳定性和反应性、毒理学资料等16项内容。

3.1.3　严把采购入口关

以往在设备、工具的购入时，供货厂家往往只提供一些产品的基本信息，这些基本信息远不能满足工艺安全分析的要求。塔里木事业部制定了一套新的采购方案，要求新的采购合同中增加详细的物料参数、试验报告、检测报告等内容。产品交付使用时，供货厂家必须按照采购合同提供相应的工艺安全信息参数，否则不予验收，从源头上控制了不合格品的进入。

3.2 突出过程控制，进行工艺危害分析

工艺危害分析（Process Hazards Analysis，PHA）是工艺安全管理的核心要素，它是有组织地、系统地对工艺装置或设施进行危害识别，为消除和减少工艺过程中的危害提供决策依据。PHA 贯穿于项目建设的整个生命周期。

对于测井工程的工艺危害分析就是对测井过程中的各环节进行安全分析，识别出可能的各种危害和风险，对识别出的危害和风险进行评估，并制定受控和控制措施，实现测井作业的绝对安全。

通过系统的、有条理的方法来识别、评估和控制工艺中的危害，包括后果分析和工艺危害评审。

3.2.1 新改扩建装置——进行项目 PHA

塔里木事业部对新改造的万米绞车系统，集合了相关专业技术人员，从收集工艺安全信息开始，进行工艺危害分析，充分论证新改造的万米绞车系统可能产生的危害。

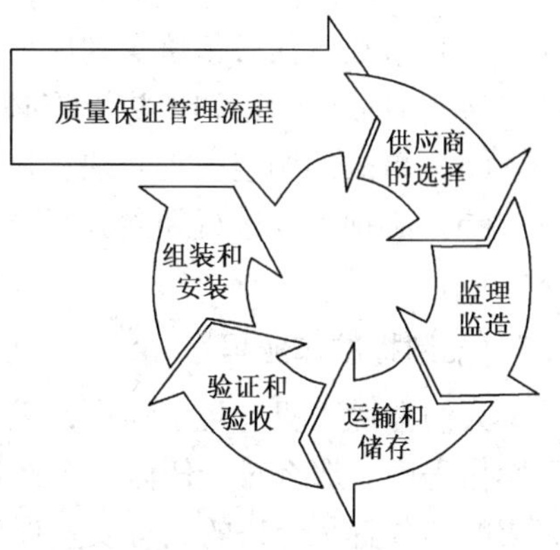

图 8　质量保证管理流程图（QA）

另外，工房、办公楼、锅炉房等新建和改造维修，井下仪、地面仪、电缆、车辆的购买和投产使用等，也都进行了工艺危害分析。

3.2.2 现有装置——定期进行 PHA

工房、办公楼、锅炉房、公寓楼、餐厅等建筑，各种供水、电、气的管线，井下仪、地面仪、电缆、车辆、放射源、火工品及所有设备，必须定期（1～3 年）进行 PHA，重新对已有的 PHA 报告进行评审，增加或修改部分内容，使之不断改进完善，实现本质安全。

3.3 变更管理

3.3.1 关键岗位人员变更

案例：在一口裸眼钻具传输测井时，因仪器车司机休假，工作交接给一名新招的司机，该司机对钻具传输测井绞车操作经验少，尚不能胜任该关键岗位，导致操作失误，电缆拉断。通过这起事故，塔里木事业部充分认识到关键岗位人员变更管理的重要性，并组织人员能力评估小组，对前线每一岗位人员能力进行评估，列出关键岗位人员变更交接表。对评估能力不达标人员，组织有针对性的培训，培训的方式也多种多样，集中授课、一对一辅导、实践操作等，目的只有一个，要在最短的时间内让该员工达到岗位任职要求。

3.3.2 设备变更管理

工艺变更、技术变革后，可能会使原来的危险评估失效，产生新的安全隐患，带来新的危险。这就要求所有的安全人员、技术人员重新收集工艺安全参数，重新进行工艺安全分析，重新制定操作程序和标准。

车辆、地面仪器、井下仪器、压力容器、房屋、管线、电路等设备、设施变更也同样引起了高度的重视。塔里木事业部的三辆 57 设备绞车均已更换、基地院内采暖管线因渗漏重新铺设管线、改造生产指挥车停车场等变更，组织专业人员收集工艺安全参数，进行工艺安全分析，采取有效的预防措施确保安全。

3.4 事故调查

事故是一种资源，但这种资源是否能被有效地利用和事故发生后的事故调查有着直接的关系。

塔里木事业部今年组织安全科、生产科人员统计从事业部重组到现今为止的所有事故，在每周五的 HSE 经验交流会上开展事故回头看活动。从这些事故的分析可以得到以下几点认识：

（1）事故调查必须及时组织；

（2）事故原因（直接原因、间接原因）必须调查清楚；

（3）事故责任必须落实到属地主管；

（4）事故的纠正和预防措施必须可行、有效；

（5）事故的调查报告必须存档；

（6）必须反复进行经验分享，让新员工了解事故原因，掌握预防措施，避免事故的重复发生。

3.5 编制标准作业程序

人们常说“只有规定动作，没有自选动作”，这句话很好理解，只要有完整、准确的书面操作程序，那么对于任何一个经过培训并考核合格的操作人员来说，动作都是一致的，所完成的任务就是合格的、有质量保证的。

由于操作规程及检维修规程的不完善、不规范性，导致作业自选动作多、规定动作少，因违反操作规程的人为原因造成的事故时有发生。针对此问题塔里木事业部集中技术骨干和岗位能手，编制了标准作业程序（Standard Operating Process，简称 SOP），涵盖了测井综合管理服务、裸眼测井工程服务、生产/工程测井服务、射孔作业工程服务以及支持性文件与标准规范 5 个部分，对于指导测井安全发展起到了极大作用。

4 结语

安全管理作为现代企业文明生产的重要标志之一，在企业管理中的地位与作用日趋重要，从一定意义上说，安全生产管理的成败直接关系到企业的生存与发展。

安全管理的价值是什么？它防止了事故，挽救了生命。回顾已发生的案例，在经济上，安全管理又能挽回多少经济损失？不论是搞体系建设，还是搞安全文化建设，不论抓行为安全、系统安全，还是抓工艺安全，我们的目标只有一个，向安全管理要收益。

清洁发展机制与碳捕集埋存技术探讨

陈蟒蛟　龚亮华

（中国石油勘探开发研究院　北京市　100083）

摘　要　温室效应引发的全球变暖及其一系列衍生的气候问题和社会问题与人类社会、经济、科技的发展密不可分。为实现温室气体减排目标，国际社会逐步建立并不断完善的推进碳减排进程的全球治理机制，成为目前人类应对全球气候变迁的主要政治途径；快速增长的国际碳交易弥补了国际间不平衡的减排进程，成为有关国家实现减排目标的有效经济手段；兼顾经济、环境双赢的碳捕集与埋存技术，成为碳交易的主要供应源和实现全球治理机制的重要技术手段。

关键词　清洁发展机制　碳交易　碳捕集埋存技术

0　引言

温室效应受到全球关注是最近40年间国际社会不断衍生的现象。在全球气候治理进程当中，《联合国气候变化框架公约》（UNFCCC）和《京都议定书》（Kyoto Protocol）确立的诸多原则规范标志着国际碳减排治理机制的初步确立。在可预见的未来，这一国际机制面临两大任务：各缔约国是否接受历次会议达成的协议并落实投资；国际社会能否签署更具有实质内容和法律约束力的文件。然而，主权国家往往秉持着现实主义的态度觊觎理想主义的国际合作，国际碳减排治理机制的运行不得不采取捆绑经济利益的方式以实现更多妥协。

1　清洁发展机制

清洁发展机制（Clean Development Mechanism，CDM），是《京都议定书》唯一包括发展中国家的灵活机制，核心是允许附件一国家（一般为发达国家）的投资者从其在发展中国家实施的有利于发展中国家可持续发展的减排项目中获取减排认证，也称“经核证的减排量”（Certified Emissions Reduction，CER，1CER 等于 1t 二氧化碳或等效的其他温室气体的排放指标）。

1.1　项目流程

CDM 项目的主要流程实际上是减排认证（CER）从设计到签发的过程，可简要概括为：附件一国家参与国提供资金和先进技术设备，在东道国实施温室气体减排项目，按规定程序经第三方机构核实后，项目经严格审核通过后取得减排认证执委会签发的减排认证（CER）。鉴于篇幅限制，本文采用图 1 简述这一流程。

其中，CDM 项目申报审批流程，在我国需参照图 2 表述的流程执行。

1.2　项目执行的方法学规范

为确保 CDM 项目质量，需要建立方法学。其中，确定 CDM 项目基准线是建立方法学的

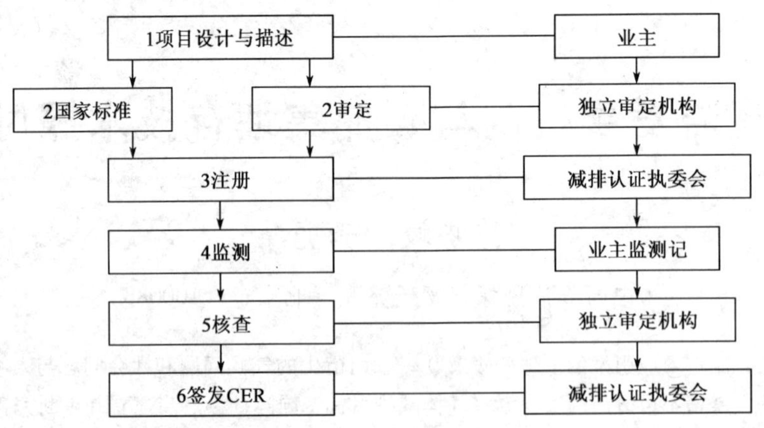

图1　CDM 总体流程

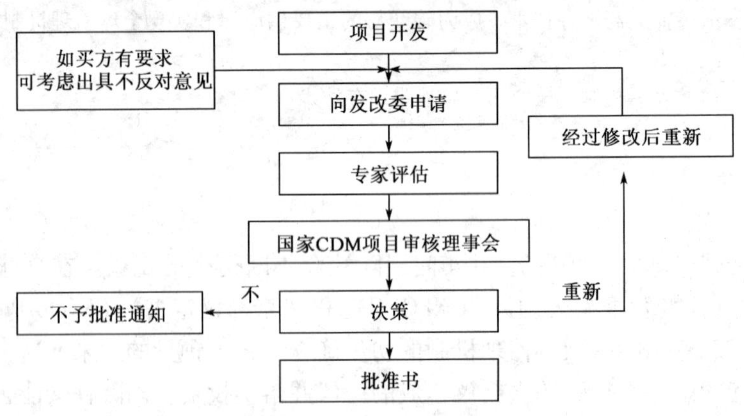

图2　我国 CDM 项目申报审批流程

（来源：国家发改委气候办）

核心，基准线为项目双方确定 CDM 项目减排量、减排环境效益、减排成本的基准，因此 CDM 基准线能够合理地表示该项目相关温室气体排放源在没有执行该项目的情况下会出现的温室气体排放量逐年标记形成的函数图像，如图 3 所示。

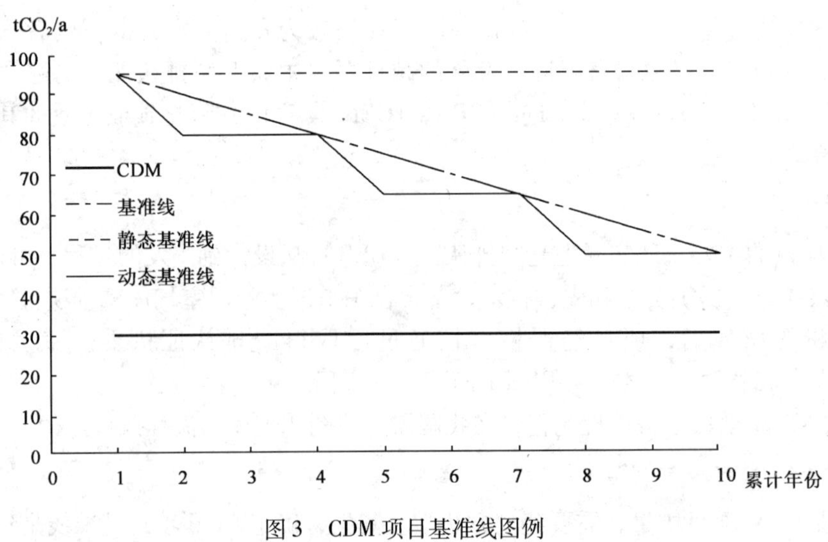

图3　CDM 项目基准线图例

按照应用领域认识方法学，参见图4，其中有关资源类的综合利用所开展的碳减排项目颇具潜力，本文第三部分将要介绍的碳捕集与埋存技术的应用即属于这个范畴。

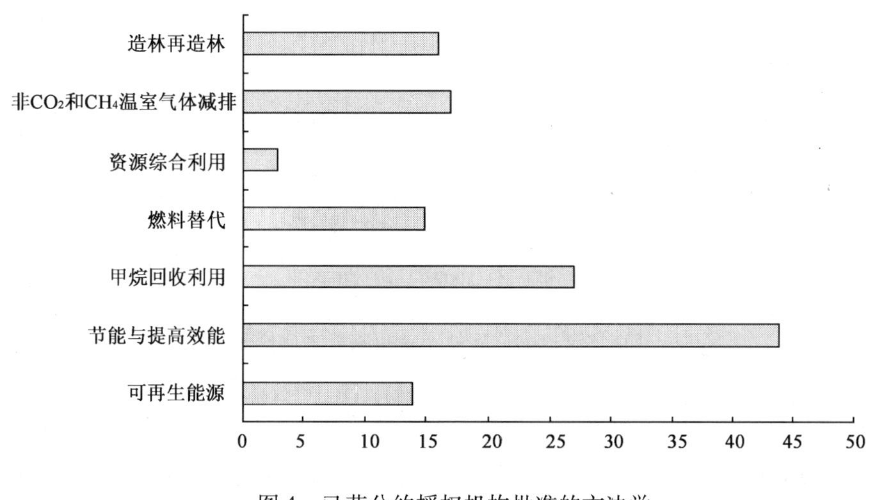

图4　已获公约授权机构批准的方法学

2　碳交易——全球参与的双赢合作

2.1　源自 CDM 的碳交易

“碳交易”这个概念源自《京都议定书》，即为促进全球温室气体减排，以国际公法为依据的温室气体减排量交易和项目合作，也就是国际间温室气体排放权交易。为鼓励发达国家履行减排义务，《京都议定书》下辖3种境外减排机制。一是清洁发展机制（CDM），即发达国家与发展中国家合作实现经核证的减排量（CER）；二是联合履约机制（JI），即发达国家之间合作转让已完成的减排单位（EUR）；三是排放贸易机制（ET），即发达国家把超额完成的减排义务指标通过贸易（而不是项目合作）直接转让给另外一个未能完成减排义务的发达国家。碳交易是以 CDM 机制为主的三大灵活机制被全球化和市场化后的产物，主要基于以下三点理解。

第一，温室效应的全球性。全球范围内任何国家或地区同一时刻排放或减排等量温室气体具有同样的环境效应。

第二，履行减排义务的经济学逻辑。由于发达国家缔约方的能源利用效率较高，继续挖潜难度较大，而发展中国家减排成本较低，因此完成同一减排单位在不同国家之间存在着不同的成本，形成了价格差。

第三，南北合作的政治意义。碳交易调动非附件一的缔约方（一般是发展中国家）协助附件一缔约方（一般是发达国家）实现减排承诺，实现了南北间环境、经济、文化和技术的良性互动，有利于全球气候治理机制的巩固和完善，也有利于其他全球性问题的解决。

2.2　碳交易催生新的全球热门市场——碳市

碳交易市场即碳市（Carbon Market），自2005年《京都议定书》进入强制执行阶段后，全球碳市也随之强势启动，详情参见图5。

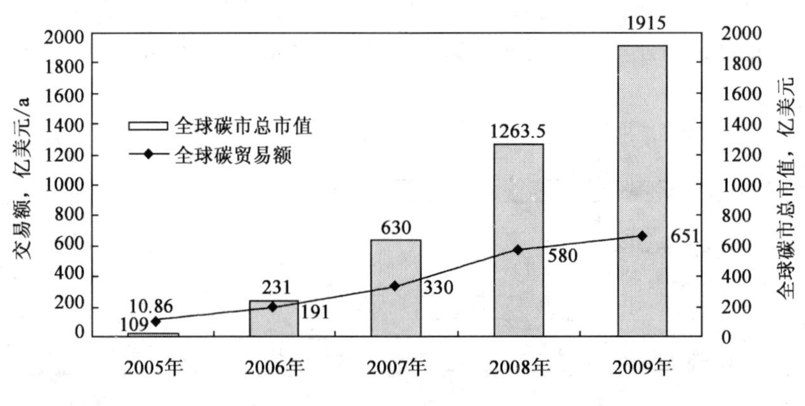

图5 《京都议定书》正式生效以来全球碳交易一览

3 碳捕集与埋存技术

在目前的全球碳市大宗交易中，CDM 项目占据了大多数，值得一提的是，其核心技术——碳捕集与埋存技术（Carbon Capture and Storage，CCS）已被成功应用于提高油气资源采收率，成为化石能源行业一项较为成熟的开发技术。

3.1 二氧化碳捕集与运输

从工业废气（烟道气）中捕集 CO_2 等温室气体的方式主要有三种：燃烧前捕集、富氧燃烧捕集和燃烧后捕集。从烟道气中回收捕集 CO_2 气体主要利用薄膜分离、化学溶剂吸收、低温液化分离等技术从工业生产中产生的废气中提取、提纯 CO_2，同时，在炼油厂、发电厂、水泥厂、垃圾处理厂等大型伴生气排放源可以实现 CO_2 的源头液化压缩捕集。捕集到的 CO_2 必须使用汽车、火车、轮船以及管道来进行运输。

3.2 二氧化碳埋存

二氧化碳埋存的方法有许多种，一般来说可分为地质埋存、海洋埋存和森林等生态系统埋存。地质埋存的方法是当前 CO_2 等温室气体埋存方法中较为常见的。CO_2 驱提高石油采收率（CO_2－EOR）、CO_2 驱提高天然气采收率（CO_2－EGR）、CO_2 驱提高煤层气采收率（CO_2－ECMR）等把 CO_2 埋存在油气藏、煤层的方式，不仅提高了油气资源采收率，实现了油气田的增产稳产，还使得部分 CO_2 长期埋存于地下，完成了一部分温室气体减排任务，从而成为目前各油气产出国的现实选择。

3.2.1 *地质埋存与驱油原理*

实现提高油气采收率和安全高效的 CO_2 埋存，临界温度和临界压力是至关重要的物性参数。当温度高于临界温度时，在任何压力值下 CO_2 都不会变成液体，呈超临界气相；当温度低于临界温度时呈过冷液相；如果温度再继续降低到－56.6℃时，还可能出现气、固、液三相点或固、气两相区，参见图6。临界压力是划分单相区和多相区的分界线，当压力高于临界压力时，CO_2 呈单相气体或单相液体；当压力低于临界压力时，则将出现气相区、液相区和两相区。

CO_2 驱混相驱属于多次接触混相驱。注入 CO_2 流体后，流体的物理化学性质会在油藏压力和温度的作用下发生变化，CO_2 可以高度溶于油和水。随着 CO_2 的不断注入，当油和水内含有大量溶解的 CO_2 时，混合流体的粘度、密度和压缩性都得到改善，有助于提高石油采收率。CO_2 与烃类物质反复接触，原油的中间烃组分被不断挤压，蒸发并富集起来，在压力作用下最终实现与原油混相，并在混相流体中向生产井运移，也称动态混相，这是目前 CO_2 混相驱提高石油采收率的主要方式。

CO_2 注入合适的埋存场所后，一部分由物理方式储集在地下空间内，一部分会在地层咸水或液态油气中溶解，还有一部分则会随着 CO_2 溶解率的升高和储集时间的积累将会在长久的地质时间里与周边环境（如油、气、水和岩石、土壤等）发生化学反应，形成碳酸盐离子，化学方程式为：

$$CO_2 + H_2O \rightarrow H_2CO_3 \rightarrow HCO^- + H^+ \rightarrow CO_3^{2-} + 2H^+$$

使注入的 CO_2 逐渐被矿化，转化为固态碳酸盐矿物质，化学反应过程可以表述为：

长石 + 黏土 + HCO^- + CO_3^{2-} →高岭石 + 方解石 + 白云石 + 菱铁矿 + 石英

这一矿化作用可以形成新的矿物质，因此成为最持久、最稳定的埋存方式。

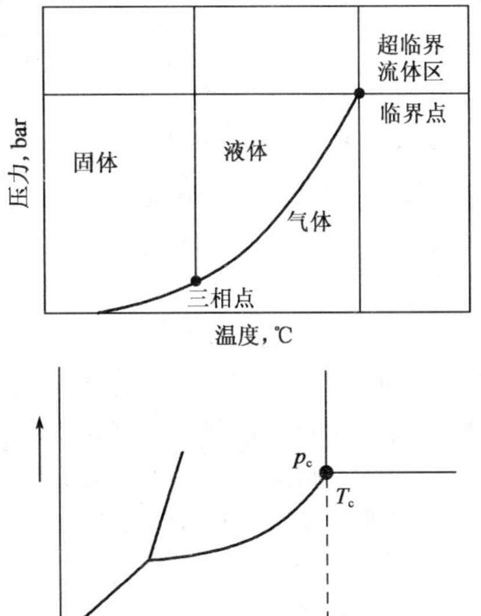

图 6　CO_2 相态变化图

3.2.2　二氧化碳地质埋存的地质条件

选择符合要求的油藏是实施 CO_2 埋存提高油气采收率的关键。CO_2 地质埋存技术对油气藏地质条件有如下要求。

（1）CO_2 混相驱形成的混相带前缘能把原油驱赶到生产井，应用 CO_2 驱提高石油采收率技术的油藏深度应达到或超过 800m 以下，使 CO_2 以与油水密度相当的超临界流体存在。目前，较为成功的方案主要应用在地下 800m 以下的轻质油层，油层厚度小于 20m，油层压力大于最小混相压力（MMP），但地层流体体系的整体压力不能过高，否则会增加溢漏风险，同时，地温梯度较低的地层可以获得较高的 CO_2 储集密度，1000m 以下的地层地温梯度较高，不适宜 CO_2 的地质埋存。

（2）CO_2 注入油藏内，在压力下会沿着裂隙从高压储层向低压区域移动，因此位于褶皱带、有裂缝或断层发育、储盖组合关系差的油藏不适宜应用 CO_2 驱提高石油采收率技术，否则将会破坏油藏，无助于提高石油采收率。

（3）垂直渗透率与水平渗透率的比值和孔隙度较低、成岩作用强的油藏不适宜应用 CO_2 驱提高石油采收率技术。

（4）CO_2 气源埋藏场所的地面距离是优选气源要考虑的首要因素。间距较短，运输和注入成本较低。因此，在启动 CO_2 地质埋存项目前最好对当地或附近的 CO_2 气源的埋存潜力进行详细的地质勘查，寻找最优埋存场所。

3.3　环保与经济效益

温室气体的捕集和埋存技术是除低碳能源技术和节能减排技术以外减少温室气体排放最重要的技术手段，是实现对人类后代承担环境责任的关键。随着老油田综合含水逐年上升等问题的出现，三次采油技术早已成为世界各国油田晚期开发领域竞相研究的课题。将液态 CO_2 注入地下，替代油气田初期开发时使用的水，可以更好地增加储层的地下压力和原油的流动性，同时与使用频繁的表面活性剂不产生冲突，这种提高采收率的方式尤其适合油气田的后期开发。

中国石油天然气集团公司作为中国化石能源巨头和世界重要的石油公司之一，提出在未来五年设置相关课题，在现有 CCS 技术基础上分阶段实施低碳技术创新战略，形成公司低碳核心配套技术，占领低碳技术制高点，掌握低碳发展主动权，打造“绿色、国际、可持续的中石油”。在中国石油大庆油田采油八厂芳 48 断块 CO_2 驱油试验区，采用 CO_2 驱提高采收率技术，5 口“以气换油”的试验油井到 2009 年已累积产油 9800 多吨，井组日产油稳定在 6t 左右。如今，该项技术已在油田大面积推广，将大庆本地天然气产量中分离的 CO_2、工业生产产生的 CO_2 等收集起来，变废为宝，取得了很好的经济和环境效益。

参 考 文 献

[1] Stephen Krasner. International Regimes [M]. New York: Cornell University Press, 1983.
[2] 陈迎. 国际环境制度的发展与改革 [J]. 世界经济与政治, 2004, 4.
[3] 张丽君. 减少温室气体排放的重要手段——二氧化碳的地质储存 [J]. 国土资源情报, 2001, 12.
[4] 黄黎明. 二氧化碳的回收利用与捕集埋存 [J]. 石油与天然气化工, 2006, 5.

危险与可操作性分析方法在上游业务中的推广应用

梁　爽　孙文勇

（中国石油安全环保技术研究院　北京市　100083）

摘　要　基于国内石油工业上游业务风险分析和安全评价现状，针对油气勘探、油气田开发、油气集输和海上油气田生产各阶段工艺流程与作业环境特性，选择引导词、偏差进行安全评价，分析和探讨危险与可操作性分析（以下简称 HAZOP 分析）方法在上游业务中应用的可行性和适用性。研究表明，对于油气田开发、油气集输阶段以及海上油气田生产方面，应用 HAZOP 分析，可从本质安全角度提出项目风险管理控制措施，提高装置安全性和可操作性，促进企业持续稳定发展。但对于油气勘探阶段，由于其风险呈层次型且评价方法依赖于数学建模和数值计算，不适宜采用 HAZOP 分析方法。

关键词　安全工程　HAZOP　上游业务　风险

0　引言

按照我国石油工业管理门类划分，石油工业大致分为油气勘探、油气田开发、油气集输和石油炼制四个主要阶段。而作为石油工业上游业务，油气勘探、油气田开发和油气集输这三个相互独立又相互衔接的工程领域，构成了石油生产的主体部分。

近年来，随着国际油价的剧烈变化和跨国石油公司的兼并重组，石油工业在上游领域中的竞争愈发激烈，国际著名的埃克森美孚（Exxon Mobil）、英国石油（BP）、英荷壳牌（Shell）、雪佛龙德士古（Chevron Texaco）和道达尔菲纳埃尔夫（Total Fina Elf）这五家大型跨国石油公司也相继对本公司上游业务的发展战略作出了调整。以埃克森美孚公司为例，图 1 显示了 2000—2010 年用于上游投资的金额。

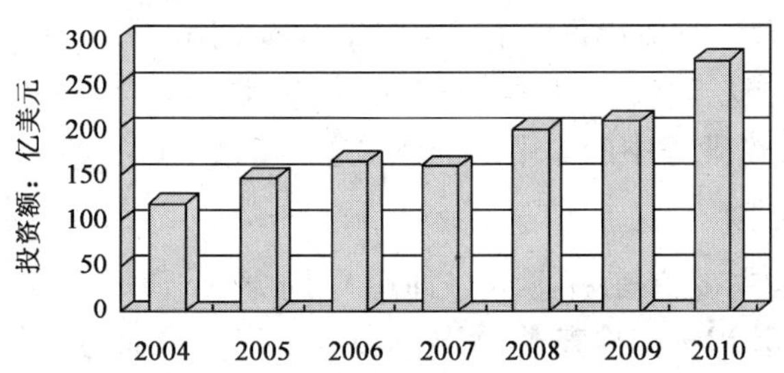

图 1　2000—2010 年埃克森美孚公司上游业务年投资金额

此外，从石油工业的利润构成、投资回报率等指标来看，上游业务的绝对优势也促使各石油公司加大对其领域的投资与开发。其中，五家公司在上游业务中的投资总额从 2000 年的289亿美元增至2008年的1063亿美元。受金融危机影响，2009年投资额略微降至904亿美元。图2列出了五家公司在2000—2009年间上游业务的投资总额。

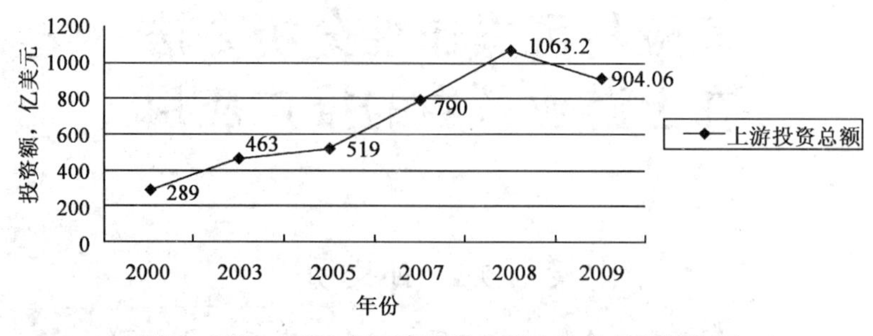

图2　2000—2009年五家石油公司上游业务投资总额

然而，随着油田开发后期设备资产老化、新区开发数量剧增化严重，井喷、火灾爆炸等大规模危害事故日益成为限制上游业务发展和投资回报率提升的制约因素。在此背景下，西方石油公司开始重视对上游业务风险分析和安全评价方法的探索和应用，并将其作为制定油气勘探、开发决策的重要依据，以此指导上游业务的开展。

本文针对上游各业务阶段生产操作中的潜在风险，依据其与诱发因素特点，结合现行风险评价方法，探讨HAZOP分析方法在该领域应用的可能性和适用性，以此提高上游生产装置安全性和可操作性，为制定基本防灾措施和应急预案决策提供依据。

1　HAZOP分析方法介绍

1.1　HAZOP分析方法研究现状

HAZOP分析方法由英国帝国化学公司（ICI）1974年开发，是一种对生产装置及工艺过程安全进行系统评价的方法。该方法以系统工程为基础，以工艺参数偏差为引导，分析偏差原因、后果以及可采取的安全措施。目前，HAZOP分析方法已被广泛应用于石油、石化等过程工艺危险性分析：英国石油公司将HAZOP分析方法作为公司识别危险的基本方法之一，要求从项目设计阶段即开展此项工作；德国拜耳公司在《过程与工厂安全指导》中规定，其所属工厂需定期进行HAZOP分析并形成安全评估报告。

在国内，国家出台相关政策加速HAZOP分析工作的开展，如国家安全生产监督管理总局《危险化学品建设项目安全评价细则（试行）》、国务院安全生产委员会《国务院委员会办公室关于进一步加强危险化学品安全生产指导工作的指导意见》。然而国内HAZOP分析的应用仍处于起步阶段，且应用推广范围局限于石油炼制领域，在上游业务中鲜有应用或应用中存在偏差选择不当、建议针对性不强等诸多不适问题，亟待进一步完善。本文展开的HAZOP分析方法在上游业务中的应用，正是在这一背景下进行的探讨。

1.2　HAZOP分析流程

HAZOP分析方法主要有三种形式，即引导词方式（Guide Word Approach），经验式（Knowledge Based HAZOP）和检查式（Check list）。以引导词为出发点的HAZOP分析流程：首先制定工艺参数偏差矩阵，即将基本的引导词（没有、过多、过少、部分、反等）与工艺参数（流量、温度、压力、组成等）相结合，形成工艺参数偏差（如无流量、低流量、高流量、高温、低温、高压、低压等，以及化学腐蚀、仪表、取样、人为失误等）。将所涉及的工艺参数偏差应用到事先划分好的节点上，分析该节点工艺参数偏差产生的原因、可能引发的后果。根据风险等级，提出建议措施。当适用于此节点的偏差分析完毕后，进行下一个节点的讨论，直至所有节点分析完毕。HAZOP 分析流程示意图如图 3 所示。

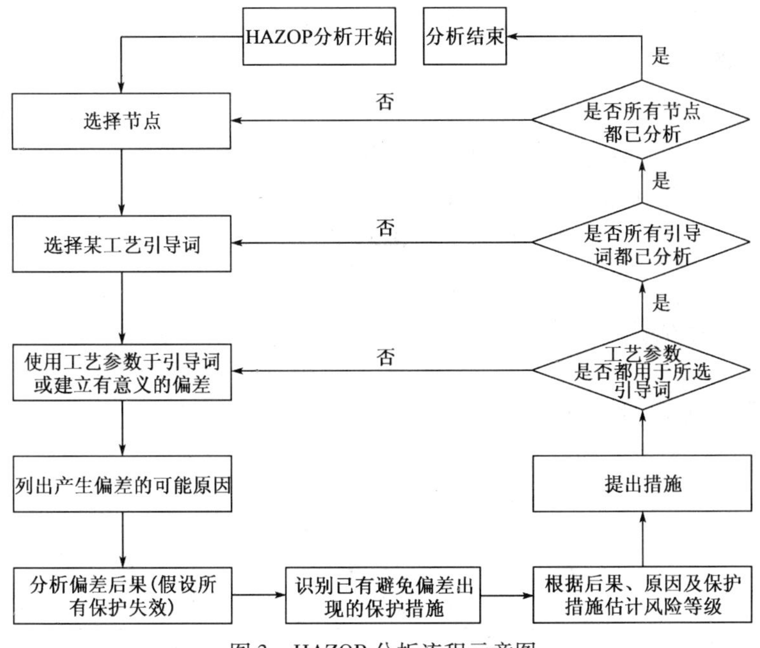

图 3　HAZOP 分析流程示意图

2　HAZOP 分析方法在上游业务中的应用

石油工业不仅是一个高投入、高技术性行业，更是一个高风险行业。据不完全统计，仅 2010 年 4 月至 8 月期间，全球石油工业发生重大事故 22 起，其中中国发生 5 起。由此可见，石油石化企业的生产、经营始终与潜在风险紧密相连，受其影响和制约。对于石油炼制环节，HAZOP 分析方法已普遍为石化企业所接受，并作为一种综合性安全评价方法被广泛应用于项目中。而对于上游各业务环节，由于其工艺流程的特殊性和差异性，目前采用的安全评价方法均不相同，使用 HAZOP 分析方法对上游业务进行安全评价的可行性和有效性尚待研究。

2.1　油气勘探阶段

随着勘探开发活动的不断深入，浅层的、易发现的构造油气藏越来越少，勘探目标逐步向深层、非构造隐蔽油气藏等地区转移。面对作业难度增大、投资成本提升、勘探风险加剧等诸多不利因素，西方石油公司越发重视勘探活动前期的风险分析和评价工作，并将分析结果作为制定勘探开发决策的重要依据。

对于沉积盆地、含油气系统、成藏组合和远景圈闭四个阶段，风险分析几乎已贯穿油气勘探始终。目前应用于油气勘探阶段的风险评价，主要体现在三个方面：油气地质勘查的风险评价、油气藏地球物理预测的不确定性研究以及勘探开发工程的风险评价。其中勘探开发工程的风险评价由诸如经济效益评价、HSE 评价、工程质量评价和技术技能评价等因素组成。上述油气勘探风险评价均以信息技术、统计学、概率论以及其他非线性预测技术作为风险评价的主要工具，通过建立风险评价模型、适当选取评价因素和权重系数加以计算，控制风险及不定因素，进而保证勘探活动的平稳有效进行。因此，鉴于油气勘探领域风险及组成因素的特殊性与复杂性，针对依赖于信息技术和地学定量化程度、侧重于数学建模和数值计算进行风险评价的油气勘探阶段，不适宜采用 HAZOP 分析方法对其进行风险分析和安全评价。

2.2 油气田开发阶段

在过去的数十年间，工程技术的发展，如定向钻井和多边钻井技术、软管和膨胀管技术、复式梯度钻探与钻井液技术等一批先进的钻探、完井及井控技术为全球油气储量的增长作出了重要贡献，是实现油气田有效开发不可或缺的要素。然而，在油气田开发过程中，由于受到地质、压力、温度等多种不确定因素影响，井涌、井喷等恶性事故时有发生，给油田生产、人员安全和社会经济带来了巨大的损失。

2.2.1 钻井过程 HAZOP 分析应用

钻井过程风险的主要来源可分为设计风险、地质风险和工程施工风险，每种风险又受数个因素制约，具体关系如图 4 所示。

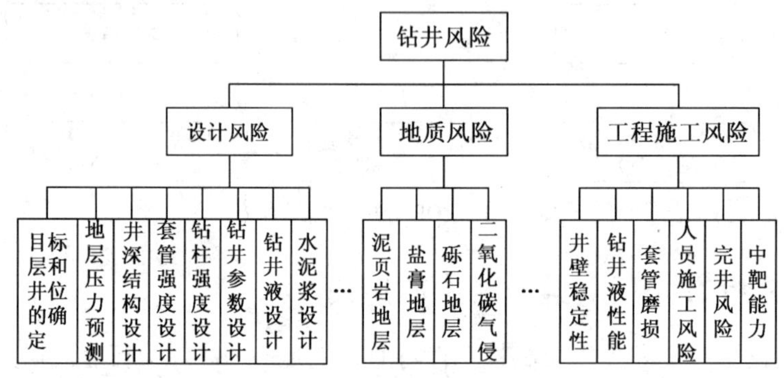

图 4 钻井过程风险组成

为了防止作业过程中井喷事故的发生，要求施工时安装必要的井控设备，以保护操作人员、设备以及油气井安全。作为井控设备的重要组成部分，井控管汇在高硫、高温、高压井的应用过程中，易出现腐蚀、冲蚀、刺漏等失效形式，存在井喷控制失效的风险。因此，选择适用的安全评价方法对井控设备进行危害识别和风险分析，对降低设备失效和人员误操作的概率、确保钻井过程安全进行具有十分重要的意义。对井控管汇进行 HAZOP 分析时，涉及的引导词有无、少、多、异常和变化，工艺参数有试压、检测、压力、开关操作等。表 1 中截取了某井控管汇 HAZOP 分析中关于引导词“少”的分析结果。

表 1 某井控管汇 HAZOP 分析记录表（引导词“少”）

偏 差	原 因	后 果	保护措施	建 议
压力等级偏低	1. 底层压力预测不准； 2. 井控管汇选取不适； 3. 缺乏对井控管汇重视程度	井控管汇无法承受高压，井喷失控	无	1. 提高地层压力预测准确度； 2. 按标准选择、安装井控管汇； 3. 强化井控管汇重视程度
试压值过低	1. 未按标准进行试压； 2. 缺乏对试压工艺的了解	井控管汇无法承受高压，井喷失控	操作规程中规定试压值	1. 加强人员试压培训； 2. 对井控管汇实行完整性管理

续表

偏　差	原　因	后　果	保护措施	建　议
防喷管线距离井口太近	1. 井场空间小； 2. 不了解相关规定或未按规定执行	防喷流体含二氧化硫，可能引起人员中毒伤害	无	1. 合理安排井场布置； 2. 提高人员井控知识
弯头拐角太小	1. 不了解相关规定或未按规定执行； 2. 井控意识薄弱	可能导致井控管汇短时间内出现严重冲蚀，无法压井，井喷失控	增大井控管汇拐角处壁厚	1. 增大拐角度； 2. 对井控管汇实行完整性管理
平板阀开关不完全	不了解相关操作要求或未按要求执行	可能导致井控管汇发生冲蚀，过早损坏，最终无法压惊，井喷失控	操作规程中规定平板阀操作要求	加强操作人员的相关培训

应用于井控管汇的 HAZOP 分析方法，通过有针对性的偏差分析，使涉及井控设备损坏、人员误操作等各方面安全隐患得以及早识别，并在此基础上提出相应建议措施，最大限度地消除井控设备在使用过程中的潜在危险。针对具体钻井作业过程，还应结合现场实际情况和分析结果不断细化和完善应用于此的 HAZOP 分析方法，从而实现方法的有效性。

2.2.2　气田开采地面工程 HAZOP 分析应用

气田开采地面工程涉及介质易燃、易爆、强腐蚀，工况高温、高压等特点，存在因设备、部件破裂或控制系统失效而引发天然气泄漏、火灾爆炸和硫化氢中毒等重大风险。目前，国内天然气行业现行的安全评价体系侧重于危害发生后所采取的措施。而 HAZOP 分析方法从危险源入手，通过对事故发生概率和严重度的综合判定提出建议措施，实现对危害的事先控制。因此，HAZOP 分析方法在气田开采地面工程的应用无疑对气田的安全开发具有积极的意义。

近年来，HAZOP 分析方法在国内气田开采地面工程逐步得到应用，并取得了令人满意的效果。选取某气田试采地面工程天然气净化厂脱硫单元 HAZOP 分析中偏差“温度低”为例，如表 2 所示。

表 2　某气田试采地面工程天然气净化厂脱硫单元 HAZOP 分析记录表（偏差“温度低”）

偏　差	原　因	后　果	保护措施	建　议
温度低	环境温度低	含水系统中不经常使用的管线、死角处可能出现冻结，造成仪表故障	无	对管线、死角的保温方法，即电热膜和绝热层，进行评估
	安全阀和压力控制阀释放高压气体至火炬	低温效应可能导致管线脆变、失效	无	对安全阀、压力控制阀下游可能形成的最低温度进行评估，若需要，应使用低温碳钢或不锈钢

对该气田试采地面工程进行 HAZOP 分析，为设备选型、仪表及自动控制配置、火炬与安全排放、泄漏、消防等诸多方面提出了建议。例如在设备选型方面，提出“所有高压容器、设备的隔离阀必须采用双截止阀加安全阀，其中隔离阀选用球阀或其他非蝶阀类型，安全阀连至密闭排放系统”的建议；在消防方面，提出“考虑设置一个消防泵为柴油发电机驱动、设置两套电池系统和连续充电装置以实现自动切换”、“确保消防水压力监控系统的工作状态，当消防水压力下降时实现主消防泵的自动启动”以及“消防水池水量应满足 4

小时消防用水，并能在24小时内回补”等针对性强的建议。

通过应用于长白气田、克拉2气田、罗家寨高含硫气田及龙岗气田的经验可知，HAZOP分析方法对于酸性气田开发地面工程设计、建设及生产运行的安全管理有很大的帮助作用，具有在气田开采地面工程推广应用的价值。

2.3 油气集输阶段

石油天然气管道是保障能源供给、关系国计民生的基础性设施，其系统的安全性问题越发受到各国政府的高度重视。通过一系列行之有效的风险识别和安全评价，使人们对油气集输系统在生产运行中涉及的风险有一个系统、明确的认识，并将所有的潜在危险消灭在初级阶段，对确保管道安全、平稳运行具有重要意义。

针对油气集输系统中不同介质的特性，按照其工艺流程的相对独立性和完整性进行划分，形成油气集输系统HAZOP分析节点，见表3。

表3 油气集输系统HAZOP分析节点

节　点	原油集输系统	成品油集输系统	天然气集输系统
1	进罐流程	进罐流程	收气流程
2	正输流程	正输流程	正输流程
3	反输流程	压力站越站流程	压力站越站流程
4	压力站越站流程	全越站流程	全越站流程
5	热力越站流程	注入流程	清管器发送流程
6	全越站流程	清管器发送流程	清管器接收流程
7	清管器发送流程	清管器接收流程	调压流程
8	清管器接收流程	高压泄压流程	储气库
9	高压泄压流程	低压泄压流程	压缩机
10	低压泄压流程	站内循环流程	
11	站内循环流程	油罐	
12	油罐	输油泵	
13	输油泵		
14	加热炉		

对于油气集输系统各种工艺流程而言，压力、流量和温度是使用最普遍的工艺参数。而针对具体设备的工艺参数选取，可参考炼化企业中相应设备HAZOP分析的相关内容，分析方法和步骤也相同。

目前HAZOP分析方法已应用于西气东输管道、庆铁线、陕京线、兰郑长成品油管线、中亚天然气管道等油气集输系统干线、站场、阀室和储气库等工艺系统中，效果良好。但就我国管道集输系统实际现状而言，现存的大量在役管道和站场均没有进行HAZOP分析。因此，有必要将HAZOP分析方法在油气管道集输系统中进行推广应用。

2.4 海上油气田生产方面

海上油气田开发是世界上公认的安全风险最大的行业之一，具有作业环境恶劣、活动空间狭小、救援及逃生困难等特点。国务院安委会办公室在海洋石油安全生产工作会议中指出：目前我国海洋石油天然气开采面临着开发风险逐年增加、生产设施老化严重、应急救援能力薄弱等不利因素，海洋石油安全生产形势十分严峻。因此，对海上油气田开发项目进行

HAZOP 分析，以此控制和减少作业中的危害与影响，确保装置本质安全，不失为降低风险的一种有力措施。

鉴于作业环境的特殊性，HAZOP 分析方法在海上油气田开发项目中的应用需有所改进。如对钻井平台进行 HAZOP 分析时，应将引导词选为井喷、泄漏、起升器材碰撞、结构性故障、场所危险和其他常规因素等。选取某钻井平台 DES BOP 甲板区域引导词为“井喷”的 HAZOP 分析结果，见表 4。

表 4　某钻井平台 HAZOP 分析记录表（DES BOP 甲板区域；引导词“井喷”）

引导词	原　因	后　果	保 护 措 施	建　议
井喷	BOP 故障	井控失效，导致火灾爆炸，可能造成平台损坏和人员伤害	设备冗余、主要钢结构防火、液压软管防火	1. 采用经鉴定的设备，增强安全系数，提高设计压力； 2. 将阀门设置为 FC
	油嘴/压井软管故障		软管防火、主要钢结构防火、液压软管防火	1. 采用经鉴定的设备，增强安全系数，提高设计压； 2. 将阀门设置为 FC； 3. 软管接头设置保险链
	下闸板下方的阀门冲失	井控失效，导致火灾爆炸	设备冗余	采用经鉴定的设备，增强安全系数，提高设计压
	分流器故障			设置逃生路线
	升高短节故障			1. 设置逃生路线； 2. 在升高短节上设置压力泄放

迄今为止，国内部分海上油气田已在生产作业中引入 HAZOP 分析方法，如锦州、秦皇岛、蓬莱等一批井口平台已完成了对在役装置进行 HAZOP 分析，取得了较好的效果。但是对于海油陆采的开发方式，设施的可操作性不能完全沿用海洋石油的模式进行 HAZOP 分析，而应充分考虑其特点及组织形式，如海油陆采设施多为密集的平面布置，失去了运用高度差和安全距离实现的安全防护。因此，在海油陆采的 HAZOP 分析中，需综合考虑风险可接受程度和设施可操作性。

3　结论

本文基于石油工业上游业务生产作业特点，针对 HAZOP 分析方法在其领域应用过程中涉及的可能性和有效性问题进行分析和探讨，所得结论如下：

（1）针对风险呈层次关系的油气勘探阶段，由于对其风险的评价依赖于数学建模和数值计算方法，因此不适宜采用 HAZOP 分析方法对其进行风险分析和安全评价。

（2）对于油气田开发和油气集输阶段，可以采用 HAZOP 分析方法从工艺装置的危害及可操作性入手，提出项目风险管理控制措施，以更加科学的方法去决策和管理项目、防范风险，这无疑对油气田的安全开发具有十分重要的作用。

（3）对于作业环境复杂的海上油气田生产方面，通过 HAZOP 分析方法的应用，能够使生产装置安全技术设施得到合理配置，使安全生产管理工作水平再上新台阶，对保持海上油气田及附属产品的稳产、高产可谓意义重大。

随着国家对石油天然气工业生产和建设项目 HSE 管理体系工作要求的提高，HAZOP 分析方法已在我国石油工业得到逐步应用，尤其在石化行业的普遍推广收到了很好的成效。但由于 HAZOP 分析方法在石油工业上游业务的应用还处于探索阶段，方法的可行性和评价结果的有效性还需要进一步研究和论证。

参考文献

[1] 李小地，张国生，张永峰．跨国石油公司上游业务发展趋势分析［J］．石油勘探与开发，2007，34（1）：19－22.

[2] ExxonMobil Corporation. 2010 Financial & Operating Review［R］. Irving：ExxonMobil Corporation，2010. 24－28.

[3] 廖学品．化工过程危险性分析［M］．北京：化学工业出版社，2000：32-45，107－118.

[4] Redmill F，Chudleigh M，Catmur J. System Safety：HAZOP and Software HAZOP［J］. Computing & Control Engineering Journal，1999，10（4）：28－57.

[5] 万古军，李奇，张广文，等．实施 HAZOP 分析控制重大工艺安全事故［J］．安全、健康和环境，2009，9（11）：2－4.

[6] 文科武．HAZOP 技术及其在石化行业中的应用［J］．炼油设计，2002，8（32）：55－58.

[7] 杨朝红，夏丽洪．筑牢安全环保风险航线，促进企业又快又好发展[J]．国际石油经济，2010，8：1－9.

[8] 高林．油气勘探风险评价[J]. 勘探地球物理进展，2003，26（5-6）：402－406.

[9] 胡浩泉，樊建春．油井井控管汇的 HAZOP 分析[J]. 化学工程与装备，2010，8：8－10.

[10] 李映年，袁树海．浅析 HAZOP 分析在气田地面工程建设中的应用[J]. 石油与天然气化工，2008，增刊：146－153.

[11] 李秋娟，余冬，史威，等．HAZOP 分析方法在油气管道系统中的应用研究[J]. 中国仪器仪表，2010，11：52－55.

[12] 赵宏振．长输管道天然气站场 HAZOP 分析实践[J]. 天然气与石油，2010，28（4）：1－4.

[13] 张志胜，杨洪兵．HAZOP 分析在西气东输管道工程中的应用[J]. 现代职业安全，2010，6：72－75.

[14] 李秋萍，孙琼，李秋娟，等．庆铁线工艺系统危险与可操作性及安全完整性等级的分析研究[J]. 仪器仪表标准化与计量，2010，3：22－26.

[15] 刘萍．中亚天然气管道压气站 HAZOP 分析[J]. 石油规划设计，2010，21（6）：35－38.

[16] 侯爱文．HAZOP 分析在海上油田的应用[J]. 现代职业安全，2010，6：69－71.

油气田地面工程职业病危害因素分布及防护措施

许文博　门晓棠　柯继红

（中国石油集团安全环保技术研究院　北京市　100083）

摘　要　分析、识别陆上油气田开发地面工程运行过程中职业病危害因素的种类及分布，评价油气田地面工程职业病危害防护效果。采用现场调查、职业病危害因素检测、职业健康监护等方法对建设项目进行评价。油气田开发地面工程运行过程中存在的主要职业病危害因素有甲烷、非甲烷总烃、液化气、200 号溶剂油、甲醇、噪声、高温、工频电场等。作业现场空气中有毒物质浓度均处于较低水平，存在的职业病危害因素浓度或强度均符合《工作场所有害因素接触限值》和《工业企业设计卫生标准》的要求，在噪声、高温方面需要加强作业人员个体防护。

关键词　油气田　职业病危害因素　防护设施

0　引言

随着国家油气田开发，多项油气田地面工程陆续投入建设运行。本文选择具有代表性的中国西部主力气田群的地面工程进行现场调查分析，结合现场检测结果和职业健康监护结果对职业病危害因素种类及分布进行识别与分析，对采取的职业病防护措施效果进行评价，提出职业病危害的关键控制点和防护要求。

1　对象与方法

1.1　对象

选择中国西部某主力气田群的地面工程，其原料为来自不同区块的凝析气，油气处理规模大，油气处理装置属目前国内领先工艺，具有较强的代表性。该工程包括气田内部集输、油气处理厂、外输干线 3 个部分，油气处理厂主要包括 2 套 $350\times10^4m^3/d$ 天然气处理装置、2 套 $25\times10^4t/a$ 凝析油稳定装置、3 个罐区以及配套的公用工程和生产辅助设施等，工程作业人员 254 人。

1.2　方法

采用现场调查、现场检测、职业健康监护等方法收集数据和资料，结合职业病防护设施、个体职业病防护水平，对运行期间作业人员职业病危害因素接触水平及防护效果进行定性和定量评价。

2 结果

2.1 工艺流程

该工程原料为来自33个井口的凝析气，经集气干线混输进入油气处理厂的段塞流捕集器进行油、气、水分离。分离出的气相进入天然气处理装置，经过分子筛脱水，J－T阀制冷脱烃，处理后的合格天然气经过往复式天然气压缩机增压进入天然气外输管道。天然气处理装置生产的液化气经过多级离心泵增压进入液化气外输管道。生产的轻烃进入凝析油缓冲罐。

段塞流捕集器分离出的凝析油分别进入两列凝析油稳定装置，凝析油经过多级闪蒸、脱水、脱盐和低压提馏后与轻烃混合进入凝析油外输管道。

段塞流分离器分离出的采出水与闪蒸后的产出水进入污水处理装置，处理合格后的采出水回注到地下。

2.2 职业病危害因素及分布

油气田地面工程主要由气田内部集输、油气处理厂及外输干线3个部分组成。由于气田内部集输管道和外输干线完全密闭输送且埋于地下，并采用自动化在线泄漏检测报警技术，因此正常情况下不会对作业人员构成危害。外输干线截断阀室全部采用无人值守RTU控制，因此在正常生产情况下对作业人员不构成危害。根据生产工艺流程分析，井场、集气站、油气处理厂和凝析油中间加热站设有大量油气处理及储运设施，如集输阀组、反应塔器、储罐、各种输油泵、压缩机、加热炉等均是操作人员直接接触，是职业病危害因素的重要环节。因此该工程职业病危害因素主要存在于井场、集气站、油气处理厂和凝析油中间加热站。

经识别该工程存在的主要职业病危害因素有：化学有害因素：甲烷、非甲烷总烃、液化气、200号溶剂油、甲醇、一氧化碳、氮氧化物；物理因素：噪声、高温、工频电场及不良照明。主要接触工种为装置区外操工、泵房和压缩机厂房操作工、维修工、化验工、内操工、电工及管理人员。工程运行实施“3班3倒”工作制度，每班工作8h休息16h。各操作岗位实行轮休制度，在岗工作1个月，回基地休息1个月。工作场所职业病危害因素分布情况见表1。

表1 工作场所职业病危害因素分布情况

工种	岗位	人数	职业病危害因素	操作方式
外操工	天然气装置区 凝析油装置区 段塞流捕集器	16人	甲烷、非甲烷总烃、液化气、甲醇、噪声、高温、低温	巡检
炉工	导热油加热炉	8人	一氧化碳、二氧化氮	巡检
操作工	空气压缩机房	8人	甲烷、噪声、高温、一氧化碳、二氧化氮	巡检
化验工	化验室	12人	甲烷、非甲烷总烃、溶剂汽油	手工操作
维修工	维修部、管道、机泵、压缩机、加热炉、化粪池	125人	甲烷、非甲烷总烃、液化气、甲醇、噪声、高温、低温、硫化氢	手工操作

续表

工种	岗位	人数	职业病危害因素	操作方式
内操工	主控室、装置区	6 人	甲烷、非甲烷总烃、液化气、噪声、高温、低温	根据情况巡检
值班主任	主控室、装置区	6 人	甲烷、非甲烷总烃、液化气、噪声、高温、低温、工频电场	根据情况巡检
电工	高压开关厂、配电室	6 人	噪声、高温、低温、工频电场	巡检
操作工	燃气电站	67 人	噪声、高温、一氧化碳、二氧化氮	巡检

2.3 职业病危害防护措施

2.3.1 防毒措施

该工程设备基本露天布置，工艺先进、成熟，全程自动化控制；采用全程密闭的设备和管道；天然气、凝析油、液化气泵房、压缩机厂房、空气氮气站及化验室均设置强制通风系统，事故状态通风换气次数均大于 12 次/h；段塞流捕集器、闪蒸罐、泵房及化验室采样处等有毒或可燃气体可能泄漏处均设置可燃气体报警器。工程各系统防护措施投用完好。

2.3.2 防噪声措施

该工程噪声较大的设备如空气压缩机、燃气发电机、闪稳压缩机、凝析油加热炉、导热油加热泵及各种外输泵均选用低噪声电机产品，安装在单层厂房内；闪稳压缩机、燃气电站燃机组等振幅大、功率大的设备设置了减震基础；泵房内壁采用弹性材料进行减噪处理，空气氮气站内表面安装消音板；控制室及值班室等房间采用隔声门窗。

2.3.3 防高温措施

本工程公寓楼、控制室、维护及分析化验室等采用中央空调；各装置的高温设备均采用室外布置，对于表面温度大于 60℃ 的工艺管道及设备均采用了复合硅酸盐保温材料作隔热处理。在高温设备、高温管线裸露处均设立了高温警示标识。巡检工人的巡检路线与高温管线保持安全距离，岗位配有测温枪可有效测量热辐射温度。

2.4 现场职业病危害检测结果

2.4.1 化学有害因素

在装置处于正常满负荷生产状态、毒物处于峰浓度的生产或操作时段，采取定点及个体采样方法对空气中有害物质进行检测。检测结果表明，经采取上述的防护设施，各工作场所存在的甲烷、非甲烷总烃、液化气、200 号溶剂油、甲醇、氮氧化物的时间加权平均浓度及 STEL 均未超过相应的职业接触限值；未检出一氧化碳；在段塞流捕集器及化粪池处均未检出硫化氢。工作场所空气中毒物检测结果见表 2。

表 2　工作场所空气中毒物检测结果　　mg/m³

工　种	职业病危害因素	TWA	PC - TWA	STEL	PC - STEL
内操工	甲烷	未检出	650		
	非甲烷总烃	未检出	100	未检出	180
	液化气	5.0×10^{-2}	1000	4.4×10^{-1}	1500

续表

工　种	职业病危害因素	TWA	PC-TWA	STEL	PC-STEL
外操工	甲烷	8.0×10^{-1}	650		
	非甲烷总烃	1.5×10^{-1}	100	5.6×10^{-1}	180
	液化气	5.0×10^{-2}	1000	5.3×10^{-1}	1500
	甲醇	4.0×10^{-2}	25	1.65	1500
维修工	甲烷	4.0×10^{-1}	650		
	非甲烷总烃	3.5×10^{-1}	100	4.0×10^{-1}	180
	液化气	5.0×10^{-2}	1000	4.6×10^{-1}	1500
	甲醇	4.0×10^{-2}	25	3.3	50
	一氧化碳	未检出	20	未检出	30
	二氧化氮	1.2×10^{-1}	5	1.36	10
炉工	非甲烷总烃	1.5×10^{-1}	100	9.9×10^{-1}	180
	一氧化碳	未检出	20	未检出	30
	二氧化氮	1.2×10^{-1}	5	1.18	10
压缩机操作工	一氧化碳	未检出	20	未检出	30
	二氧化氮	1.2×10^{-1}	5	1.16	10
燃气电站操作工	一氧化碳	未检出	20	未检出	30
	二氧化氮	2.0×10^{-2}	5	3.4×10^{-1}	10
化验工	甲烷	5.0×10^{-1}	650		
	非甲烷总烃	1.5×10^{-1}	100	2.3×10^{-1}	180
	液化气	3.0×10^{-2}	1000	5.3×10^{-1}	1500
	溶剂汽油	8.0×10^{-2}	300		

注：1. 甲烷职业接触限值参照美国 ACGIH 卫生标准；
2. 非甲烷总烃参照正己烷职业卫生限值为评价标准，最低检出浓度为 0.02mg/m³；
3. 硫化氢 MAC 最低检出浓度为 0.005mg/m³，毒物未检出。

2.4.2　噪声

噪声检测结果显示，空气压缩机、燃气发电机组、导热油加热泵为较大噪声源，因采用巡检工作制有效地控制接触时间，该工程各检测点作业人员接触噪声等效（连续 A）声级均未超过职业卫生标准规定的职业接触限值。工作场所作业人员接触噪声检测结果见表 3。

表 3　工作场所作业人员接触噪声检测结果

工　种	检测地点	检测结果 dB（A）	接触时间 min	LAeq8h dB（A）
化验工	化验室操作台	66.8	120	<80
外操工	凝析油外输泵	85.2	20	80
	凝析油塔底泵	82.3	20	
	闪稳压缩机厂房	93.8	20	

续表

工　种	检测地点	检测结果 dB（A）	接触时间 min	LAeq8h dB（A）
导热油操作工	导热油加热主泵	88.2	20	<80
	导热油加热副泵	88.0	20	
	导热油循环泵	85.0	20	
	液化气回流泵房	80.2	20	
压缩机操作工	空气压缩机房	96.4	20	80
	给水泵旁	79.1	20	
	消防水泵旁	45.3	20	
燃气电站操作工	燃气发电机组旁	89.8	20	<80
燃气电站内操工	燃气电站主控室	70.2	480	70.2

注：各工种8h等效声级标准限值为85dB（A）。

2.4.3　高温

对高温岗位巡检点的检测结果表明导热油加热炉区WBGT指数略高于职业接触限值，存在高温作业危害。工作场所作业人员接触高温检测结果见表4。

表4　工作场所作业人员接触高温检测结果

工　种	检测地点	WBGT指数 ℃	接触时间 min/d	WBGT指数 限值，℃
外操工	导热油加热炉	34.9	20	34
	导热油去系统管路	34.1	20	34
操作工	燃气发电机组旁	33.6	20	34

2.4.4　工频电场

该工程各高压电作业场所工频电场强度均未超过《工作场所有害因素接触限值 第2部分：物理因素》（GBZ 2.2—2007）的规定限值。

2.5　职业健康监护结果

该工程接触职业病危害因素的254名作业工人全部进行了岗前、在岗职业性健康体检，体检率100%，未发现与职业接触有关异常改变；未发现职业禁忌证及疑似职业病。

2.6　职业卫生管理情况

该工程有完善的职业卫生管理体系和管理机构，配置了专、兼职职业卫生管理人员，制定了《公司健康管理制度》、《职业健康监护制度》和《职业病防治规划》，新上岗员工职业卫生培训达100%；员工应急演练、急救互救培训达100%。

该工程制定的《应急预案》内容完善，应急组织机构健全。但由于工程地处荒漠，《应急预案》中所依托的医疗救助医院及当地医疗机构均离站场较远，救援到达时间和救助条件不完全满足医疗应急救援需要。

该工程对作业人员定期发放工作服、手套、安全帽、隔热服和防寒服等；为接触噪声作业人员配备防护耳罩；为有毒有害作业岗位人员配备正压式呼吸器和防毒面罩；在甲醇加药装置旁安装了洗眼器；制定了《防护用品使用管理制度》，配备有专职劳动防护用品管理人员，建立了防护用品台账。

3 结语

油气田地面工程项目确定存在的主要职业病危害因素有甲烷、非甲烷总烃、液化气、甲醇、200 号溶剂油、噪声、高温、工频电场。在导热油区存在高温超标现象，空气压缩机等作业地点噪声强度较大，其余作业场所浓度或强度均符合《工作场所有害因素接触限值》和《工业企业设计卫生标准》的要求，职业病防护设施、职业卫生管理等方面基本符合《中华人民共和国职业病防治法》《工业企业设计卫生标准》的相关要求。在噪声、高温方面需要加强作业人员个体防护。

在综合分析评价的基础上，针对该工程存在的不足，提出以下建议：（1）需手工采样分析的采样点，建议设置密闭采样系统，控制一定的采样流速，并加强个人防护。（2）职业性健康体检项目增加纯音测听及握力、腱反射、肌张力检查项目。（3）对空气氮气站、燃气电站燃机厂房巡检工人配备的防噪声耳塞或耳罩，要严格监督员工有效佩戴使用。（4）为临时用工人员配备符合国家标准的个人防护用品，监督指导其正确使用。（5）清罐作业是该工程职业病防护重点之一，用人单位应监督委托维修机构的作业人员严格按照操作规程进行，防止职业病危害事故发生。（6）该工程所在地多为沙尘天气，应加强对巡检工人室外巡检时佩戴防尘口罩及防尘护目镜的监督管理。（7）该工程的医疗救助社会依托差，因此需加强站场医务室的建设，完善急救设施，提高自救、互救及医疗救治能力。

参 考 文 献

[1] GBZ 1—2002 工业企业设计卫生标准 [S].

[2] GBZ 2.1—2007 工作场所有害因素职业接触限值 第 1 部分 化学有害因素 [S].

[3] GBZ 2.2—2007 工作场所有害因素职业接触限值 第 2 部分 物理因素 [S].

[4] GBZ 159—2004 工作场所空气中有害物质监测的采样规范 [S].

[5] 张东普. 职业卫生与职业病危害控制 [M]. 北京：化学工业出版社，2004，139-146.

高层建筑火灾模拟与分析

邓元胜[1]　汤长江[2]　纪烈兵[1]

（1. 中国石油集团安全环保技术研究院　北京市　100083；
2. 中国石油集团维护稳定工作办公室　北京市　100007）

摘　要　高层建筑火灾发展迅猛、危害大，人员安全疏散困难，易造成重大人员伤亡事故。选取高层建筑部分场所设计不同的火灾场景分别进行模拟，可以得到对应消防安全判据的可用安全疏散时间，以此可以为下一步的消防管理和人员安全疏散提供理论决策基础。

关键词　高层建筑　火灾　模拟

0　引言

近年来，城市建筑越来越高，但是消防硬件设备的更新远远跟不上楼层高度增加的速度，高层建筑火灾也是层出不穷，并有愈演愈烈之势。高层建筑失火后，现有的消防设备很难对起火点进行准确的灭火，导致火势进一步蔓延，救援难度不断增加，死伤人数及财产损失也呈上升趋势，高层建筑火灾的防控已经成为一个社会性的难题。相对于我国高层建筑的蓬勃发展，高层建筑消防研究虽然有了一定的进步，但还是不能跟上社会发展的步伐，进一步提高高层建筑的消防安全管理已经迫在眉睫。

1　高层建筑火灾特点

在防火条件相同的情况下，高层建筑比低层建筑火灾危害性更大，而且发生火灾后极容易造成重大损伤和人员伤亡，高层建筑火灾主要有如下两方面的特点：

（1）火势蔓延途径多，助燃因素多，火势发展迅猛，危害大。

高层建筑一旦起火，建筑内的楼梯间、电梯井、管道井、电缆井、排风道、垃圾道等竖向管井犹如高耸的烟囱，拨火效应十分强烈。试验证明，在火灾初起阶段，因空气对流而产生的烟气，在水平方向扩散速度为0.3m/s，在火灾燃烧猛烈阶段，由于高温的作用，热对流而产生的烟气扩散速度为0.5～0.8m/s，烟气沿楼梯间、管道井、电缆井等竖向管井的竖直扩散蔓延速度为3～4m/s。这表明烟气在无阻挡情况下，对长约100m的大楼，只要2～2.5min即可从一端扩散到另一端，而垂直方向不到1min则可蔓延几十层，整个大楼就可能形成一片火海。与此同时，火势也很快伴随着冒烟速度的增加而蔓延扩大，使整个大楼形成大“火焰柱”，许多高层建筑火灾也都证明了这一点。

高层建筑所承受的风力也是火灾蔓延的主要因素，建筑物越高，风速越大，火灾扩散速度就越迅猛。风通常能使微弱的火源变得十分危险，或使蔓延可能性很小的火苗急剧扩大灾难。据有关机构测定，如在建筑物10m高处的风速为5m/s时，则在30m高处的风速为8.7m/s，在60m高处的风速为12.3m/s，在90m高处风速为15m/s。这时，着火物所需要的助燃剂（氧气）供应愈来愈充分，火场区的热对流相应加快，燃烧越来越猛烈，火势蔓延更为快速，因而更加难以控制和扑灭，往往造成重大损失。巴西圣保罗“安得拉斯”大楼发生火灾时风速为7.6m/s，火舌从大楼窗口卷出几十米，使处于下风侧40m处的建筑物相继起火，连成火海。

（2）疏散困难，容易造成重大人员伤亡事故。

高层建筑的安全疏散存在以下一些不利因素：

①层数多，竖直距离长，人员疏散到地面或其他安全场所的时间相应要增长。有关部门曾经做过一个试验：一名身强力壮的消防员背负灭火设备从35楼跑到1楼用时35min，由此可见，如果是一名身体素质一般的人所需的时间则更长了。

②人员比较集中，疏散时容易出现拥挤情况。火灾时楼内紧急疏散人员与消防扑救人员相向而行，在慌慌张张的情况下，容易出现“对撞”和混乱拥挤情况，在紧急情况下，还可能会导致挤压、推跌而造成伤亡，从而影响了安全疏散。

③发生火灾时的烟气和火势竖向蔓延快，给安全疏散带来困难，而平时使用的电梯由于不防烟火和停电等原因停止使用，所以发生火灾时使用的安全疏散主要靠楼梯，如果楼梯间不能有效地防止烟火侵入，则烟火就会很快灌满楼梯间，从而严重阻碍人们的安全疏散，甚至威胁生命安全。

2　火灾模拟及分析

2.1　消防安全可接受标准

2.1.1　人员安全疏散总的判断标准

火灾安全分析首先要考虑到时间：引燃时间、探测时间、疏散时间以及达到人员耐受极限的时间。因此，不能仅从一般防火规范所规定的距离和区域的角度来评判建筑的消防安全水平，而是应将建筑物内人员安全撤离火灾现场所需要的时间（RSET）与火灾达到人体耐受极限所需的时间（ASET）相比较，然后从这个角度对消防安全水平进行评估。因此，应采用量化的“时间线”概念来评估使用者的生命安全度。

如果人员能够在火灾发展到危险状态之前全部疏散到安全区域，且留有一定的安全余量，便可认为该建筑物的防火安全设计对火灾中的人员疏散是安全的。所以安全及可接受的消防系统必须符合以下条件：

$$\text{RSET} + \text{安全余量} < \text{ASET}$$

以上公式表明人员能在环境还未超出人体耐受极限的情况下疏散完毕是安全的。图1描述了疏散时间的关系及原则。

2.1.2　烟气层高度

在疏散过程中，烟气层需保持在人群头部以上一定高度，人在疏散时才能不受烟气的影响或热烟气流的热辐射威胁。一般来说，其定量判断准则是烟气层应能在人员疏散过程中保持在距地面2.0m以上的位置。

2.1.3　清晰层温度

火场中人员呼吸的空气已经被火源和烟气加热，吸入的热空气主要通过热对流的方式与人体尤其是呼吸系统换热。实验表明，呼吸过热的空气会导致热冲击（即高温情况下导致人体散热不畅出现的中暑症状）和呼吸道灼伤，表1列出了一些情况下人对热空气的耐受极限。

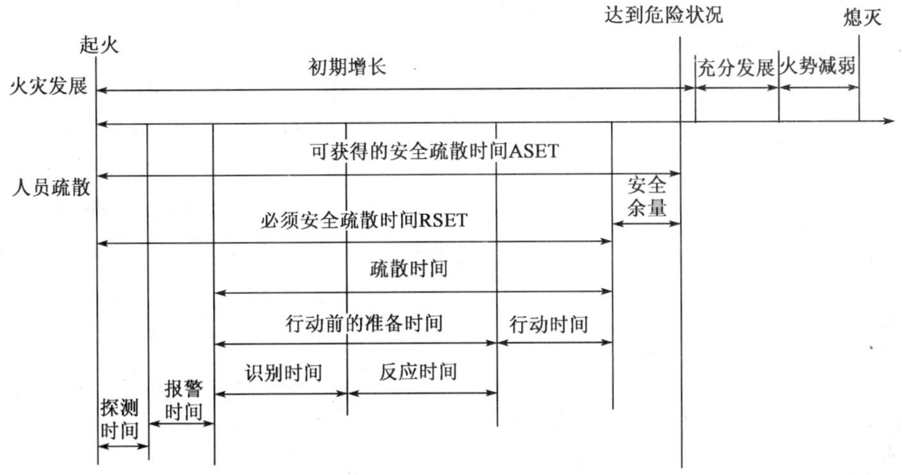

图 1　疏散时间关系及原则

表 1　人对热空气的耐受极限

温度和湿度条件	<60°C 水分饱和	60°C 水分含量<1%	100°C 水分含量<1%
耐受时间	>30min	12min	1min

值得注意的是，由于灭火用水在高温下汽化，火场中空气的绝对湿度会比普通环境大大提高。湿度对热空气作用于呼吸系统的危害程度影响很大，如 120°C 下，饱和空气对人体的伤害远远大于干空气所造成的危害。研究表明，火场中可吸入空气的温度应不高于 60°C 才认为安全。

2.1.4　能见度

一般而言，烟气浓度较高则能见度降低，疏散时确定疏散途径和做决定所需的时间都将延长。一般情况下，能见度大于 10m 可为人员疏散提供一个较安全的环境。

2.1.5　烟气浓度

火灾过程中的燃烧状况通常是不完全的，一般都会生成大量的浓烟。烟气是火灾中对人们生命安全危害最大的因素。研究表明 2m 高度的 CO 浓度小于 500mL/m^3 时可提供一个相对有利的疏散环境。

2.2　采用的消防安全判据

根据以上分析，本文选取消防安全可接受标准中的最重要、易于测定和比较的三个参数作为消防安全判据：2m 高度的 CO 浓度、温度和能见度。具体判据指标见表 2。

表 2　采用的消防安全判据

消防安全判据	2m 高度的 CO 浓度	2m 高度的温度	2m 高度的能见度
临界条件	<500mL/m^3	<60℃	>10m

2.3　火灾场景设计

设计火灾场景是火灾模拟中的重要环节，为了预测可能发生的火灾所产生的后果，在进行消防安全设计时对可能发生火灾的部位、规模以及环境条件等进行估计。设置火灾场景时应充分考虑建筑物的使用功能、建筑的空间特性、可燃物的种类及分布、使用人员的特征以及建筑内采用的防灭火设施等因素。

以某高层建筑为例，设计如下火灾场景：

（1）标准办公层。

关于办公层火灾，国际上已经做了不少的实验，美国 NIST 对设有 2 面隔板的办公间做了实验，如图 2 所示。根据实验结果和以往的经验，办公层火灾的发展速率选取快速火。

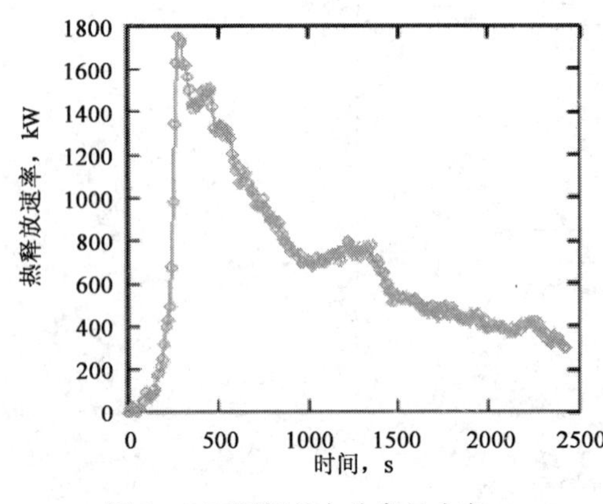

图 2　2 面隔板的办公家具火灾

办公层设有自动喷淋系统和点型感烟探测器。因此，主要考虑喷淋保护下的火灾发展情况。感烟探测器和喷头的探测时间均可用 NIST 开发的软件 DECTAC 模型来确定。考虑到办公室内的布局和办公桌椅的高度，设定火源距离顶棚喷头高度为 2m，采用 DECTAC 软件模拟的输入参数为：

①安装高度：3.0m；

②距离火源中心投影距离：2.5m；

③环境初始温度：24°C；

④喷头探测器响应温度：68°C；

⑤喷头响应指数：$115m^{\frac{1}{2}}s^{\frac{1}{2}}$；

⑥火灾增长速率：快速。

由此计算得出喷头在 149.2s 后启动。此时的火灾规模为 1MW，考虑 1.5 的安全系数，最后确定办公层火灾规模为 1.5MW。

（2）地下停车场。

按照以往设计经验，停车场火灾一般选取快速火。

采用 DECTAC 软件模拟的输入参数为：

①安装高度：3.5m；

②距离火源中心投影距离：2.5m；

③环境初始温度：20°C；

④喷头探测器响应温度：68°C；

⑤喷头响应指数：$115m^{\frac{1}{2}}s^{\frac{1}{2}}$；

⑥火灾增长速率：快速。

由此计算得出喷头在 165.4s 后启动。此时的火灾规模为 1.3MW，考虑 1.5 的安全系数，最后确定地下停车场火灾规模为 2.0MW。

（3）火灾场景设计小节。

基于以上分析，将火灾场景设计归纳如表 3 所示。

表 3　火灾场景设计汇总列表

火源位置	火灾场景代号	灭火系统	排烟方式	增长方式	火灾规模
标准办公楼层	H1	自动喷水灭火系统	机械排烟	快速	1.5MW
	H2		无排烟		
地下停车场	H3	自动喷水灭火系统	机械排烟	快速	2MW
	H4		无排烟		

2.4 火灾场景模拟结果

进行烟气模拟时采用了计算流体力学（CFD）模拟软件 FDS。FDS 由美国标准与技术研究所（NIST）开发，该模型是一个基于有限元方法概念的计算流体动力学模拟，专门针对火灾模拟进行优化，用来研究由火灾引起的流体的流动。FDS 旨在解决消防工程中的实际火灾问题，同时提供研究基本火灾动力学以及燃烧过程的工具。该模型已经过一系列的火灾试验验证，结果表明在分析火灾动态发展和烟气蔓延方面功能强大，其模拟结果十分接近真实火灾的发展情况。

2.4.1 标准办公层火灾模拟

标准办公楼层火灾模型见图 3。

（1）火灾场景 H1。

火灾场景 H1 对应标准办公楼层火灾的正常机械排烟场景，在喷淋系统的保护范围内。模拟结果通过考察以下位置的火灾结果判断火灾危险来临时间。

对于高度为 2m 处的 CO 浓度、温度和能见度切片分别见图 4、图 5 和图 6。

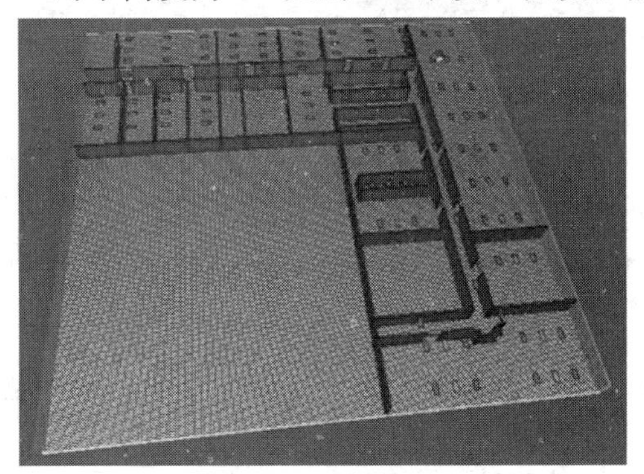

图 3 标准办公楼层火灾模型

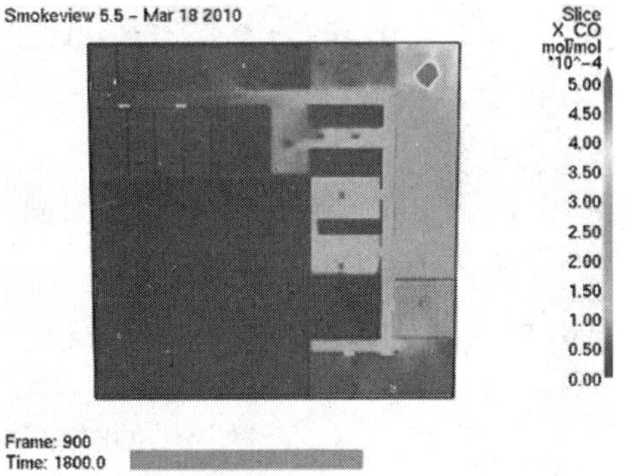

图 4 火灾场景 H1 在高度为 2m 处的 CO 浓度

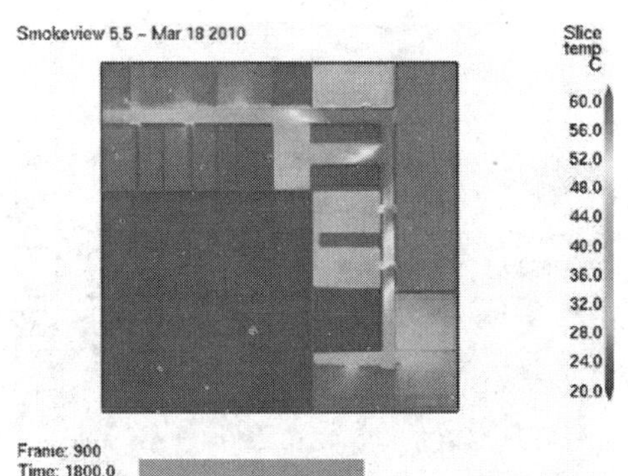

图 5 火灾场景 H1 在高度为 2m 处的温度

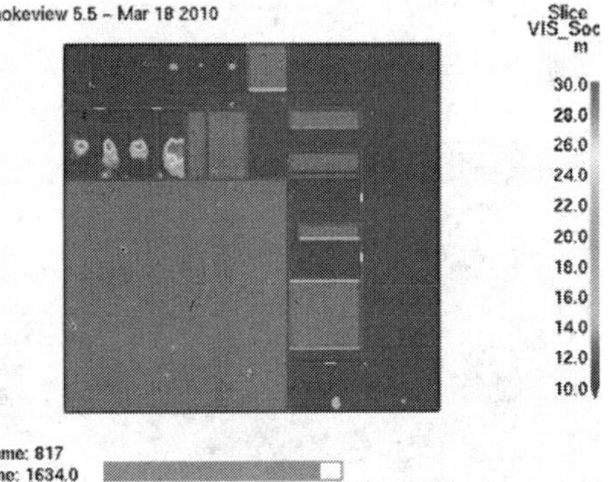

图 6 火灾场景 H1 在高度为 2m 处的能见度

从烟气模拟的结果可以得出以下结论：

①火灾场景 H1 中，在整个 1800s 的模拟过程内，地面以上 2m 范围的 CO 浓度不大于 500ppm 的状态能维持到 1800s，即可为人员疏散提供的时间大于 1800s；

②火灾场景 H1 中，在整个 1800s 的模拟过程内，地面以上 2m 范围的温度不高于 60℃ 的状态能维持到 1800s，即可为人员疏散提供的时间大于 1800s；

③火灾场景 H1 中，在地面以上 2m 范围的能见度切片结果中，最早降到 10m 以下的时间为 1634s，即可为人员疏散提供的时间为 1634s。

综上，根据消防安全判据，火灾场景 H1 的危险来临时间为 1634s。

（2）火灾场景 H2。

火灾场景 H2 对应标准办公楼层火灾的无机械排烟场景，在喷淋系统的保护范围内。模拟结果通过考察以下位置的火灾结果判断火灾危险来临时间。

对于高度为 2m 处的 CO 浓度、温度和能见度切片分别见图 7、图 8 和图 9。

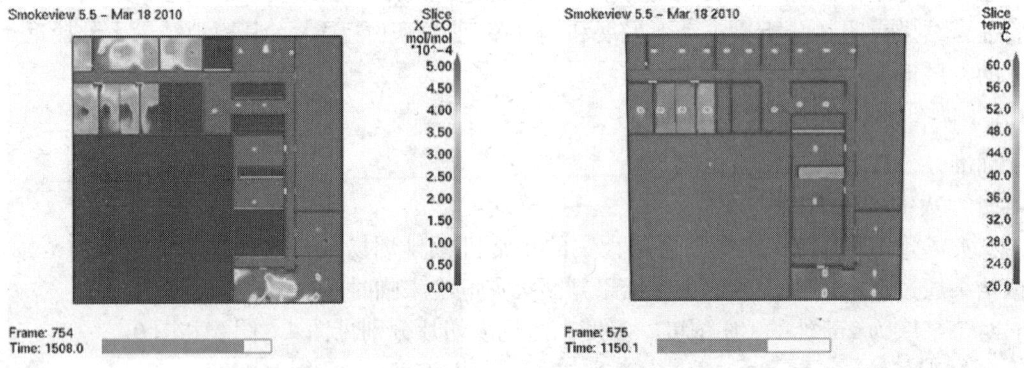

图 7　火灾场景 H2 在高度为 2m 处的 CO 浓度　　　图 8　火灾场景 H2 在高度为 2m 处的温度

从烟气模拟的结果可以得出以下结论：

①火灾场景 H2 中，在地面以上 2m 范围的 CO 浓度切片结果中，最早达到 500ppm 的时间为 1508s，即可为人员疏散提供的时间为 1508s；

②火灾场景 H2 中，在地面以上 2m 范围的温度切片结果中，最早达到 60℃ 的时间为 1150s，即可为人员疏散提供的时间为 1150s；

③火灾场景 H2 中，在地面以上 2m 范围的能见度切片结果中，最早降到 10m 以下的时间为 800s，即可为人员疏散提供的时间为 800s。

综上，根据消防安全判据，火灾场景 H2 的危险来临时间为 800s。

2.4.2　地下停车场火灾模拟

地下停车场火灾模型见图 10。

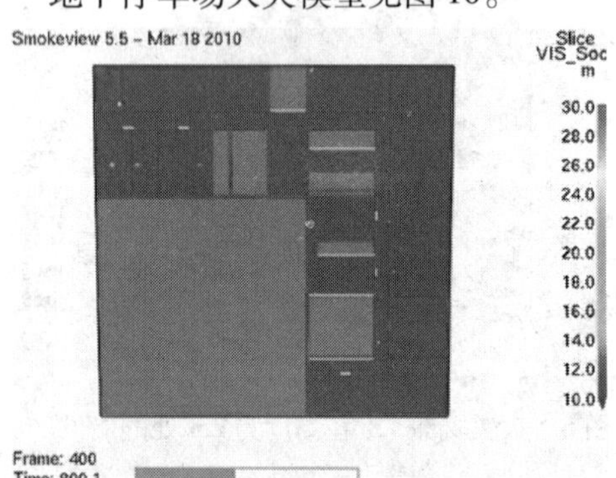

图 9　火灾场景 H2 在高度为 2m 处的能见度

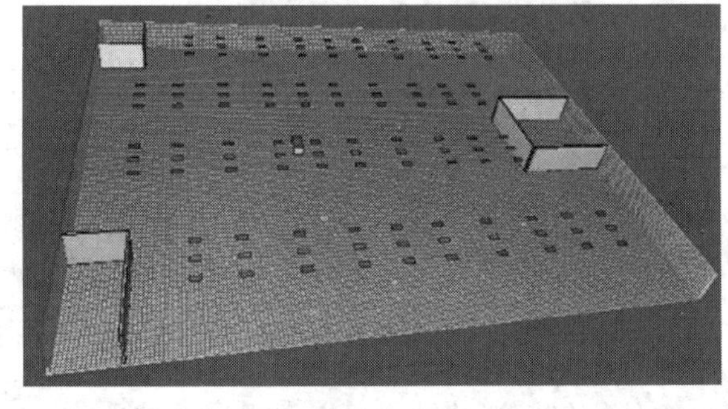

图 10　地下停车场火灾模型

采用与标准办公楼层相同的方法对地下停车场不同火灾场景模拟结果如下：

（1）火灾场景 H3。

火灾场景 H3 对应地下停车场火灾的机械排烟场景，在喷淋系统的保护范围内。

从烟气模拟的结果可以得出以下结论：

①火灾场景 H3 中，在整个 1800s 的模拟过程内，地面以上 2m 范围的 CO 浓度不大于

500ppm 的状态能维持到 1800s，即可为人员疏散提供的时间大于 1800s；

②火灾场景 H3 中，在整个 1800s 的模拟过程内，地面以上 2m 范围的温度不高于 60℃的状态能维持到 1800s，即可为人员疏散提供的时间大于 1800s；

③火灾场景 H3 中，在地面以上 2m 范围的能见度切片结果中，最早降到 10m 以下的时间为 546s，即可为人员疏散提供的时间为 546s。

综上，根据消防安全判据，火灾场景 H3 的危险来临时间为 546s。

（2）火灾场景 H4。

火灾场景 H4 对应地下停车场火灾的无机械排烟场景，在喷淋系统的保护范围内。

从烟气模拟的结果可以得出以下结论：

①火灾场景 H4 中，在地面以上 2m 范围的 CO 浓度切片结果中，最早达到 500ppm 的时间为 1248s，即可为人员疏散提供的时间为 1248s；

②火灾场景 H4 中，在地面以上 2m 范围的温度切片结果中，最早达到 60℃的时间为 330s，即可为人员疏散提供的时间为 330s；

③火灾场景 H4 中，在地面以上 2m 范围的能见度切片结果中，最早降到 10m 以下的时间为 374s，即可为人员疏散提供的时间为 374s。

综上，根据消防安全判据，火灾场景 H4 的危险来临时间为 330s。

2.4.3 火灾场景模拟结果汇总

对于表 3 中 2 个火源位置的 4 个火灾场景进行模拟，对于这些火灾场景模拟结果的分析主要基于表 2 中的消防安全判据，各场景的最早危险来临时间（即可用疏散时间）见表 4。

表 4 火灾场景模拟结果汇总表

火源位置	火灾场景代号	危险来临时间	排烟方式
标准办公楼层	H1	1634s（27.2min）	机械排烟
	H2	800s（13.3min）	无排烟
地下停车场	H3	546s（9.1min）	机械排烟
	H4	330s（5.5min）	无排烟

2.5 火灾场景模拟结论及分析

对于标准办公层的火灾模拟结果显示，机械排烟系统可以达到良好的排烟效果，在排烟正常的火灾场景下排烟系统可以提供约 27.2min 的可用疏散时间（ASET），在可用的安全疏散时间之内，人员具有良好的疏散环境；而对于机械排烟出现故障的火灾场景，可用疏散时间只有约 13.3min。

对于选取的地下停车场其中的一个防火分区的火灾模拟结果显示，在机械排烟系统正常工作时其可用疏散时间（ASET）约 9.1min，是较危险的模拟结果，但本结果主要从人员疏散的消防安全判据的角度来分析，实际停车场中人员停留的数目并不大，人员疏散压力不大，其危险性主要在于汽车着火，而现有消防安全设计中已考虑控制地下停车场汽车着火的自动喷水灭火系统，在自动喷水灭火系统正常工作的情况下，可将火灾控制在局部而不会蔓延。因此，对于本场景的模拟结果总体视为安全。

3 结语

通过分析高层建筑火灾特点，对其内各部位设计不同的火灾场景进行模拟，得到了各场景的火灾发展和烟气运动结果及对应的消防安全判据的危险来临时间（可用安全疏散时间），以此可以为下一步的消防管理和人员安全疏散提供理论决策基础，同时对于进一步深化高层建筑消防安全规律的认识和掌控程度，提高其消防安全管理水平具有一定的意义和作用。

参 考 文 献

[1] 陈宝胜，周健．高层建筑安全疏散设计［M］．上海：同济大学出版社，2004.
[2] 范维澄．火灾学简明教程［M］．合肥：中国科学技术大学出版社，1995.
[3] 霍然，袁宏永．性能化建筑防火分析与设计［M］．合肥：安徽科学技术出版社，2003.

成品油配送风险的事前识别及防范措施

刘加鹏　郭卫鹏

（中国石油天然气运输公司　新疆乌鲁木齐市　830014）

摘　要　成品油配送安全管理由事后处理转向事前是HSE管理的关键，而HSE事前管理的基本要素是风险识别和评价，这也是HSE管理体系运行实施的核心和主线。本文描述了中国石油天然气运输公司新疆配送公司人、车、路和环境的风险辨识和评价、建立各类风险事前防范措施、检查各类风险事前预防措施的落实情况的HSE的管理方法。

关键词　HSE管理　事前防范　风险识别　风险评价　防范措施

0　引言

中国石油天然气运输公司新疆配送公司（以下简称“新疆配送公司”）成立于2004年8月，主要承担中国石油新疆石油销售公司的公路成品油配送，现有员工1100余人。其中管理人员180人，驾驶员近800人，修理工近百人，其他人员50余人。拥有成品油配送车辆696台，总吨位14982t，单车实际平均载重21.5t，为全疆1447座加油站及机构用户服务，平均运距为215km。

按照油源地，新疆配送公司设立了7个配送中心，根据生产组织需要，在伊犁、库车、喀什、和田设立了四个配送车队。其中百辆车以上的配送中心三个，最大的独山子配送中心拥有配送车辆153辆。机关分设了9个科室，建立修理厂7个，具有点多、线长、面广的特点，管理难度较大。因此实施和推进HSE体系建设势在必行。

认真落实中国石油天然气运输公司刘志总经理提出的“完善制度、规范流程、健全标准、步步受控、有效监管、考核到位、持续改进、对标创新”的工作要求，风险识别和风险评价是HSE管理体系的核心与基础。事故可以控制为零，但风险是现实存在的。成品油配送属于高危运输行业，一旦发生重大交通事故，后果是不堪想象的，除了人员伤亡、财产损失，还会引发次生环境污染事故，如污染水源、植被、农田、养殖场等，并且环境污染的潜在隐患不是一时能够排除的。

HSE管理体系的事前工作是：风险识别和风险评价、建立各类风险事前防范措施、检查各类风险事前防范措施的落实情况。这样在风险管理上就构成了HSE管理体系的一条主线，只有抓住这条主线，实实在在做好事前防范工作，最大概率地把风险消灭在事前，这样才能有效建立和实施HSE管理体系。

1　成品油配送中风险的识别与评价

成品油配送的风险主要来源于：人、车、路和环境。

1.1　人的风险识别与评价

在人、车、路和环境中，人的不安全行为是主要危险因素，占交通事故80%以上，如驾驶员酒后驾车、盗卖油品、违章超速、疲劳驾驶、不系安全带、行车中接打手机或接发短信、吸烟、私搭乘客等各种违章行为是造成交通事故主要原因，因此必须对驾驶员进行风险识别与安全能力评价。主要对驾驶员按照 10 个评测项目进行考核（年龄、驾龄、准驾车型、累积安全行驶公里、文化程度、技能等级、法律法规掌握程度、劳动纪律、一年来的违章情况、服务质量），通过累积得分，将驾驶员分为 A、B、C、D 四个等级，分析 A、B、C、D 四个等级驾驶员存在的风险，具体表现，建立日常的控制措施。驾驶员风险识别与安全能力评价表见表 1。

表 1　驾驶员风险识别与安全能力评价表

驾驶员类别	驾驶员风险属性	驾驶员安全能力评分
A 类驾驶员	特别控制型	安全能力 <60
B 类驾驶员	受监控型	60≤安全能力≤70
C 类驾驶员	一般型	70 < 安全能力≤80
D 类驾驶员	比较放心型	80 < 安全能力≤90

1.2　车辆的风险识别与评价

车辆的风险来自车辆不同部位的不安全状态，不同部位的不安全状态的权重不同，如下表：

表 2　设备不同部位的风险识别和安全评价

部位 / 得分 / 车	底盘（15 分）	发动机（15 分）	传动系统（10 分）	转向系统（20 分）	制动系统（20 分）	灯光及辅助设施（20 分）	合计 100 分
J-18079	10	12	8	15	17	16	62（A）
J-14319	12	13	7	16	16	15	79（B）
J-14313	14	13	7	17	16	16	83（C）

A 类：（高风险车辆）车辆各部位综合性能参数得分在 70 分以下；

B 类：（中风险车辆）车辆各部位综合性能参数得分在 70 到 80 分之间分以下；

C 类：（低风险车辆）车辆各部位综合性能参数得分在 80 分以上。

1.3　道路的风险识别与评价

道路风险要根据不同路段和天气状况来进行辨识，按 L、E、C 和 D 评价方法进行评价。新疆配送公司道路安全环保风险识别图和评价表如图 1 和表 3 所示。

图 1　新疆配送公司道路安全环保风险识别图

表 3　成品油配送的风险识别和防范措施

序号	作业路段	危　害	可能导致的事故	风险评价					控制措施
				L	E	C	D	级别	
1	乌奇公路路段	车流量大，摩托车行人，大卡车等，交通路口多，易发生事故	碰撞、擦挂、追尾				4		降低车速，加大车距，严禁随意变更车道，一慢二看三通过
2	河滩快速路	车流量大，车速快，易发生刮擦事故	追尾、刮擦				8		降低车速，加大车距，严禁随意变更车道
3	乌鲁木齐市区道路	市区路段行人穿行，小车多，易发生事故	刮擦、追尾、撞人				4		降低车速，加大车距，一慢二看三通过
4	雀儿沟路	乡村道路坡陡弯急，路窄不易行车	翻车				2		降低车速，注意避让对面来车，掌握天气、路况，车况，上不去则不上
5	艾维尔沟路段	山区道路坡陡弯急，视线差，矿山矿点上下拉煤的大卡车多，车速快	刮擦，碰撞，侧翻				4		降低车速，加大车距，注意避让对面来车。掌握天气，雨雪天气尽量避开不上
6	后峡路段	山区道路坡陡弯急，视线差，冬季冰雪路面易滑，如发生侧翻有可能造成污染下面的水源	刮擦，碰撞，侧翻				3		降低车速，加大车距，注意避让对面来车。掌握天气，雨雪天气注意防滑，恶劣天气尽量避开不上

2　预防措施

传统管理侧重的是从事故中吸取教训，这是非常必要的。但成品油配送是高风险的行业，要杜绝和减少各种事故发生，以上风险因素必须预先采取防范措施。HSE 的风险管理要求从最坏的可能进行分析，预先发现，识别可能导致事故发生的危害因素，以便在事故发生前采取最佳的减少、控制或消除措施，达到防止事故发生的目的。以下对人、车、道路和环境的风险防范措施进行简要阐述。

2.1　人的风险防范措施

（1）严把驾驶员入口关和坚持驾驶员的 A、B、C 和 D 动态管理。

在招聘驾驶员的时候就进行 A、B、C 和 D 的安全能力评价，择优录取，严防 A 类驾驶员进入驾驶员队伍。对现有的驾驶员队伍每半年进行一次安全能力评价工作，优先安排 D 类和 C 类驾驶员驾驶汽油车。

（2）加强新聘驾驶员对成品油知识及职业道德培训，转变人的安全观念，培养人的安全意识，打造心态安全文化，把员工培养成规范、理智、和谐的安全人。

（3）加强员工安全培训。

加强员工培训教育，首先从入厂“二级教育”入手，进行培训考核，然后由基层单位结合实际有计划、有目标的进行定期和不定期的员工安全环保、设备管理培训，根据驾驶员不易集中的特点，采用以下方法：①早放车前实行“每日一题”，即让员工每天学深学透一道安全问题，采取管理人员现场出题讲解，员工互动问答方式，使所学内容入脑入心；②采取“一事一议”，即现场发现一个问题，讨论解决纠正一个问题；③Tixinig 培训，外聘交警、消防队、油库、加油站安全管理人员做教员的多种培训方式，讲解和剖析事故案例、事故发生原因、不同情况下的防范措施以及装卸成品油安全注意事项、预防火灾措施、成品油易燃易爆特性、原因及装卸和运输途中的风险防范等，以此努力提高员工防范和化解各种生产风险的能力，并建立员工培训台账记录。

（4）严格管理和充分发挥 GPS 的监控手段。

一是加大路检路查查处管理力度，建立和完善公司和配送中心两级路检路查机制。二是加大违章的宣传力度。除充分利用曝光牌，对违反者予以曝光外，要切实利用好晨会和各种会议的机会，重点宣传违章行为的产生、违章人员的心理特征、违章造成的严重后果。三是协调财务部门提高违章处罚的激励机制，将违章处罚作为衡量配送中心工作业绩的重要依据之一。四是采取多种形式鼓励驾驶员进行相互监督和自检自查。让驾驶员充分认识自身习惯性违章的不足，检查自己，相互监督，达到共同进步。五是加强车辆 GPS 监控受控管理，严禁驾驶员进入繁华路段乱停乱放，同时要防止因驾驶员贪图私利盗卖油品导致火灾事故的发生。

2.2 车辆的风险防范措施

（1）强制进行车辆一、二级维护保养，尤其是加强车辆归场检查力度，重点检查车辆转向、制动、传动轴、轮胎、电路、灯光、油罐防静电托地带等重点部位。

（2）利用检查表，采用日检、周检和月检的方式，每月一次对车辆的安全技术状况进行综合全面检查、测评，根据得分情况将车辆进行高、中、低（A、B、C）三个风险等级分类，严防车辆带病行驶。

2.3 道路和环境的风险防范措施

（1）道路风险控制。

①执行新的配送区域任务时管理人员必须提前对配送线路进行实地勘查，重点对路况、山体滑坡、气候环境、道路车辆、人员、牲畜情况进行风险辨识、评估，进而制定安全风险控制削减措施。

②预防成品油运输道路环境污染风险，车辆途径的河流、水库、湖泊等可能造成环境污染的路段，要制定具体严格的车辆行车规定及限速要求，驾驶员要按照操作规程驾驶，注意观察，谨慎驾驶。

③编制道路风险识别图，通过图示安全提示，做到重点危险路段人人皆知。

④俗话说“十次车祸九次快”，因此对不同路段的车速进行有效控制是确保安全行车的关键。严格执行“三规一限”制度，即规定的时间、规定的线路、规定的地点和车速限制。通过 GPS，加强车辆实时跟踪和重点车辆监控，尤其要加强车辆轨迹回放抽查工作。加大对驾驶人员违规行为的处罚金额力度，发现一起处理一起，并一追到底，通过严管重罚，真正达到威慑教育的目的。新疆配送公司“三规一限”警示图见图 2。

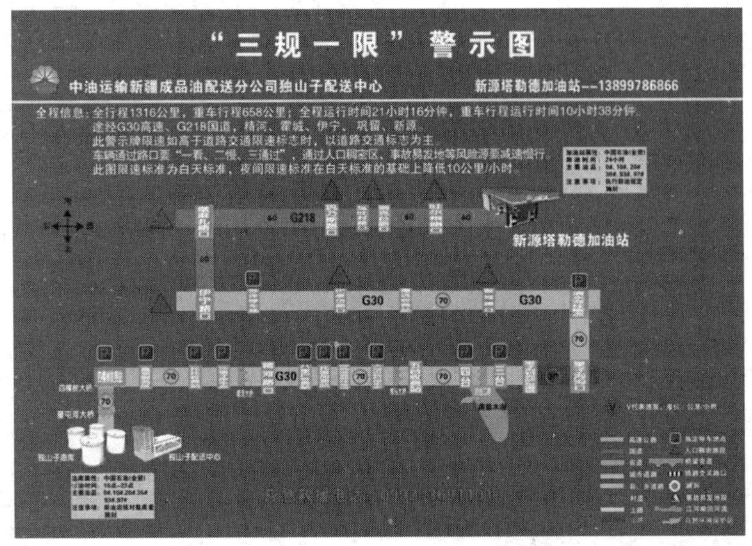

图 2　新疆配送公司“三规一限”警示图

（2）环境风险控制。

预防成品油运输特殊天气风险，必须建立特殊天气预警预报机制，做到早预防早准备，加强对车辆罐体、防静电设施完好性检查，防止泄漏、雷击、火灾爆炸等事故的发生，施工现场、长途运输要落实好防垮塌、防洪水、防中暑、防中毒等各项防范措施。充分作好防范应急准备及时发现和整改各类隐患，根据实际情况，制定和完善汛期突发事件应急预案。开展应急消防救援和紧急避险知识方面的培训，提高员工应急抢险意识和处置能力。

2.4　检查各类风险事前防范措施的落实情况

（1）实行两级检查：各配送中心每月进行自检，公司安全环保科、监督站对所属的各配送中心进行专项检查。

（2）各级领导干部每月定期对承包联系点进行安全行为审核，对发现的问题指导规范，督促整改。

（3）严格落实 HSE 月度考核管理办法，并进行考核兑现及通报。

3　结语

HSE 事前防范是成品油配送安全运输的关键，也是维护社会秩序稳定、人民生活安定和构建和谐社会的一项重要工作。要做好安全生产工作，必须做到风险识别和风险评价、建立各类风险事前防范措施、检查各类风险事前防范措施的落实情况，把各类危险因素消灭在事前，从而取得事半功倍的效果。

新疆配送公司通过 HSE 事前管理实现了新疆配送各级管理者与驾驶员风险共同辨识、责任共同承担、过程受控的管理模式，推动成品油配送安全管理由事后处理转向事前防范。将人、车、道路和环境等要素统一管理，使驾驶员的风险识别能力和意识明显提高，违规行为明显降低；克服修理与驾车“两张皮”的现象，使车辆完好率明显提升。

参考文献

［1］王光军．质量健康安全与环境管理体系实践案例［M］．北京：石油工业出版社，2005.

［2］王显政．安全评价［M］．北京：煤炭工业出版社，2005.